本书系国家社会科学基金项目《主体论美学视野中的西方身体艺术研究》（17BZW067）的最终成果。

PARADOX OF
BODY

RESEARCH ON WESTERN ART FROM
THE PERSPECTIVE OF
SUBJECTIVE AESTHETICS

身体的悖论

主体论美学视野中的西方艺术研究

王晓华 著

人民出版社

目　　录

导言 身体/艺术

在迄今为止的西方主流艺术理论中,有关身体的言说始终具有悖谬意味。它虽然获得了出场的机缘,但又几乎总是在场的缺席者。

从主体观的角度看,有关身体和艺术的言说可能牵连出三个命题:(1)身体是艺术活动的承担者;(2)身体是艺术活动的媒介;(3)身体同时是艺术活动的承担者和媒介。然而,第一种和第三种可能性很少被郑重对待。迄今为止,人们津津乐道的还主要是艺术如何展示、描绘、重构身体。工具性的身体、有欲望的身体、待勘探的身体、被印上各种痕迹的身体、会死去的身体,这就是许多学者眼中的常规身体,也是艺术家眼中的热门题材。① 当人们迷恋此类身体意象时,下面的可能性常常被忽略了:艺术是身体的活动和作品,是身体的自我塑造和自我呈现。

上述忽略绝非偶然:身体的显现不是自然过程,而是主动的建构。这是一种具有自反性的实践,需要身体主动进入澄明之中。不过,悖谬之处恰恰在于:虽然身体非常重要,但它并非总能被成功地重构。在日常实践中,它不是自己观看的主要对象:"在对身体—世界关系的直接意识中,人关心的是自己的处境、动作、目标、利益而非身体本身。"② 只有当行动受到阻碍时,它才会被

---

① Zoya Kocur and Simon Leung eds., *Theory In Contemporary Art Since* 1985, West Sussex:Wiley-Blackwell,2004,pp.248-9.

② 王晓华:《西方美学中的身体意象》,人民出版社 2016 年版,第 2 页。

有意识地反观。即使在注视自己时,个体也只能看见身体的局部形貌。我既无法注视自己的背部、前额、头顶,也无法将面孔完全纳入目光之中。我不能站在远处打量它,不能从高处俯瞰它,更不能围绕着它转圈:"只要我在哪里,它就在何处。这无可挽回,它从不在别的地方。"①即使借助水面和镜子,身体仍不能成为"全视"的主体。被映射的仍是身体的局部形貌(面孔、躯干的前半部分、手和脚)。在摄像机出现之前,身体的完整意象只能出现在他人眼中。为了还原身体之所是,我"需要有另一个本身也不能被自己观察的身体"。② 他人可以围着我绕圈,可以从高处和远处注视我。通过这些移动的镜子,我的全貌得以获得了重构。当然,这同样是个具有背反意味的过程:他人眼里的我已经脱离了原型,成为相对独立的存在。"我在他人眼中的形象"会成为"我的替身","闯入我的自我意识之中","从而破坏了自我意识的纯洁性"。③ 矫正的路径是相互映射:为了把握他人眼睛中的我,我就必须进入主体间的反射游戏——相互凝视,彼此涵括,对话和倾听,等等。这注定了身体出场过程的复杂品格:社会结构、信念、风俗、知识型、时代精神都可能会影响重构它的过程。

一旦我们深入到这个层面,下面的事实便已昭然若揭:西方艺术中的身体并非独立之物,而是存在于特定的文化背景(如知识型)中。恰如南希(Jean-Luc Nancy)所言,它既是"我们古老文化中最新的产品",又承受了最多的"加工、筛选、提炼、拆卸、重构"。④ 自古希腊开始,宇宙论、神学、解剖学、生物学、图像学都曾不同程度地影响了西方的身体研究。在"画家使用他的身体"之类常见表述中,特定的知识型已经影响着词语的运用。"使用身体"这种说法并没有问题,但它可能给人某种暗示:一个超越身体的主体代表"自我"来"使用"身体。二者虽然总是彼此联结,但又实际上完全有别:"譬如,当我去学院

① Michel Foucault, *Utopian Body*, see: Caroline A. Jones ed., *Sensorium: Embodied Experience, technology and contemporary art*, Cambridge: Massachusetts, 2006, p.229.

② [法]莫里斯·梅洛-庞蒂:《知觉现象学》,姜志辉译,商务印书馆 2001 年版,第 127 页。

③ [俄]巴赫金:《哲学美学》,晓河等译,河北教育出版社 1998 年版,第 159 页。

④ Jean-Luc Nancy, *Corpus*, New York: Fordham University Press, 2008, p.7.

时,我的身体当然跟随着我。在班级中,当我接受教育时,我的身体不得不耐心地坐着。这种教育不包括身体,所以他只能等到放学。那时我会带着它去体育馆跑步,释放它在教室里等我时积累的紧张状态。"① 一个深渊诞生了,个体从中间被一分为二:精神的归自我,物质的归身体。这是至今依然流行的切割术,是一种历史悠久的实践。在柏拉图(Plato)乃至更早的西方哲人那里,心灵(Psuché)就被定义为身体的掌控者,"当你思考身体的本性时,除了心灵,还有什么维系和支撑它并因而给予它生命和运动呢?"(Cratylus 400a)② 这个想象中的精神主体"统治、计划、管理",是所有艺术活动的真正承担者。(Republic 353d)③ 通过谈论心灵与身体的关系,柏拉图建立起影响深远的二分法:心灵(主动、不朽、轻盈)/身体(被动、短暂、沉重)。随着上述图式被广泛接受,人们形成了一个信念:真正的自我是非身体性存在,是超越性的主体。到了现代性成形的 17 世纪,笛卡尔(René Descartes)发展了这个图式,提出了彻底的二元论假说:身体"它仅仅是一个具有广延而不思想的事物","我"(心灵)则"只是一个在思维的东西而没有广延"。④ 当他如此言说时,相应的人学图式出现了无法弥补的裂缝,个体从中间被一分为二:精神的归自我,物质的归身体。⑤ 一个深渊形成了:意识或自我概念(非身体性的和超越的)与野蛮的身体客体对立。从 17 世纪到 20 世纪,这种二元论不但深刻地影响了西方的艺术生产,而且"曾经主导了启蒙运动和现代主义(19 世纪和 20 世纪)构想主体的方式"。⑥ 即使在激进的当代艺术家那里,身体也经常被当作自我

① Kenneth Dychtwald,*Body-Mind*,New York:Jove Publications,1977,p.6.

② John M.Copper ed.,*Plato:Complete Works*,Indianapolis/Cambridge:Hackett Publishing Company,1997,p.118.

③ *Plato:Complete Works*,Indianapolis/Cambridge:Hackett Publishing Company,1997,p.997.

④ Descartes,*Descartes:Key Philosophical Writings*,Hertfordshire:Wordsworth Editions Limited,1997,p.181.

⑤ Kenneth Dychtwald,*Body-Mind*,New York:Jove Publications,1977,p.6.

⑥ Amelia Jones,*Body Art/ Performing the Subject*.Minneapolis:University of Minnesota Press,1998,p.37.

(self)的对照物:"在表演、摄像、电影或视频中,自我的展示(presentation)呼唤身体和主体的相互补充(身体,作为世界上的物质'客体',似乎证实了主体的'在场';主体给予身体以'人类'的意义)。"①譬如,当代身体艺术家(body artist)阿孔齐(Vito Acconci)曾经强调:如果我们想将自己客体化,那么,最便捷的方式是将自己的身体视为性的对象(sex object)。② 又如,在分析行为艺术时,现在依然活跃的著名策展人哥德堡(RoseLee Goldberg)沿用了柏拉图式的说法,将身体定位为质料(matter)。③ 此论借阿孔齐和哥德堡的口说出,但道出的是一种集体立场:"我"或"主体"似乎具有可以脱离身体的眼睛(disembodied eye),能够将所有身体转变为观看的客体。由于这种思维惯性,有人甚至反感身体艺术家这个标签:"根据巴特菲尔德(Jan Butterfield)所言,将伯登(Chris Burden)称为'身体艺术家'或'行为艺术家'并不恰当。是其心灵(mind)而非身体造就了伯登的作品。他的身体仅仅是个工具,对心灵掀开了自己的盖子。"④当此类话语占据主导地位时,人会"被锁闭在一种观看方式之中",无法把握自己所是的身体。⑤ 于是,具有悖谬意味的局面出现了:一方面,许多艺术家忘记了"舞台上还有身体"⑥;另一方面,为了表达某些观念,更多的艺术家"危害自己的身体并使自己遭受痛苦"⑦。在这个过程中,对于身体的遮蔽和忽略又落实为性别歧视和"自然之蚀":当男性和文化被视

---

① Amelia Jones, *Body Art/ Performing the Subject*. Minneapolis: University of Minnesota Press, 1998, p.37.

② Battcock, Gregory and Nickas, Robert ed., *The Art of Performance: A Critical Anthology*, New York: E.P.Dutton, Inc., 1984, p.101.

③ Gregory Battcock and Robert Nickas ed., *The Art of Performance: A Critical Anthology*, New York: E.P.DUTTON, INC., 1984, p.49.

④ Battcock, Gregory and Nickas, Robert ed., *The Art of Performance: A Critical Anthology*, New York: E.P.Dutton, Inc., 1984, p.119.

⑤ [英]艾美利亚·琼斯:《自我与图像》,古光曙译,江苏美术出版社2013年版,第149页。

⑥ Antonin Artaud, *The Theater and Its Double*, New York: Grove Press, 1958, p.141.

⑦ Battcock, Gregory and Nickas, Robert ed., *The Art of Performance: A Critical Anthology*, New York: E.P.Dutton, Inc., 1984, p.71.

为精神、心灵、主体,女人和自然则被等同于惰性的物质、待勘探的空间、征服的对象。①

被忽略不等于缺席:身体总已经在世界中,拥有正面和背面、外部和内里、高度和厚度,随时可以做出各种改变自己和环境的动作。它可以被遮蔽、忽略、规训,但无法被抹去和归零:"如果我不是身体,那么,我将不是一个人……"②与此相应,传说中的心灵虽然被赋予了各种高级属性,但却可能仅仅属于乌托邦:"在所有乌托邦中,我们用来抹掉身体踪迹的最顽固和强大的乌托邦,或许自西方历史发轫以来已经由灵魂的伟大神话施加于我们了。"③由于身体不能像泡沫一样被轻轻抹去,有关灵魂的言说最终会牵连出二元论,而后者又总是牵连出无解的悖论:倘若身心根本不同,它们就无法相互作用,当然也不可能联合为人;要是它们本性相同,将它们划分为两元同样悖理。恰如伊格尔顿(Terry Eagleton)所说,二元论是一种荒诞的假设,因为它意味着人类主体"是两个宇宙——一个由物质构成,一个由反物质构成——的怪异联合体"。④　正因为如此,从柏拉图到笛卡尔,证明二元论的努力从未成功过,而相反的可能性则日益绽露:脱离身体的"自我"或"主体"可能纯属虚构;"自我"或"主体"就是身体。恰如福柯所言,身体本就具有神奇的品格:"没有什么比我的身体更不是一个物了:它奔跑,它行动,它活着,它欲望。它不加抵抗地让它自己被我的全部意向所穿透。"⑤这不是一个哲学家的猜测,而是被科学史所反复揭示的事实:"身体是一个具有互动能力的自创生系统(autopoietic

---

① Imre Szeman and Timothy Kaposy ed. *Cultural Theory*: *AN Anthology*, West Sussex: Wiley-Blackwellm 2007, pp.301-302.

② Jean-Luc Nancy, *Being Singular Plural*, Carlifornia: Stanford University Press, 2000, p.18.

③ Caroline A Jones ed., *Sensorium*: *Embodied Experirnce*, *Techonology*, *and Contemporary Arts*, London: The MIT Press, 2006, p.230.

④ Terry Eagleton, *The Sweet Violence*, Oxford: The Blackwell Publishing, 2003, p.217.

⑤ Caroline A Jones ed., *Sensorium*: *Embodied Experirnce*, *Techonology*, *and Contemporary Arts*, London: The MIT Press, 2006, p.231.

system），但它试图将自己与其植根于其中的环境区别开来。"①早在古希腊时期，亚里士多德(Aristotle)就发现："所有的身体都是能触摸的，即通过触摸而感觉，动物的存活需要其身体有能力触摸。其他感觉，如嗅觉、视觉、听觉，其感应需要经过其他事物，但均以接触为前提。没有触觉，它将无法回避某物并获得他物。倘若如此，动物必将无法存活。"(*De Anima* 434b)②能触摸的身体能够分辨硬与软、冷与热、湿与干，绝对不是纯然被动的容器。(*De Anima* 429b)它位于空间中，可以直接影响他物。当木匠"从一个不行动的状态转入了行动的状态"，木材会变成家具。(*De Anima* 416b)③这不正是主体性的体现吗？如果说人是主体，那么，身体就是主体的构成："每个参与生命的自然身体都是主体(ὑποκείμενον)，恰如它所构成的复合体一样。"(*De Anima* 412a)④由于古希腊人把艺术定义为制作，那么，这个命题显然牵连出下面的结论：在艺术活动中，身体也可以扮演主体性角色。虽然亚里士多德依然相信"灵魂的确推动身体"，但他已经演绎了肯定身体的基本方式：依据观察到的事实，揭示身体可以承担的功能。

　　到了现代性(modernity)不断增殖的时代，这个线索被众多后来者发现、重构、延伸。在17世纪中叶，英国科学家威利斯(Thomas Wilis)开始研究大脑和神经系统的作用，认为心灵就存在于身体之中。⑤ 这个结论折射出生命科学的兴起，深刻地影响了当时和后来的艺术研究。⑥ 随着大脑、神经回路、血液循环体系陆续进入人们的视野，一种可能性已经无法遮掩：我们可以探究

① Steven Shaviro, *The Universe of Things: On Speculative Realism*, London: University of Minnesota Press, 2014, p.48.
② Aristotle, *De Anima*, London: Penguin Books Ltd, 1986, p.218.
③ Aristotle, *De Anima*, London: Penguin Books Ltd, 1986, p.167.
④ Aristotle, *De Anima*, London: Penguin Books Ltd, 1986, p.156.
⑤ Don G.Bates, *Thomas Willis and the Fevers Literarure of the Seventeenth Century*, *Medical History*, Supplement No.1, 1981, p.51.
⑥ Don G.Bates, *Thomas Willis and the Fevers Literarure of the Seventeenth Century*, *Medical History*, Supplement No.1, 1981:71.

"心灵……如何起源于躯体"①,揭示身体能够驱动、管理、控制自己。19 世纪以后,身体的二重性获得了反复确认:它不仅是被观察到和被感觉到的东西,而且是观察者和感觉者;它不仅是观察和感觉的对象,而且是观察和感觉的原因;它不仅是客体,而且是主体—客体。② 如果身体同时是主体—客体,那么,它不就是人本身吗? 正是由于领悟到了这个逻辑,尼采(Nietzsche)才自豪地宣布:"我整个的是肉体,而不是其他什么;灵魂是肉体某一部分的名称。"③到了 20 世纪,包括现象学在内的新兴流派不断强调身体的能动性:

> 我们的身体不以物的方式存在于空间中;它栖居于空间;它之于空间,恰如手之于工具;当我们试图移动时,我们不以移动客体的方式移动自己的身体。就像施了魔法一样,我们不需要工具就可以移动它,因为我们正是通过它来直接抵达空间。对于我们来说,身体不仅仅是工具或手段;它是我们在世界中的表达,是我们意图的可见形态。④

经过梅洛-庞蒂(Maurice Merleau-Ponty)等人的不懈努力,下面的命题被众反复揭示和阐释:(1)"我不是在使用我的身体。我就是我的身体"⑤;(2)身体就是久被遮蔽的自我(ego)⑥;(3)"原初的生命"(the original life)只能是"身

① [荷兰]斯宾诺莎:《简论上帝、人及其心灵健康》,顾寿观译,商务印书馆 2010 年版,第 171 页。
② [德]费尔巴哈:《对莱布尼兹哲学的叙述、分析和批判》,涂纪亮译,商务印书馆 2011 年版,第 213 页。
③ Friedrich Nietzsche, *Thus Spake Zarathustra*, Hertfordshire: Wordsworth Edition limited, 1997, p.30.
④ Maurice Merleau-Ponty, *The Primacy of Perception: And Other Essays on Phenomenological Psychology, the Philosophy of Art, History and Politics*, Evaston: Northwestern University Press, 1964, p.5.
⑤ Danto, Arthur C. *The Body/ Body Problem*, Berkeley and London: University of California Press, 2001. , p.67.
⑥ Friedrich Nietzsche, *Thus Spake Zarathustra*, Hertfordshire: Wordsworth Edition limited, 1997, p.30.

体的生命"(the life of body)①;(4)身体是我们在世的前提,也是我们在世的方式。② 人既不多于身体,也不少于它;它就是你和我。如果说世界会被照亮,那么,光亮并非来自道、天、真理,而是来自身体自己:当身体与自我的关系获得确认以后,下面的命题已经呼之欲出:艺术只能是身体的艺术,是身体在世的一种方式。

意味深长的是,语言早已吐露了这个秘密。甲骨文中的"艺"字重构了身体手持幼苗的动作,本意是种植草木的劳作。③ 古希腊语中的艺术(技术)写为τέχνη,指织布、制鞋、烧制陶器等制作活动。原初的艺术是身体的实践,是建立世界的一种方式。身体劳作,周围世界发生变化,这是一种明晰的因果关系:"如果我们的身体不能让我们跳过所有的神经和肌肉运动路径,以达到我们预期的目标,我们将无法完成任何事情。"④离开了眼睛的寻视、双手的忙碌、躯干的移动,种植和制造都不可能完成,艺术就无法诞生。劳作的身体是枢纽,是动作的发源地,是变化开始的地方:"身体是风暴的中心,是坐标的起源,是经验之车承受压力的恒常之所。所有事物都环绕它,都从它的观点被感受到。"⑤恰如梅洛-庞蒂(Maurice Merleau-Ponty)所言,"我们的身体在世界中,就像心脏在有机体中。"⑥由于身体移动自己并且观看,"它把事物组织为围绕自己的环"。⑦ 正是通过身体的动作,人才组建了属于自己的世界。没有

---

① Michel Henry,*Philosophy and Phenomenology of the Body*,Springer Netherlands:Martinus Nijhoff,1975,p.105.

② Maurice Merleau-Ponty, *Phenomenology of Perception*, London and New York:Routledge, 2002, p.231.

③ 参见《说文解字》:"艺,种也。"

④ Merleau-Ponty,Maurice. *The Prose of the World*, Evanston:Northwestern University Press, 1973, p.90.

⑤ William James,*Essays in Radical Empiricism*,New York:Dover Publications,2003,p.89.

⑥ Maurice Merleau-Ponty. *Phenomenology of Perception*, London and New York:Routledge, 2002, p.235.

⑦ Galen A.Johnson edited, *Merleau-Ponty Aesthetics Reader*, Illinois:Northwestern University Press, 1993,p.125.

劳作(work),就没有艺术品(works)。身体是承担制作活动的物质主体(physical subject),是艺术诞生的地方。当身体打量、雕刻、舞蹈、吟唱时,艺术品出现了。在这个过程中,身体扮演着双重的角色:"说到底,是同一身体给予感觉,又接受感觉,既是客体,又是主体。"①以绘画为例,德勒兹(Gilles Louis Rene Deleuze)揭示了身体与艺术的关系:"色彩在身体之中,感觉在身体之中,而非在空气中。感觉,就是被画出的东西。在画中被画出的东西,是身体,并非作为客体而被再现的身体,而是作为感受到如此感觉而被体验的身体。"②即便身体不出现于绘画之中,它也是隐蔽的枢纽。当观看一幅绘画时,我们已经进入身体的世界,"到达感觉与被感觉合一处"。③ 绘画所呈现的首先是意象,而后者诞生于身体的身体化运动:"什么是意象? 意象是身体的身体化。意象是运动中的身体。意象是体验与其他身体关系的身体。意象是身体的部分,在行动中替代寻找其他身体的身体,替代那些可以认同或疏离的身体部分。"④这里所说的"身体部分"(body parts)包括身体的声音(body sounds or speech)和姿态(body gesture),而后者是绘画、写作、雕刻、舞蹈、戏剧的基础。艺术活动的承担者是感受、思想、劳作的身体,所有艺术都是身体的艺术。与语言一样,它的本质是身体的身体化(the bodying of body)。身体是生产者、评估者、言说者。它自我决断、自我掌控、自我创造。正是由于领悟了这个秘密,当代艺术理论家艾米莉亚·琼斯(Amelia Jones)喜欢谈论作为主体的身体(the body-as-object),认为身体至少是自我的构成。⑤ 与她类似,威洛比·夏

① [法]吉尔·德勒兹:《弗兰西斯·培根:感觉的逻辑》,董强译,广西师范大学出版社2007年版,第37—38页。
② [法]吉尔·德勒兹:《弗兰西斯·培根:感觉的逻辑》,董强译,广西师范大学出版社2007年版,第38页。
③ [法]吉尔·德勒兹:《弗兰西斯·培根:感觉的逻辑》,董强译,广西师范大学出版社2007年版,第37—38页。
④ Larry Lickus, *Myth*: *Body Metaphors in Art*, *Music*, *& Philosophy*, Indianapolis: Dog Ear Publishing, 2012, p.38.
⑤ Amelia Jones, *Body Art/ Performing the Subject*. Minneapolis: University of Minnesota Press, 1998, p.34.

普（Willoughby Sharp）强调"不可能像使用客体一样使用身体"，认为艺术家的身体同时是艺术活动中的主体和客体。①

在当代西方文化场域，艺术回归身体的过程还远远没有完成。身体还未完全呈现自身，"有关身体的本体论还有待被思考"。② 涉及身体的地位时，包括梅洛-庞蒂在内的西方理论家经常表现出犹疑之态，几乎均没有彻底超越二元论。当他们谈论主体时，身体似乎依然要与心灵为伴。从这种意义上说，迄今为止的西方话语并没有充分揭示身体的身体化运动，尤其是揭示身体的主体形貌。譬如，"劳作的身体"几乎没有在主流艺术中留下踪迹。即使偶尔出现在文化场域的边缘，它们也总是被忽略，而这意味着致命的遗忘：正是通过身体的劳作，艺术才获得了诞生的机缘；身体是艺术的作者，是艺术开始和结束的地方。显然，在最应该被注目之处，空白出现了。只有当它被填补，艺术才能找到自己的起源。

为了揭示身体尚未被充分说出的秘密，我们必须从西方学者和艺术家止步的地方向前走。那么，能否找到被遮蔽的身体—主体意象？本书给出了肯定的答案。在它诞生的过程中，作者进入西方艺术的边缘地带，追寻身体—主体的踪迹，重构久被遗忘的意象，探查建立身体艺术学的可能路径。从这种意义上说，本书乃是用空白写成。

---

① Battcock, Gregory and Nickas, Robert ed., *The Art of Performance: A Critical Anthology*, New York: E.P.Dutton, Inc., 1984, p.99.

② Jean-Luc Nancy, *Corpus*, New York: Fordham University Press, 2008, p.15.

第一章 希腊艺术:身体的出场与缺席

在名为《被古代遗迹之宏伟所震慑的艺术家》的绘画中,近代著名画家亨利·富塞利(Henry Fuseli)描绘了这样的场景:面对希腊文物,一位同时代的艺术家脸上露出了绝望的表情。据后来者分析,这个画面诠释了一种信念:"艺术是西方的,是天才的作品而不是单纯的模仿,是建立在描绘完美的、希腊的身体这一基础上的。"①事实上,有关希腊身体的称叹折射出西方艺术编年史的法则。对于西方人来说,古希腊是开端和序曲,是故乡和摇篮。当他或她讲述艺术的故事时,它几乎总是提供了需要效仿乃至膜拜的典范。② 然而,这种说法并不确切:尽管希腊身体地位崇高,但它并非西方身体艺术的原点。在它横空出世之前,西方艺术的故事已经开始。与其他文明一样,西方也经历了所谓的原始阶段。为了重构它的基本形貌,后人需要回溯到更久远的历史阶段。

---

① [美]尼古拉斯·米尔佐夫:《身体图景:艺术、现代性与理想形体》,萧易译,重庆大学出版社2018年版,第55页。

② 1821年,英国诗人雪莱(Percy Bysshe Shelley)曾经感叹:"我们都是希腊人。如果没有希腊,我们可能还是野蛮人和偶像崇拜者。在希腊,人的形体和人的心智都达到了一种完美,而这又反映在那些无瑕的作品之中,哪怕是它们的一块碎片都是现代艺术所望尘莫及的;这种完美又通过一千种现身的方式或是潜移默化的影响传递出永不枯竭的动力,使人类获得能力和欢愉,直至我们不复存在的那一天。"(《身体图景:艺术、现代性与理想形体》,第55页)

第一节　从原始时期到古典时期：
身体的出场与缺席

　　根据考古学家的研究,早在四万年以前的旧石器时代(Paleolithic Age),小群的猎人就已经活跃于希腊大陆,留下了丰富多彩的生存踪迹:动物的遗骨、建筑材料、植物的种子、原初工具,等等。它们都与人类的生存息息相关,牵连出有关食物和庇护的故事。人类身体曾经位于这些上手事物的中心,支配它们并因此组建属于自己的世界。当他/她用粗糙的双手磨制石刀时,更加精致的工具体系诞生了。正是在这个过程中,最初的西方艺术诞生了。

　　劳作的身体是所有艺术的作者,但却很少出现于最初的作品中。他或她聚焦打交道的事物,经常无暇顾及自己:"旧石器时代的绘画中很少出现人像,即使有,也会比动物形象简单、抽象很多。"①当他/她从事今人所说的艺术活动时,着眼点还是作品的实践效果。后者大都存在于想象之中,从属于有关灵魂的言说:最初的希腊人是灵魂的信徒,迷恋跨物种的神秘巫术;通过演练神秘的魔法,他们力图建立自己和世界的新型关系,控制在场或不在场的事物;当他们站在祭坛旁载歌载舞时,图画、雕刻、实物都可能扮演着灵媒的角色。灵媒既是施展魔法的对象,又是联结不同事物的中介。② 当人们对动物画像或其残骸施展魔法时,他或她显然相信一系列实在者都会因此受到影响。在这种部分与整体的替换中,某种实在关系显现出来:这是身体(人类)与身体(猎物)的交往,是实在者与实在者的互动。巫术仪式虽然诉诸于超越身体

---

① ［美］帕特里克·弗兰克:《视觉艺术史》,陈玥蕾译,上海人民美术出版社2008年版,第10页。
② ［美］帕特里克·弗兰克:《视觉艺术史》,陈玥蕾译,上海人民美术出版社2008年版,第10页。

的神秘力量，但却需要身体的在场。在史前艺术（绘画、雕塑、蠡刻）中，身体的在场都是不可或缺的前提：无论是对狩猎仪式的重构，还是直接以人为对象的雕刻和绘画，身体总已经显现其存在踪迹。它即使没有获得标绘，也实际上出现于对于艺术品的空白处。只有还原了身体的在场性，原始艺术网络才可能展示其全貌。如果不是为了狩猎行动获得成功，远古艺术家才不会为描绘动物劳神费力。当原初画家重构动物形象之际，后者已经被以某种方式捕获了。从这个角度看，原初绘画都是陷阱绘画（snare pictures），都属于身体—物体交织成的世界网络：通过把动物限制在洞穴的壁上或雕像上，旧石器时代的狩猎者相信自己已经控制了它们。① 这些艺术活动都是对狩猎活动的预演，折射出实在的身体性需要："如果吃饭和生育是人类最基本的活动（其他生物都如此），艺术是升华这些基本的互动的意识行为，那么可以推测，第一次有意识的视觉体验应该是通过与性和狩猎相关的图像或物品产生的。"②这无疑证实了本雅明的一个命题："'本真的'艺术作品的独特价值植根于仪式之中，即植根于它的起源的使用价值之中。"③

从根本上说，使用价值从属于使用者。这就是人类身体：它既是需求的源泉，也是满足需求的主体；既是观看的对象，又是观看发生的地方。虽然最初的艺术家几乎无暇反观自己，但这不是故事的终局。当人们的步伐变得从容，他/她必然会反观自己：为什么狩猎行动具有成功和失败之别？除了对仪式的演练不够完美外，还有没有其他原因？是不是由于我不够强壮和敏捷？我是谁？怎么才能知道我具有何等形象？这种认识自我的冲动推动了原始艺术，导演了身体出场的仪式。到了新石器时期，"与人有关的主题、关切、控制动

---

① Fred Kleiner, *Gardner's Art through the Ages: The Western Perspective*, London: Wadsworth, 2010, p.7.

② ［美］约翰·基西克：《理解艺术》，水平、朱军译，海南出版社2003年版，第37页。

③ ［德］本雅明：《启迪：本雅明文选》，阿伦特编选，张旭东、王斑译，生活·读书·新知三联书店2008年版，第239页。

物的行动场景处于中心地位。"①由于人发明了新的工具体系,狩猎活动往往心想事成。闲暇随之出现了,自信的人们开始打量自己。于是,壁画重构的狩猎仪式开始出现了猎人的形象,身体终于走到了艺术剧场的前台。他/她不再仅仅是幕后制作者,而且是舞台上的演员。这当然更接近实际的因果链条:没有狩猎的身体,就不可能捕获猎物。对此,后来的雕刻家最终心领神会。譬如,在一幅被命名为《猎鹿》(*Deer Hunt*)的壁画中,人类身体的形象出现于动物的周围,尽情地展现主体的动姿。② 这种结构安排体现了原始的肉身实在论(corporeal realism)观念。③ 随着后者的隐蔽增殖,艺术家开始演绎了一种原初性的"实用主义(或实践主义)":"为了获得肉、骨和皮毛,原始人必须猎杀野兽;为了满足内心对传宗接代的要求,必须诱惑女人;为了赶走临近部落的男人,不让他们拐走自己的妻女,或者不让他们侵犯自己的猎场,必须恐吓他们。"④"猎杀"、"诱惑"、"拐走"、"侵犯"、"恐吓"都是身体的动作。只有动起来,人才能实现自己的意欲。随着时间的推移,这个事实获得了越来越多的呈现。到了公元前1450—1400年间,克诺索斯(Knossos)的艺术家聚焦人类身体。譬如,在被命名为《跳跃的牛》(又译为《跳牛杂耍》)的宫廷壁画中,一个男人抓住了牛角,制服了这头庞大而暴怒的动物;人类自信的面容与公牛狂野的动姿形成了强烈的张力,但又未失去平衡。⑤ 画面中的身体是行动者,是属己世界的枢纽。为了重构这种关系,当时的艺术家往往并不追求物我之间

① Fred Kleiner, *Gardner's Art through the Ages: A Concise Western History*, London: Wadsworth, 2010, p.12.
② Fred Kleiner, *Gardner's Art through the Ages: The Western Perspective*, London: Wadsworth, 2010, p.12.
③ Shilling, Chiris.*The Body in Culture, Technology & Society*, London: Sage Publications, 2005. p.12.
④ [法]艾黎·福尔:《艺术发轫》,张延风、张泽乾译,中国财经出版社2015年版,第24页。
⑤ Fred Kleiner, *Gardner's Art through the Ages: A Concise Western History*, London: Wadsworth, 2010, p.51.

的平衡,而是注重"更加纯粹地展现人类活动"。① 作品中的人总是在行动:
"他们或哭泣、拥抱、舞蹈,或制造、搬运、使用武器或佩戴盔甲,他们侧身骑
马、驾驭战车、弹奏音乐、搬运动物或进行战斗。"②行动可以实现人的意欲,形
成以身体为中心的因缘结构,而后者则是艺术呈现的主要对象。换言之,艺术
是身体建立世界的一种方式。

不过,身体在原始艺术中的出场仪式不无悖谬意味:身体虽然总是在实施
行动,但它似乎又受神秘的灵魂掌控。在公元前 1600 年的科诺索斯,艺术家
创作了一尊名为《蛇神》(*Snake Goddess*)的雕像,展示了意味深长的细节:人
物裸露着丰满的乳房,但呆板的面孔和空洞的眼睛却表明身体不过是被掌控
着。③ 那么,掌控身体的究竟是什么? 答案只能是:灵魂。与这种观念相应,
画像、雕像或者塑像都会被当成灵魂的寓所。灵魂是生命力的源头,是人们真
正在意的东西。从这个角度看,原始艺术中体验内蕴了二元论倾向。分离已
经开始,裂痕已经出现。于是,后来困扰笛卡尔的难题也变得难以回避:如果
灵魂可以在身体死后幸存下来,那么,它就完全有别于身体,不可能与身体联
结起来,而这岂不意味着巫术不可能发挥作用? 同理,倘若巫术可以穿越灵魂
与身体的界限,那么,这两者就不可能完全不同,又怎么能出现身死魂存的时
间差? 虽然这个困境未必总是被意识到,但它意味着排斥身体的行动无法进
行到底。换言之,身体不可能完全被艺术所遗忘:它总是在这里,在做事、祈
祷、隐藏,在组建属于自己的世界。正因为如此,原始艺术中的悖论延续下来,
深刻地影响了古风时代(archaic period)的希腊艺术。

在流行的编年史中,原始希腊艺术被界定为史前时期。"史前"既是时间

---

① [英]罗宾·奥斯本:《古风与古典时期的希腊艺术》,胡晓岚译,上海人民出版社 2015 年版,
第 38 页。

② [英]罗宾·奥斯本:《古风与古典时期的希腊艺术》,胡晓岚译,上海人民出版社 2015 年版,
第 38 页。

③ Fred Kleiner, *Gardner's Art through the Ages:The Western Perspective*, London:Wadsworth, 2010,
p.52.

性的定位，又是审美上的估价，因而暗含着一种信念：在它之后的希腊艺术进入了澄明之中，开始确立自己的个性化形态。然而，这种说法虽然不无道理，但却忽略了历史转变过程中的连续性：古风时代的希腊艺术家至少部分地保留了原始的身体观念，同样未完全克服其中所蕴含的悖论。正因为如此，这个时期的希腊人曾经深受埃及灵魂观念的影响，相应的艺术创作甚至"被认为是近东艺术的一部分"①。如果没有有别于前者的"自然主义造型观念"的介入，此间的希腊艺术就无法最终走向独立。② 要理解如此复杂的继承—借鉴—转向机制，我们应该明白一个关键之处：古风时期的希腊城邦（polis）已经升格为自治者的联合体，组建了公民大会（the assembly）和议事会（the council of elders），创造重视个人的社会语境。③ 随着这种变化的持续，希腊社会告别了传说中的"黑暗时代"："在此 200 年间，希腊社会脱离了黑暗年代，发展变化的速度不断提升，持续并超过了公元前 8 世纪取得的进步。"④由于这种联合模式完全不同于古埃及的政治体系，借鉴了其艺术形式的希腊人最终走上了自我确立之路。于是，推崇画圣符者（Hierogrammat）、占星术士（Horoscopus）、教士（prists）的埃及文化同时被借鉴和超越，成为古希腊艺术借以超越史前形态的过渡环节。⑤ 在这个过程中，微妙之处在于：古埃及文化中的教士代替了掌管仪式的巫师，扬弃了原始的万物有灵论，开始凸显人类这个物种，但相关艺术形态又难以满足当时的希腊人。

---

① Catherine Cucinella, *Poetics of the Body: Edna St. Vincent Millay, Elizabeth Bishop*, Marilyn Chin, and Marilyn Hacker, New York: Palgrave Macmillan, 2000, p.3.
② ［英］罗宾·奥斯本：《古风与古典时期的希腊艺术》，胡晓岚译，上海人民出版社 2015 年版，第 17 页。
③ ［美］波默罗伊等：《古希腊政治、社会和文化史》，傅莹等译，上海三联书店 2010 年版，第 99 页。
④ ［美］波默罗伊等：《古希腊政治、社会和文化史》，傅莹等译，上海三联书店 2010 年版，第 97 页。
⑤ George G. M. James, *Stolen Legacy: Greek Philosophy is Stolen Egyptian Philosophy*, African American Image, 2001, p.132.

从现在的角度看，古埃及的信仰体系推动了"人的神化"（the deification of man）①，将身体置于一种具有悖谬意味的宇宙图式之中：虽然它强调人最终会"从身体的加锁中解脱出来"，但又认为处于轮回之中（re-birth or re-incarnation）的众生不能完全舍弃身体。② 于是，有关身体及其拟像可以保护灵魂的信念又吊诡地被强化了，并且催生出保存遗体的习俗："埃及人认为保留遗体还不够。如果国王的肖像也被保存下来，那么就能加倍地保证他永远生存下去。于是，他们叫雕刻家用无坚不摧的花岗岩雕成头像，放到无人可见的坟墓之中，在那里行施它的符咒以帮助国王的灵魂寄生于雕像之中，借助于雕像永世长存。③ 在此类信念支配下，雕刻家被视为"使人生存的人"。④ 由于这里所说的人是曾经存在过的个体，因此，此类观念至少部分地契合古希腊的精神气质。进而言之，相比于史前艺术，重构事物的方式出现了根本性的变化：如果说前者制作的是类的替代物，那么，埃及人再现的对象则是个体（制像的人）。虽然被凸显的还仅仅是某人的主要特征，但个体毕竟已经出场了。这同样是一种个体化转向。对于过渡时期的希腊艺术来说，它同时提供了可借鉴的范型和被超越的对象。受制于社会结构、信仰、技术体系，相应的个体化运动还处于初始阶段：首先，制像技术（雕像和肖像）首先服务于有权力的个体，整个活动都围绕他们进行；其次，相应制作依然从属于一个功能性的体系，甚至仅仅供死者的灵魂观看。⑤ 受制于这样的基本法则，制像者"只关心基本的东西"，略去"次要的细节"。⑥ 这并非是专门针对身体的创作策略，而是一

---

① George G. M. James, *Stolen Legacy*: *Greek Philosophy is Stolen Egyptian Philosophy*, African American Image, 2001, p.27.

② George G. M. James, *Stolen Legacy*: *Greek Philosophy is Stolen Egyptian Philosophy*, African American Image, 2001, p.104.

③ ［英］贡布里希：《艺术的故事》，范景中译，广西美术出版社2008年版，第58页。

④ ［英］贡布里希：《艺术的故事》，范景中译，广西美术出版社2008年版，第58页。

⑤ ［英］贡布里希：《艺术的故事》，范景中译，广西美术出版社2008年版，第55—58页。

⑥ ［英］贡布里希：《艺术的故事》，范景中译，广西美术出版社2008年版，第58页。

种普遍的重构方法:"无论是哪一个事物,他们都得从最具有特性的角度去表现。"①以《赫亚尔肖像》(约公元前 2778—前 2723 年)为例,这点清晰可见:"头部在侧面图中最容易看清楚,他们就从侧面画。但是,如果我们想起人的眼睛来,就想到它从正面看见的样子。因此,一只正面的眼睛就被放到侧面的身体上。"②随着这类特性的强化,一种绵延数千年的风格诞生了。后者越过了埃及的边界,影响了古希腊的艺术家。从公元前 6 世纪建第一批石头神庙起,希腊雕刻家"继续埃及人和亚述人的旧业干下去"③。像埃及艺术家一样,他们"努力表现他们觉得重要的人类形态中的一切",标绘出"侧面轮廓中的头,占据了整个侧脸的眼睛,有关肩膀和胸部的前视图"等。然而,这是不精确的重构:它虽然比原始艺术精细,但难以表现身体的形态—动姿。正因为如此,随着个人主义的兴起,相应的创作法则已经无法满足希腊艺术家的要求。于是,古风时代的艺术家"开始探索自己的路子",最终创造了艺术史上的"希腊奇迹"(Greek Miracle)。④

落实到具体层面,"古希腊艺术家弃绝了如何描绘人类形式的限制性要求","相信自己可以通过身体的位置或运动表现内在生命。"⑤他们创造一种再现人体的方法,不仅使古希腊艺术脱离了东方艺术,而且使它从此成为西方自然主义造型艺术的基本参照。⑥ 以后来被命名为《人与半人马怪搏斗》的青铜组雕为例,我们可以发现嬗变的踪迹:

在这件雕塑中,马以及两个人体的下半部分主要从侧面观看,艺术家

---

① [英]贡布里希:《艺术的故事》,范景中译,广西美术出版社 2008 年版,第 61 页。
② [英]贡布里希:《艺术的故事》,范景中译,广西美术出版社 2008 年版,第 61 页。
③ [英]贡布里希:《艺术的故事》,范景中译,广西美术出版社 2008 年版,第 77 页。
④ [英]贡布里希:《艺术的故事》,范景中译,广西美术出版社 2008 年版,第 78 页。
⑤ Catherine Cucinella, *Poetics of the Body : Edna St.Vincent Millay*, *Elizabeth Bishop*, Marilyn Chin, and Marilyn Hacker, New York : Palgrave Macmillan, 2000, p.3.
⑥ [英]罗宾·奥斯本:《古风与古典时期的希腊艺术》,胡晓岚译,上海人民出版社 2015 年版,第 17 页。

强调了小腿和臀部的曲线，以及男性生殖器的突起。但是从腰部至头部，属于人体部分的曲线不再适合从侧面观看，两者平面化的躯干只能从前面或后面欣赏，呈现为明显的三角形。而且，只有人体的腰部以上参与到了行动——激烈的行动——之中，似乎那个人正用剑刺向怪物。（罗宾·奥斯本 2015）①

在这组诞生于公元前 8 世纪的作品中，身体的形象显得粗陋乃至夸张：头被以不合比例的方式凸显，躯干的体积则被缩减。② 虽然身体的动作已经获得凸显，但这仍是一种凸显功能的建构。到了公元前 8 世纪，雕塑中的身体依然时常显得呆板乃至僵硬。在回顾这段历史时，艺术史家贡布里希（E. H. Gombrich）曾经指责当时流行的"古罗依"（kouroi）雕像显得僵硬和冰冷："一具'古罗依'是一尊真人大小或更大些的年轻男子立像，通常为大理石制，一般裸体但发式精致，摆出一种双臂在身体两侧、一脚迈向前的僵硬刻板姿势。古罗依是整个东部希腊世界通用为神庙的奉献物，而在雅典疆界内也被用作墓碑石。它的女性对应物'古蕾'总是穿衣服的。无论男性还是女性都带着一抹充满距离感的、有点高深莫测的微笑。"③他所说的"'古罗依'就是古风时期的典型产物，代表了一种过渡性的雕刻风格："这些男性和女性的雕像，尽管在素描和表情上初露端倪，却有一种重大的缺点，在没有特定的动能工作这一点上看出他们的人物都是抽象的人物。"④它们被视为僵化之作，所重构

---

① ［英］罗宾·奥斯本：《古风与古典时期的希腊艺术》，胡晓岚译，上海人民出版社 2015 年版，第 39 页。

② ［英］罗宾·奥斯本：《古风与古典时期的希腊艺术》，胡晓岚译，上海人民出版社 2015 年版，第 39 页。

③ ［法］乔治·维加埃罗主编：《历史上的身体：从旧石器时代到未来的欧洲》，张竝、赵济鸿译，华东师范大学出版社 2013 年版，第 175 页。

④ ［法］赖那克：《阿波罗艺术史》，李朴园译，中国财政经济出版社 2016 年版，第 55 页。

的人物则"被框定在狭窄的动态姿势和脸部表情范围内"。① 从某种意义上说，古风时期的身体仍是观念的实体化。作为身体的身体仍未出场，还在等待属于自己的"美学时刻"（aesthetic moment）。它被看见、触摸、琢磨，但没有被完整地重构。

不过，这是一个为身体重新出场所做的准备性工作，其中的笨拙之处即将被克服。当人可以从容地观察自己所属的物种形象，当制作的技艺渐趋精湛，身体艺术必然追求更准确的重构。从空间的角度看，雕塑恰恰可担此大任：作为三维存在，它不仅可以被看见，而且能够被触及。如果说绘画创造的是虚拟景象（a virtual Scene），那么，它则可以模仿真实的三维存在（包括人类身体），重构可见可触的实在物。由于"在三维即能动的空间表象中自我建构"，这种艺术形态"让触觉空间变得可见"。② 与绘画相比，"雕塑中的模仿或许是更好的现实主义标准"。③ 在一件半身铜像中要描绘的东西是一个运动的、多面的、且有起伏变化的人。④ 正因为如此，这种艺术形式受到青睐："如果希腊人想祈求保护神狄俄斯库里（Dioscuri）兄弟的佑助，他们就会雕刻一个狄俄斯库里兄弟的神像，如果他是一个水手，他就会在狄俄斯库里之外再雕一只船……"⑤当身体意象出现于雕塑上时，生命变成了丰满的可感者，具有重量、体积、厚度乃至"血肉"。面对它们，人们的观感可以"转变为触觉体验"。⑥ 以人为题材的雕像是身体的拟像，是对身体的重构。在属于雕塑的空间中，身体是不可替代的中心："他的身体和身体自由运动的幅度，身体的呼吸间隔和

① ［法］乔治·维加埃罗主编：《历史上的身体：从旧石器时代到未来的欧洲》，张竝、赵济鸿译，华东师范大学出版社2013年版，第372页。
② ［美］苏珊·朗格：《感受与形式》，高艳萍译，江苏人民出版社2013年版，第98页。
③ ［美］纳尔逊·古德曼：《艺术的语言》，彭锋译，北京大学出版社2013年版，第18页。
④ ［美］纳尔逊·古德曼：《艺术的语言》，彭锋译，北京大学出版社2013年版，第18页。
⑤ ［英］简·艾伦·哈里森《古代艺术与仪式》，刘宗迪译，生活·读书·新知三联书店2008年版，第12—13页。
⑥ ［英］罗宾·奥斯本：《古风与古典时期的希腊艺术》，胡晓岚译，上海人民出版社2015年版，第103页。

肢体的伸展范围，是他自身的能动体积，是定位的中心，他从中筹划可触现实的世界——物象、距离、运动、形状、大小和质量。"①由于这种优势，雕塑开始从各种艺术的竞争中脱颖而出，备受研究者的青睐。当约翰·约阿希姆·温克尔曼（Johann Joachim Winckelmann）以及其后的19世纪和20世纪艺术史家为古希腊艺术划界时，他们所依据正是雕像的建构方式。② 以雕像重构人类身体，乃是古希腊艺术最为突出之处："希腊人表现人体还有一种更为全民性的艺术，更适合风俗习惯于民族精神的艺术，或许是更普遍更完美的艺术，就是雕塑。"③随着雕像的兴起，人类身体开始走上艺术的前台："在艺术和宗教中，古希腊人都将人类身体置于世界的中心。当其他古代文明崇拜混合着人类形态和动物形态的神祇时，他们按照人类的形象创造了自己最重要的神。"④可以说，古希腊人发明了艺术中的身体（the body in art），视之为美的事物和意义的载体。身体是古希腊艺术的主角，是其内在情节的推动者。它的摹本被置于庙宇之中和广场之上，被打量和凝视："公元前700年之后，人的造型，而不是马的造型，不断地在古希腊社会的艺术评论中占有一席之地，这一点丝毫不会令人感到惊讶。"⑤随着重构过程的持续，身体意象逐渐变得丰满和生动。在公元前530年创作的雕塑《安纳维索斯的库罗斯》中，它已经展示了自己的动姿："向前跨出的腿使人物进入观众的空间，是古风时期的程式（表示向观众移动，仿佛在走路），依然显现出弱化早期石像'封闭式'特征的迹象，面部表情类型化且难以琢磨。"⑥毫无疑问，这是尚未完全显露差异和个性的身体，尚被束缚于一般性的范式之中。不过，变化已经发生："较之以往

---

① ［美］苏珊·朗格：《感受与形式》，高艳萍译，江苏人民出版社2013年版，第98页。
② ［法］乔治·维加埃罗主编：《历史上的身体：从旧石器时代到未来的欧洲》，张竝、赵济鸿译，华东师范大学出版社2013年版，第175页。
③ ［法］丹纳：《希腊的雕塑》，傅雷译，上海书画出版社2011年版，第1页。
④ Ian Jenkins and Victoria Tuner, *The Greek Body*, London：The British Museum Press, 2009, p.23.
⑤ ［英］罗宾·奥斯本：《古风与古典时期的希腊艺术》，胡晓岚译，上海人民出版社2015年版，第40页。
⑥ ［美］约翰·基西克：《理解艺术》，水平、朱军译，海南出版社2003年版，第87页。

的男像,其改进之处在于身体比例更为自然、曲线更为柔和。"①譬如,"雕像上出现了一种被称为'古风式的微笑'的表情,它并非只是试图表现一种情感状态,而成为一种活力的标志。"②这是意味深长的变化,展示了重构本真身体的意志:"库罗斯石像,回应观众的目光都不带任何情绪,也不诉说故事;的确,与从镜中观看自己的目光不同,库罗斯的目光并未复制观众的情绪或体验。"③当观众面对这些身体意象时,一个物种看见了自己:"站在雕像前,人们会遭遇面带微笑的库罗斯石雕的目光,意识到库罗斯的形象正是自己无法获得永恒的写照。"④身体是终有一死的短暂者,是只能栖居于特定环境中的有机物。它居留于大地上,但又必然地离开,此乃不可抗拒的命运。恰如德里达(Derrida)(2006)所言,"生命'就是'幸存",语言即遗言。"⑤但,人在死亡到来之前仍然可以有所作为:可感而又能感的身体总是建构属于世界,体验属于自己的悲欢离合;当他/她回忆自己的往事时,被唤起的首先是行动的片段;甚至,仪式也是行动的预演和重构。⑥ 正因为如此,雕刻家致力于展示身体的动姿,展示生存的秘密、欢乐、哀愁:"公元前6世纪,数以百计的库罗斯雕像被制作出来,雕塑工匠用不同的方式探索男人究竟是什么模样。"⑦在出生与死亡之间,身体找到了自己的领地。它做事、奔跑、享乐,它被模仿、重构、尊崇、

---

① [美]约翰·格里菲思·佩德利:《希腊艺术与考古学》,李冰清译,广西师范大学出版社2005年版,第176页。

② [美]约翰·格里菲思·佩德利:《希腊艺术与考古学》,李冰清译,广西师范大学出版社2005年版,第176页。

③ [英]罗宾·奥斯本:《古风与古典时期的希腊艺术》,胡晓岚译,上海人民出版社2015年版,第99页。

④ [英]罗宾·奥斯本:《古风与古典时期的希腊艺术》,胡晓岚译,上海人民出版社2015年版,第100页。

⑤ [法]雅克·德里达:《解构与思想的未来》,夏可君编校,吉林人民出版社2006年版,第5页。

⑥ 希腊语把仪式称为dromenon,意思是"所为之事",也就是说,要举行一个仪式,你必须做一些事情。(《古代艺术与仪式》,第18页。)

⑦ [英]罗宾·奥斯本:《古风与古典时期的希腊艺术》,胡晓岚译,上海人民出版社2015年版,第100页。

纪念,它留下自己的作品。对它的重构曾经如此丰富多彩,以至于受到无数后人的敬仰。当丹纳(Hippolyte Adolphe Taine)于19世纪回忆希腊身体艺术时,他难以抑制自己的兴奋之情:"这才是真实的人,一个有思想,有意志,又活泼又敏感的身体;这才是真正的人生,在呱呱而啼的童年与静寂的坟墓之间的六七十年寿命。我们要使这个身体尽量的矫捷,强壮,健全,美丽,要在一切坚强的行动中发展这个头脑这个意志,要用精细的感官,敏捷的才智,豪迈活跃的心灵所能创造和欣赏的一切的美,点缀这个人生(希腊人的人生观即尽在于此)。"①这番表述并不完全符合实际(如希腊人的平均寿命不到50岁),但却可能再现了希腊人真实的接受体验。

　　除了雕塑外,陶器也提供了展示身体意象的空间。就艺术形式而言,对身体的重构主要出现在雕像和绘图陶器上。在古风时期,陶器制造业的兴起增加了身体叙事的路径。从公元前675年开始,"科林斯成为希腊最重要的贸易中心","控制了精制陶器贸易。"②这个地区的陶器工坊特别擅长制造一种图案优雅的香料瓶,尤以黑绘风格而闻名。"陶瓶画工先在浅黄色科林斯陶坯上涂一层釉,""然后在釉面上刻出所要描绘的人物或花纹轮廓,"再用锐器刻画图像,而烧制后被黏土釉覆盖的部分变成黑色。③　相对于雕塑,这种描绘显然不那么劳心费时,更适合表现较为复杂的场景。随着瓶画的流行,"人体也频繁地被描画在绘图陶器上",出现在稠密的几何图案中。④　与此同时,以身体为原型的修辞学实践深刻地影响了日常言说:"正如我们提到杯子底'足',希腊人也用这样用人体部位的名称命名陶器的不同部位——陶器把手

---

① [法]丹纳:《希腊的雕塑》,傅雷译,上海书画出版社2011年版,第33页。
② [美]波默罗伊等:《古希腊政治、社会和文化史》,傅莹等译,上海三联书店2010年版,第127页。
③ [美]波默罗伊等:《古希腊政治、社会和文化史》,傅莹等译,上海三联书店2010年版,第127页。
④ [英]罗宾·奥斯本:《古风与古典时期的希腊艺术》,胡晓岚译,上海人民出版社2015年版,第100页。

被称为'耳',杯子内壁被称为'面'。"①正如身体在模仿世界,世界也在模仿身体。在身体和世界之间,呼应关系清晰可见。

古风时期的身体艺术已经处于内在的张力之中,隶属于一个还没有未充分展开的图式。从这个角度看,古风时期的尾声必然是身体叙事的序曲。在阿菲亚神庙(Temple of Aphaia),人们发现了两座后来都被名为《垂死的武士》的雕像。二者分别制作于公元前500—前490年和公元前490—前480年,诞生的间隔不算很长,但却展示了完全不同的身体意象:前一个雕像所塑造的武士已经倒下,手握刺中自己身体的利器,但脸上却带着古风时期的微笑,似乎根本没有感受到自己的痛苦,或者说,他对躯体的痛苦无动于衷;后者的面孔则向下凝视,表达了一种关切自己痛苦的态度;这是古典时期(classical era)和古风时期(archaic period)的重要区别。② 随着这个趋势的凸显,古风时期的"程式主义"(schematism)开始让位于逐渐兴起的"自然主义"(naturalism)。③ 在早期古典时代(Early Classical period),变化就已经发生。到了公元前480年左右,雕塑《克利提俄斯男孩》(Kritios Boy)标志着某种重要的革新。它的作者以"更具自然主义特征地再现人体","使早期僵硬的库罗斯的正面姿态更加松弛","有意识地使形象在其所处的空间里动起来"。④ 他呈现出的是新型的姿势:"右腿向前迈开,并不承重,而所有的重量都落在左腿上。同时随着姿态的变化,雕像上出现了水平轴上的动感。雕像的右臀稍低,肩膀微微倾斜,头部侧转,身体有了一定的曲线感。"⑤古风时期不自然的僵硬造型已经

① [英]罗宾·奥斯本:《古风与古典时期的希腊艺术》,胡晓岚译,上海人民出版社2015年版,第159页。

② Fred Kleiner, *Gardner's Art through the Ages: A Concise Western History*, London: Wadsworth, 2010, p.64.

③ Jeremy Tanner, *Nature, Culture and the Body in Classical Greek Religious Art*, World Archaeology, Vol.33, No.2, Archaeology and Aesthetics(Oct., 2001): 260.

④ [美]约翰·基西克:《理解艺术》,水平、朱军译,海南出版社2003年版,第98页。

⑤ [美]约翰·格里菲思·佩德利:《希腊艺术与考古学》,李冰清译,广西师范大学出版社2005年版,第225—226页。

消失不见，人物的站姿更接近真实状态，身体以脊椎为轴灵活换位。① 他的身体微微向右侧倾斜，显示重心向左侧转移的动姿。右腿随意地弯曲，头也略向右侧转动。这是重心上的平衡，这是运动中的调整。"早期作品中典型化的粗放的微笑已经没有了，取而代之的是可以看得出来的沉思。"②这得益于"对人体面部更为敏锐的观察"，"因为艺术家的创作更多地依赖于人体局部的细微差别，更少搬套路"。③ 雕像中"出现了更加逼真的骨架和肌肉"，"而不再像一个机器人"。④ 这座雕像的出现意味着"由抽象化到具体化表象的渐进"业已大功告成。⑤ 在这个雕像中，人物升格为"故事中的演员而非旁观者"。⑥演员总是被抛入特定情境之中，做出符合背景的动作。由于每个人都在宇宙中占据着独一的位置，因此，这种定位必然落实为重视个性的创作法则。于是，已经出现的位移继续向前推进："随着创作中男性造型日益丰富，每件雕像都不可避免地更具特殊性，使艺术是普遍象征的说法无法继续；不再是反映观众凝视的镜子，也不再进入观众的世界，这个男孩将头调转，一心一意只关心自己的故事。"⑦发现于里切牙(Riace)的铜像《武士》发展了《克里托斯男孩》所代表的革新实验：重量的转移更加显著，头更有力地转向右方，肩膀倾斜，臀部扭动，微微举起的手臂则从躯干中解放出来；身体自然的空间运动被再现，代替了古风时期呆板的正面标绘。这是对身体本身的回归，艺术家开始

---

① Fred Kleiner, *Gardner's Art through the Ages: A Concise Western History*, London: Wadsworth, 2010, p.65.
② [美]约翰·基西克：《理解艺术》，水平、朱军译，海南出版社2003年版，第98页。
③ [美]约翰·基西克：《理解艺术》，水平、朱军译，海南出版社2003年版，第98页。
④ [美]约翰·格里菲思·佩德利：《希腊艺术与考古学》，李冰清译，广西师范大学出版社2005年版，第226页。
⑤ [美]约翰·格里菲思·佩德利：《希腊艺术与考古学》，李冰清译，广西师范大学出版社2005年版，第177页。
⑥ [英]罗宾·奥斯本：《古风与古典时期的希腊艺术》，胡晓岚译，上海人民出版社2015年版，第189页。
⑦ [英]罗宾·奥斯本：《古风与古典时期的希腊艺术》，胡晓岚译，上海人民出版社2015年版，第189页。

展示运动的身体。由于这个升格,雕塑开始成为凝固的戏剧,演绎具有因果关系的生命叙事。它所模仿的不仅是身体的造型,而且是身体的动姿。通过雕塑家的工作,一种新的身体形象进入了艺术场域:敏感,关心自己,能够作出呼应环境的行动。于是,雕像和身体可以相互指称和对比,具有更加明晰的同构性:"对很多艺术史家而言,雕像当真看似在这一刻'活了',建立起一种延续至今的自然主义的、个人主义的、行动导向的再现传统。"①与此相应,身体的命运出现了转折:"一开始人们就认识到,古典艺术最突出的特征之一就是如何把人类置于前景和中心。人类身体成了古典雕像和瓶绘的主旋律。"②贡布里希把这个变化命名为"希腊革命"(Greek revolution)。③ 在他看来,此前的希腊艺术犹如睡美人,现在则接受了具有魔幻力量的一吻,开始焕发了新的活力:"我们看到了我们称之为'阿波罗神像'或'古罗依'的那些形象是多么僵硬和冰冷,首先迈出一只脚,然后弯曲它们的胳膊,它们面具般的微笑如何柔和,然而在波斯战争时期,它们紧张姿势的对称性就终于被打破了,而它们的身体接受了轻微的扭曲,于是生命便似乎进入了大理石。"④"生命进入了大理石"意味着:雕像更加身体化了。它们不再仅仅是仪式中的道具,而是对人类身体的模仿。这种模仿的技艺虽然曾受到柏拉图的强烈谴责,但它却使身体艺术"逐渐接近生命"。⑤ 当大理石获得了生命,它不是变成身体了吗? 身体将自己树立为真正的原型和尺度,开始重新定义艺术:"关于人类身体的学术史因此建立了一套关于身体信念变化及变化原因的宏大叙事:(1)艺术(雕刻和陶器)披露出古典文明的基本精髓。(2)进行定义的时刻就是在公元前5

① 〔法〕乔治·维加埃罗主编:《历史上的身体:从旧石器时代到未来的欧洲》,张竝、赵济鸿译,华东师范大学出版社2013年版,第372页。
② 〔法〕乔治·维加埃罗主编:《历史上的身体:从旧石器时代到未来的欧洲》,张竝、赵济鸿译,华东师范大学出版社2013年版,第174—175页。
③ E.H.Gombrich, *Art and Illusion*, London:PHAIDON PRESS,1984,p.93.
④ E.H.Gombrich, *Art and Illusion*, London:PHAIDON PRESS,1984,p.93.
⑤ E.H.Gombrich, *Art and Illusion*, London:PHAIDON PRESS,1984,p.94.

世纪开端前后转向古典雕刻的时刻，这一转变聚焦于人类身体，用一种既'自然主义'又理想主义的风格描绘人类身体，这种风格在艺术中持续担当美的标准，持续至今。"①那么，将人类身体从僵化的桎梏中释放出来的那个吻到底是什么？换言之，是什么使人的感性生命可以绽放？是前面提到过的联合模式吗？如果是，又是什么推动了它的兴起？

在回顾这个过程时，希腊词 Agora 提供了非常重要的线索。Agora 意为广场或市场。它是"公共空间"，是"民主"的发源地，也是身体展示自己的场所。正是由于 Agora 的增加和繁盛，艺术中的"希腊革命"才得以发生。如果说"埃及雕像是权势之人的形象"，那么，古典时期的身体雕像则属于更广泛的公共空间。② 它们尽管依然保持着与宗教的密切关系，但已经开始具有走向多元化的征兆："古典雕像处于多种功能被运用：作为坟墓标记，作为公共纪念物（比如神庙）的装饰，作为神庙内的膜拜形象并作为宗教风险品和纪念品，但从未用于私人艺术。"③它们是"公共艺术"，出现在神庙中，被装饰在公共纪念碑上，被安置于信徒纷至沓来的圣所。与此类似，流传下来的绘画也主要流传于商业和祭奠等公共活动之中。只有当公共性升级时，身体才会获得普遍出场的机缘，魔幻之吻才会降临。对于此中机制，哈里斯（Oliver J. T. Harris）等学者曾进行过剖析："至于说大约公元前 6 世纪末期整个希腊世界发生了一场普遍的政治转型，那么，它是一场'中产式'策略对'贵族式'策略的胜利。"④贡布里希也得出过类似的结论："在雅典的民主政体达到最高程度的年代里，希腊艺术发展到了顶峰。雅典人击溃了波斯人的入侵以后，开始重

① ［法］乔治·维加埃罗主编：《历史上的身体：从旧石器时代到未来的欧洲》，张竝、赵济鸿译，华东师范大学出版社 2013 年版，第 178 页。
② ［英］罗宾·奥斯本：《古风与古典时期的希腊艺术》，胡晓岚译，上海人民出版社 2015 年版，第 96 页。
③ ［法］乔治·维加埃罗主编：《历史上的身体：从旧石器时代到未来的欧洲》，张竝、赵济鸿译，华东师范大学出版社 2013 年版，第 176 页。
④ ［法］乔治·维加埃罗主编：《历史上的身体：从旧石器时代到未来的欧洲》，张竝、赵济鸿译，华东师范大学出版社 2013 年版，第 199 页。

建被波斯人毁掉的家园。"①当代学者杰里米·坦纳(Jeremy Tanner)也认为:"在古希腊艺术中,自然主义的发展出现于民主在雅典建立和体制化的时期,新的图像学(new iconography)则在公元前450年到前430年被编成法典,而这是雅典民主达到高峰的阶段……"②这是个后人耳熟能详的故事:公元前590年,政治家梭伦(Solon)启动了影响深远的改革,"创造了一套平衡的体系","其中人人都享有某些权力"。③ 经过努力,雅典城邦开始由全体公民共同治理。希腊文中的demokatia(民主)意味着"人民"(demos)掌握国家的"权力"(kratos):"因为人民有了投票的权利,就成为政府的主宰了。"(亚里士多德《雅典政制》VIII)④此后,经过波诡云谲的博弈,"轮流统治"(hold office by turn)成为现实。(*Politics*1278b6)⑤民主政治的出现创造了新的公共空间,譬如"政治逐渐包括数量更大的自由成年男性的参与"。⑥ 到了克勒斯赛涅斯(Cleisthenes)执政时期(约从公元前503年起),这个制度设计开始显现其力量。它衍生出以"自由、个人主义和人文主义"为内核的城邦精神。⑦ 在这个过程中,艺术家的地位提高了:

> 艺术家是用双手工作,而且是为了生计工作。他们坐在铸造场里,一身汗污,一身泥土,就像普通的苦力一样卖力气,所以他们不被看作上流社会的成员。尽管如此,他们在城市中的地位却大大地超过埃及和亚述

① [英]贡布里希:《艺术的故事》,范景中译,广西美术出版社2008年版,第82页。
② Jeremy Tanner, *Nature, Culture and the Body in Classical Greek Religious Art*, *World Archaeology*, Vol.33, No.2, Archaeology and Aesthetics(Oct.,2001):272.
③ [美]波默罗伊等:《古希腊政治、社会和文化史》,傅莹等译,上海三联书店2010年版,第188—189页。
④ [古希腊]亚里士多德:《雅典政制》,日知、力野译,商务印书馆2010年版,第13页。
⑤ Aristotle, *Politics*, New York:Barnes & Noble Classics,2005,p.66.
⑥ [法]乔治·维加埃罗主编:《历史上的身体:从旧石器时代到未来的欧洲》,张竝、赵济鸿译,华东师范大学出版社2013年版,第199页。
⑦ [法]乔治·维加埃罗主编:《历史上的身体:从旧石器时代到未来的欧洲》,张竝、赵济鸿译,华东师范大学出版社2013年版,第179页。

的工匠；因为大部分城市，特别是雅典城，都是民主政体，普通劳动者虽然遭到有钱的势利小人的蔑视，但却可以承担一定的市政管理工作。①

受惠于这种平等精神，希腊身体获得了持续出场的机缘。② 越来越多的成年男性身体进入公共空间，展示自己的活力、潜能、丰富性，并因此被观看、凝视、描摹、重构。一个与特定意义结构、实践结构、身体经验结构相关的"身体世界"诞生了："在城市里，年轻人在体操场内裸体较力；人们穿着宽松的衣裳上街，并且任意地暴露自己的身体。"③随着这个过程的持续，重构身体升格为艺术的重要使命。为了推动身体的重构，雅典曾经举办一系列艺术竞赛。根据柏拉图的记载，格劳孔（Glaocon）等著名雕塑家是此类活动的热情参与者。（*Republic* 361d）④在这种氛围中，艺术家可以更加自由地重构人类身体。这是"希腊革命"的内在动因。

为了涵括数量日益增多的公民身体，雅典建立了许多 Aroga。其中最著名的就是位于普尼克斯山上的剧场，全体公民大会在这里召开，规则在这里被制定，投票在众目睽睽下完成。⑤ 除了剧场外，练身场也是身体出场的重要空间："梭伦当政的时代（指雅典——作者注）有三个大规模的公共体育场，还有许多小型的。十六至十八岁的青年整天在练身场上过活，有如走读的中学生，但不是为了训练头脑，而是训练身体。"⑥在人物之间，目光的交流所形成了可以彼此通达的回路，生命的命运被带入澄明之中。随着越来越多的个体升格为历史的主角，重构身体的方式发生了巨大的变化：其一，艺术涉及的人物和

---

① ［英］贡布里希：《艺术的故事》，范景中译，广西美术出版社 2008 年版，第 82 页。
② ［美］汉密尔顿：《希腊精神》，葛海滨译，辽宁教育出版社 2013 年版，第 10 页。
③ ［美］理查德·桑内特：《肉体与石头——西方文明中的身体与城市》，黄煜文译，上海译文出版社 2011 年版，第 4 页。
④ Plato：*Complete Works*，Indianapolis/Cambridge：Hackett Publishing Company，1997，p.1002.
⑤ ［美］理查德·桑内特：《肉体与石头——西方文明中的身体与城市》，黄煜文译，上海译文出版社 2011 年版，第 6 页。
⑥ ［法］丹纳：《希腊的雕塑》，傅雷译，上海书画出版社 2011 年版，第 127 页。

主题范围更加宽泛,非但不再局限于诸神,而且还表现"历史的、个人的及家庭的场景";其二,允许演绎与身体相关的"主体化动力",展示更富差异性的理想类型。① 由于重构身体成为重要的艺术实践,哲学家们也加入参与了相应的讨论。根据色诺芬(Xenophon)的记载,苏格拉底曾经与雕塑家克雷同进行过如下对话:

> "克雷同,你所雕塑的赛跑家、摔跤家、拳击家和格斗家的形象都很美妙,这是我所看得出来而且知道的,不过,那种对观者来说,最引人入胜的、栩栩如生的神情你是怎样创造出来的。"
>
> 当克雷同踌躇不决,不能立刻回答的时候苏格拉底又进一步问道:"是不是由于你使自己的作品酷肖生物的形象,它们才显得更加生气勃勃呢?"
>
> "肯定是这样",克雷同回答。②

创作时的克雷同观察"身体的不同姿态而产生的各部位的下垂或上举,拉拢或分开,紧张或松弛",将之描绘得惟妙惟肖、形态逼真、令人深信不疑。毫无疑问,这是身体艺术走向独立的征兆:身体制造出了自己的摹本,将其投射到文本中,让它扮演一定的功能。在苏格拉底与画家帕拉西阿斯的对话中,一种身体学已经显现出来:

> "那么,你们是不是也描绘心灵的性格,即那种最扣人心弦、最令人愉悦、最为人憧憬的最可爱的性格呢? 这种性格是无法描绘的?"苏格拉底问。

---

① [法]乔治·维加埃罗主编:《历史上的身体:从旧石器时代到未来的欧洲》,张竝、赵济鸿译,华东师范大学出版社 2013 年版,第 199—200 页。
② [古希腊]色诺芬:《回忆苏格拉底》,吴永泉译,商务印书馆 2010 年版,第 122 页。

帕拉西阿斯回答道:"啊,苏格拉底,怎么能描绘这种既不可度量,又没有色彩,也没有你刚才说的任何一种性质,而且还完全看不见的东西呢?"

"那么,可不可以从一个人对于别人的颜色里看出他是喜爱还是仇恨来呢?"苏格拉底问。

"我想是可以的",帕拉西阿斯回答。

"那么,这种情况可不可以在眼睛上描绘出来呢?"

"当然可以",帕拉西阿斯回答。①

眼睛是身体的一部分。既然它能反映心灵的状态,那么,身体的其他部分也不会毫无用处。在与克雷同对话时,苏格拉底曾经追问:"对于正在以身体从事某种行动的人们的感情的忠实的描绘,岂不是也会在观赏者心中产生某种满足吗?"②答案显然不言而喻:人的高尚和宽宏、卑鄙和偏狭、节制和清醒、傲慢和无知"都会通过他们的容貌和举止表现出来"。③ 在由此产生的语境中,身体的美丑绝非无关紧要,相反,良好的形貌是心灵喜闻乐见的图画:"人们更喜爱看的是反映美丽、善良和可爱性格的绘画",排斥表现丑陋、邪恶、可憎形象的作品。④ 根据色诺芬的记载,这种要求在当时的希腊形成了一种集体无意识,衍生出古典形态的美体术。为了满足观众的需求,画家会"从许多人物形象中把那些最美的部分提炼出来","从而使所创造的形象显得极为美丽"。⑤ 这当然不是说画家可以进行无限制的理想化,相反,它导向尊重身体的立场。身体总是存在于那儿,展现它无法抹去的坚实和厚度,演绎各种有意味的动姿。对于试图重构身体的艺术家来说,它是原型,是尺度,是吁求乃至

---

① 〔古希腊〕色诺芬:《回忆苏格拉底》,吴永泉译,商务印书馆2010年版,第120—121页。
② 〔古希腊〕色诺芬:《回忆苏格拉底》,吴永泉译,商务印书馆2010年版,第122页。
③ 〔古希腊〕色诺芬:《回忆苏格拉底》,吴永泉译,商务印书馆2010年版,第121页。
④ 〔古希腊〕色诺芬:《回忆苏格拉底》,吴永泉译,商务印书馆2010年版,第121页。
⑤ 〔古希腊〕色诺芬:《回忆苏格拉底》,吴永泉译,商务印书馆2010年版,第120页。

命令。只有捕捉到身体"最引人入胜的、栩栩如生的神情",被重构的形象才能美妙动人。①

随着古典身体艺术的兴起,一种新的生命观也已大体成形。人被理解为身心综体(the body-soul union),开始被与自我联系起来:"在语言学发展的另一条路线上,soma 逐渐意指'自己',而且代表反身代词。我们发现,在欧里庇得斯那里,soma 就是如此被使用的,在保罗那里也是如此。当人面对自己,把自己作为观察对象时,要面对的就是 soma,他的自我,他的肉体。"②这个线索虽然长期被忽略乃至遮蔽,但依然产生了贯穿性的力量。在与此相关的语境中,身体被当作有活力的存在。到了毕达哥拉斯学派(Pythagorean)这里,这种信念获得了清晰的表达:"头是智力的所在,心主管 psychê 和感觉,肚脐乃根和生长,生殖器是播种者和世代的种子。头涵括了人的起源,心是动物的起源,肚脐是植物的起源,生殖器是所有活的事物的起源。"③此处的 psychê 具有复杂的含义,可以意指心理等精神活动。按照毕达哥拉斯等人的看法,它"内在于身体之中"。④ 譬如,菲洛劳斯(Philolaus)认为"心脏是心理和感觉的所在地"。⑤ 换言之,现世的人是身体性存在(embodied being)。从所具有的关系项或功能来看,人类身体占据较高的地位:

1. 人类:智慧,心理(psychê),感觉,繁殖;

2. 动物:心理,感觉,繁殖;

---

① [古希腊]色诺芬:《回忆苏格拉底》,吴永泉译,商务印书馆 2010 年版,第 122 页。

② [德]莫尔特曼:《创造中的上帝》,隗仁莲等译,生活·读书·新知三联书店 2002 年版,第 334 页。需要指出的是,汉语中也存在类似的用法。在古代,身和余、吾、朕等词都是"我"的意思。

③ Dorothea Frede and Burkhard Reis editors, *Body and Soul in Ancient Philosophy*, Berlin &New York:Walter de Gruyter,2009,p.24.

④ Dorothea Frede and Burkhard Reis editors, *Body and Soul in Ancient Philosophy*, Berlin &New York:Walter de Gruyter,2009,p.21.

⑤ Dorothea Frede and Burkhard Reis editors, *Body and Soul in Ancient Philosophy*, Berlin &New York:Walter de Gruyter,2009,p.25.

3. 植物:生长,繁殖。①

由于这些表述,身体的结构得以敞开:它拥有心、头、四肢、生殖器官,成形为完备的整体,绝非纯然的被动之物。这是涵括了 psychê 的身体,是拥有情绪、欲望、生殖力、智慧的存在。它可以感受到快乐和痛苦,能够体验愤怒、恐惧、悲伤,并相应地对外界的刺激做出积极的反应。在埃斯库罗斯的悲剧中,这种身体性存在依赖大地:

> 对于那些不服从我命令的人,我求众神
> 罚他们土地不结果实,女人不孕孩子,
> 罚他们在当前的瘟疫或一场更可怕的灾难中灭亡。
> (《奥狄浦斯王》第一场)②

当大地不结果实,人将不可避免地承受饥馑。于是,大地—身体的原初关系持续绽露,一个命运共同体显现出其朦胧的轮廓。当人被定义为依赖大地的有限者时,有关心灵的言说开始受到了限制:

> 忒瑞西阿斯啊,你的心灵通晓一切:
> 可以言传的和无法言传的,天上的和地上的。
> 你虽然看不见,但知道我们城邦
> 遇到了什么样的瘟疫。伟大的先知啊,
> 我们把救护城邦的唯一希望寄托啊你身上。

---

① Dorothea Frede and Burkhard Reis editors, *Body and Soul in Ancient Philosophy*, Berlin &New York:Walter de Gruyter,2009,pp.24–25.
② [古希腊]埃斯库罗斯、索福克勒斯:《古希腊悲剧喜剧集》(上部),张竹明、王焕生译,译林出版社2011年版,第252页。

(《奥狄浦斯王》第一场)①

忒瑞西阿斯虽然声称自己"通晓一切",但所能做的仅仅是说出真相。作为盲人,他不得不依靠童子引领,或者"靠一根手杖探路"。由于视力依赖眼睛,因此,盲人的无奈折射出身体的重要性。从这个角度看,下面的台词透露了某种"身体信仰":

> 他从她的袍子上摘下两只
>
> 她佩在身上的金别针,
>
> 举手朝自己的眼球刺去,
>
> 同时喊道:"让你们再也看不见
>
> 在遭的苦难和我造的罪孽!
>
> 让你们从此黑暗无光吧!既然
>
> 那些永远不该看的人你们看了那么久,
>
> 却不认识那些我渴望认识的人。"
>
> (《奥狄浦斯王》退场歌)②

如果这是古希腊人的集体见解,那么,下面的结论就并非绝对不可能:身体不是单纯的容器,而是主体性存在。事实上,忒瑞西阿斯能用手杖探路,说明其触觉依然灵敏,而后者是身体的基本功能:"所有的身体都是能触摸的,即,通过触摸而感觉,动物的存活需要其身体有能力触摸。其他感觉,如嗅觉、视觉、听觉,其感应需要经过其他事物,但均以接触为前提。没有感觉,它将无法回

---

① [古希腊]埃斯库罗斯、索福克勒斯:《古希腊悲剧喜剧集》(上部),张竹明、王焕生译,译林出版社 2011 年版,第 254 页。

② [古希腊]埃斯库罗斯、索福克勒斯:《古希腊悲剧喜剧集》(上部),张竹明、王焕生译,译林出版社 2011 年版,第 316—317 页。

避某物并获得他物。倘若如此,动物必将无法存活。"(*De Anima* 434b)①这是亚里士多德之话。事实上,这种言说属于一个正在兴起的知识型。在毕达哥拉斯之后,包括德谟克利特(Democritus)、伊壁鸠鲁(Epicure)、卢克莱修(Lucretius)在内的大哲都重视身体,强调它至少具有感知—运动层面的能力。随着这种思潮的兴起,"照料身体的技艺"出现了:"身体与灵魂与两种技艺相对应,与灵魂相关的技艺我称之为政治的技艺,与身体相关的那门技艺我一下子说不出一个现成的名称。但是这门照料身体的技艺由体育和医学两部分组成,在政治中与体育相对应的是立法,而医学的对应物是正义。"(柏拉图《高尔吉亚篇》464B)②根据柏拉图的谈话,当时"照料身体的技艺"不仅仅是体育和医学,美容术也位列其中:"体育被美容假冒了,形成了一种有害的、欺骗性的方式,成为一种卑劣的活动。它以形状、颜色、光滑、褶皱来欺骗我们,使人们追求一种外在的魅力,而放弃凭锻炼产生的自然美。"(柏拉图《高尔吉亚篇》465B)③化妆是对皮肤的表层修饰,可以改变人的感性外观,强化某种预先设计的审美效果。它受到了部分古希腊人的欢迎,形成了一种亚文化。虽然有人对此颇为不解,但公民的身体却因此获得了出场的机缘。它们大规模地出现于他人的视野中,逐渐升格为关怀、模仿、重构的对象。与此相应,一种有关身体的伦理学诞生了:当身体"健康和强健"时,它便获得了应有的品质。(柏拉图《高尔吉亚篇》504B)④在这种语境中,大众形成了有利于身体的观念:"俗话说健康是最大的善,美貌列在第二位,财富列在第三位,其他的善还有无数,例如敏锐的视力、听力,以及其他感受,……满足自己所有欲望也是善的,幸福之王就是拥有所有这些好处,还有长生不老。"(柏拉图《法篇》

---

① Aristotle, *De Anima*, London: Penguin Books Ltd, 1986, p.218.
② [古希腊]柏拉图:《柏拉图全集》(第一卷),王晓朝译,人民出版社 2002 年版,第 341 页。
③ [古希腊]柏拉图:《柏拉图全集》(第一卷),王晓朝译,人民出版社 2002 年版,第 341—342 页。
④ [古希腊]柏拉图:《柏拉图全集》(第一卷),王晓朝译,人民出版社 2002 年版,第 397 页。

661A)①当身体能够拥有有些品质时,它就会"在看到它的人心里产生快感"。(柏拉图《高尔吉亚篇》474B)②正是出于以上理由,柏拉图认为"体育和医学应该成为身体的主人"。(柏拉图《高尔吉亚篇》517D)③在对话《普罗泰戈拉篇》中,他又提到"体力是一种天然的构成和身体的培育"。(柏拉图《高尔吉亚篇》350E)④身体是可培育之物。对于活跃的公民身体来说,此论几乎毋庸置疑。虽然差别依然存在(比如在自由人和奴隶之间、男人和女性之间、希腊人和非希腊人之间),但理想化的、系统化的和类属化的表现方式已经出现。质言之,被重构的最终是人类身体。身体虽然还未完全摆脱被遮蔽状态,但已经开始展露独立的动姿。灵魂即使存在,也不过是隐秘的导演。走到前台的是身体性存在。身体移动、呐喊、舞蹈,呈现各种意蕴丰盈的动姿。它能见而又可见,模仿而又被模仿。艺术就诞生于这种互反性关系之中。于是,身体的活力不仅仅牵连出特定阶层的公共喻象,更折射出一个物种的自我定位。换言之,人类身体已经以焕然一新的形貌出场。古典身体不是静止之物,而是动作的承担者。在古希腊绘画和雕塑中,身体不是心灵的单纯容器,而是以其感受性—行动展示、协调、实现前者的主体性。它是自我映射的存在:一盏照亮自己的灯,一面折射出自己的镜子,一个说出自己体验的活物。这个观念深刻地影响了当时和此后的艺术家,推动了相应身体意象(body image)的塑造。

在古典时期之中,艺术总的发展倾向是"朝着更为自然主义化的人体表现方式迈进"。⑤ 到了晚古典时期(Late Classical Period),普拉克西特利斯(Praxiteles)等人拒绝高古典时期(High Classical Period)雕刻家所钟爱的主题,开始建构新的奥利匹克神祇形象:既恢复了超人类的魅力,又具有现世的

---

① [古希腊]柏拉图:《柏拉图全集》(第一卷),王晓朝译,人民出版社2002年版,第409页。
② [古希腊]柏拉图:《柏拉图全集》(第一卷),王晓朝译,人民出版社2002年版,第356页。
③ [古希腊]柏拉图:《柏拉图全集》(第一卷),王晓朝译,人民出版社2002年版,第415页。
④ [古希腊]柏拉图:《柏拉图全集》(第一卷),王晓朝译,人民出版社2002年版,第476页。
⑤ [美]约翰·格里菲思·佩德利:《希腊艺术与考古学》,李冰清译,广西师范大学出版社2005年版,第304页。

感性。根据史料的记载,此君乃重构身体的圣手:"他能够显示出柔软的皮肤下,肌肉和骨骼的隆起和活动,并且能够使人感受到一个活生生的人体的全部优美之处。"①普拉克西特利斯所重构的是能感受的肉体,是情绪的承载者或发源地。他凸显了古希腊艺术中的一个重要的线索,一种被逐渐强化的集体立场。自里切牙(Riace)青铜雕像诞生起,肉体就开始与感受乃至情绪相关:被呈现的人开始具有多样化的精神状态,或者"充满活力,极富挑战性,几乎可说有些傲慢",或者"随和镇定,几乎是顺从的样子",而且,"这些效果不仅是通过脸部和发型的区别来表现的,身体的构造布局和头部转动的角度也起到了一定的作用。"②在建造于前 370 年的阿斯克勒庇厄斯圣殿中,雕像中的身体具有了与感受性相关的丰富动姿:"阿斯克勒庇厄斯圣殿的雕刻家则用图像的方式,通过任务表情和身体姿态展现肉体的努力与痛苦。"③雕刻家通过"扑捉身体姿态传达强烈的身体存在感","而之前的雕塑却往往回避身体姿态"。④ 一旦雕塑中的身体展现某种动姿,生命的丰富性就会得以呈现,观众则更容易复活它所代表的视觉时刻。与此相应,身体和空间的关系开始获得越来越明晰的呈现。譬如,著名的安提凯瑟拉(Antikythera)青铜雕像就是如此:"这尊站立的裸体年轻人腿和脚的位置,交错平衡的肌肉紧张感,以及解剖式的清晰的构架"都显现了其空间性的结构,而"伸展的手臂使雕像同周围有融合之感"。⑤ 据说这是珀尔修斯像,他伸展开的手臂上提着美杜莎的头颅,左手则握着一柄剑。在如此被展示的身体动姿中,一种因果关系显现出

---

① [英]贡布里希:《艺术的故事》,范景中译,广西美术出版社 2008 年版,第 103 页。
② [美]约翰·格里菲思·佩德利:《希腊艺术与考古学》,李冰清译,广西师范大学出版社 2005 年版,第 232 页。
③ [法]乔治·维加埃罗主编:《历史上的身体:从旧石器时代到未来的欧洲》,张竝、赵济鸿译,华东师范大学出版社 2013 年版,第 249 页。
④ [法]乔治·维加埃罗主编:《历史上的身体:从旧石器时代到未来的欧洲》,张竝、赵济鸿译,华东师范大学出版社 2013 年版,第 249 页。
⑤ [美]约翰·格里菲思·佩德利:《希腊艺术与考古学》,李冰清译,广西师范大学出版社 2005 年版,第 305 页。

来:身体性的人作出某种动作,空间关系发生了相应的改变。就此而言,身体是世界的枢纽(the pivot of the world)。

第二节　古典艺术中的几种主要身体形态: 从运动的身体到被祭奠的身体

从古风时期到古典时代,身体初步完成了自己在艺术中的出场仪式。经过一系列博弈和试验,它显现出以下几种基本形态:(1)运动的身体;(2)有性别的身体;(3)日常生活中的身体和被祭奠的身体。随着相应表现不断推进,艺术中的身体留下了相对完整的踪迹。

一、运动的身体(sporting body)

在总结古希腊的身体艺术时,丹纳提到了两种主要的活动:"除了舞蹈之外,希腊还有一个更普遍的制度构成教育的第二部分,就是锻炼身体。"[1]艺术史家福尔(Jacques Élie-Paul Faure)也曾经强调,"希腊雕刻首先诞生在竞技场上"。[2] 此论可能并不确凿,但却揭示了身体艺术与运动的关系。

从公元前700年开始,雅典等地先后建起了练身场。此后,"练身场成为希腊城镇的标记之一","没有一个城邦没有练身场。"[3]后者通常"是一大块方形的场地",拥有较长的回廊、种着枫杨树的跑道、雕像陈列室。[4] 由于可以供公民自由出入,它很快成形为综合性的公共空间:"跑道四周有座位,外边的人常来散步,看看青年人;那是一个谈天的场所;后来哲学也在那里产生。"[5]由于它的巨大吸引力,运动首先流行于富有者阶层,随后扩展为举国效

---

① [法]丹纳:《希腊的雕塑》,傅雷译,上海书画出版社2011年版,第122页。
② [法]艾黎·福尔:《艺术发轫》,张延风、张泽乾译,中国财经出版社2015年版,第124页。
③ [法]丹纳:《希腊的雕塑》,傅雷译,上海书画出版社2011年版,第127页。
④ [法]丹纳:《希腊的雕塑》,傅雷译,上海书画出版社2011年版,第127—128页。
⑤ [法]丹纳:《希腊的雕塑》,傅雷译,上海书画出版社2011年版,第128页。

仿的时尚。① 早在古风时期，描绘运动的艺术品就已经出现。譬如，"来自雅典的库罗斯像底座正面再现了一场球类运动，在单一构图中呈现了相互联系的六个人物形象。球从一边越过中间两个人的头，被扔向另一边。人物之间眼神的交流和身体语言生动地展现出运动场景。"②根据社会学家的研究，当时的希腊人已经把运动当作自我关怀的一种方式："运动是那些有闲暇、钱财和精力去追求它的人的照料身体之举。"③尽管它属于少数阶层，但却展示了一种可能性：人可以照料身体，而且有能力这样做。随着民主体系的建立，这种闲暇时的自我塑造必然扩展为一种生活方式："不够精英级别的男人肯定也从事运动，如文学作品和普通坟墓中出土的诸如刮身板这类运动设备所证……"④它形成了影响深远的时尚，以至于柏拉图指责灵魂"关心肉体，热爱肉体，并且被肉体的情欲和快乐所诱骗"。（柏拉图《裴多篇》81B）⑤为了强化人的运动能力，体育诞生了："至于身体的训练——跳舞被我们当作一种游戏——当这个过程达到身体之善的时候，让我们把带有这种目的的身体训练称作体育。"（柏拉图《法篇》673A）⑥在希腊语中，"锻炼"（gumnazein）衍生于单词"gumnos"，意为"裸体"。⑦ 借助田径训练和比赛所提供的机缘，身体可以暂时摆脱衣服的遮掩，展示自己的原初形貌："对于古希腊人而言，一具赤

---

① 当"在关乎男性气概诸领域进行竞争的人"相互评价时，"常用标准是闲暇而非劳作"；"运动是一项业余活动，只有有钱人才谈得上任何程度的投入……把高超的运动技能拿出来展示不是简单地表现那个人裸露的身体与其他男人不相上下，而是要展示这个人是精英的一员。"见《历史上的身体：从旧石器时代到未来的欧洲》第200页。

② ［英］罗宾·奥斯本：《古风与古典时期的希腊艺术》，胡晓岚译，上海人民出版社2015年版，第155页。

③ ［法］乔治·维加埃罗主编：《历史上的身体：从旧石器时代到未来的欧洲》，张竝、赵济鸿译，华东师范大学出版社2013年版，第201页。

④ ［法］乔治·维加埃罗主编：《历史上的身体：从旧石器时代到未来的欧洲》，张竝、赵济鸿译，华东师范大学出版社2013年版，第201页。

⑤ ［古希腊］柏拉图：《柏拉图全集》（第一卷），王晓朝译，人民出版社2002年版，第85页。

⑥ ［古希腊］柏拉图：《柏拉图全集》（第一卷），王晓朝译，人民出版社2002年版，第425页。

⑦ ［意］威廉·德隆·拉索：《人体》，陈琳译，北京出版集团公司2017年版，第168页。

裸而暴露在外的身体代表的是强壮而非弱小,更代表的是文明(civilized)。"①
恰如从前,文明意味着联合中的相互展示:"雅典民主强调公民彼此间要能吐
露思想,正如男人要暴露自己的身体一样。"②由于交流和竞争的需要,运动场
同时设立了"供角力的空间、一般运动的房间,以及饮食与谈天的地方"。③ 这
是身体的剧场,这是感性生命的空间:

> 你在健身场上过日子,会长得健美丰润,
>
> 不至于像现在这样到市场里去聊天,开玩笑,
>
> 也不至于未来那诡诈的小讼事叫人家
>
> 带到法庭上去。你可以与一些纯洁的青年朋友结伴
>
> 到学园里的橄榄林间去竞走,头戴芦花冠,
>
> 时闻金银花、"逍遥花"和白柠檬的芳香;
>
> 正当阔叶树和榆树私语时,你们赏玩春光。
>
> 只要你按照我的话去做,
>
> 只要你留心这些事情,
>
> 你的胸膛永远阔大,
>
> 你的皮肤永远光滑,
>
> 你的肩膀很宽,舌头很窄。
>
> (阿里斯托芬(Aristophnes)《云》第三场)④

---

① [美]理查德·桑内特:《肉体与石头——西方文明中的身体与城市》,黄煜文译,上海译文出
版社2011年版,第4—5页。
② [美]理查德·桑内特:《肉体与石头——西方文明中的身体与城市》,黄煜文译,上海译文出
版社2011年版,第6页。
③ [美]理查德·桑内特:《肉体与石头——西方文明中的身体与城市》,黄煜文译,上海译文出
版社2011年版,第24页。
④ [古希腊]埃斯库罗斯、索福克勒斯:《古希腊悲剧喜剧集》(下部),张竹明、王焕生译,译林出
版社2011年版,第973—974页。

随着四年一届的奥林匹克运动会的出现,这个剧场扩展到惊人的程度。青年人从希腊各地、从海岛、从遥远的意大利和亚洲垦殖地来到雅典的奥林匹克和德尔菲,争夺橄榄枝编织的桂冠。在当时的古希腊人眼里,"体育盛会是人体骨骼运动的精彩表演,也是肌肉的复杂游戏。"①它影响了有关美的定义:"对于年轻人来说,美就是拥有适合奔跑的身体和强壮得胜任竞赛的身体;这意味着他好看;因此之故,全能运动员是最美的,因为他们同时胜任于速度和力量方面的竞赛。"(*Rhethoric*1361*b*)②在运动会上获胜的人会获得一个大罐子作为奖励,"大罐子上描绘着他们擅长的运动"。③ 虽然这些瓶画略显粗糙,但却代表了一种新的时尚:重构运动的身体。

在公元前 6 世纪出现的"泛雅典运动会双耳细瓶颈"上,画家重构了这样的画面:"赛跑运动员耸起膀子弓着腰,大腿膨胀得好像吹足了气。"④这些作品上的图案"直白坦率","具有大规模生产的特征"。⑤ 后来,一些具有个性的艺术家也开始参与相应创作。到了公元前 480 年,阿提卡(Attica)地区出现了浮雕《摔跤手》。这个作品构图精致,展示了一种值得注意的进展:"尽管这些年轻人依然肌肉感十足,但是笨拙、野蛮的场面已经不见了,身体形态变得紧凑而又匀称。"⑥由于同类作品大量出现,对身体进行理想化描绘成为一种潮流。⑦ 到了中古典时期(High classical period),这种趋势达到了第一个高峰。公元前 450 年左右,波利克里托斯(Polykleitos)创作了著名的雕塑《持矛者》(*Doryphoros*),力图展示身体运动的本有秩序。作品中的人物水平抬起的左臂呼应着右侧的支撑腿,紧张和松弛的手指形成对角。当头转向右侧时,臀

①　[法]艾黎·福尔:《艺术发轫》,张延风、张泽乾译,中国财经出版社 2015 年版,第 123 页。
②　Aristotle, *Rhetoric*, New York: Dover Publications.Inc, 2004, p.19.
③　[英]肯尼斯·克拉克:《裸体艺术》,盛夏译,中信出版集团 2019 年版,第 173 页。
④　[英]肯尼斯·克拉克:《裸体艺术》,盛夏译,中信出版集团 2019 年版,第 174 页。
⑤　[英]肯尼斯·克拉克:《裸体艺术》,盛夏译,中信出版集团 2019 年版,第 175 页。
⑥　[英]肯尼斯·克拉克:《裸体艺术》,盛夏译,中信出版集团 2019 年版,第 175 页。
⑦　[美]F.B.塔贝尔:《希腊艺术史》,殷亚平译,上海人民出版社 2010 年版,第 99 页。

部则轻微地向左转。他似乎向前迈步,但又没有移动:"这种动态的对称的平衡,这种静中之动,产生了对立元素的平衡,此乃波利克里托斯风格的精华。"①据史料记载,波利克里托斯深受哲学家毕达哥拉斯(Pythagoras)影响,相信宇宙具有一定的比例,而身体之美则体现为其各部分的和谐。如此言说的他虽然仍旧聚焦于"宇宙态身体",但却揭示了一个可能的命题:运动中的身体是个相互配合的整体,其各个部分能够相互呼应和支持。此后,菲狄亚斯(Phidias)开始探讨"肌肉和骨骼如何使身体运动"。② 在这个过程中,两方面的研究逐渐汇合起来:"一方面,希腊内科医师开始研究骨骼与肌肉之间的相互关系,究竟一组肌肉的收缩是如何使另一组肌肉产生松弛的,以及肌肉的运动是如何导致骨骼运动的;运动员和战士是这些研究信息的主要来源。同时,外科手术也为建立人体运动的主要系统起到了一定的帮助作用。""在另一方面,希腊哲学家也长期致力于人体运动的研究。如巴门尼德(Parmenides)就一直试图将运动分解为若干个独立的、静止的瞬间,又毕达哥拉斯则认为整个世界处在不停的运动中。"③受此影响,当时和此后的许多雕像都显示出当时人们对肌肉、体力、躯干、骨骼、软骨及动态的身体等方面已经拥有了丰富的知识:"雕刻家当时对身体一些部位相连的方式很感兴趣,同时对身体部分如何影响另一部分的运动也颇有研究。当时他们认识到,身体是由内向外构架而成的,动作行为也由内激发而成,而并非是以外观的表现来呈现符号化的运动。"④这种视域中的身体具有了深度和内部,已经呈现为自我组织的体系。

在另一个被命名为《马拉松男孩》(Marathon boy)的雕像中,人物具有"灵

---

① Fred Kleiner, *Gardner's Art through the Ages: A Concise Western History*, London: Wadsworth, 2010, p.67.

② Fred Kleiner, *Gardner's Art through the Ages: A Concise Western History*, London: Wadsworth, 2010, p.71.

③ [美]约翰·格里菲思·佩德利:《希腊艺术与考古学》,李冰清译,广西师范大学出版社 2005 年版,第 231—232 页。

④ [美]约翰·格里菲思·佩德利:《希腊艺术与考古学》,李冰清译,广西师范大学出版社 2005 年版,第 231 页。

巧的四肢形态"，"他伸出的手臂似乎将两边的空间都融为一体"。① 由于他头上束着一种运动员们在体育竞技场上所佩戴的发带，我们不难判断其身份。这是运动着的身体，是改变空间的实在者。与此类似的是米隆（Myron）的《掷铁饼者》（*Diskobolos*，公元前 450 年）。这个作品中的身体已经展示了自己的主体形貌：作品中的运动员将握着铁饼的手伸展到身后，左脚跟微微抬离了地面，扭动的躯干蕴含着已经开始绽露的力量；此时，铁饼即将被抛出，好似箭在弦上。据说，作品描绘了一位希腊青年，他已经是五项全能项目（跑步、跳高、摔跤、掷标枪和扔铁饼）的冠军。为了重构他在运动场上的英姿，米隆"抓住了运动中某个迅速改变的姿势"："运动员已经将铁饼从左手传到了右手，然后尽可能远地朝后挥动投掷物。在下一个瞬间，他将把它扔出前方，当然同时迈出左脚，并恢复他的直立姿态。"②创作中的他"请模特儿做一个相近的姿势"，以便使作品"看起来像一个可信的动态人体"。③ 根据评论家的分析，整个作品"由不同的三角形所组成"："第一个三角形是由大腿和左下肢构成；第二个是由大腿与右臂构成；第三个则是由其伸展的手臂与其背部构成。"④力量源自身体的几何学，折射出身体内在的丰盈。根据后来者的分析，这幅作品体现了一种信念：健康的男性身体可以既拥有美的形态，又能涵括完善的心智。⑤ 在《掷铁饼者》这里，艺术已经升格为身体的颂词。

二、有性别的身体形象

在古希腊艺术中，男性身体是当仁不让的主角。由于难以参与大多数公共生活，女性身体经常处于退隐状态。它们被忽略乃至有意识地遮蔽，难以展

① ［美］约翰·格里菲思·佩德利：《希腊艺术与考古学》，李冰清译，广西师范大学出版社 2005 年版，第 305 页。

② ［美］F.B.塔贝尔：《希腊艺术史》，殷亚平译，上海人民出版社 2010 年版，第 98 页。

③ ［英］贡布里希：《艺术的故事》，范景中译，广西美术出版社 2008 年版，第 90 页。

④ ［意］威廉·德隆·拉索：《人体》，陈琳译，北京出版集团公司 2017 年版，第 169 页。

⑤ Ian Jenkins and Victoria Tuner, *The Greek Body*, London: The British Museum Press, 2009, p.31.

露其完整相貌："其原因与其不恰当地说是避免展现女性裸体,倒不如说由于女性在社会中没有独立地位:女人总是以某人女儿或妻子的身份出现。"①当然,这并不意味着女性身体注定完全缺席。现实中的男性和女性总是结对出现,艺术也不能总是回避这个事实。即使为了诠释或陪衬男性身体,女性身体也必须出场。

事实上,早在爱琴文明或克里特、迈锡尼文明时代,极简形态的女性雕像就已经诞生。后人发现的红色磨光陶器《抱着小孩的妇女》大约创作于公元前1975—前1850年间,体现了当时具有代表性的艺术图式:头和身躯被塑造为矩形,仅仅具有能显现出手臂、鼻子、耳朵、胸部的轮廓。②此类雕像大都被用于丰产仪式中,其象征意味压倒了重构功能。作品中的女性身体被切割乃至抽象化,难以显现其原初形貌。随着时间的推移,情况发生了改变。到了古风时期,两种性别的雕像开始结对出现,具有大体上对称的形貌:"古风时代出现了两种重要的石头立像:一为裸体青年男子立像,现在被称为'库罗斯(kouros,意为青年)';另一位着装的少女立像,称为'柯拉'(kore,意为少女)。"③对于后世研究者来说,这是个非常重要的事件:"由于古希腊作家甚少谈论女人,因此视觉艺术作品为我们了解希腊人对女性的认知提供了重要的线索。"④恰如我们前面所指出的那样,最初的女性形象是附属物,是近在咫尺的"他者":"在古典时代的艺术作品中,女性形象常常和异邦人及动物联系在一起,而男人则通过与这些形象抗争表现自己的权威,这一主题反复出现。"⑤世界是男人的疆域,

---

① [英]罗宾·奥斯本:《古风与古典时期的希腊艺术》,胡晓岚译,上海人民出版社2015年版,第104页。

② Ian Jenkins and Victoria Tuner, *The Greek Body*, London:The British Museum Press,2009,p.54.

③ [美]波默罗伊等:《古希腊政治、社会和文化史》,傅莹等译,上海三联书店2010年版,第129页。

④ [美]波默罗伊等:《古希腊政治、社会和文化史》,傅莹等译,上海三联书店2010年版,第256页。

⑤ [美]波默罗伊等:《古希腊政治、社会和文化史》,傅莹等译,上海三联书店2010年版,第256页。

女人只能甘当配角："纵观古希腊历史，女性的美德是……贞洁、谦逊、服从、行动低调。"①如果说男人的工作是"在军事上守卫城市、在体育场进行运动操练并且参与城市管理"，那么，她们的主要任务是"家庭生产、举止谦逊、抚养孩子"。在荷马史诗《奥德赛》(*Odyssey*)中，特勒马科斯(*Τηλέμαχος*)曾直言不讳地告诉母亲：

> 回去吧，回返居家，操持你自个的活计，
> 你的织布和纱杆，还要督促女仆们干活
> 帮忙。然而，男人们必须从事论谈，
> 所有的男子，首先是我，我是门户的当家。②

恰如布尔迪厄(Pierre Bourdieu)(2002)所说，这是劳动的性别分工，是对两性承担的活动及其地点、时间、工具的严格的分配；这是以性别为尺度的空间结构，大庭广众或市场专属男人，家庭专属女人。③ 男性是公共性的同义语，女人是私人性的代名词。这是社会的结构，也是艺术中的秩序："在古代的人像雕刻中，人们始终如一地把更多的精力投入到男性而不是女性形象的塑造上，女性总是以一种高度理想化和无差别的面部特征出现。这种对探索女性性格特征兴趣的缺乏正反应了当时女性处于社会边缘的现状。"④古希腊艺术中的男性身体是世界的枢纽，是主流目光的发源地，是审美主体的住所。他们观看、感受、重构而又被观看、感受、重构。"公众之眼"因此被等同于是男性之目，它通过"爱多士"(aidos)——希腊有关谦逊、礼貌、修辞尺度的人格化——

---

① Betty Spears, *A Perspective of the History of Women's Sport in Ancient Greece*, Journal of Sport History, Vol.11, No.2(Summer, 1984), p.33.
② [古希腊]荷马：《奥德赛》，陈中梅译注，译林出版社 2003 年版，第 22 页。
③ [法]皮埃尔·布尔迪厄：《男性统治》，刘晖译，海天出版社 2002 年版，第 8 页。
④ [美]马克·D.富勒顿：《希腊艺术》，李娜、谢瑞贞译，中国建筑工业出版社 2004 年版，第 76 页。

的标准来裁定女人。由于存在诸如此类的桎梏,被重构的世界必然形成两个对照鲜明的世界:

> 古代希腊人通过各种方式来理解世界,而男性和女性的对立是最广泛运用的二分法之一。男人和女人被理解为具有本质上的差异属性。这不仅通过可见的男女身体差异反映出来,也通过他们的性格与能力。允许男女所做之事互换的语境罕能一见;规定男人和女人从事不同的任务或以不同的方式从事同一任务的语境则比比皆是。①

这规定了女性身体出场的语境:"有价值的男性身份强调男性自身的身体品质或精神品质,而有价值的女性身份则是关系性的,被定义为女儿、姐妹和配偶。"②她们是而且只能是男性身体的对照物或陪衬。当男性身体昂首出场之际,女人必须维持谦卑、顺从、质朴的形貌。按照当时占主流地位的医学观念,女人是冰冷的且不能生产生命,因此与身体较热的男性形成鲜明对照。③ 与此相应,"古典性别动态蕴含在雕像中",女性被表现为依附于男人们(作为妻子、母亲、女儿、情妇或仆人)的角色。④ 她们"几乎总是被表现为穿着衣服","还常摆出谦逊或克制的姿势"。⑤ 在典型的古希腊雕像中,女性身体几乎总是被袍裙所遮蔽。即使偶尔裸露,也不过是呈现为被凝视和窥探的对象:"她的裸露是不自愿的,她只不过是在面对那种可以从几个方向洞穿自己的男性

---

① [法]乔治·维加埃罗主编:《历史上的身体:从旧石器时代到未来的欧洲》,张竝、赵济鸿译,华东师范大学出版社2013年版,第180页。
② [法]乔治·维加埃罗主编:《历史上的身体:从旧石器时代到未来的欧洲》,张竝、赵济鸿译,华东师范大学出版社2013年版,第182页。
③ [法]乔治·维加埃罗主编:《历史上的身体:从旧石器时代到未来的欧洲》,张竝、赵济鸿译,华东师范大学出版社2013年版,第193页。
④ [法]乔治·维加埃罗主编:《历史上的身体:从旧石器时代到未来的欧洲》,张竝、赵济鸿译,华东师范大学出版社2013年版,第200页。
⑤ [法]乔治·维加埃罗主编:《历史上的身体:从旧石器时代到未来的欧洲》,张竝、赵济鸿译,华东师范大学出版社2013年版,第200页。

的观看时无法有效遮蔽自己。"①正因为如此，少数出现的裸体往往高度性感。譬如，在公元前510年制作的红陶绘画《宴会上被年轻舞女陪伴的乐师》中，女舞者身披带有斑点的动物皮，形态妖娆、容貌妩媚、动作撩人。与此对照鲜明的是，画中的男性裸体形象则被去性别化（如阴茎呈最小状态）。这凸显了男女身体之别：一个是可欲的对象，一个是道德的承载者。更加意味深长的是，被覆盖的女性身体并未因此获得锦衣华服：地位高的男性往往拥有昂贵的头饰、项链、短裤，女性身体则很少能获得同等程度的装扮。② 如果说服装是"第二皮肤"（the second skin），那么，这种差别更加凸显了身体的等级。如果这个裂缝继续存在，那么，女性身体就难以获得更多的出场机缘。不过，每个身体都在宇宙中占据着独一的位置，而这并不因性别而改变。女性身体虽然总体上地位卑微，但也是自然—社会中不可或缺的成员。当它们被重构时，差异也必然显现出来：

> 神话、诗歌和陶器上普遍见到女人在屋内梳妆和纺织的图像，制造出一幅美丽与勤劳交织的场景，而这幅图景创造了理想的被欲求女性对象——少女。另一方面，文本和碑刻中偶尔的提及让我们知道女人从事多种工作，包括售卖布匹、缎带、食物和蔬菜，看护，洗涤，纺织，染布，缝纫，开客栈，演奏音乐以及卖淫。③

在这里，身体不仅是欲望的客体，而且是劳作的承担者。这就是女性身体的二重性："女人不仅仅是从属者或奴隶"，相反，"她们能够履行重要功能，尤其是

---

① ［法］乔治·维加埃罗主编：《历史上的身体：从旧石器时代到未来的欧洲》，张竝、赵济鸿译，华东师范大学出版社2013年版，第200页。

② Marilyn J. Horn, Lois M. Gurel, *The Second Skin*, Dellas & London: Houghton Mifflin Company, 1981, p.49.

③ ［法］乔治·维加埃罗主编：《历史上的身体：从旧石器时代到未来的欧洲》，张竝、赵济鸿译，华东师范大学出版社2013年版，第181页。

在仪式中,比如在狄奥尼索斯的仪式中作为女祭司和参与者。"①当社会的自由度增大时,女性身体就会获得更多的出场机会。到了公元前5世纪中叶,一项新法规规定雅典公民权只授予父母皆是公民的人,而这突出了母亲与妻子新的政治功能。于是,一个出乎预料的结果出现了:"葬礼石碑作为女人和家户群体惟一能被展示的公共语境,对她们的再现日益增多。"②随着时间的推移,女性身体必然由陪衬升格为(至少是局部上的)主题。譬如,大英博物馆收藏的《葬礼石碑上的女人》就属于此类:画面上的主角是两位女性,其中站立者抱着婴儿,坐着的那位则展露出优美的动姿。当然,最早获得这种资格的是贵族:"贵族妇女使用的陶瓶上的画面大都表现婚礼或女性拜祭的画面,另有一些瓶画描绘了女性居家纺织或梳妆的画面,画面上通常有其他女性作为陪衬。"③在雅典民主的极盛时期,女性身体也部分地进入了由此产生的"自由空间",参与"不同类型人们之间重要的流动性商谈"。④"年轻的姑娘有单独的练身场","像男孩子一样的操练,跑,跳,掷铁饼,掷标枪"。⑤"她们有她们的合唱队,在基姆诺班提斯中和男人一同出场。"⑥对于制约松动后的社会万花筒,柏拉图曾经进行过绘声绘色的描述:"我说,我的朋友,大众的自由在这种城邦里达到顶点,你看花钱买来的男女奴隶和出钱买他们的主人同样自由。噢,我差点忘了提到男女之间的自由精神和平等权利。"(柏拉图《国家篇》563B)⑦尽管柏拉图对这种现象嗤之以鼻,但它使"身体的差异性被有弹性和

① [法]乔治·维加埃罗主编:《历史上的身体:从旧石器时代到未来的欧洲》,张竝、赵济鸿译,华东师范大学出版社2013年版,第182页。
② [法]乔治·维加埃罗主编:《历史上的身体:从旧石器时代到未来的欧洲》,张竝、赵济鸿译,华东师范大学出版社2013年版,第183页。
③ [美]波默罗伊等:《古希腊政治、社会和文化史》,傅莹等译,上海三联书店2010年版,第256页。
④ [法]乔治·维加埃罗主编:《历史上的身体:从旧石器时代到未来的欧洲》,张竝、赵济鸿译,华东师范大学出版社2013年版,第186页。
⑤ [法]丹纳:《希腊的雕塑》,傅雷译,上海书画出版社2011年版,第125页。
⑥ [法]丹纳:《希腊的雕塑》,傅雷译,上海书画出版社2011年版,第125页。
⑦ [古希腊]柏拉图:《柏拉图全集》第二卷,王晓朝译,人民出版社2002年版,第571页。

情境性地援引"，而这无疑是艺术的福音。① 当它发展到一定阶段后，更多的女性身体必然被重构和表现。如果说早期绘画中的女性身体还呈现出被动之态，那么，后来的作品则展示了新的视角。在被命名为《女运动员》(*Female Athlete*)的青铜雕塑中，艺术家展示了身体的动姿：一个奔跑的青年女性用一只手提着裙子，回头望着身后，对象很可能是离她最近的竞争者；她的右肩裸露到乳房的位置。根据公元 2 世纪旅游作家鲍桑尼亚(*Pausanias*)的记载，此画所描述的是参加奥林匹亚赫拉女子运动会(the women's Games of Hera at O-lympia)的运动员。② 这是对运动态身体的展示。从性别的角度看，这种形象的出现可谓意味深长：女性身体虽然仍被衣服所遮掩，但已经展示了参与复杂竞争的可能性。此雕塑大约制作于公元前 6 世纪，折射出当时身体艺术的丰富品格。与它具有异曲同工之妙的是青铜雕塑《摆姿势》(*Holding A Pose*)：一个杂技演员将自己健壮的身体弯曲成弧形，看上去好像青铜容器的把手。③ 显然，此类雕像所记录的事件不无卑微色彩：这是宴会上的杂技表演，高难度的身体动作只是娱乐的一部分。然而，在表演被定格和凝固的瞬间，女性身体却获得了在艺术中重新出场的机缘。它们不是纯粹的容器，不是某种功能的符号，而是自我设计、控制、展示的主体：健康、柔韧、灵活、敏感，能够完成高难度的情节安排，并因此成为生活剧场的临时性中心。通过诸如此类的展示，它们部分地获得了独立的美学价值。

　　在古典时期的运动场上，男性身体可以获得展示的机缘。相比之下，女性身体仍被包裹和遮蔽。到了晚期古典时期，这个禁忌被部分艺术家部分地克服了。普拉克西特利斯就是其中一个重要人物。他最受欢迎的作品表现爱神阿佛洛狄忒(*Aphrodite*)漫步入浴，渲染生命不可遏止的活力。这类作品巧妙

① ［法］乔治·维加埃罗主编：《历史上的身体：从旧石器时代到未来的欧洲》，张竝、赵济鸿译，华东师范大学出版社 2013 年版，第 186 页。

② Ian Jenkins and Victoria Tuner, *The Greek Body*, London：The British Museum Press, 2009, p.60.

③ Ian Jenkins and Victoria Tuner, *The Greek Body*, London：The British Museum Press, 2009, p.60.

地展现了女性裸体,而这是一种非常罕见的尝试:"女性裸体在早期希腊艺术中极为罕见,几乎全都限于用于室内陈设的花瓶绘画。被描绘的女人是高等妓女或女奴,不是贵族女性或女神,而且无人敢雕塑不穿衣服的真人大小的女神。"①昔日的禁区被突破,日常的女性身体进入了艺术殿堂:"普拉克西特利斯的阿佛洛狄特不是冰冷而遥远的意象。事实上,雕像呈现的是日常生活的琐碎细节。她脱下了衣服,在一个花瓶上拖着它,准备去沐浴。"②雕塑放射着感性的光芒,大理石似乎具有了柔软而鲜活的肉性:"在熟练的雕刻家手下,古老的人物型式已经开始活动、开始呼吸了,他们像真人一样站在完美面前……"③这种风格受到了欢迎,"许多诗篇为它高唱赞歌"。④

三、日常生活中的身体与被祭奠的身体

在公元前 6 世纪之前,身体被表现得非常笼统;让身体在场可能是"催生一只罐子之故事的要求","但细节和写实性并不重要"。⑤ 从公元前 6 世纪中期开始,对陶杯和大型陶器的不同需求开始出现,艺术家意识到不同类型图像会带来不同的创作机会和条件,开始进行更加专门化的生产。在他们的作品中,虽然有的场景依然被一瞥而过,但有些场景却会被细致地重构。这种变化更多地体现于红陶风格的作品中。它意味着身体艺术进入了新的阶段:"红绘人物包含更多外表和肌理的细节描绘。""这些细节表明了一场关乎刻画事物之能力的突破,比如肌肉组织的纹理传达出一种鲜活的具象化意味。""红

---

① Fred Kleiner, *Gardner's Art through the Ages:A Concise Western History*, London:Wadsworth,2010, p.75.
② Fred Kleiner, *Gardner's Art through the Ages:A Concise Western History*, London:Wadsworth,2010, p.76.
③ [英]贡布里希:《艺术的故事》,范景中译,广西美术出版社 2008 年版,第 103 页。
④ [英]贡布里希:《艺术的故事》,范景中译,广西美术出版社 2008 年版,第 103 页。
⑤ [意]威廉·德隆·拉索:《人体》,陈琳译,北京出版集团公司 2017 年版,第 169 页。

绘技巧使人物形象具体化,变得更有血有肉。"①除了希腊神话或英雄传奇外,人类的日常生活也被再现。瓶画还描绘了日常生活场景。这些画面为社会历史学家提供了丰富的信息,从中可以看到当时人们工作和娱乐的场景,男人和女人参与各项活动的画面;瓶画还描写了制鞋工人、铁匠、农夫和其他劳动者的劳动场景。尤其重要的是,通过大量的瓶画作品,"我们得以了解女性及居家生活的细节。"②与雕塑作品类似,"公元前5世纪早期的瓶画作品着重于刻画人体"。③ 虽然受绘画材质和技巧的限制,瓶画人物的表情和姿态较为刻板,但它却更易于表现行动的更迭:"古希腊瓶画中的人物都处于行动状态,没有任何作品表现的是静止不动的景象。"④面对这些作品,观众会本能地追问:"此前发生了什么? 接下来又会如何?"与此同时,"画面的焦点永远是人","动物大都作为人物的陪衬出现"。⑤ 人是瓶画故事的枢纽,周围事物都环绕着他/她。如果我们用身体一词置换人这个词,结论同样成立。这是行动中的身体,是向世界敞开的主体。根据记载,画家阿玛希斯(Amasis)是位艺术大师,他绘制在陶器上的画面栩栩如生,展现出生活的方方面面:男人们奔跑、喝酒、打猎、骑马、驾车、陪伴着狄俄尼索斯、摔跤、拳击、吹奏管乐奥罗斯、弹奏里拉琴、与女人和男孩调情、手淫、结婚、披挂战袍、出征、卷入战斗;女人纺织、吹奏管乐奥罗斯、与男人性爱、结婚、和出征的战士话别;狗拉屎。⑥ 这

---

① [英]罗宾·奥斯本:《古风与古典时期的希腊艺术》,胡晓岚译,上海人民出版社2015年版,第164—166页。
② [美]波默罗伊等:《古希腊政治、社会和文化史》,傅莹等译,上海三联书店2010年版,第254页。
③ [美]波默罗伊等:《古希腊政治、社会和文化史》,傅莹等译,上海三联书店2010年版,第254页。
④ [美]波默罗伊等:《古希腊政治、社会和文化史》,傅莹等译,上海三联书店2010年版,第254页。
⑤ [美]波默罗伊等:《古希腊政治、社会和文化史》,傅莹等译,上海三联书店2010年版,第254页。
⑥ [英]罗宾·奥斯本:《古风与古典时期的希腊艺术》,胡晓岚译,上海人民出版社2015年版,第121—122页。

几乎是一幅覆盖了日常生活的全景画面,一套关于古希腊人的百科全书。一种更加自由的重构出现了。身体可以更加全面地呈现自己。通过它们,后人可以更完整地回顾古典生活的全貌。正因为如此,"红绘人物的陶器因此被写入古典的身体叙事之中",与古典雕刻形成了一种平行的发展关系。① 正如陶器与日程生活的密切关系,瓶画也演绎了当时正在流行的生活美学。这是一种具有启发意味的呈现。它显然引发了更多的同类型实践。在前470—前450年间,有人利用白底的化妆盒作画,生动地记载了雅典人的日常生活场景。尤其值得注意的是,女性形象出现于画面上的婚礼仪式之中:当吹奏的乐手走在前方时,新娘被新郎引导着走向祭坛(altar);后者抓住了她的手臂,她脸上则露出了羞怯之情;这可能是她进入新郎之家的典礼。②

　　婚礼是日常生活的一部分,它意味着生育。从物种延续的角度看,后者是唯一有效的对抗死亡方式。正因为如此,婚礼又牵连出葬礼,相反亦然。值得注意的是,古典时期的红陶绘画直接演绎了死亡主题,表现了身体的命运。虽然古典时代的希腊人已经具有了对永生的信念,但死亡仍不是个轻松的主题。对于许多人来说,死亡是这样一个关键时刻:现世生活业已终结,个体被抛入到完全陌生的全新旅途,面临着难以预测的命运。在被判处死刑时,苏格拉底曾谈到两种可能性:"它或者是一种湮灭,毫无知觉,或者如有人所说,死亡是一种真正的转变,灵魂从一处移居到另一处。"(《申辩篇》40C)③显然,"湮灭"是不能排除的选项。面对可能的"湮灭",典型的希腊式感受是海德格尔所说的"畏"。受制于医疗、卫生、安全条件,古典时代希腊成年女性的平均寿命为36.2岁,男性为45岁。④ 也就是说,刚到中年时代,大多数人就要面对

---

① [法]乔治·维加埃罗主编:《历史上的身体:从旧石器时代到未来的欧洲》,张竝、赵济鸿译,华东师范大学出版社2013年版,第177页。

② Ian Jenkins and Victoria Tuner, *The Greek Body*, London:The British Museum Press,2009,p.22.

③ [古希腊]柏拉图:《柏拉图全集》(第一卷),王晓朝译,人民出版社2002年版,第30页。

④ [美]波默罗伊等:《古希腊政治、社会和文化史》,傅莹等译,上海三联书店2010年版,第259页。

死亡问题。只有将个体纳入宇宙的进程中，人才能克服对"湮灭"的恐惧。在《尼米安竞技胜利者颂》中，诗人品达（Pindar）就体现了皈依的逻辑。在赞美"血肉之躯的力量"时，他强调后者属于一个丰饶的生态体系：

> 盛产果实的大地连年丰饶，
>
> 如今它又孕育了
>
> 人类的伟大力量。
>
> ……
>
> 来吧，缪斯，带着
>
> 这族人称颂歌唱——
>
> 凡人终究一死，
>
> 但这歌咏壮举的歌谣和传奇
>
> 永世流传……①

凡人是身体性存在，被大地孕育而又终有一死。在诸如此类的表述中，身体的颂词和悼歌同时出现：从某种意义上说，身体的美好与死亡的可怕形成了一种对照关系。当艺术开始揭示这种张力时，升华必然发生。在公元前330—前317年制作于雅典的一块碑石上，人们创造了后来被命名为《死亡与少女》（Death and the Maiden）的雕像：一个时髦的少女（头发做成当时流行的"甜瓜"风格）手持镜子，正在回忆她生前的美貌；甜蜜的表情，美丽的服饰，传达了女孩生前对生命的眷恋。② 这个高仅80厘米的雕像重构了逝者的形貌，洋溢着明晰的哀悼之情。这是对生命学的无声阐释。在身体和生命之间，一种联系显现出来。身体并非完全与生命无关，相反，它的消亡意味着生命的消

---

① ［美］波默罗伊等：《古希腊政治、社会和文化史》，傅莹等译，上海三联书店2010年版，第247页。

② Ian Jenkins and Victoria Tuner, *The Greek Body*, London: The British Museum Press, 2009, p.63.

失。应该珍视身体:这不正是此类雕像给出的暗示吗? 于是,致人死亡成为需要考量的伦理学事件。在埃克基亚斯(Exekias)的作品中,这个主题获得了清晰的表现:当阿克琉斯将长矛刺入亚马逊女王彭忒西勒亚(Penthesileia)的身体时,他竟然陷入了沉思,反省"自己杀死这个女人的所作所为到底意味着什么"。① 对于这个含义丰富的瞬间,批评家罗宾·奥斯本(Robin Osborne)进行了如下解读:"杀人不仅是体力上的对抗,而且是一种带有道德维度的行为;后来一些文学作品坚持认为阿克琉斯在杀死彭忒西勒亚的那一刻爱上了她。"②阿克琉斯感到悔恨了吗? 如果是,他显然下意识地承认了身体性存在的意义。被长矛刺穿的身体也是感受疼痛的身体,是因此被迫中断其生命故事的物质存在。后者即使不是完整的人,也是自我的构成。正因为如此,刺杀者和濒死者的对视才有了至深的道德意味乃至本体论内涵。一种超越敌我意识的同情出现了,被定格为流传至今的视觉意象。由于因缘际会,充满活力的身体倍受青睐,升格为视觉艺术的主题。

第三节　希腊化时期的身体艺术:
自我关怀的动姿

从自我重构的角度看,古典时期的身体尽管已经踏上了返魅之旅,但相应的艺术表现仍具有明显的不足。以占据主流地位的雕刻为例,局限清晰可见:首先,雕像中表现的身体与街道上的大众身体不匹配,身体的完整阶层未被表现:纤弱者、贫穷者、奴隶和外国人的身体鲜少得见,他们被再现时只能作为公民阶层的附属物或补充者,而非作为拥有其权益的人们;其次,被再现出的身

---

① 〔英〕罗宾·奥斯本:《古风与古典时期的希腊艺术》,胡晓岚译,上海人民出版社2015年版,第128页。

② 〔英〕罗宾·奥斯本:《古风与古典时期的希腊艺术》,胡晓岚译,上海人民出版社2015年版,第128页。

体的社会角色和活动限于狭窄范围，几乎不涉及工作。① 这是一种选择性的重现，折射出艺术视野的狭隘品格。

到了希腊化时期（Hellenistic period），情况发生了新的变化："亚历山大帝国的奠基对希腊艺术是了不起的大事，因为希腊艺术原来仅仅在几个小城市内颇有影响，现在得以发展成为几乎半个世界的图像语言了。"②随着文化地平线的不断扩展，希腊人挺进到一个更为宏大的世界之中，需要面对更为复杂的冲突和博弈。为了应对这种变化，"在希腊化时代整个希腊艺术必然要经历一次变革"。③ 根据贡布里希的考证，"这种变革在当时的一些最有名的雕刻作品中就能看到"：

> 其中有一件是大约在公元前170年建立的珀加蒙城的一座祭坛。祭坛上面的群像表现诸神跟巨人的战斗。这件作品十分壮观，但是我们要想去寻找早期古希腊雕刻的和谐与精致之处，则是徒劳。艺术家显然追求强烈的戏剧效果。战斗进行得激烈凶猛。笨拙的巨人被获胜的诸神打倒了，他们痛苦、狂乱地向上看着。④

巨人和诸神是被放大了的人类身体，他们旺盛的生命力也折射出后者冲破空间界限的冲动。当他们"似乎要涌向祭坛的台阶"⑤时，人类身体也获得了重新出场的机缘，展示了前所未有的自由。落实到艺术层面，冲突获得了更加充分的演绎，身体则因此得以展示多样化的动姿。

当这种变化影响了哲学建构时，哲人们开始重估身体的感受性和行动能

---

① ［法］乔治·维加埃罗主编：《历史上的身体：从旧石器时代到未来的欧洲》，张竝、赵济鸿译，华东师范大学出版社2013年版，第202页。
② ［英］贡布里希：《艺术的故事》，范景中译，广西美术出版社2008年版，第108页。
③ ［英］贡布里希：《艺术的故事》，范景中译，广西美术出版社2008年版，第108页。
④ ［英］贡布里希：《艺术的故事》，范景中译，广西美术出版社2008年版，第111页。
⑤ ［英］贡布里希：《艺术的故事》，范景中译，广西美术出版社2008年版，第111页。

力。对于亚里士多德来说,身体不是一块惰性的物质,相反,它具有感受能力和运动的能力:"所有的身体都是能触摸的,即,通过触摸而感觉,动物的存活需要其身体有能力触摸。其他感觉,如嗅觉、视觉、听觉,其感应需要经过其他事物,但均以接触为前提。没有触觉,它将无法回避某物并获得他物。倘若触觉被剥夺,动物必将无法存活。"(*De Anima* 434b)①能感受的身体(aesthetic body)能够可以分辨硬与软、冷与热、湿与干,绝非纯然被动的容器。(*De Anima* 429b)②它还能感受到感受,体验苦乐之情。(*De Anima* 435b)③通过此类描述,他事实上已经证明了关心身体的必要性。到了伊壁鸠鲁这里,重视身体的立场获得了进一步的阐述。首先,世界的本体论结构决定了感觉至关重要:"存在总体由物体和虚空所构成。物体的存在处处都可以得到感觉的证明。理性在推论不明白的事情时,也必须根据感觉。"④由于感觉的产生依赖各种生理器官,因此,对感觉的重视必然牵连出身体之爱:"灵魂是感觉的重大原因;但是,如果灵魂不被有机体的其他部分包住,就不能进行感觉。有机体的其他部分向灵魂提供了这一必要条件,而且因此分有灵魂的某些功能——虽然并不拥有灵魂的所有能力。"⑤只有当身体存在,人才能感觉。一旦身体消亡,感觉也就随之化为乌有。如果说快乐与感觉密切相关,那么,它就必然依赖身体的健康。⑥ 从这个角度看,照料身体并非旁门左道,而是幸福生活的前提。它即便不是最高的任务,也是必要的工作。如果有谁耽误了最为切己的事业,那么,他/她实际上就是愚昧心智的牺牲品。然而,悖谬之处恰恰在于,这种关怀不意味着人可以长住久留。由原子组成的人难以避免分解

---

① Aristotle, *De Anima*, London: Penguin Books Ltd, 1986, p.218.

② Aristotle, *De Anima*, London: Penguin Books Ltd, 1986, p.202.

③ Aristotle, *De Anima*, London: Penguin Books Ltd, 1986, p.221.

④ [古希腊]伊壁鸠鲁、卢克莱修:《自然与快乐》,中国社会科学出版社 2004 年版,第 5 页。

⑤ [古希腊]伊壁鸠鲁、卢克莱修:《自然与快乐》,中国社会科学出版社 2004 年版,第 13 页。

⑥ [古希腊]伊壁鸠鲁、卢克莱修:《自然与快乐》,中国社会科学出版社 2004 年版,第 32 页。

的命运,"我们必将不再存在。"①这既是身体的命运,也是灵魂的结局。灵魂虽然是"弥散在有机整体中的最精微的物体",但同样会"四下消散"。② 当身体和灵魂都分解为原子,个体就不复存在。不存在无身体的自我。所有的人都只能生活于一个中间地带:出生之后,死亡之前。对于"只活一次"的人来说,它意味着仅有的机会。最重要的是现世的幸福,死亡并不值得我们担忧:"所有坏事中最大的那个——死亡——与我们毫不相干,因为我们活着的时候,死亡还没有来临;当死亡来临的时候,我们已经不在了。"③正因为如此,照料身体是必要之事。随着此类观点的兴起,人类生活的重心发生了位移:到了希腊文明晚期及希腊罗马时代,最迫切之事已经由"认识你自己"转变为"照看你自己"。④ 伊壁鸠鲁及其追随者、犬儒主义者以及塞涅卡(Seneca)、鲁弗斯(Fufus)、盖伦(Galen)等斯多葛学派的人物,都接受了"关心自我"的观念。⑤ 某些人口头上否定身体,暗地里却对之观照有加:"身体与灵魂之间的关系也很有趣。对斯多葛学派而言,身体没有那么重要,但是马可·奥勒留却谈他自己,他的健康状况,他吃的午餐,还有他的喉咙痛。这是对自我的培养中身体所具备的暧昧性的典型体现。"⑥甚至,"一种医学的模式取代了柏拉图的教育学模式":"自我关注并非另一种教育学;它必须成为永久的医学式看护。永久的医学式看护,是自我关注的一个核心特质。也就是说,人必须成为自己的医生。"⑦

　　随着这种立场延伸到艺术家群落,对身体的重构出现了清晰的变化。在约公元前230—前220年创作的雕塑《垂死的高卢人》(The Dying Gaul)上,身

①　[古希腊]伊壁鸠鲁、卢克莱修:《自然与快乐》,中国社会科学出版社2004年版,第45页。
②　[古希腊]伊壁鸠鲁、卢克莱修:《自然与快乐》,中国社会科学出版社2004年版,第13页。
③　[古希腊]伊壁鸠鲁、卢克莱修:《自然与快乐》,中国社会科学出版社2004年版,第31页。
④　[法]米歇尔·福柯:《自我技术》,汪民安等编译,北京大学出版社2016年版,第68页。
⑤　[法]米歇尔·福柯:《自我技术》,汪民安等编译,北京大学出版社2016年版,第68页。
⑥　[法]米歇尔·福柯:《自我技术》,汪民安等编译,北京大学出版社2016年版,第72—73页。
⑦　[法]米歇尔·福柯:《自我技术》,汪民安等编译,北京大学出版社2016年版,第75页。

体展示了自我关怀的动姿:颓然坐下的男性战败者望着自己,默默感受着伤口的疼痛,而他绷紧的肋部和青筋暴起的腿则显现了肉体的紧张。① 尤其重要的是,艺术家还着重刻画了面部表情。这是一种身体现实主义。它关注的是现实的身体而非理想的意象。身体的本真形貌得以显现。它能感受和表达自己。由此出现的是推己及人的可能性:雕刻家以同情的态度表现"倒下的高卢人",观众则感受到了普遍性的肉身之痛(the embodied pain)。② 此时,视觉意象已经牵连出双重的可触知性(tangibility):随着雕像中的身体开始触知自己,观者也可能触知它们。随着相应语境的变化,一种新的观体术(bodily reading)诞生了。它"代表着蔚然庞杂的资格能力","贩夫走卒皆可利用,"推动人们认识"身体化的生活现实"。③ 在后来的艺术史叙述中,这种身体艺术被命名为"希腊化风格":"希腊化风格由古典文化对于人体解剖学的研究发展而来,并伴随着盖伦的理念而产生,它最大限度地传播了医学知识……"④在这个时期的雕塑中,"所有的肌肉组织都呈现出一种张力,""因为肌肉组织不可能在同一时间收缩。"⑤隆起的肌肉组织牵连出"生命的力学",意味着人掌握"上手事物"的可能性。它属于运动乃至劳作的身体。被表现的不再仅仅是神祇、贵族、战士,牧羊人、渔民、贩夫走卒都走上了前台。其结果就是劳动的身体开始出场亮相。后者曾经被各种理论话语所遮蔽,但却是身体的原初角色:离开了劳作,身体性的人就无法存活;劳作是使身体成为人类身体的活动;当身体与劳作的关系被敞开时,一种更本真的身体学就会随之出现。雕像《老年市场女人》(公元前150—前100年)展示了身体的复杂动姿:一个憔

① Fred Kleiner, *Gardner's Art through the Ages : A Concise Western History* , London : Wadsworth, 2010, p.81.

② Fred Kleiner, *Gardner's Art through the Ages : A Concise Western History* , London : Wadsworth, 2010, p.81.

③ [加拿大]约翰·奥尼尔:《身体五态:重塑关系形貌》,李康译,北京大学出版社2010年版,"导论"第11页。

④ [意]威廉·德隆·拉索:《人体》,陈琳译,北京出版集团公司2017年版,第18页。

⑤ [意]威廉·德隆·拉索:《人体》,陈琳译,北京出版集团公司2017年版,第20页。

悴的老年妇女背着鸡、蔬菜、水果到市场上销售,她衣衫褴褛、步履蹒跚、表情悲苦。① 雕塑家同时描画了劳作的身体和能感受的身体。在这个作品所属的语境中,面部则是整个身体感受的集中展示区。它不是所谓的"灵魂"的图画,而是身体的自我呈现。这个能感受的身体是有生有死的肉体,必然从生机勃勃的青年时代过渡到垂暮之年。恰是在这样的身体学背景中,埃斯库罗斯写下了:

> 一个老人若过分年迈,
> 树叶已干涸,靠三条腿行走,
> 丝毫不比孩童有力量,
> 却有如白日里飘忽的梦幻。
> (《阿伽门农》进场歌)②

这是身体的自我认知。身体的命运进入了意识之中。人犹如移动的镜子,映射出自己的生命历程。他/她的精神灯盏放射出光芒,照见了身体的未来。在似乎悲观的表层语境中,一种力量显现出来:自我感受牵连出自我认知。换言之,"生命的力学"又牵连出"生命的光学"。

在创作于公元前 1 世纪中期的《残躯》中,身体的力量和感受已经获得了共同呈现:"即使这座躯干雕塑四肢不全,但是依然综合概括出当时希腊化时期的审美倾向:大到刻画出了其朝气蓬勃的人体躯干,小至描写出了其肌肉组织部分,着重体现了悲怆的感觉及寻找活力的希望。"③生命力存在于身体之

---

① Fred Kleiner, *Gardner's Art through the Ages:A Concise Western History*, London:Wadsworth,2010, p.83.

② ［古希腊］埃斯库罗斯、索福克勒斯:《古希腊悲剧喜剧集》(上部),张竹明、王焕生译,译林出版社 2011 年版,第 146—147 页。

③ ［意］威廉·德隆·拉索:《人体》,陈琳译,北京出版集团公司 2017 年版,第 20 页。

中。身体能够感受和行动,可以展示具体的生命感受。当它生机勃勃时,观者也会被激活。在它受苦之际,痛苦仿佛可以弥漫于身体之间。身体和身体早已结盟,形成了可见和不可见的共同体。这种关系意味着转化:悲怆的感受几乎总是牵连出活力的迸发,生命最终为自己的绵延不绝而欢欣鼓舞。那么,活力来自何处?丰盈的肌肉已经给出了部分答案:它就在肉体的组织之中,就在身体之内。生命学与身体学的联系显现于《残躯》中,而后者属于一个系列。到了雕塑《拉奥孔》(约创作于公元前 1 世纪)诞生的时期,类似的呈现达到了一个顶峰:"拉奥孔(Laocoon)是痛苦之至的意象。痛苦展现于其肌肉、筋腱、血管。由于巨蛇致命的攻击,毒液进入了血液;身体的每个部分都因极痛而变形。"①在这部杰作中,"心灵就显现在拉奥孔的面部","他的疼痛在周身的全部肌肉和筋脉上都有所显现","身体感受到的痛苦和心灵的伟大以同等的力量分布在雕像的全部结构"。② 更加重要的是,雕像上的三个人并非彼此相关:位于右侧的儿子仅仅手足被蟒蛇所缠绕,可以自由转动头颅,其面孔朝向父亲,目睹了后者的苦难。这是肉身对肉身的凝视,是受难者对受难者的观照。在两个人类身体之间,一种主体间性建立起来,被定格为永恒的动姿。事实上,早在蟒蛇缠住三个人之前,身体的主体间性就不但已经存在,而且引导他们奠定了无言的盟约:

> ……但它们(蛇),
>
> 一直就奔向拉奥孔;首先把他两个孩子的
>
> 弱小身体缠住,一条蛇缠住一个,
>
> 而且一口一口地撕吃他们的四肢;
>
> 当拉奥孔自己拿着武器跑来营救,

---

① John Winckelmann, *The History of Ancient Art Among the Greeks*, London: George Woodfall and Son, 1850, p.165.

② [德]温克尔曼:《论古代艺术》,邵大箴译,中国人民大学出版社 1989 年版,第 41 页。

　　　　它们又缠住他，拦腰缠了两道，

　　　　它们的头向空中昂然高举。①

这是维吉尔的诗句，这是曾经启发了雕刻家的身体叙事。② 事实上，有关拉奥孔的希腊传说也讲述了身体的悲欢离合。作为人们眼中的的先知、阿波罗神的祭司、特洛伊人阿革诺耳（Agenor）的儿子，拉奥孔违背了自己保持独身的誓言，激怒了阿波罗；当阿波罗准备祭祀海神时，他派去的两条大蛇将他和他的两个儿子缠死。如果说这是雕刻的故事背景的话，那么，整个作品表现了明晰的身体意识：拉奥孔所要解救的是受难的身体，但自己也不幸沦落为受难者；三个受难者共同在场，体验到了类似的痛苦；于是，原初意义上的同情感充塞于身体之内，弥漫于身体之间。对于古希腊艺术来说，《拉奥孔》的出现意味着身体意识达到了一个高潮。受苦的身体、感受的身体、表达的身体三位一体，构成了《拉奥孔》的主干。恰如许多研究者所指出的那样，这部雕塑所要表现的是"真实的身体痛苦（real bodily pain）"。③ 同样毫无疑问的是，它所展示的痛苦首先是身体性感受："用躯干和手臂的肌肉，来表达出绝望挣扎中的努力和痛苦……"④受难的身体感受到了自己的痛苦，痛苦弥漫于面部、躯干、四肢。正像温克尔曼所注意到的那样，《拉奥孔》中的"肌肉的运动已经抵达极限"，"它们如丘陵般聚集起来"，"以便在剧痛和抵抗中最大限度地发力"。⑤ 如果不理解这种身体现象学，就难以评估其在艺术史上的地位。譬如，贡布里希就曾轻描淡写地说：

---

① ［德］莱辛：《拉奥孔》，朱光潜译，商务印书馆2016年版，第230页。

② ［德］莱辛：《拉奥孔》，朱光潜译，商务印书馆2016年版，第37页。

③ John Winckelmann, *The History of Ancient Art Among the Greeks*, London：George Woodfall and Son, 1850, p.165.

④ ［英］贡布里希：《艺术的故事》，范景中译，广西美术出版社2008年版，第69页。

⑤ John Winckelmann, *The History of Ancient Art Among the Greeks*, London：George Woodfall and Son, 1850, p.116.

　　用躯干和手臂的肌肉,来表达出绝望挣扎中的努力和痛苦,祭司脸上
痛苦的表情,两个孩子枉然的扭动,以及把整个骚乱和动作凝结成一个永
恒的群像的做法,从一开始就激起一片赞扬之声。但我有时不免怀疑这
是一种投人所好的艺术,用来迎合那些喜欢恐怖格斗场面的观众。①

"投人所好"是个意味深长的表述。它固然不无贬义,但却以悖谬的方式道出
了一种观众心理学:当人们看见肉身性苦难被展示时,他/她会被触动,甚至感
同身受。这正是类似题材大受欢迎的原因。恰如梅洛－庞蒂(Maurice
Merleau-Ponty)(2002)所言,我们无法直接看见他人的"内在"感受,而只能在
他人的动作、表情、姿态来感知其悲伤和愤怒。② 所谓的同情心植根于身体现
象学。正因为如此,悲剧家才通过模仿动作来激发恐惧和怜悯之情。对于雕
塑家来说,情况同样如此,但他所能展示的是单个瞬间,而造型的需要使他们
"不得不把身体的苦痛冲淡","把哀号化为轻微的叹息",以免"面孔扭曲"而
使雕塑里出现"一个大黑点"。③ 为了"尽可能地在躯干上显出伤痛和中毒的
效果",他们尽可能地使"身体的主要部分"露出来,最大限度地展示"剧痛的
神经和紧张的筋肉";"如果蛇绕身两道,就会把躯干完全掩盖起,结果那种富
有表现力的腹部痛苦和抽搐就会看不见了。"④对此,莱辛(G.E.Lessing)的分
析不可谓不精妙:由于这种画面上的处理,具有最大表现力的身体现象学诞生
了——雕像上的人物同时展示了痛苦、自我控制、美,因而演绎了属于人的高
贵。⑤ 事实上,即使雕塑中的拉奥孔极力克制自己,观众仍能对其痛苦感同身
受:"他的疼痛在周身的全部肌肉和筋脉上都有所显现,即使不看其面部和其

---

① [英]贡布里希:《艺术的故事》,范景中译,广西美术出版社2008年版,第111页。
② Maurice Merleau-Ponty, *Phenomenology of Perception*, London and New York: Routeledge and Kegan Paul,2002,p.415.
③ [德]莱辛:《拉奥孔》,朱光潜译,商务印书馆2016年版,第17页。
④ [德]莱辛:《拉奥孔》,朱光潜译,商务印书馆2016年版,第39页。
⑤ [德]莱辛:《拉奥孔》,朱光潜译,商务印书馆2016年版,第17页。

他部位,只要看他因疼痛而抽搐的腹部,我们也仿佛身临其境,感到自己也将遭受这种痛苦。"①"在拉奥孔叹息时,想象就听得见他哀号……"。② 这是身体对身体的同情,是一种跨肉身性(trans-corporeal)体验:"例如我们看到一个人的手或腿正要遭受打击的时候,我们就很自然地吃了一惊,把自己的手或腿缩回;等到那人的手或足真正挨打的时候,我们在某种程度上感到仿佛自己挨了打,和那挨打的人差不多。"③随着身体和身体的原初联结被重构,人也更加真实地成为一个类。

到了希腊化时期,身体艺术已经达到非常高的水准。雕像似乎具有了生命,时刻会离开基座,走近观者的生活世界。在这个过程中,展示作品的空间扩展到私人场域。"艺术作品越来越多的被用来陈列摆设在私人的处所中。"④有人把祖先的雕像和画像放在家中的显眼处,营造出特定的氛围。它们是原型的替代物,但又似乎辐射出神秘的力量,因而必须被郑重对待。在古罗马诗人奥维德(Ovid)留下来的诗句中,这些雕塑的视觉效果获得了绘声绘色的叙述:"他从卧榻上弯下腰来亲吻她:她似乎由于他的触及而具有了温度;接着他继续亲吻她,用手触及她的胸部;象牙在他的触及下变得柔软,硬度在他的手指下似乎消失了。"⑤此处所说的"她"是雕塑,而"他"则是神话中的国王皮格马利翁(pygmalion)。据说,身为雕塑家的皮格马利翁用象牙雕塑了一个他能想象的最美丽的女人,像对待活人一样对待她。当想象中的交往似乎已经发生时,艺术品仿佛具有了肉身的活力。于是,在艺术品和生者之间,一种主体间性建立起来。这个传说记载了当时的一种艺术风尚。恰如皮格马利翁,希腊雕刻家努力创造既超越现实又栩栩如生的理想人类形态,重构可感

① ［德］温克尔曼:《论古代艺术》,邵大箴译,中国人民大学出版社 1989 年版,第41页。
② ［德］莱辛:《拉奥孔》,朱光潜译,商务印书馆 2016 年版,第20页。
③ ［德］莱辛:《拉奥孔》,朱光潜译,商务印书馆 2016 年版,第29页。
④ ［美］马克·D. 富勒顿:《希腊艺术》,李娜、谢瑞贞译,中国建筑工业出版社 2004 年版,第154页。
⑤ Ian Jenkins and Victoria Tuner, *The Greek Body*, London:The British Museum Press, 2009, p.23.

而又能感的身体意象。

在这种趋势凸显之际,一种艺术身体学实际上已经诞生。它首先意味着尊重身体的本体存在。譬如,诗人贺拉斯(Horace)曾反复强调画家的思路不能漫无边际:"如果一个画家,在马脖子上画了一个人的脑袋,或者把不同颜色的羽毛画在几种不同生物的翅膀上,或者把美女的下半身变成了恶心的鱼尾巴,当画家把他的这些作品给你看时,你能忍住不发笑吗?"①身体提供了可以摹仿的原型,艺术家不应该随意更改。随着这种观点的流行,日常时尚也发生了变化。在公元前300—前200年前创作的雕像《盛装女人》(出现于贝奥提亚(Boeotia)地区)中,人物头戴遮阳帽,防止阳光损害自己的白色皮肤,而后者曾是性感的标志。② 这个红陶作品记载了当时的风尚。它表明关怀身体已经是一种重要的日常实践。饶有趣味的是,相应动姿首先出现于女性身体上。除了女性可能拥有更多的闲暇外,更深层的原因也不可忽略。由于要承受漫长的孕期,女性更能体会到身体的意义。当她在剧痛中分娩时,身体与身体的关系凸显出来:一个身体离开了孕育它的身体,但却无法割断曾经存在的血脉。在雕塑《心与心》(*Heart to Heart*,大约创作于公元前100年)中,这个事实被重构和强调:两个女人——很有可能是母女——正在深谈;年长妇女的衣服部分敞开,露出了胸部;她用手指向自己的乳房,似乎在暗示自己的哺育之恩;虽然这个红陶雕塑重构的直接对象可能是女神得墨特耳(Demeter)和其女儿帕尔赛福捏(Persephone),但它无疑折射出当时的生命观。③ 生命源于生命,身体来自身体。所有身体都属于绵延的谱系,皆见证了一种跨代的恩情。当不同代际的身体共处时,时间性显现于空间性之中。这个哺育我的身体与我同在。她展示、诉说、呼吁,她传达身体对身体的爱与嘱托。即使不存在这

① [古希腊]朗基努斯、[古希腊]亚里士多德、[古罗马]贺拉斯:《美学三论》,马文婷、宫雪译,光明出版社2009年版,第79页。

② Ian Jenkins and Victoria Tuner, *The Greek Body*, London:The British Museum Press,2009,p.64.

③ Ian Jenkins and Victoria Tuner, *The Greek Body*, London:The British Museum Press,2009,p.67.

种代际关系,无形的纽带依然联结着身体和身体。在红陶雕塑《玩龙骨》（*Knuckle-bones*,约创作于公元前 330—前 300 年）中,观者会看到两个女性身体的互动。① 她们蹲伏于地上,手中拿着龙骨,边玩游戏边望着对方。由于目光的交流和相互涵括,身体相互进入了对方的视域。这是一种感人的场景,但依然转瞬即逝。事实上,当雕刻师开始工作时,游戏者已经不在人世。那么,亲人为何要重构这游戏的瞬间? 是为了举行哀悼的仪式吗? 是为了定格她们游戏的动姿吗? 答案不言而喻。从某种意义上说,所有绘画都属于哀悼的仪式:"有朝一日,生命将不在,身体将消失;其次和更悲伤的是,散布在世界景象中的问题不再被提出。"②正是由于身体的消解,生命才消失了。在所有的哀悼仪式中,身体都是缅怀的真正对象。这个作品被放到墓地中,折射出重视身体的民俗。可以说,希腊化时期已经出现了具身化(embodied)的生命观。后者肯定生命与身体的本体论关系,落实为一系列细致的话语实践。譬如,写作《动物志》时,亚里士多德曾抛开灵魂概念,聚焦身体的构成和形态,仍能自圆其说。对于艺术阐释来说,这提供了意味深长的范例,即去掉对"心灵"的假设,人们同样可以破译作品的内蕴。

到了公元后,艺术家开始更加明晰地阐释自己的身体观。在众多作品中,大理石雕塑《挑脚刺的少年》(*Spinario*,约创作于公元 25—50 年)尤为引人注目:一个男孩坐在岩石上,正在全神贯注地挑脚刺;他的表情如此认真,以至于产生了某种喜剧效果。③ 事实上,这个举动并不滑稽。脚刺的困扰看起来无伤大体,但却可能使他举步维艰。在挑脚刺的那个瞬间,宇宙缩小为一个点。那是疼痛所揭示的中心。为了去掉侵入脚中的异物,他必须依赖手和脚的配合。只有响应脚所传达的信号,手才能完成自己的工作。痛觉、触觉,最后都被整合到胡塞尔(Edmund Gustav Albrecht Husserl)所说的动觉体系之中。按

① Ian Jenkins and Victoria Tuner, *The Greek Body*, London:The British Museum Press, 2009, p.126.
② [法]莫里斯·梅洛-庞蒂:《符号》,姜志辉译,商务印书馆 2003 年版,第 70 页。
③ Ian Jenkins and Victoria Tuner, *The Greek Body*, London:The British Museum Press, 2009, p.128.

照心理学家的说法,挑脚刺的动作牵连出一个身体图式。人并不是随机地与世界打交道,相反,身体总是依据一个图式"整合其在环境中的位置和回应方式"。① 正因为后者形成了不可见的定位体系,行动中的身体才能"心想事成"。从这个角度看,《挑脚刺的少年》传达了丰富的意蕴。至少,它说明关怀身体已经形成了一种风尚。

然而,这种关怀身体的立场并非总是获得赞同,而是属于一个渐趋复杂的语境。恰恰是在希腊化时期,贬抑身体的思潮也开始兴起。在《论说集》中,斯多亚学派大师爱比克泰德(Epictetus)曾以轻蔑的口气说道:"即使是伊壁鸠鲁他本人也明白,我们本性上都是社会性的动物。可是,既然他已经把人的善放在人的躯壳上,所以他也没法再说别的与此不一致的话了。"②此处,"人的躯壳"牵连出"不幸的、僵死的动物本能",意指社会性乃至善的方面。③ 为什么爱比克泰德会如此评价身体?答案蕴含于他的人学定义之中:"人是由两种东西混合产生的,一种是肉体,与动物相通,一种是理性和智能,与众神相通。"④他指责许多人爱身如命,希望个体"追求神圣和幸福"。这段话虽然折射出当时流行的关怀身体的潮流,但也表征了当时正在发生的位移。在对身体的表现取得了重大进展之后,遮蔽身体的力量也吊诡地获得了强化。这不是一个突然显现的可能性,而是某种深层图式的显现。希腊文中的身体写作σωάμτος,意为容纳者,而被容纳的对象是灵魂(ψυχή, psychě)。⑤ 灵魂在古希腊语中写作Ψυχή,原意是"气息",后被视为生命(life)的源头、动力、原理。譬如,荷马史诗中的灵魂是能思者,是自我,是主体。虽然身体也具有感受性

---

① Shaun Gallagher, *Body Image and Body Schema: A Conceptual Clarification*, The Journal of Mind and Behavior, Autumn 1986, Volume 7, Number 4:548.
② [古希腊]爱比克泰德:《爱比克泰德论说集》,王文华译,商务印书馆2009年版,第121—122页。
③ [古希腊]爱比克泰德:《爱比克泰德论说集》,王文华译,商务印书馆2009年版,第29—30页。
④ [古希腊]爱比克泰德:《爱比克泰德论说集》,王文华译,商务印书馆2009年版,第29页。
⑤ [古希腊]亚里士多德:《灵魂论及其他》,吴寿彭译,商务印书馆1999年版,第54页脚注。

和运动的能力,但这种主动性仅仅属于第二序列,难以与灵魂(puschē,又译为魂气)的魔力相提并论。在普罗泰戈拉(Protagoras)等人的言说中,这种定位已经获得了清晰的表述:"一方面,我们依靠身体并通过感觉与'变易'打交道,另一方面,我们依靠灵魂并通过理性与'真正的存在'打交道。"①当苏格拉底登上雅典的哲学剧场以后,这种本就不平衡的生命图式变得更加倾斜。如果说荷马诗歌中的灵魂最终会像轻烟般飘往地府②,那么,苏格拉底则抛弃了此类观念。灵魂被推举为不朽之物,终将告别有死的身体。在描述灵魂的作用时,苏格拉底使用了"在我们里面"这种说法:"神明并不以仅仅照顾人的身体为满足",而是"在人里面放置了一个灵魂"。③ 后者是人"最重要的部分",不但能够"预防饥渴、冷热"、"医疗疾病、增进健康",而且可以"勤奋学习、追求知识"并最终理解神明的存在。④ 它"比人的其他一切更具有神性","在我们里面统治着一切"。⑤ 正是由于拥有它,人"生来就无比地高贵,生活得像神明一样"。⑥ 灵魂居于身体之中,可以在后者死亡时迁移到别处:"当灵魂(才智只存在于灵魂之中)离开人的身体的时候,人们就把他们最亲爱的亲人的身体送去殡葬,使它尽快地离开自己眼前。"⑦身体是灵魂的暂时居所,是后者旅行的中转站。一旦灵魂离去,它就沦落为无价值之物,只能去亲近泥土或火焰。这种说法将"原本专用于神的表述"描述人的本质特征,高扬了人的地位,但身体的处境却因此具有悖谬意味:一方面,身体被视为涵括灵魂的存在,并且多少分享了前者的高贵;另一方面,智慧、心理、感觉又被视为灵魂的功能,它因此被当作承载精神实体的器皿。在由此产生的二分法中,身体被贬

① ［古希腊］柏拉图:《智者》,詹文杰译,商务印书馆2014年版,第61页。
② ［古希腊］荷马:《奥德赛》,陈中梅译注,译林出版社2003年版,第11页脚注①。
③ ［古希腊］色诺芬:《回忆苏格拉底》,吴永泉译,商务印书馆2010年版,第30页。
④ ［古希腊］色诺芬:《回忆苏格拉底》,吴永泉译,商务印书馆2010年版,第30页。
⑤ ［古希腊］色诺芬:《回忆苏格拉底》,吴永泉译,商务印书馆2010年版,第160页。
⑥ ［古希腊］色诺芬:《回忆苏格拉底》,吴永泉译,商务印书馆2010年版,第30页。
⑦ ［古希腊］色诺芬:《回忆苏格拉底》,吴永泉译,商务印书馆2010年版,第18页。

抑的逻辑已经清晰可见：相比于不可见的灵魂，身体暴露于审视的目光中，不可避免地展示其有限性（如短暂、沉重、脆弱），似乎难以承担人对超越性的渴求。人们将各种想象出来的属性归结于灵魂，尊崇和圣化它。与此相应，身体则被轻视和贬抑。从苏格拉底等人开始，有关身体负面品格的言说便开始流行："西方的身体是诗句中的顿挫，是无上自我的精神藩篱。"① 到了爱比克泰德这里，告别身体已经发展为一种想象中的时尚：

> "可是，"可能有人会说，"假如在我独自一个人的时候，有人走过来，想杀我怎么办？"
> "傻瓜，他杀的不是你，而是你的小小的躯体。"②

身体不过是随时可以脱去的臭皮囊。告别它非但不意味着个体生命的终结，相反，而且可能开启精神主体走向彻底自由的历史。这种说法折射出一种二元论图式。在希腊化时期，它被部分哲学家所强化，身体艺术也因此被抛入更加复杂的语境。

在古希腊历史终结之后，二元论被后来者所继承："西方人的特性始终受二元论的影响，身体因此也往往被区别于个体。"③ 这种对身体的定位形成了延续千年的主流语境，规定了人们观看身体的方式。艺术尽管没有完全受相应观念禁锢，甚至偶尔展示了颠覆性力量，但却难以从总体上颠覆占统治地位的图式。

---

① ［法］大卫·勒布雷东：《人类身体史与现代性》，王圆圆译，上海文艺出版社 2010 年版，第 3 页。
② ［古希腊］爱比克泰德：《爱比克泰德论说集》，王文华译，商务印书馆 2009 年版，第 366 页。
③ ［法］大卫·勒布雷东：《人类身体史与现代性》，王圆圆译，上海文艺出版社 2010 年版，第 4 页。

第二章　中世纪艺术:悖谬的身体意象

公元 406 年,日耳曼民族越过了莱茵河和多瑙河,潮水般地冲向罗马帝国。在这一事件之后,一系列大规模的入侵导致了西罗马帝国的灭亡。受此沉重打击,古希腊罗马文明也走向了终结,一个被后人称为中世纪(the middle age)的时期开始了。① 与古希腊罗马相比,中世纪的西方具有两个基本特征(1)基督教逐渐一统天下,神学升格为主导性的意识形态;(2)随着古代社会的解体,层层分封的建构行动造就了高度等级化的社会(the feudal society)。由于这两种变化,一个新的文化版图成形了,身体艺术进入了长达千年的过渡阶段。

在中世纪开始之前,它的信仰维度就已经出现。公元 80 年,基督教的基本经典问世。此时,爱比克泰德还刚刚 25 岁。虽然他在《论说集》中没有提到基督教,但相应的位移已经发生。公元 311 年,君士坦丁大帝(Emperor Constantine)发布敕令,确立了基督教教会在国家中的权力。这是一个影响了西方知识生产和艺术建构的决定。写作《艺术的故事》时,贡布里希敏锐地注意到了上述转变,认为它必然推动教会重新考虑自己与艺术的关系。② 对于身体艺术来说,情况同样如此。随着"知识生活被放在隐居院和修道院中",

① 〔法〕雅尼克·杜朗:《中世纪艺术》,董强译,吉林美术出版社 2002 年版,第 6 页。
② 〔英〕贡布里希:《艺术的故事》,范景中译,广西美术出版社 2008 年版,第 133 页。

身体也进入了基督教神学的信仰体系之内。① 从奥古斯丁(Saint Aurelius Augustinus)开始，它就被定位为人的"较低部分"："人是既有身体，也有灵魂的，确实如此。灵魂并不是整个人，而是人的较好的部分；身体也不是整个人，而是人较低的部分。只有两者结合起来，才有人之名。"②到了托马斯·阿奎那(Saint Thomas Aquinas)这里，这种二元论模式获得了更系统的表述。他把有生命之物划分为肉身性生物(corporeal creatures)和精神性生物(spiritual creatures)，认为存在一个高低分明的系列："首先，在《圣经》中，纯粹的精神性生物叫做天使；其次，完全肉身性的生物；第三，肉身和精神性的组合物，这就是人。"③人是灵魂与身体的联结，但二者的地位完全不同：灵魂负责思维，身体至多具有感觉功能。这种定位排除了身体能思维的设想："理解不可能是身体的行动，也不是任何肉身性力量，因为身体总是被局限于此地和此刻(here and now)。"④思维的主体是灵魂，而后者是身体的掌控者。灵魂之所以要与身体联合，是由于人不完善："对于人来说，灵魂与身体联合着，因为他不完善，仅仅是潜在性的思维实体(intellectual substance)，并不在其本性上拥有完善的知识，而要通过身体感觉从可感事物那里获得之……"⑤身体能够感觉外部事物，因而并非可有可无。如果说灵魂是主体，那么，它就是辅助者、显示器、住所。只有借助有关灵魂的言说，它才能被定位和估价。譬如，当身体做出臣服的动作，被表达的是灵魂的忠诚。在当时流行的臣属仪式上，宣誓者

---

① [法]德比奇等:《西方艺术史》,徐庆平译,海南出版社 2000 年版,第 95 页。

② [古罗马]奥古斯丁:《上帝之城:驳异教徒》(中),吴飞译,上海三联书店 2008 年版,第 179 页。

③ *Basic Writings of Saint Thomas Aquinas*, Volume One-II, China Social Science Publishing House, 1999, p.480.

④ *Basic Writings of Saint Thomas Aquinas*, Volume One-II, China Social Science Publishing House, 1999, p.481.

⑤ *Basic Writings of Saint Thomas Aquinas*, Volume One-II, China Social Science Publishing House, 1999, p.492.

"要以嘴和手表示效忠"。① 对于当时的所有个体来说,这都是必须完成的身体实践:"今天或者未来从你手中获得采邑(honor)的所有附庸(hominies),所有的人都要对您发誓忠诚,并成为您的以嘴和手表示效忠的臣属。"②嘴能够说话和亲吻,传达亲密的情感或者表示憎恶;手是行动的器官,能够实现内在的欲望;当臣属者以嘴和手表示忠诚时,人实际上表达了自己的内在立场。如此行动的身体被置于一个象征系统中,被嵌入双重的(神圣的和世俗的)权力体系:"身体不仅是灵魂的显现者,而且是人类命运——各种形式下——实现的场所。直到彼岸,至少直到最后审判日,灵魂也是以身体的形态上天堂或下地狱,或去炼狱。"③身体可能最终获救,但目的却是为了与灵魂重逢:"那圣洁的灵魂渴望重新取得肉体,并期待与它的肉体再度结合。因为,如果没有肉体,灵魂的幸福便不可能是完满的,其喜乐也是不充分的;所以,灵魂是如此殷切地渴望重新取得肉体,再度与它结合,尽管那肉体在某种程度上会阻碍和延缓灵魂的神圣静观。"④当圣·波纳文图拉(Saint Bonaventura)如是说时,他强调的是灵魂的选择。占统治地位的二元论图式形成了一个倾斜的跷跷板,同时凸显了身体的卑微和沉重。

矛盾之处在于,中世纪的身体既拥有远大前程,又属于广阔的宇宙版图,但却难以在艺术中显现真容。人们谈论的是信仰版图和等级制体系的身体,很少关心身体的本有结构—形态。它被当作一种所有物,被与财富并列。⑤身体被贴上标签,被引导和规训,被抛入救赎的路途。它被当作灵魂的辅佐者,被视为内心的显示板。所有关于它的言说都牵连出一个他者:灵魂。后者才是人们真正关怀的对象,是目光聚焦的中心。在这种局面中,作为身体的身

①　[法]雅克·勒高夫:《试谈另一个中世纪》,周莽译,商务印书馆 2018 年版,第 439 页。
②　[法]雅克·勒高夫:《试谈另一个中世纪》,周莽译,商务印书馆 2018 年版,第 439 页。
③　[法]雅克·勒高夫:《试谈另一个中世纪》,周莽译,商务印书馆 2018 年版,第 439 页。
④　[意]圣·波纳文图拉:《中世纪的心灵之旅》,溥林译,华夏出版社 2003 年版,第 115 页。
⑤　[法]雅克·勒高夫:《试谈另一个中世纪》,周莽译,商务印书馆 2018 年版,第 93 页。

体难以出场。在主流文化中,身体是在场的缺席者。正是由于意识到了这种悖论,当代英国学者奥利弗·J.T.哈里斯(Oliver J.T. Harris)曾感慨"'中世纪的身体'既到处都是又无处可见":"神学家关于身体的争论和声明、医生在身体上的实践、宫廷礼节和暴力中上演的具象化行为的编码,等等。"另一方面,"对身体自身的讨论令人惊异地少见"。① 为了改变这种不平衡状态,部分大哲试图提出兼顾身心的人学图式:其一,在中世纪的教父哲学和经院哲学中,身体并非仅仅提供"胃口、欲求和需求的持续动力",相反,它可以担当更大的责任;其二,对于身体的地位,托马斯·阿奎那等人进行了明确的界定,其中部分表述既深入到哲学层面,又使用了感人至深的语言。不过,这种努力既无改大局,又说明了中世纪身体的悖谬品格。

由于中世纪的艺术"主要服务于宗教",因此,它们并没有"'从美学上'被看作本身或其中具有意义和意味的东西"。② 落实到身体层面,情况也大体上如此:"在基督教诞生的罗马帝国中,个体的绘画根据纪念概念或是颂扬功能分为两类:第一类追求逼真;第二类是向往美和力量。"③只有当对它的表现揭示了上帝的救赎力量,相应作品才会受到重视。当然,这并不是艺术版图的全部内容:在主流文化的裂缝之中,在边缘地带,在规训工具暂时丧失效力的狂欢时分,身体的活力也会偶然地绽露乃至涌溢。从这个角度看,作为身体的身体在中世纪并非踪迹全无。相反,它始终在寻找重新出场的机缘。尽管这是一种被压抑和遮蔽的冲动,但依然展示了身体不可遏止的生命力。用萨特(Jean-Paul Sartre)的话说,中世纪的身体既是其所是,又不是其所是。从总体上说,中世纪世界图景里存在三种身体:(1)教义中的身体——作为神学战场的身体;(2)医学与科学的身体——作为亲和系统的身体;(3)有活力的身体。

---

① [法]乔治·维加埃罗主编:《历史上的身体:从旧石器时代到未来的欧洲》,张竝、赵济鸿译,华东师范大学出版社 2013 年版,第 225 页。

② [美]埃伦·迪萨纳亚克:《审美的人》,户晓辉译,商务印书馆 2016 年版,第 271—272 页。

③ [法]茨维坦·托多罗夫:《个体的颂歌:论文艺复兴时期的佛拉芒绘画》,苗鑫译,华东师范大学出版社 2013 年版,第 35 页。

它们既有差异,又相互补充,但终归形成了可能性从中涌现的张力:(1)神学逻辑下,血肉之躯在一个二元论的模型中与一个灵魂结合,身体的威胁性欲望受到压制性约束并且仅通过有道德之灵魂对它的管控能力而受影响;(2)一个科学身体与宇宙的亲和力、事物的性质合拍,受到外部影响的渗透并在持续的流溢之中;(3)一个有感觉、积极欲望、变化与历史的身体,被定义为一个人自我与生平的经验场所。① 正是由于这三者的冲突,身体最终成为了解放的源泉。在主流文化的边缘处,在博弈所造成的张力中,它展示了自己的力量。

第一节　教义中的身体

——作为神学战场和精神载体的身体

在复杂的张力中,中世纪的身体艺术出现了悖谬式的变化:一方面,现世生活和肉体感受降格为被否定的中间环节,其意义在于为永生做准备;另一方面,托马斯·阿奎那等人承认身体可以永生,强调血肉之躯能够升华为灵性的身体。于是,身体既承受着原罪,又具有远大前程:"有些犹太教启示录的信从者比如法利赛人(Pharisees)相信,忠信者的身体将在世界末日复活从而再生。这种复活论通常被理解为物质身体的复兴,这将解救死者的身份使之免遭分解和遗忘。"②这是一种悖谬形态,孕育着不同的可能性。有人甚至因此认为:"诋毁身体是基督教神学持之以恒的走向,但身体逐渐被看作一个下层基础和无价值装置,其唯一目的是作为灵魂的短暂载体。"③事实上,这是一种不确切的表述:与某些常见观点形成鲜明对照的是,中世纪的基督教神学从未

---

① [法]乔治·维加埃罗主编:《历史上的身体:从旧石器时代到未来的欧洲》,张竝、赵济鸿译,华东师范大学出版社2013年版,第254页。

② [法]乔治·维加埃罗主编:《历史上的身体:从旧石器时代到未来的欧洲》,张竝、赵济鸿译,华东师范大学出版社2013年版,第223页。

③ [法]乔治·维加埃罗主编:《历史上的身体:从旧石器时代到未来的欧洲》,张竝、赵济鸿译,华东师范大学出版社2013年版,第288页。

完全贬抑身体。根据犹太教的传统，身体绝非可有可无之物："一方面，犹太教关于身体的流行观点是物质主义的：身体被理解为血与肉、日常经验、欢愉和痛苦；它一般会屈从于疾病而普遍屈服于死亡。此外，身体就是身份：一个人是他或她的身体。"①最终的结局是悖论的形成："基督教在一个根本的意义上是身体的宗教；在某种程度上也可以说是反对身体的宗教。"②悖论意味着裂痕。随着时间的推移，这裂痕扩展为巨大的深渊，而奇思妙想则被充填于其中。

在涉及身体的裂痕时，二元论是最常见的填充物。后者既假定宇宙可以划分为截然不同的两种存在，又强调它们可以相互作用。为了阐释这种悖谬式的定位，中世纪的大哲们著书立说，他们动辄下笔千言，创造出一个文本的世界。后者虽然荦荦大端，但基本图式并无二致。中世纪的身体是对照物，是陪伴者。按照当时的普遍人学模式，个体是由元素和天使精灵制成的小世界。这意味着身体总是与灵魂结对出现。每当人们谈及它时，后者总是已经如期而至。落实到主体观维度，二元论开始占据上风。按照托马斯·阿奎那的分类，世界上存在三种重要生物：（1）纯粹精神性生物——神和天使；（2）肉身和精神的结合物——人；（3）纯粹的肉身性生物。其中，只有上帝本体精纯，既无形躯，又不包含任何物质。天使虽有形躯之象，但并无肉身之实，也属于第一系列。无生命的事物则是纯物质，地位最低。人乃身体与灵魂的联合体，处于无生命之物和纯精神性存在之间："在神灵实体之界，人灵最低。在物质形体之界，人身最高。"③对于我们这个物种来说，身体并非可有可无。相反，人的灵魂必须与身体联合，否则就难称圆满。不过，联合中的身心并不平等：灵魂乃是"此间所有生命的第一原理"，给"事物以生气（animate）"；肉身"虽然同是生命的一个原理"（如"心脏是动物生命的一个原理"），却注定不能占据

---

① ［法］乔治·维加埃罗主编：《历史上的身体：从旧石器时代到未来的欧洲》，张竝、赵济鸿译，华东师范大学出版社2013年版，第223页。

② ［法］乔治·维加埃罗主编：《历史上的身体：从旧石器时代到未来的欧洲》，张竝、赵济鸿译，华东师范大学出版社2013年版，第224页。

③ ［意］阿奎那：《宇宙间的灵智实体问题》，吕穆迪译述，安徽人民出版社2013年版，第37页。

"第一"的位置。① 如果说灵魂是形式，那么，身体就是质料。在与身体结合之后，灵魂既是推动者，又是目的。对于灵魂来说，身体的意义是提供感觉，辅助灵魂获得完善的知识。至少在感觉层面，它是主动性的存在。这是它可以辅佐灵魂的原因，但并不意味着它可以独立自足。只有克制—否定自己的肉身性，它才可能在现世和天国获得一席之地。在中世纪的语境中，对身体复活的允诺牵连出规训的法则，发展出一系列不无悖谬品格的话语谱系："在教义上，它集中围绕精神与物质对立的思想，由此规定了物质秩序由精神秩序约束。"②于是，身体乃至所有物质性存在"都被削足适履地塞进一个至高无上的全新观念结构中"。③ 然而，支撑这些论断的二元论一开始就面临致命的危机：如果灵魂与身体完全不同，它又怎样驱使后者？ 倘若二者具有共同处，为何将之定义为不同的实体？ 落实到具体处，悖谬更是无处不在。譬如，托马斯·阿奎那等人都强调灵肉要一起复活。然而，"从教义二元论的角度看，这种复活没太大意思。如果身体仅仅是灵魂的偶然累赘或暂时栖所，为什么不让它在死亡中瓦解？"④更重要的是，神学教义认为人可以进入无身体状态，但却忽视了由此产生的悖论："因此凿枘不合的是，一方面神学以二元论方式宣称灵魂从身体中解脱出来会更好；另一方面却不清楚没有身体的灵魂是否会丢失所有构成那一个人的东西。"⑤譬如，在生理学意义的死亡发生后和末日审判之前，身体与灵魂处于分离状态。那么，这是否意味着不完美呢？ 按照奥

---

① *Basic Writings of Saint Thomas Aquinas*, Volume One-II, China Social Science Publishing House, 1999, p.683.

② ［法］乔治·维加埃罗主编：《历史上的身体：从旧石器时代到未来的欧洲》，张竝、赵济鸿译，华东师范大学出版社 2013 年版，第 224 页。

③ ［法］乔治·维加埃罗主编：《历史上的身体：从旧石器时代到未来的欧洲》，张竝、赵济鸿译，华东师范大学出版社 2013 年版，第 225 页。

④ ［法］乔治·维加埃罗主编：《历史上的身体：从旧石器时代到未来的欧洲》，张竝、赵济鸿译，华东师范大学出版社 2013 年版，第 250 页。

⑤ ［法］乔治·维加埃罗主编：《历史上的身体：从旧石器时代到未来的欧洲》，张竝、赵济鸿译，华东师范大学出版社 2013 年版，第 252 页。

古斯丁的分析,答案几乎不言而喻:"因此,对于身体的死亡,即灵魂与身体的分离,对承受的人,也就是所谓正在死的人来说,不会是好事。灵魂与身体本来一直在亲密地共生共栖,而今被一种力量撕开,就产生了一种绝望和违背自然的感觉,这种感觉一直持续,直到因灵魂与肉体的结合产生的感觉完全被褫夺。"①既然人是身心联合体,那么,这种分离显然意味着撕裂。有关复活的言说包含了一种基本的允诺:身体不但会与灵魂重逢,而且会恢复其形貌。譬如,他们将保有自己的性别:"在所有文化中,社会性别都是基本的。即使当科学与神学不得已对女性身体有强烈的矛盾时,关于死后生活的眼光仍坚持人保持为男性和女性。"②当然,此类回答又会牵连出更多问题。为了回答想象中的辩驳,中世纪的思想家编织出众多有关身体—灵魂的文本。它们既丰富多彩,又万变不离其宗。

受此影响,美学和艺术中的身体意象分化为两个系列:血气之身(伙伴/仇敌、居所、衣服)和属灵之体(不朽、精神化、无肉欲的身体)。这种语境中,身体意象的建构必然具有悖谬品格:一方面,身体不应该被舍弃;另一方面,它的意义在于双重的自否性(为灵魂否定自身;为升华而否定肉性)。要理解这点,就必须首先明白:在中世纪的神学语境中,身体绝非今天人们津津乐道的主体。它即便不是绝对被动之物,也只能扮演辅助性的角色。身体是可供争夺的场所,是各种力量展示自己的地方。身体是战场,是衣服,是住所,但唯独不是它自己:"首先,作为背景的论断是身体与自我一体。自我栖居在活着的、有意识的、有年龄的、在社会中被承认的身体上,身体是普遍及不可避免之事物(如性别、欢愉、痛苦和死亡)所着落的场所。第二个因素是灵魂或

---

① [古罗马]奥古斯丁:《上帝之城:驳异教徒》(中),吴飞译,上海三联书店 2008 年版,第 156 页。

② [法]乔治·维加埃罗主编:《历史上的身体:从旧石器时代到未来的欧洲》,张竝、赵济鸿译,华东师范大学出版社 2013 年版,第 252 页。

'爱多斯',这是一种与身体相联系但一俟身体死亡就会与之分离的东西。"①
身体是灵魂居住的场所,是精神力量显现的空间。在一幅中世纪图画《人生
的十个年龄段》中,这种流转变化获得了充分的阐释:从出生到死亡,柔弱的
身体变得强壮,生命力洋溢的身体最终迎来了老年,有关成长、情欲、建功立业
的生命叙事先是归于对智慧的言说,而后被纳入有关永久荣耀的信仰话语之
中。这是世俗身体的成长史,也是它逐渐转换的过程。世俗身体最终会被克
服,转化为"灵性的(spirituale)肉体"。② 灵性身体也是神圣身体:"基督教由
一众神圣的、不可思议的身体所界定,这些身体缺乏日常身体的真实性质。"③
其范例便是基督的身体:"这是个完美的身体,并且在宇宙多联系中与位居创
造中心的地球同形同构。"④在创作《室内景与圣坛》(圣维塔莱教堂,548 年)
时,艺术家生动地表现了这个图式。画中的耶稣坐在一个球体之上,两边站立
着天使和圣徒。他的身体性存在成形为中心,担当着双重的功能:(1)"他作
为教堂的焦点,接受查士丁尼和他的妻子迪奥多拉的崇拜和供奉,他们中还包
括了拉韦那大主教马克西米安(Maximian),他的形象被表现在圣坛墙壁上。"
(2)"坐在宝座上的基督形象的第二个功能是象征性的",诠释了与圣餐和献
祭有关的基督教叙事。⑤ 这种意义上的基督身体是有关终极救赎的示意符,
移动于当时几乎所有的文本之中,放射出可以照亮处境的光芒。它是隐喻,是
象征,是启示。在它与真实身体之间,巨大的差异显现出来:画面中的身体似
乎已经被去除了肉性,仿佛随时可以漂浮于空中。这是非身体化的身体,是显
现真理的载体。在上面这幅图画中,身体几乎完全是象征性的存在:它位于一

① [法]乔治·维加埃罗主编:《历史上的身体:从旧石器时代到未来的欧洲》,张竝、赵济鸿译,
华东师范大学出版社 2013 年版,第 223 页。
② [意]圣·波纳文图拉:《中世纪的心灵之旅》,溥林译,华夏出版社 2003 年版,第 115 页。
③ [法]乔治·维加埃罗主编:《历史上的身体:从旧石器时代到未来的欧洲》,张竝、赵济鸿译,
华东师范大学出版社 2013 年版,第 229 页。
④ [法]乔治·维加埃罗主编:《历史上的身体:从旧石器时代到未来的欧洲》,张竝、赵济鸿译,
华东师范大学出版社 2013 年版,第 229 页。
⑤ [英]乔治·扎内奇:《西方中世纪艺术史》,陈平译,中国美术出版社 2011 年版,第 36 页。

个圆球的中心,代表神圣的星球。这个意义上的身体被置于宏大的宇宙论体系之中,已经丧失了自己的本有边界。如果说耶稣的身体可以代表宇宙本身,那么,普通的身体则没有这么高的地位。它们是小宇宙,是同构性的显现,是承载真理的场所:"就身体被考虑的范围而言,最宏大的中世纪综合论是把身体看作微观宇宙的观念。身体是个微观宇宙,这是 14—15 世纪的特定修辞。"①在中世纪的宏大综合中,地理秩序就是一种身体秩序。如当时的人们所相信的那样,有关地理秩序的言说建立在身体、元素与黄道带的联系之上。身体有秩序的各部分也提供了一种思考社会各部分的方式。身体较低的部位如同农民,肥沃而有产能但非常物质性,而作为精神与灵魂着落地的头部与心脏代表神职人员与贵族。类似的说辞形成了弥散性的话语网络,支撑着规定身体的宇宙图式。

对于身体塑造来说,这种定位影响深远:首先,宏观宇宙提供了一个衡量和安置身体的背景,蕴含着身体必须服从的本体论结构;其次,身体自身的结构也呼应宏观宇宙结构,对后者的等级制想象也衍生出关于身体内部的等级制言说;最后,有关救赎的言说占据主导地位,身体被置于一个宏大的进程之中。它所代表的小宇宙延续、扩张,最终成形为一个"世界地图";"身体—宇宙的关联性也通过其他方式得到详细阐述。这在美丽的'世界地图(mappae mundi)'如赫里福德地图(Hereford)、艾伯施陶夫(Ebstorf)和诗篇集地图中铺展开来,这些地图强调地球与身体尤其是神圣身体之间的异体同形。"②身体与地球的关系被反复确认,但由此牵连出的并非后来人所说的生态学法则,而是一种影响深远的神学信念:"人类身体与地球可以等价为上帝之创造物的

---

① [法]乔治·维加埃罗主编:《历史上的身体:从旧石器时代到未来的欧洲》,张竝、赵济鸿译,华东师范大学出版社 2013 年版,第 260 页。
② [法]乔治·维加埃罗主编:《历史上的身体:从旧石器时代到未来的欧洲》,张竝、赵济鸿译,华东师范大学出版社 2013 年版,第 260 页。

杰出例子，而最完美的人类身体就是基督的身体。"①一幅已披露的 13 世纪插图展示了位于创世中心的一尊可作为范例的美丽人体，由风和环海中的波涛所环绕的同心布局表明这里应被理解为地球。包裹住它的是一团红色的圣灵，圣灵之外、宇宙的位置则被分派给永不改变的第一推动者，即上帝本尊。处于中心的身体是模板，是范例，是原型。以它为尺度，一种等级关系就会昭然若揭：

> 各个身体被以用两种方式整合。在人类世界，中心是道德秩序所在，那里的人们有恰当的标准身体。在边远地区——'世界地图'上习惯用非洲代表，则身体的自然秩序崩塌并且那里有怪异种族：长着狗头或怪兽般长耳的人、独眼巨人、食人族、脸长在胸膛上的无头人、用一只脚蹦跳的人，还有其他许多怪人。②

怪异种族存在于中世纪的想象中，形成了神秘的群落。它们被从古典作家那里继承下来，意在提供一个二元图式：被否定性定义的怪兽位于边缘，理性与秩序则处于中心地带。在 1260 年绘制的插图中，作者虚构出了布勒米人（Blemmyae）形象：没有头颅，面孔浮现于胸部；胡须从腹股沟中长出，长达脚踝。③ 它展示了对非洲部落的身体想象："（他们的脸）被置于胸部，而非骄傲地处于头部，这个部落因此被表示为典型的非人：怪异而低下的生物，被剥夺了身体最重要的部分。"④他们是无头的肉身。由于中世纪的人们把头当作

① ［法］乔治·维加埃罗主编：《历史上的身体：从旧石器时代到未来的欧洲》，张竝、赵济鸿译，华东师范大学出版社 2013 年版，第 260—261 页。

② ［法］乔治·维加埃罗主编：《历史上的身体：从旧石器时代到未来的欧洲》，张竝、赵济鸿译，华东师范大学出版社 2013 年版，第 262 页。

③ Jack Hartnell, *Medieval Bodies: Life, Death and Art in the Middle Ages*, London: Wellcome Collection, 2018, p.30.

④ Jack Hartnell, *Medieval Bodies: Life, Death and Art in the Middle Ages*, London: Wellcome Collection, 2018, p.32.

"掌管人类思想和运动"的最重要器官,因此,此类想象凸显了边缘身体的工具性。① 画面上的布勒米人虽然没有头颅,但却承担着劳动的职责:一手拿着镐头,一手握着铁钳。这也是对劳动身体的想象。后者不仅属于边缘地带,而且活跃于中心区域。离开了他或她胼手胝足的辛苦工作,世界就难以维系其基本结构。所有歧视性的地域想象都会反弹到想象发源的地方,伤害处于底层的身体。然而,此类想象依然流行无阻。它们不但出现于各种著作中,而且被安置于当时的地图上:"布勒米人因此被抛入中世纪身体事实和身体虚构的交叉处,展示了人们对于其日常生活、追求、幻想、恐惧,但却很少涉及前现代非洲人的现实。"②在这种想象弥漫之际,反思性力量显得势单力薄。它们即使出现了,也难以扭转大局。最终,灵魂—身体的二分法衍生出众多次生的二分法:中心—边缘,标准—怪异,自我—他者,等等。在 14 世纪中叶出版的《曼德维尔游记》(*The Travels of Sir John Mandeville*)中,后者被体现得淋漓尽致:"《曼德维尔游记》部分地作为前往圣地的朝圣者指南而撰写,而假设的作者身体及读者身体都是'标准'人类,即基督徒的身体。"③这是些虽然有罪但渴望被拯救之人(朝圣之旅正是此计划之一部分)的身体,它有吃、喝、休息、运输并知晓旅途中之身体风险的需求,它也享受好酒,它也不反对沿途观赏美景。与假定中的"像我们一样的身体"这一默认眼光相反的是,旅行者会遭遇三种区别明显的"其他身体"。然而,处于中心地域的"标准"身体并非今人所说的典范:"中世纪时期,艺术家们通常会忽略人体的经典比例:反自然形态的人物形象,宽大的髋部尤为明显,这个或许取决于当时对于活体进行研究的

---

① Jack Hartnell, *Medieval Bodies*: *Life*, *Death and Art in the Middle Ages*, London: Wellcome Collection, 2018, p.33.

② Jack Hartnell, *Medieval Bodies*: *Life*, *Death and Art in the Middle Ages*, London: Wellcome Collection, 2018, p.31.

③ [法]乔治·维加埃罗主编:《历史上的身体:从旧石器时代到未来的欧洲》,张竝、赵济鸿译,华东师范大学出版社 2013 年版,第 262—263 页。

难度。"①尽管如此,相应的宏大叙事依然流行。这种悖谬源于古典遗产的内
在张力。

在中世纪的语境中,标准身体是信仰的明证,是可见的尺度,是必须仿效
的模板。面对它们,个体基本上只有一种选择:"现实中的禁欲者或文学中的
禁欲者修正他们的肉体以尽可能纯粹地符合关于身体的教义模型,但无疑人
们有时也把身体交付给异端科学家或无神论享乐主义者,尽管他们几乎不会
被以同等程度记录下来。不过绝大多数人不生活在纯粹逻辑中,他们随着语
境而容忍、排斥、顽固、虔诚或怀疑。"②一旦违背标准身体所代表的种种法则,
人就不得不承受惩罚。对此,艺术家进行了生动的演绎。1063 年,在一个圣
物龛侧面的镶板上,人们嵌入了浮雕《上帝命亚当和夏娃穿衣》。画面上的亚
当和夏娃恭敬地接受命令,穿上了代表文明的衣服。③ 这可能是福柯非常感
兴趣的瞬间:规训的效果立刻显现为身体服从的动姿。在 12 世纪的圣地亚
哥·得·孔波斯特拉(Santiago de Compostela) 主教堂的银匠门(Puerta de las
Platerias),艺人创作了后来被命名为《兜着骷髅的妇女》的浮雕。据《朝圣指
南》介绍,浮雕上的妇女兜着诱奸她而被她丈夫斩首的人的骷髅,每天被迫拥
抱它两次:"呵,这是对这淫妇的多么可怕而美妙的惩罚,这将是对所有人的
严惩!"④作品中的女性怀抱骷髅,面露疲惫之色。骷髅放置在她的腹部,停留
于最接近女性器官的地方。由于骷髅象征死亡。怀抱骷髅等于与死亡约会。
由于致命的错误,这约会要重复无数次。代替所有曾经被惩罚的身体,浮雕上
的妇女日复一日地出现于门上,接受观者目光的审视。无声的画面演绎了道
德的宣言,展示了规训的力量。在这种被规训和惩罚的张力中,身体别无选

---

① ［意］威廉·德隆·拉索:《人体》,陈琳译,北京出版集团公司 2017 年版,第 89 页。
② ［法］乔治·维加埃罗主编:《历史上的身体:从旧石器时代到未来的欧洲》,张竝、赵济鸿译,
　华东师范大学出版社 2013 年版,第 254 页。
③ ［英］乔治·扎内奇:《西方中世纪艺术史》,陈平译,中国美术出版社 2011 年版,第 148 页。
④ ［英］乔治·扎内奇:《西方中世纪艺术史》,陈平译,中国美术出版社 2011 年版,第 148 页。

择:唯有过一种符合道德的生活,唯有乖顺地接受规训,它才能继续留在这个世界上。服从不仅是一种美德,而且是活下去的条件。对于女性身体来说,情况尤其如此。在中世纪硕果仅存的几幅女性自画像中,规训的痕迹清晰可见。譬如,一部 12 世纪的手抄本里出现了描绘作者的插图,画面上的女性手赚着说明性的条幅:"古达,女子及罪人,撰写本书并为之作画。"①插图里的古达(Guda)头戴围巾,身穿长袍,站立于字母 D 所围成的空间之中。这个自画像重构了女艺术家眼中的自己,展现了被规训的身体意象。它是无言的表白,展示了中世纪身体的处境。从诞生之日起,身体就被经文所环绕。后者内化于身体之中,支配着个体的思与行。有关罪的言说牵连出天堂—地狱的二分法,催生了与此相关的欣喜与恐惧。在为母亲所写的诗篇中,中世纪晚期的法国诗人弗朗卡斯·维龙(Francois Villon)如此描述她的精神空间:

> 老身贫穷且龙钟,
>
> 无知无识一妇人;
>
> 乡村教堂见图画;
>
> 使我惊喜且惊心:
>
> 天国融融有竖琴,
>
> 地狱涛涛惩凶魂。②

维龙的母亲既可以想象永生后的情景,又不可避免地担忧坠入地狱后的痛苦。与中世纪的大部分人一样,她假定自己处于两个世界之间,随时面临性命攸关的选择:是去有竖琴的天国,还是被抛入恶浪滔滔的地狱? 事实上,奖惩并非总是被推迟到未来。相反,它随时会到来。正因为如此,维龙的母亲才生活于

---

① [英]弗朗西斯·波泽罗:《女性自画像文化史》,王燕飞译,上海人民美术出版社 2018 年版,第 41 页。

② [英]贡布里希:《艺术的故事》,范景中译,广西美术出版社 2008 年版,第 177 页。

"惊喜"和"惊心"的张力之中。这也是中世纪生活的常态。

在《兜着骷髅的妇女》的画面上,最触目的部分是妇女的眼睛:它呈现为突出状态,暴露了被规训后的无奈。这是内心痛苦的表征。痛苦从她的眼睛中倾斜而出,弥漫于周围的空间之中。观者似乎能感受到痛苦,其注意力被吸引到这双眼睛上。眼睛于是以悖谬的方式成为中心,升格为被凝视的焦点。事实上,这也是中世纪视觉艺术的一种建构策略。由于对感觉的强调,它经常凸显一种身体器官:眼睛。在《室内景与圣坛》《荣光中的基督》(圣维塔莱教堂,548 年)、《皇帝查士丁尼与他的廷臣》(圣维塔莱教堂,548 年)、《皇后迪奥多拉与她的女官们》(圣维塔莱教堂,548 年)中,眼睛是画面中最吸引人的部分:它们往往被画得很大,似乎投射出内在的憧憬,又仿佛在眺望远方;这是一种被刻意展示的出神状态,传达了对远方/高处(彼岸)的向往;身体的细节并不受到特别重视,它们大部分被衣服覆盖,裸露出的手臂与躯干的比例有时处于失衡状态;显然,艺术家的目的并不在于写实,而是表现;于是,稚拙的身体形象与深远的象征意义之间出现了反差,折射出对灵魂主体的高度重视。在浮雕《兜着骷髅的妇女》上面,绝望的延伸同样牵连出灵魂主体。被惩罚的不是身体而是灵魂,这不是典型的中世纪信念吗?身体是被动之物,缺乏犯错的能力。灵魂既是犯错的主体,也是被惩罚的对象:"罪的根源不在肉身,而在灵魂。"①在《上帝之城》(*The City of God*)一书中,奥古斯丁曾经写道:"不是必腐的肉身使灵魂有罪,而是灵魂的罪使肉身必腐。虽然肉身的腐败会激起罪过,自己也会导致罪过的欲望,但我们不能把生活中的一切罪恶都归结给肉身,否则我们就使魔鬼推卸了这些罪过,因为魔鬼没有肉身。"②这种说法貌似温和,但实则展示了贬抑身体的逻辑——身体是被动之物,是由他者决定命运

---

① [古罗马]奥古斯丁:《上帝之城:驳异教徒》(中),吴飞译,上海三联书店 2008 年版,第 188 页。

② [古罗马]奥古斯丁:《上帝之城:驳异教徒》(中),吴飞译,上海三联书店 2008 年版,第 189 页。

的存在。如果灵魂执意犯错，那么，它就无法避免规训之苦。即使当人们赞美它时，关注的焦点也另有所属："在如此完美的人体的出色和高尚的形式中，似乎隐藏着一种永生的力量，而人体只是展现永生力量的器皿。可以揣度，崇高的心灵已经占据了易于消失部位的位置，并取代它们自行扩展。"①对于这种观念，中世纪艺术显然进行了充分演绎。

这就是中世纪身体的处境。它时刻被置于一个对照性的体系中，既被前者规定为欠缺，又被其所召唤和吸引。在意大利的伦巴第（Langobardi）艺术和前加洛林（pre-Caroline）艺术中，身体时常承载着各种寓意明晰的装饰物，甚至出现某种变形，而其工具性则被刻意凸显。于是，古希腊时期生机勃勃的身体似乎退隐了，代替它们的是各种身体喻象：伙伴、居所、衣服、即将蜕变的事物。从某种意义上说，它们并非真的必须出场。仅仅由于众人信仰"眼见为实"的视觉定律，艺术家才创造了相应的身体性意象："天使需要一个假定性的身体（an assumed body），不是为了自己，而是为我们着想，也就是说，这样可以给人以亲切感，使人知道在他们渴望的来世中拥有怎样的精神伙伴。"②假定性的身体这种说法意味深长。它代表了一种含混的身体哲学。如果身体可有可无，那么，为何还要做此假定？能否用其他意象造就这种亲切感？事实上，答案远比人们想象的复杂。在中世纪的总体语境中，身体的经历并非可有可无："换言之，使一位个体成为个体的所有东西——他们的年龄、性别、个人生活史、活动、能力、胃口、欢愉及痛苦——都由身体经历并在身体中标示。就此而言，身份得自个体身体的生平。"③正因为如此，艺术家们不能完全无视身体的特殊性。年龄、性别、地域之别都可能体现于身体之中，具体化为能够分辨的形貌—姿态。以年龄为例，这点清晰可见："类似地，年龄是自我的一个本质

① ［德］温克尔曼：《论古代艺术》，邵大箴译，中国人民大学出版社1989年版，第90页。
② *Basic Writings of Saint Thomas Aquinas*, Volume One-II, China Social Science Publishing House, 1999, pp.492–494.
③ ［法］乔治·维加埃罗主编：《历史上的身体：从旧石器时代到未来的欧洲》，张竝、赵济鸿译，华东师范大学出版社2013年版，第252页。

组成。身体的故事是一个关于蜕变的故事。……对生命阶段的分类把年轻的身体描绘为适于恋爱的,把年老的身体理解为尘世虚无的一种隐喻,而且老年是一段补赎罪愆为拯救做准备的时光。"①在一幅图画中,基督带领死者走出充满对地狱之忧心的炼狱,死者被表现得赤身裸体,因为尘世的区分已经在死亡中被抹平,但他们依旧保留身体特征上的个性,如年龄、性别和面容。② 这种安排大有深意:获救的既是具体的个体,又是普遍性的人。在文艺复兴时期,此类观念被发扬光大。从这个角度看,中世纪确实孕育了现代性的某些维度。

不过,中世纪的身体处于强大的张力之中。尽管肯定它的话语进入了诸如《神学大全》等主流著作,但它依然需要面对否定性的局部实践。在苦行者的词典中,身体仍旧是个可以暂时废弃的战场,是可以改写的文本。1306 年,一个身体意象被巴黎的画家所复制:"他的身体没有头发,完全赤裸。头上和腿部留着玫瑰红的印记,透露出血色。他慵懒的姿态投射出从容和冷静之感,他似乎神情茫然地向外张望,凝视着他左侧的空间。"③然而,仔细的观察会使观者发现:他不能看见什么,因为此人没有眼睛和眼睑,只有两个空洞。不仅如此,他的身体已经失去了自己的外层。他的皮肤被剥下,折叠起来,犹如僵硬的织物,悬挂在他扛着的棍子之上。由皮肤的外形,手与腿的形状清晰可辨。同样能够看到的是呈冠状的、螺旋般伸展、形成黑色波浪的头发。如果我们把这些被剥夺之物还原到他的身体上,一个完整的意象就会重新出现。但这显然不是他所关心的可能性。他对此无动于衷。或许他感兴趣的恰恰是这样的实验:皮肤可以像衣服一样脱去。能否更进一步呢? 脱去这躯壳。答案显然不言而喻。

---

① [法]乔治·维加埃罗主编:《历史上的身体:从旧石器时代到未来的欧洲》,张竝、赵济鸿译,华东师范大学出版社 2013 年版,第 252 页。

② [法]乔治·维加埃罗主编:《历史上的身体:从旧石器时代到未来的欧洲》,张竝、赵济鸿译,华东师范大学出版社 2013 年版,第 251 页。

③ Jack Hartnell, *Medieval Bodies*: *Life*, *Death and Art in the Middle Ages*, London: Wellcome Collection, 2018, p.81.

当然,完全否定身体并非中世纪艺术的目标。尽管相应图式蕴含着这种倾向,但它通常不会被刻意凸显。从总体上看,人们最终选择了中庸之道:既强调身体低于灵魂的特性,又肯定它具有某些价值和功能。一个倾斜的跷跷板形成了,艺术则因此具有无法遮掩的悖谬意味。

第二节 科学著作插图和相应工艺品中的身体
——作为亲和系统的身体

在信仰占据统治地位的时代,科学并没有完全缺席,依然是重要的实践。当然,相关轨迹可谓起伏跌宕。根据流传下来的文献,我们会大体上还原它的踪迹:被压抑,效忠,幸存。总的来说,只有适应自己的谦卑,它才能获得一席之地。当被纳入信仰版图后,科学再次"变成人类的领地"。[①] 在中世纪的艺术场域,身体也被置于科学图式之中。这是个被忽略的事实。原因在于人们对于中世纪的非科学想象。按照常见的理解,中世纪应该是科学退场的时代,属于教义、玄学、迷信和狂想。然而,中世纪的身体还具有另一个面相,显现于各类科学著作的插图中。

中世纪的身体科学既深受古希腊的影响,又掺杂着浪漫恣意的想象。它首先服务于标绘标准身体的需要。身体具有正常和不正常之别。区别二者是重要的中世纪实践。它牵连出复杂的操作——引经据典,标绘模型,进行阐释。在这个过程中,古希腊科学(尤其是解剖学)再次凸显出来。从统计学的角度看,后者是描绘身体最多的中世纪文本。对于当时的人来说,解剖学是打开身体密室的重要方式:"我们的身体仿佛一台机器,埋头研究摆弄它的你,通过别人的死才能了解它,但不要因此伤而心难过。我们独特的造物主以无

---

① [法]雅克·勒高夫:《试谈另一个中世纪》,周莽译,商务印书馆2018年版,第123页。

上的智慧创造出这般卓越的用具,你应当为此感到欣喜。"①1316 年,任教于
博洛尼亚大学(University of Bologna)时,医师蒙迪诺(Mondino dei Liuzzi)撰写
了一部关于身体部位的书《解剖学》(Anothomia)。这是欧洲首部解剖学教科
书。这本著作并不属于主流的医学科学实践,但却提供了具有价值的边缘话
语。这是部综合之书:古希腊、罗马、阿拉伯的解剖学理论都被征用,支撑着他
的理论建构。在书中,他首先强调人类身体的独特性:

> 人,我们注意到,直立向上……因为人类身体是由飘逸的物质构成,
> 是动物中最轻盈者。因此它总是努力向上……他具有与天使和其他统治
> 宇宙的心智共有的完善形式。于是他所有的正确感受都处于其上部……
> 他向上,所以他能理解。②

此处,蒙迪诺完美地诠释了两个中世纪身体概念:首先,他强调人类最伟大之
处是其向上品格,是其直立的姿态;其次,它与上帝的意象具有直接关系。③
在他去世后的很长一段时间里,它都是被复制最多的医学名篇。为了阐释这
种观念,书中出现了众多插图,描绘了被观察和想象的身体。这是中世纪解剖
类书籍的常规配置:除了文字,插图也是必不可少的部分。由流传下来的作
品,我们可以直观地感受当时的身体意象。差不多与画家描绘布勒米人同一
时间,一幅 13 世纪的百科全书插图展示了大脑的工作原理。此画出现于 13
世纪英格兰用 3 种语言写成的百科全书中。现存于剑桥大学博物馆。作者没
有现实主义地勾勒大脑的物质团块,而是用红黑两种墨水标绘了相互勾连的

---

① 〔法〕大卫・勒布雷东:《人类身体史与现代性》,王圆圆译,上海文艺出版社 2010 年版,第
56 页。

② Jack Hartnell, *Medieval Bodies: Life, Death and Art in the Middle Ages*, London: Wellcome
Collection, 2018, p.32.

③ Jack Hartnell, *Medieval Bodies: Life, Death and Art in the Middle Ages*, London: Wellcome
Collection, 2018, pp.32-33.

线和圈,借以展示其内部繁忙的工作景象。① 与其说他想展示大脑的客观形貌,毋宁讲他意欲标绘思想的过程。据后人考证,中世纪的学者认为思想与大脑的区域(section)或细胞(cell)相关。② 这种做法折射出中世纪的身体科学,凸显了它的顽强在场。

中世纪的科学插图不仅重构了整全的身体,而且描绘了它的构成。在1420年左右写成的一份中世纪医学文献中,有关尿路器官的插图被命名为《树状尿道图》(*A Wheel of Urine From a Tree*)。从表面上看,这是副具有悖谬意味的插图:长着美丽花叶的树亭亭玉立,却被盛满尿液的众多烧瓶所环绕。然而,类似作品出现于多个中世纪医学文献里,形成了具有互文性的系列。究其原因,观看尿液是中世纪医生进行诊断的重要方式。在一首流传下来的讽刺诗中,作者以挖苦的语气写道:

> 他是观看过尿液
> 的最著名的医生!
> 他日夜观看,
> 有时秉烛劳作,
> 最后得出的结论
> 却无异于盲人。③

早在公元1世纪,医学文本就提供了解读尿液的详细指南。借助于各种分析和想象,医生将泌尿诊疗技术发挥到了极致。尽管效果可能并不如愿,但它们

---

① Jack Hartnell, *Medieval Bodies*: *Life*, *Death and Art in the Middle Ages*, London: Wellcome Collection, 2018, p.34.

② Jack Hartnell, *Medieval Bodies*: *Life*, *Death and Art in the Middle Ages*, London: Wellcome Collection, 2018, p.34.

③ Jack Hartnell, *Medieval Bodies*: *Life*, *Death and Art in the Middle Ages*, London: Wellcome Collection, 2018, p.256.

却乐此不疲:其一,尿液是各种人(无关性别、信仰、阶层)的排泄物,可以透露具有共同性的身体症候;其二,它可观、可嗅、可触,便于做出各种判断。① 正因为如此,研究尿液是中世纪重要的医学实践之一。为了更生动地讲解尿液与健康的关系,类似的图片才被绘制出来。根据今人的解读,每个树干都对应着不同的诊断,从消化不良到即将到来的死亡。② 树干的外端则标有各种抽象的解读,皆被置于彩色的圆圈之内,而后者的颜色与样品的颜色具有呼应关系。在最低一层中,我们可以找到白色(albus)的尿液样品,相应的解释是"像水一般清澈"。③ 圆圈接着分别展示了黄色的各种等级:karopos(像骆驼的毛或皮肤),subpallidus(如粗糙的肉酱),refus(类似黄金);接着是各种红色:re-bicundus(像浅色的火焰),inops(如动物肝脏)和 kyanos(犹如深色的酒);其次是绿色:plumbeus(像铅的颜色)和 viridis(像包心菜);最后是如墨的黑色。④ 这种生动的描绘有助于病人理解自己的状况。它展示了医生使身体可视化的努力。当身体与植物建立起联系,一个亲和体系已经显现出来。如此被阐释的身体不是随时准备逃离地球的身体,而是属于整个生命体系的有机体。由于尿液与生殖器官的特殊关系,这类插图还暗示了个体生命的起源。这类图画可能难登大雅之堂,只能出现于文本的皱褶之中,但却牵连出中世纪身体的另一面:与欲望相关的器官,主流视野中的污秽之物,并未完全被遮蔽,相反,它被观看、分析、描摹,被置于象征的体系,被还原到生命的场域。在由此产生的图式中,卑微的尿液被还原到活的身体之中。它既是后者的产物,又展示了其可见的症候。当尿液被收集,被分门别类,被当作诊断的证据,关怀

---

① Jack Hartnell, *Medieval Bodies*:*Life*, *Death and Art in the Middle Ages*, London:Wellcome Collection,2018,p.256.

② Jack Hartnell, *Medieval Bodies*:*Life*, *Death and Art in the Middle Ages*, London:Wellcome Collection,2018,p.257.

③ Jack Hartnell, *Medieval Bodies*:*Life*, *Death and Art in the Middle Ages*, London:Wellcome Collection,2018,p.259.

④ Jack Hartnell, *Medieval Bodies*:*Life*, *Death and Art in the Middle Ages*, London:Wellcome Collection,2018,p.259.

身体的立场已经清晰可见。与此同时,树的出现形成了一个背景:金黄色的树干,生机勃勃的枝叶,无疑都是生命活力的象征。它具有圆形的形貌,被盛满尿液的烧瓶所环绕,这种呼应关系意味深长。

中世纪医学深刻地渗透到民间生活中,影响了芸芸众生的日常实践。在科学和风俗的交叉地带,日常身体承载着更加丰富的意义。譬如,有关分娩的知识导致了《生育托盘》(Birthing Tray)的出现。后者是一种工艺品,上面的绘画常常展现分娩的真实场景。① 从1300年开始,它成为送给待产孕妇的常规礼物。随着这种风俗的流行,艺术家也开始参与托盘的绘制,弗诺思诺(Bartolomeo Fruosino)就是其中之一。他于1428年在佛罗伦萨(Florence)制作了一个人物众多的《生育托盘》,详细展示了当时产妇生育后的情形:母亲坐在床上,正在"坐月子"(lying-in);她穿着红色的长袍,戴帽子,被各种女性所环绕;在床边,一个女性正在为新生儿洗澡;门外,几个人鱼贯而入,手上拿着礼物。值得注意的是,画面中出现的全部是女性,没有男医生在场。这既是一个中世纪的风俗图,也是医学知识的展示器。在中世纪的语境中,出生的意义无疑具有悖论品格。新生命的出现总是意味着希望,但其肉体形态却可能牵连出多样性的思虑。由于技术手段的限制,分娩总是伴随着巨大的风险,正因为如此,孩子的顺利出生被视为值得庆贺之事。为了祈福,人们经常送待产的母亲各种精致的礼物:有绘画的陶瓷、餐具、甜品或者昂贵的衣服。《生育托盘》(Birthing Tray)就是其中具有代表性的工艺品。在弗诺思诺所绘制的托盘北面,一段题词(inscription)表达了美好的愿望:"愿上帝保佑每个产妇健康……愿孩子没有疾病和危险地出生。"②虽然托盘上描述的场景属于富贵之家,但它依然可以使我们瞥见一个未被充分记录的世界。由它所提供的细节,

---

① Jack Hartnell, *Medieval Bodies: Life, Death and Art in the Middle Ages*, London: Wellcome Collection, 2018, p.242.

② Jack Hartnell, *Medieval Bodies: Life, Death and Art in the Middle Ages*, London: Wellcome Collection, 2018, p.242.

我们可以确定一个事实：中世纪身体并非总是弃绝的对象，相反，观察—照料身体的技艺依然存在。换言之，它依然被置于一个亲和系统之中。

在回顾科学插图中的身体时，我们还需要注意一个细节："13 世纪中叶，哥特雕塑家开始关注叶子和花朵，插画家开始注意鸟类，差不多同时期图像体系出现了新的变化，促使艺术家研究裸体。"①事实上，这种变化已经展示了身体与自然的一种对应关系：由于人们眼中的生理态身体至少部分地属于自然，因此，对于身体的重视最终牵连出珍视自然的立场。受制于中世纪的总体语境，相应的显现还处于萌芽阶段，仅仅初露端倪。

第三节　有活力的身体
——作为解放力量源泉的身体

中世纪的身体总是承载着规训的力量，但这并不意味着完全它已经沦落为惰性之物。在主流文化的缝隙和皱褶中，在被忽略的边缘地带，在日常生活的场域，它依然顽强地展示自己的活力。

根据知识考古学方面的研究，身体的活力首先迸发于它被政治化之时："有生命力的身体在文本和图像中最显眼之处就是该身体被政治化之时。身体的特殊品质——打斗的能力、着装的能力、消费的能力以及享乐的能力——为了创造政治权力而被抽象、被上演和夸大的程度，使得这些品质就是有活力的身体的品质。"②政治化具有看似悖谬却又不难理解的机缘：身体需要服从既定的编码，又获得了自我展示的机会。当然，这种辩证关系折射出身体的本有地位：它是移动着的中心，是测量世界的尺度，是上手事物聚集之处。"这个身体施加天生的胃口、欲求和需求的持续动力"，展示了"在生命的真实进

---

① ［英］肯尼斯·克拉克：《裸体艺术》，盛夏译，中信出版集团 2019 年版，第 321 页。
② ［法］乔治·维加埃罗主编：《历史上的身体：从旧石器时代到未来的欧洲》，张竝、赵济鸿译，华东师范大学出版社 2013 年版，第 246 页。

程中天生喜欢的感觉和行为",提供了阐释"美德、精神和救赎这些概念"的参照。① 在某些特殊时刻,人们还会因此谈论作为第二自我的身体。虽然这种意义上的身体没有在理论中获得明确表述,但它通过实践和习惯、责备、物质文化以及幽默和讽刺剧而浮现。在流传下来的艺术品中,我们可以重构其形貌和踪迹。

一、能感受的身体

在中世纪的二元论图式中,感受是少数被与身体联系起来的活动。它既指向外部,又总是回到身体。向外的感受和对内的感受相互联系,形成了一个回路。当人们认识到此类事实时,身体的主体性问题就会重新浮出海面。

从某种意义上说,有关耶稣受难的言谈必然牵连出身体的感受。如果身体全无知觉,那么,被钉上十字架的耶稣就无所谓受难。受难的身体一定是能感受的身体。在中世纪的艺人描摹圣像的过程中,他们已经考虑到了这个事实。虽然图像中的耶稣总是被光环所包围,但伤痕累累的四肢和被长矛刺穿的肋骨依然暴露无遗。利用这种构图,一个事实被反复强调:"当刽子手们手中冰冷的利器撕扯着化身成人的救世主的血肉之躯时,耶稣所承受的肉体的痛苦。"②有时,画面中的创伤会渗透出滴滴鲜血,凸显身体的创伤。

能感受的身体具有厚度,可以被打开和封闭。伤口既揭示了身体的敏感品格,又提供了一个敞开身体的通道:"从创伤的裂缝边缘处,人们可以看到身体的内在,这道伤口看上去像女性月经的性器官又或是一张渗着血水的嘴。"③伤口的内部依然是血肉,是能感受的器官,疼痛可以弥漫到身体的深

---

① [法]乔治·维加埃罗主编:《历史上的身体:从旧石器时代到未来的欧洲》,张竝、赵济鸿译,华东师范大学出版社2013年版,第241页。
② [法]乔治·维加埃罗主编:《身体的历史:从文艺复兴到启蒙运动》,张竝、赵济鸿译,华东师范大学出版社2013年版,第9页。
③ [法]乔治·维加埃罗主编:《身体的历史:从文艺复兴到启蒙运动》,张竝、赵济鸿译,华东师范大学出版社2013年版,第9页。

处,形成一个贯穿性的领域,当人们注视画像中的伤口时,同情之感就会油然而生。耶稣被称为"苦难的人"。"受鞭笞的耶稣"是中世纪艺术所钟意的主题。在1661—1662年间,西班牙和德国南部的雕塑家和画家开始"采用写实主义的手法来再现耶稣的身体","希望由此来表现鞭打折磨耶稣的那些暴徒们是如何凶残暴戾"。① 化着脓的伤口,流淌在胸膛和四肢的淋漓鲜血,受折磨的身躯所摆出的痛苦的姿态,无一不凸显了身体承受的苦难。这种有意的凸显甚至形成了一种风格,展示了"对于病态美的鲜明偏好"。② 这种偏好并非仅仅属于艺术家。相反,它也迎合了观者的趣味。如果观者对此无动于衷,那么,相关作品就不会流行。正因为引发了广泛的共鸣,它们才被置于崇拜的仪式之中,被送到观者的目光之内。观者凝视受难的身体,似乎感受到了后者的苦痛。在这个瞬间,能感受的身体开始结盟,形成了一个共通体。

从本体论的角度看,能感受意味着涵括。身体是一个多孔的体系,具有许多微小的缝隙,而后者正是外物进出的通道。当身体有选择地收纳—涵括外物时,感受出现了。这正是身体备受质疑的特征——可分。可分意味着受伤的可能性。能感受的身体是会受伤的身体。伤口是缝隙,它是身体敞开自己的一个通道。从伤口向内凝视,观者似乎可以进入身体深处。在有关耶稣的画像中,上述可能性被发挥得淋漓尽致:"人们对于肋骨处伤口的虔诚崇拜经过不断深化,逐渐演变为一项关于崇拜耶稣心脏的祭礼,其发展过程就犹如沿着长矛刺入身体的路径检视,从身体表面最为隐秘的伤口内部,从而探得耶稣之圣心。"③伤口之路径通向心脏,彰显了身体的厚度。当目光游弋于其中时,一种解剖学实践已经发生。受伤的身体由此成为被反复观察的探本。它的痛

---

① ［法］乔治·维加埃罗主编:《身体的历史:从文艺复兴到启蒙运动》,张竝、赵济鸿译,华东师范大学出版社2013年版,第11页。

② ［法］乔治·维加埃罗主编:《身体的历史:从文艺复兴到启蒙运动》,张竝、赵济鸿译,华东师范大学出版社2013年版,第11页。

③ ［法］乔治·维加埃罗主编:《身体的历史:从文艺复兴到启蒙运动》,张竝、赵济鸿译,华东师范大学出版社2013年版,第13页。

苦牵连出其尚未完全敞开的深度。痛苦正源于这深度。深度是对探索的无声吁求。伤口保持缄默，但又不断地说话。响应者站在这身体的外围，目光却深入到了其内部。勘探行动随时会发生。艺术家洞悉了此类秘密，有意识地推动"对通向心脏的身体深处这一探索"。① 在一尊建于 1425 年左右的佛罗伦萨雕像上，令人咄咄称奇的形态出现了。站立的耶稣充满好意地拉开那处伤口，邀请信徒将手指朝伤口里再伸进去一点。虽然此类活动最终推动了对圣心的想象，但它无疑也渲染了身体之感受。被反复渲染的圣心"不是一件冰冷无生命之圣物"，"而是有血有肉充满生命之器官。"② 它既是"人类的心脏"，也是"代表着博爱的上帝之心"。③ 有关博爱的言说牵连出对感受的想象。心脏是能感受者。它使痛苦被体验，获得了更高的意义。正是由于对这痛苦的想象，信徒才会真切地领受博爱的明证——能感受的身体替我们受苦，有深度的身体蕴藏着深情。存在着一种身体与身体的关系："对于那些大胆试图向痛苦的耶稣靠的更近、分担其苦痛折磨的信徒来说，身体既是最大的障碍、'最大的敌人'，也是伴随救世主身旁的方法……"④ 于是，一个线索变得明晰：正是通过展示有活力的身体，信仰叙事才被芸芸众生接受。

在身体展示其感受力之时，爱与同情也显现为表情和身体姿态。其中有代表性的作品是抱着圣婴的圣母系列。如诞生于巴黎的象牙雕刻《抱着圣婴的圣母》（1250—1260 年）、雕像《一个德国圣母神龛》(*A German Shrine Madonna*, 1330 年)、埃夫勒的让娜（Jeanne d'évreux）的镀金雕刻《怀抱圣婴的圣母》（1339 年）、尼诺·比萨诺（Nino Pisano）的《哺乳圣母》（1365 年），等等。

---

① ［法］乔治·维加埃罗主编：《身体的历史：从文艺复兴到启蒙运动》，张竝、赵济鸿译，华东师范大学出版社 2013 年版，第 13 页。
② ［法］乔治·维加埃罗主编：《身体的历史：从文艺复兴到启蒙运动》，张竝、赵济鸿译，华东师范大学出版社 2013 年版，第 14 页。
③ ［法］乔治·维加埃罗主编：《身体的历史：从文艺复兴到启蒙运动》，张竝、赵济鸿译，华东师范大学出版社 2013 年版，第 14 页。
④ ［法］乔治·维加埃罗主编：《身体的历史：从文艺复兴到启蒙运动》，张竝、赵济鸿译，华东师范大学出版社 2013 年版，第 25 页。

这些雕像中的圣母往往深情地凝视着怀中的婴儿,后者也报以温暖的回望。有关凝视与回望所形成的互动关系,两个身体形成了一个微型共同体。尽管雕像被赋予了神圣的含义,但观者还是能够首先发现身体与身体的原初联盟。当哺乳的母亲怀抱被哺乳的婴儿,属于人世间的情感终究难以遮蔽。

二、劳作的身体与活力

从知识谱系的角度看,《圣经》中原本就蕴含着一种与劳作有关的身体学。譬如,有关诺亚方舟的故事就是如此:"上帝指定方舟的尺寸应该是300肘长、50肘宽、30肘高",而"肘是一个成人前臂从肘部到指尖的长度"。① 身体既提供了丈量方舟的尺度,又是它得以诞生的生产者。离开了它的艰辛劳作,方舟就无法成形。正因为如此,有关方舟的言说必然牵连出劳作的身体。进而言之,当艺术家演绎劳作时,身体的活力就会涌溢出来。

在地坪镶嵌画《田间劳作者》(拜占庭皇帝的大皇宫,约 675 年)中,下面的情景可能引发多方面的诠释:两个男人弯下腰来,奋力挥动手中的农具。这就是后人所说的"劳作的身体"(the labored body)或"生产性的身体"(the productive body)。尽管画面简陋,但身体的活力依然洋溢于其上:随着动作的持续,一个新的世界成形了。对于后者来说,劳作的身体是活力的源泉:"我们自己的身体位于世界之中,恰如心脏位于有机体之内:它使可见的景象保持活力,它把生命带入其中并内在地维系它,并与之构成一个系统。"(Maurice Merleau-Ponty,2002)②通过劳作,个体不断建立"活的关系"。这不正是《田间劳作者》所要表现的主题吗?当身体挥动农具之际,一系列远景吸引着它:正在生长的庄稼,丰收的田野,享受食物的幸福场景。后者不是全部出自自然的馈赠,更需要身体的劳作。虽然作者没有给出暗示,但一个因果关系已经获得阐释。值得注

---

① [美]约翰·基西克:《理解艺术》,水平、朱军译,海南出版社 2003 年版,第 80 页。

② Maurice Merleau-Ponty, *Phenomenology of Perception*, London and New York: Routledge, 2002, p.235.

意的是,画面中出现了一颗树,一个人类身体之外的有机体。它出现在这里,代替即将诞生的植物出场。由于它的形貌,观者不难想象生命增殖的场景。这棵树的出现不是偶然的现象,而是生命真理的显现。通过它,一种至深的联系初露端倪:身体依赖生命的世界。只有在有机体编织出的网络中,它才能活下去。这是农民耕耘的原因。他/她培育的植物形成了支撑身体的家族。

《田间劳作者》属于地坪镶嵌画。后者主要表现"取自日常生活、街景与建筑的主题",至少部分地折射出民间的身体观。① 在它所建构出的视觉空间中,"生产性的身体"再次出场了。这是一个重要事件。它虽然难以进入主流的视野,但却敞开身体的本己形貌:创造者。身体总是在触摸、抓取、分解、安置,在组建属于自己的世界。唯有通过劳作,它才可能心想事成。由于统治的筹划,这个事实长期被忽略和遮蔽,甚至被从文本中抹去。在中世纪的神学背景中,这种观念不可能催生出福柯所说的知识型,只能偶然地获得展示。有时,下一次显现的时间如此漫长,以至于人们很难发现内在的线索。在《田间劳作者》诞生近400年后,《手持工具的石匠—雕刻师》(950—1009年,圣菲利贝尔修道院教堂):一个形貌模糊的石匠—雕刻家握着斧头或榔头,正在专心致志地工作。这个浮雕出现于教堂的壁柱上,占据着微不足道的位置。它可能并非源于设计者的总体规划,而是雕刻者的即兴之作。他/她记录了自己劳作的动姿,赋予后者一种相对永久的存在形态,但却无意中吐露了艺术诞生的秘密。这美轮美奂的教堂建筑不是诞生于真理的自行设入,不是天道运行的必有结果,而是成形于身体日复一日的艰辛劳作。在耗时良久的建造过程中,劳作的身体是最重要的在场者。随着他/她动作的持续,锤子、榔头、钢钎、石料、木头重新结缘,形成一个诞生中的世界。弥漫的灰尘,刺耳的噪音,磨损的工具,所有这些都属于他/她的世界。劳作的身体既因此承受难以言喻的痛苦,又体验到了成功后的欣悦。至少在局部性的世界体系中,它确立了自己的

_____

① [英]乔治·扎内奇:《西方中世纪艺术史》,陈平译,中国美术出版社2011年版,第39页。

身份:创造者。

　　类似的作品还有《砍柴的修士》(1110 年)。这是《约伯的道德》一书中起首字母装饰画的局部。图中的两个修士正在砍柴:一个持斧,一个抡锤。他们表情稚拙,但态度认真。这是修行生活中的一个插曲,凸显了日常需要及其解决之道。做饭、煮水、驱寒都需要一定数量的木材。不经过身体的劳作,后者就不能适应灶台的尺度。当修士开始劈柴时,身体显现出其多重身份:需要食物的有机体、能感受冷暖的主体、劳动的承担者。它的复杂形貌因此得以展示,牵连出后来绵延不绝的身体叙事。

　　到了 1230 年,劳动的身体再一次获得了出场的机缘。在原阿拉贡地区(现属于巴塞罗那)女修道院教士会礼堂中的墙上,匠人曾绘制了《诺亚造方舟》(加泰罗尼亚艺术博物馆,巴塞罗那)的壁画。画中的诺亚正在屈身劳作。他手举着锤子,击打着木料。在他的所站的地方,一艘大船正在成形。很少有人注意到他的动姿与船的关系。然而,离开了身体的艰辛劳作,方舟就不会出现。存在着未被充分阐释的因果律:身体—劳作—产品。如果说方舟属于一个世界,那么,正是劳作的身体支撑着后者,赋予它以活力。类似的作品还有雕塑《八月·一个桶匠在准备葡萄酒桶》(12 世纪晚期,洗礼堂,帕尔马)、《在写本和在版上作画的艺术家》(约 1200 年,维也纳)、《国王和他的建筑师观看一座主教堂的建造现场》(约 1240—1250 年,都柏林),等等。后者同样重构了身体劳作的动姿,演绎了实践的因果律。①

三、非标准身体:活力的源泉之二

　　在中世纪的神学背景中,身体总是被置于宏大的宇宙秩序之中。它是后

---

①　譬如,在《国王和他的建筑师观看一座主教堂的建造现场》中,建筑工人的形象出现了。他们或推着装着建筑材料的手推车,或者抬着负重的担架。一个屈身行进于平地上,两个正沿着梯子登上高处。这是被主流美学史忽略的场景,但却不能不被身体学所珍视——如果没有这些工人的艰辛劳作,美轮美奂的建筑就无法诞生。对于劳作的身体来说,这画面是无声的颂词。(插图见《艺术的故事》第 205 页。)

者的构成,又可能成为其他事物的模板。能够成为模板的身体处于中心,成形为被效仿的标准意象。随着这类主流言说日益刻板,生活的固化在所难免。但是,文化的活力并没有因此完全消失。如果我们审视中世纪的文化版图,就会发现它并非均质的平面,相反,凸凹、皱褶、断裂、缝隙依然存在。对于身体来说,后者无疑是重新出场的通道。

这些凸凹、皱褶、断裂、缝隙并非自然景观,不是地理学存在。它们是身体劳作的成果,是反抗规训的成果。身体创造了法则,又在实践中修正它。如果说世界是身体的作品,那么,修改就是它的常规实践。即使在实际上相对稳固的背景中,这种张力依然没有完全消失。事实上,在基督教美学诞生的过程中,异质性存在也是被整合的对象:"很多通用的基督教标志都来源于异教形象,具有多样含义的东西,如鸽(圣灵)、鱼(洗礼、基督)、太阳(真理)、盛宴(圣餐)以及牧羊人(基督),都有早期的文化渊源。"①甚至,主流文化与异质文化曾经长期共存:

> 中世纪人在某种程度上同时参与官方的(教会)和民间的(狂欢节)生活,并同时用严肃和诙谐的眼光来看待周围世界。在中世纪大量描绘精美的手抄卷上,可以发现在规矩的内文与插图外,同一页的边缘或角落常常出现一系列荒诞可笑的怪人、怪兽、狂欢节造型人物,或各种人、动物、植物巧妙结合的图案。②

上述怪异图像时常与正文或主流语境毫不相关,却广泛地出现于手抄卷、针织品、雕刻作品之中,甚至出现于教堂之内。从身体学的角度看,此类现象并不难理解:"教会对身体的贬抑或许导致了民间文化的反动,正因为他们的身体被禁锢得太久了,所以才会在怪物的身体上解禁、玩闹起来,尤其是在主导消

---

① [美]约翰·基西克:《理解艺术》,水平、朱军译,海南出版社2003年版,第136页。
② 王慧萍:《怪物考:中世纪幻想艺术图文志》,湖北美术出版社2015年版,第4页。

化（饮食）、生殖和排泄等功能的身体下部，也就是身体最私密、隐讳的部分，其变形也最为夸张和耸动。"①这种不一致衍生出各种悖论，形成了各种自我矛盾的亚类。落实到日常生活中，情况更是如此："当神职人员谩骂肉体之时，医学作者们可能在推荐说性是一种健康的疗法，而宫廷作家们在崇拜非法之爱。当禁欲者在克服自己的身体时，农民们在狼吞虎咽并兴高采烈地通奸。"②甚至，许多主流艺术也会引发非主流的解释。譬如，安德烈·曼泰尼亚完成于1460年的《圣塞巴斯蒂安》（*St.Sebasian*）就曾使许多女人感到羞愧，以至于人们不得不将其藏匿起来。在评价这件中世纪的趣事时，列奥·斯坦伯格（Leo Steinberg）曾以不无调侃的口吻说："显然，带有不恰当标准的老百姓们，误将这些神圣得近乎赤条条的圣人，当作了情欲的对象。"③类似的作品还有出现于哥特式大教堂承溜口的全裸女性雕像系列：她们脸上带着诙谐的笑容，手指着隐私部位，似乎暗示着什么。④ 与虔诚祷告的形象相比，它们显然属于非标准身体，却被默许放在神圣的殿堂之上。引导人们的或许是难以言明的冲动，是弗洛伊德所说的潜意识，但最深层的动力来自生存意志。它驱使着芸芸众生，造就出非标准身体。后者虽然与标准身体对照鲜明，但又活力洋溢。

为了还原它们，我们不能不提到中世纪的各种职业：旅店住、屠夫、江湖艺人、小丑、魔术师、炼金术士、医生、士兵、皮条客、妓女、公证人、商人、制毡匠、织工、马具皮件匠、染匠、糕点师、鞋匠、园丁、油漆匠、渔夫、理发匠、执法官、乡警、海关人员、兑换钱币者、裁缝、香水商、卖动物下水者、磨坊主，等等。⑤ 这

① 王慧萍：《怪物考：中世纪幻想艺术图文志》，湖北美术出版社2015年版，第6页。
② ［法］乔治·维加埃罗主编：《历史上的身体：从旧石器时代到未来的欧洲》，张竝、赵济鸿译，华东师范大学出版社2013年版，第226页。
③ ［美］列奥·施坦伯格：《另类准则：直面20世纪艺术》，沈语冰译，江苏美术出版社2007年版，第6页。
④ 王慧萍：《怪物考：中世纪幻想艺术图文志》，湖北美术出版社2015年版，第5页。
⑤ ［法］雅克·勒高夫：《试谈另一个中世纪》，周莽译，商务印书馆2018年版，第110页。

是一个还可以延续下去的清单:无业游民、流民、"Vagi"(流浪汉)构成的乌合之众……它牵连出各种各样的身体意象。虽然后者可能都会表现出臣服的动姿,但却被归结为统一的身体模板。差异依然存在,缝隙从未被完全抹平。与此相应,各种歧视(如对制毡匠、染匠、厨师的贬低)和禁忌(如对金钱的禁忌)出现了。悖谬的是,这些习俗反倒折射出身体的不羁品格:"比如好色淫荡成为谴责旅店主和经营浴室者的原因,他们的产业经常名声不好,谴责江湖艺人是因为他们说诗人进行淫荡下流的舞蹈,谴责开酒店的人是因为他们靠酒、赌博、跳舞这三重诅咒的感官享受来生活;甚至纺织女工也遭到谴责,她们被指控为卖淫业提供许多临时人员,这在部分意义上的真的,如果我们想想她们微博的工资。"①其中,江湖艺人的身体曾经地位暧昧:既备受谴责,又吸引了芸芸众生。他们"进行一些可耻的身体柔术","毫无廉耻地脱衣服或者披上一些丑恶的装扮",却长期活跃于边缘地带和缝隙之中。②

尽管备受压抑,但中世纪的身体仍然具有多重形貌。在标准身体的对面,我们会发现一个系列;难以被主流文化完全同化的身体,偏离主流尺度的身体,逾矩的身体。在某种程度上,它消解了中世纪的"严肃"氛围,引发了巴赫金(Bakhtin)所说的"笑":"笑能消除未来(期待)的重负,能摆脱未来的操劳,未来于是不再成为威胁。"③后者悖谬性地同时属于"自由"和"自然"范畴:(1)"必然性是严肃的,而自由则在笑。"(2)"被看作是一个无所不能、征服一切的整体的自然,并不是严肃的,而是淡漠的,或者干脆是微笑的,甚至放声浪笑。"④这展示了身体的命运:一旦越过了主流文化的藩篱,它就会被归结为"自然"范畴(因野性而需要规范),却因此获得了为官方法则所禁止的"自由"。通过歌舞等艺术,后者曾经尽情地展示自己。在一些流传下来的绘画中,当时的

① [法]雅克·勒高夫:《试谈另一个中世纪》,周莽译,商务印书馆2018年版,第113页。
② [法]雅克·勒高夫:《试谈另一个中世纪》,周莽译,商务印书馆2018年版,第119页。
③ [俄]巴赫金:《文本,对话与人文》,白春仁等译,河北教育出版社1998年版,第5页。
④ [俄]巴赫金:《文本,对话与人文》,白春仁等译,河北教育出版社1998年版,第4页。

喧闹景象依然清晰可见。由此形成的是"巨大的躯体"和"怪异的身体"。

"巨大的躯体"就是人群乃至人民,是具有悖谬意味的社会差:既被排斥,又被追求。当世界秩序井然时,等级制将人群分隔为三六九等,个体被置于金字塔的不同层级。当狂欢的浪潮淹没大地时,主流范式不再起作用。文化发生了嬗变。此刻,"一切有文化的人莫不具有一种向往":"接近人群,打入人群,与之结合;不单是同人民,是同民众人群,同广场上的人群,进入特别的亲昵交往之中,不要有任何的距离、等级和规矩;这是进入巨大的躯体。"①在"巨大的躯体"之中,个体可以享受解放的快感。节日、自在快乐的氛围、浪笑"使生活脱离开常规","使不可能变为可能"。② 与"巨大的躯体"一起出现的是"粗鄙、偶然性、越轨行为"。③ 诸如此类的逾矩建构出"怪异的身体"。后者不仅属于狂欢节,而且会出现于任何地方。只要戒律被挑战,它就会出现。甚至,人们会想象出它的聚集地。在中世纪的游记中,下面的描述勾勒出可供玩味的"异托邦":"食人者、长胡子的女人、裸体起居又毫无羞耻纵欲的人、像野兽般没有理性或语言的人、巨人、独眼人、侏儒、无头族、嘴唇像阳伞的人、没嘴的人、耳朵过膝的人、狗头马脚的人、住在树上的四足动物、阴阳人。"④依赖此类虚实不分的描述,作者展现了这样的地带,在其中,"身体各部分之间、人类之间以及人类与动物之间的自然秩序都紊乱了"。⑤ 在主流文化的边缘和缝隙处,失序时刻经常出现。譬如,边缘画家甚至会重构猥亵身体:在《玫瑰传奇》手稿的边缘,一位修女从一颗长满阳物的树上采摘阴茎。⑥

---

① 〔俄〕巴赫金:《文本,对话与人文》,白春仁等译,河北教育出版社1998年版,第5页。
② 〔俄〕巴赫金:《文本,对话与人文》,白春仁等译,河北教育出版社1998年版,第7页。
③ 〔俄〕巴赫金:《文本,对话与人文》,白春仁等译,河北教育出版社1998年版,第5页。
④ 〔法〕乔治·维加埃罗主编:《历史上的身体:从旧石器时代到未来的欧洲》,张竝、赵济鸿译,华东师范大学出版社2013年版,第264页。
⑤ 〔法〕乔治·维加埃罗主编:《历史上的身体:从旧石器时代到未来的欧洲》,张竝、赵济鸿译,华东师范大学出版社2013年版,第264页。
⑥ 〔法〕乔治·维加埃罗主编:《历史上的身体:从旧石器时代到未来的欧洲》,张竝、赵济鸿译,华东师范大学出版社2013年版,第264页。

　　随着这种边缘运动的持续，艺术生产出现了隐秘的变化。从题材上看，部分作品开始偏离主流："圣徒传、寓言和变形故事，成了近数百年来画家作品中永久的、几乎是唯一的题材。他们不断地采用，不断地翻新，最后终于使艺术哲学家和鉴赏家感到厌烦和反感。"①人们开始把目光投向别处，寻找非标准的题材。这种心理既推动了怪异身体的出场，又赋予后者以更积极的意义。事实上，"怪异"源自处于中心地位者的身体想象。它所表达的不是现实，而是树立身体典范的原初意欲。在因此形成的世界图景中，标准身体处于参照系的中心，评判那些在其视野边缘涌现出来的异类身体。为了凸显自己的典范性，后者必然显现出异常品格。在边缘处，在民间，对于怪异的评价可能恰好相反。对于后者来说，怪异身体变成了鲜活身体："即使在中世纪的德意志，受同一种狄奥尼修斯强力的支配，也还有总是不断扩大的队伍，载歌载舞，辗转各地：在这些圣约翰节和圣维托节（Sanct-Johann-und Sanc-Veittänzer）舞者身上，重又现出希腊人的酒神歌队，其前史可溯源于小亚细亚，直到巴比伦和放纵的萨卡人。"②鲜活身体意象无疑是最有价值的文化符号。它更符合身体的本来形貌，保存了身体的解放力量，蕴含着走向新世纪的可能性。毫无疑问，在文艺复兴运动中扮演关键角色的正是这种身体。

　　事实上，鲜活身体的出现凸显了一个事实：身体也具有主动性。在托马斯·阿奎那的著作中，这点已经获得了部分肯定："人的灵魂与身体的结合不是对灵魂的诅咒和伤害，而的确是上帝的礼物，它帮助理性灵魂实现后者的理性能力。"③"帮助"绝非被动的实践。当托马斯·阿奎那如此言说时，他已经部分重构了身体的主体形貌。事实上，如此行动的他并非完全孤独：画家、雕刻师、诗人都会有意或无意地肯定身体。譬如，灵肉之争（the debates between body and soul）是中世纪艺术的重要主题。"争"是主动的活动。能"争"的身

① ［德］温克尔曼：《论古代艺术》，邵大箴译，中国人民大学出版社 1989 年版，第 54 页。
② ［德］弗里德里希·尼采：《悲剧的诞生》，孙周兴译，商务印书馆 2012 年版，第 25 页。
③ 吴天岳、徐向东主编：《托马斯·阿奎那读本》，北京大学出版社 2011 年版，第 65 页。

体不可能是被动之物。在"争"的瞬间,身体已经将自己与石头、河流、山脉区别开来。作为人的构成,它能够展现主体的动姿。对于后来的身体艺术来说,这是一个重要的线索。

第三章　近代艺术：身体—主体
意象及其对立面

到了中世纪晚期，神学内部出现了自我批评的声音。后者具有内部和外部两个源头，但逐渐汇集为一种解构性力量。随着市场经济和民主体系的发展，西方重新发现了个体和世界。从文艺复兴（Renaissance）开始，感性生命的价值获得了重估，身体获得了重新出场的机缘。它开始延续曾经中断的线索，展示自己的主体形貌，留下了复杂的踪迹。当然，这同样是个不无悖谬意味的过程。

第一节　身体意识的变化与近代艺术的
转型：一个简单回顾

作为西方现代历史的起点，文艺复兴的重要特征是尊崇古希腊罗马文化。后者"被当作文化的源泉和基础"，被视为"生存的目的和理想"。[1] 不过，这并不意味着它是模仿古代的仪式，相反，它是新兴历史阶段的前奏。主导它的不是思古之幽情，而是正在崛起的现代性。

提及文艺复兴时，美国学者保罗·奥斯卡·克利斯特勒（Paul Oskar Kris-

---

① ［瑞士］雅各布·布克哈特：《意大利文艺复兴时期的文化》，何新译，商务印书馆 2002 年版，第 167 页。

teller)曾经援引雅各布·布克哈特(Jacob Burckhardt)的说法,认为"这个时期的总体特征是个人主义、古典文化的复兴以及世界和人的发现"。① 这种说法虽然不无商榷之处,但从总体上揭示了文艺复兴时期的"世道":"整个 15 世纪,对人、人的美、人的力量和理智的真诚信仰是艺术与科学的基准。"②在意大利语中,文艺复兴这个词具有两个彼此相关的意思:复活和新生。新生是主导性活动。它既决定了什么东西被复活,又赋予后者以新的意义。新生的精神被命名为人文主义(humanism):经过漫长的中世纪以后,人开始重新出场了。在公元 1415—1432 年创作的《根特祭坛画》中,艾克(Eyck)兄弟表现了一个新的主题:"它强调人才是世界的中心,而非神,人才是世界的中心。"③到了 1486 年,意大利哲学家皮科·德拉·米兰多拉(Pico dela Mirandola)写道:"人为什么是最幸运的生灵并因此堪配所有的赞叹,他在宇宙秩序中的处境究竟是什么,不仅让野兽,甚至让星体和世界之上的心智都羡慕。"④这是人文主义的宣言,这是一个物种重新出场的序曲。随着人文主义的发展,艺术进入了新的历史时期:"文艺复兴的塑造艺术与绘画艺术并没有被定义为是对古典模型的效仿。最早的文艺复兴在 14 世纪的意大利和法兰西的东部和北部就出现了,即使有,也没有多少古代的东西。"⑤这是一场指向未来的艺术运动。它催生了不同于以往的身体意识,而后者的出现又影响了艺术的走向和格局。

如果说文艺复兴具有一个关键词的话,那么,它就是:个体。"文艺复兴的思想与文学都是个人主义的","它们的目的在于以一种中世纪,大部分古代和近代没见过的方式来表达个人的、主观的意见,以及感情和体验。"⑥早在

---

① [美]保罗·奥斯卡·克利斯特勒:《文艺复兴时期的思想与艺术》,邵宏译,广西美术出版社2017 年版,第 38 页。
② [意]廖内洛·文杜里:《艺术批评史》,邵宏译,商务印书馆 2020 年版,第 77 页。
③ [意]威廉·德隆·拉索:《人体》,陈琳译,北京出版集团公司 2017 年版,第 30 页。
④ [意]皮科·米兰多拉:《论人的尊严》,樊虹谷译,北京大学出版社 2010 年版,第 18 页。
⑤ [法]赖那克:《阿波罗艺术史》,李朴园译,中国财政经济出版社 2016 年版,第 192 页。
⑥ [美]保罗·奥斯卡·克利斯特勒:《文艺复兴时期的思想与艺术》,邵宏译,广西美术出版社2017 年版,第 87 页。

13 世纪,个体的地位就已经开始凸显:

> 个人首次在社会层面上具有重大意义的亮相是在意大利十三世纪与十四世纪的镶嵌画中。那时,商业贸易与银行在经济与社会中扮演着重要的角色。商贩就是现代个人的原型。人类野心膨胀,打破一切成规。成为优秀的世界主义者的人们,将个人兴趣作为自己的出发点和原动力,即使为此而触犯"公益"也在所不惜。①

由于个人主义的崛起,社会进入了快速变化的时代:"如果说 16 世纪英格兰有任何可确定之事,那就是所有一切都变了,哪怕是永恒之事;每件事都是相对性的,哪怕是绝对之事。"②在新的历史氛围中,"个人不再是机体或社会主体不可分解的一分子",而是"变成了只属于自己的一个实体"。③ 对于艺术家来说,情况尤其如此:"在最高统治者的阴影里,在他的保护伞下,另一种形式的个人主义诞生了,这就是艺术家的个人主义。他们感到自己属于世界而不是属于他所出身的集体。"④在随手写下的日子中,达·芬奇如此定义个体的位置:"每个人都位于地球表面的中央,在他那半球的天穹之下,地球中心之上。"⑤这是一种地理学乃至天文学背景中的表述。无论宇宙多么广袤,个体都是中心。他/她在哪里,中心就在何处。当然,这并不意味着个体处于绝对孤独的境地,最终沦落为魂无所依的流浪者。相反,随着个体的涌现,"世

---

① [法]大卫·勒布雷东:《人类身体史与现代性》,王圆圆译,上海文艺出版社 2010 年版,第 27 页。
② [法]乔治·维加埃罗主编:《历史上的身体:从旧石器时代到未来的欧洲》,张竝、赵济鸿译,华东师范大学出版社 2013 年版,第 280 页。
③ [法]大卫·勒布雷东:《人类身体史与现代性》,王圆圆译,上海文艺出版社 2010 年版,第 35 页。
④ [法]大卫·勒布雷东:《人类身体史与现代性》,王圆圆译,上海文艺出版社 2010 年版,第 28 页。
⑤ [意大利]达·芬奇:《达·芬奇手记》,米子译,安徽文艺出版社 2011 年版,第 176 页。

界"乃至"宇宙"概念也开始凸显：他/她升格为不可替代的主体，着力于在更广阔的空间内培育自己的独特性。当个体主义升格为一种语境时，普遍的反思必然出现。个人开始厌恶独尊的权威，嫌弃唯经典是从而崇尚对事实做客观的研究，而这些都象征着近代的曙光。从文艺复兴时期开始，怀疑主义就已经产生，逐步发展为看待世界的新方法。① 譬如，在培根（Francis Bacon）看来，"人们之所以在科学方面停顿不前"，原因之一是"他们像中了蛊术一样被崇古的观念……所禁制住了"。② 质疑权威意味着凸显个体。出发点不是前人，而是我所在之处："你得随自己的思路去证明，地球跟月球一样是一颗星，是我们宇宙的骄傲。你得依自己的能力，去测算不同星球的大小。"③这种意义上的个体意识蕴含着世界意识，"文艺复兴人"就是"世界人（Uomo univer-sal）"。④ 世界主义和个人主义交织在一起，难分彼此，相互支撑。个人—世界的联结意味深长，意味着个人开始拥有自己的体系。在达·芬奇等人的表述中，重估价值的雄心大志已经显现出来："读者想想，我们能完全信赖古人吗？他们试图规定什么是灵魂和生命——这是难以证明的，其实，许多世纪以来，那些一目了然的且已被经验证明的事情却不被人认识或遭到误解。"⑤鸿学硕儒们皓首穷经、殚精竭虑、下笔万言，但却背离了个体的日常生活世界。否定之剑已经高高举起，锋芒指向古人和当时的主流观念。现在，需要复兴的不是古人的经典，而首先是你和我的感性经验："凡是不产生于经验，并受经验检验的一切科学都是虚假的完全错误的；也就是说，虚伪的科学在其形成过

---

① [法]乔治·维加埃罗主编：《历史上的身体：从旧石器时代到未来的欧洲》，张竝、赵济鸿译，华东师范大学出版社 2013 年版，第 282 页。
② [英]弗朗西斯·培根：《新工具》，许宝骙译，商务印书馆 2016 年版，第 67 页。
③ 《达·芬奇手记》（安徽文艺版），第 176 页。
④ [法]大卫·勒布雷东：《人类身体史与现代性》，王圆圆译，上海文艺出版社 2010 年版，第 29 页。
⑤ [意大利]达·芬奇：《达·芬奇笔记》，郑福洁译，生活·读书·新知三联书店 2007 年版，第 1 页。

程中无论在起始、中途或都没经历过任何感觉器官。"①为了说明感觉经验的意义,他使用了大地意象:"感觉是大地,理性则是源于大地的思考。"②从经验出发意味着重视实在的生命历程,因此,大地意象又牵连出身体的存在:"若认为人体由土、水、气和火组成,则人体与地球相似。人体内部骨骼是肌肉的固定支架,岩石则是地的支柱;人体内部有血库并以肺的扩张和收缩进行呼吸。"③在达·芬奇的文本中,身体与大地经常结对出现,形成了两个彼此回应的重要意象。从强调经验到重视身体—大地,其思路指向感性文化的复兴。如此说话的他属于一个谱系。事实上,后者早已出现,现在则绵延到了达·芬奇所处的时代,借这位大师之口说出自己的宣言。

当身体—大地结对出现时,一种新的生命哲学已经初具轮廓。大地养育万物,乃是欲望、增殖、繁衍的同义语。重视大地意味着重估感性生活,而后者必然推动身体再次出场。在乔叟(Chaucer)的旷世奇书《坎特伯雷故事》(Canterbury Tales)(2013)中,感性生活已经成为凸显出来,升格为被反复渲染的主题。首先,自然生命备受重视。在故事的开篇,作者便以赞美的口气写道:"四月的甘霖浇透了三月枯竭的根须,颗颗根须换上了生机勃勃的面孔,枝头无数的花蕾涌现出来。温暖的春风给万物披上了绿色的外衣,太阳充满了青春活力,已悄悄地爬过半边白羊宫殿。"④这是自然的颂词,是生命的赞歌。它必然牵连出重视身体的态度。在接下来的叙事中,乔叟尽情展示身体之魅:"天刚破晓,爱茉莉就起了床,梳洗打扮了一番。她美极了,闭月羞花,沉鱼落雁也不足以形容她的美貌。五月的鲜花也比不上她的清新,绿枝上的

---

① [意大利]达·芬奇:《达·芬奇笔记》,郑福洁译,生活·读书·新知三联书店 2007 年版,第4页。
② [意大利]达·芬奇:《达·芬奇笔记》,郑福洁译,生活·读书·新知三联书店 2007 年版,第9页。
③ [意大利]达·芬奇:《达·芬奇笔记》,郑福洁译,生活·读书·新知三联书店 2007 年版,第46页。
④ [英]乔叟:《坎特伯雷故事》,张弓译,北方文艺出版社 2013 年版,第 1 页。

马铃兰让位于她的美艳，鲜艳的玫瑰也争不过她红润的脸颊。"①美貌是视觉意象，它的出现见证了注视者的在场。在古典故事中，注视者大都是异性，而注视的行动往往属于爱情叙事。爱情是身体的激情，折射出身体自我增殖的冲动。增殖是对抗毁灭的有效方式，是生命延续自身的策略。在有关增殖的渴求中，一个孪生的主题早已出现：这就是身体的死亡，就是个体的终结。在乔叟的故事中，永生已经不是被虔诚对待的信念，相反，有关人生短暂的感慨不时出现："世间的男男女女，无论老少，无论怎样，总免不了一死；也不管你是君王，还是臣仆，可能死在床上，可能死在旷野，可能死于深海，只是地点不同而已。每个人都能看到这些事情。一切都向同一条路走去，这是无可挽救的事。我可以说，天下万物都难逃死亡。"②唯一能对抗死亡的是生殖，而后者不可避免地牵连出欲望。对于死亡的确认无疑会改变对欲望的态度。从柏拉图开始，有关永生的遐思导致了欲望叙事的降格：既然人会永远活着，饮食男女就是多余之事，进入更好的世界才是正途。这是一种无根的筹划，看上去无比高贵，却损耗了本就短暂的人生。现在，永生之美梦即便没有完全破灭，也已不再像以往那样迷倒众生。对于包括乔叟在内的大多数人来说，自己终有一死是必须勇敢面对的事实。这不仅是芸芸众生的命运，而且是国王也无法避免的终局：

> 国王有两个职能，因为他有两个身体，其一是自然之体，由自然的肢体构成，与常人无异，在其中，他与其他人一样，受制于激情和死亡；另一个是政治之体，其肢体就是他的臣民……这个身体不会像其他人那样受制于激情，也不受制于死亡，因为就这个身体而言，国王永远不死，而他的自然死亡在我们的法律上并不称为"国王的死亡"，而成为"国王的转

---

① ［英］乔叟：《坎特伯雷故事》，张弓译，北方文艺出版社2013年版，第11页。
② ［英］乔叟：《坎特伯雷故事》，张弓译，北方文艺出版社2013年版，第35页。

移"……政治之体从现在已经死亡了……的自然之体转移和让渡出去，赋予另一个自然之体。①

自然之体拥有激情，但也会面临必然到来的终结。在开端和终结之间，它只能过一种感性的生活。对于国王来说，情况毫无二致。虽然有关政治之体的说法别有意味，但这句话还是展示了重视身体的倾向。国王不再被视为一种超自然存在，而是被还原为能感受的短暂者：身体。

恰如南希（Jean-Luc Nancy）所言，身体的出场曾经是"现代性计划"（a program for modernity）的一部分："需要一种书写，不是有关身体，而是指向身体自身。不是身体性（bodihood），而是实在的身体。不是身体的符号、意象、密码，但依然是身体。"②在身体重新出场的过程中，有关感觉的话语迅速增殖。身体是一种感性的存在。它可感而又能感。重视身体意味着重视感觉。在《十日谈》等小说中，肉体欲望升格为主题，影响芸芸众生的信仰图景已经发生了变化："人能够由于承认上帝而把他吸引到自己灵魂的狭窄范围以内来，但也能由于热爱上帝而使自己的灵魂扩展到他的无限大之中——这就是尘世上的幸福。"③尘世是身体的住所，是日常生活进行的地方。肯定尘世必然重视身体。在由此形成的语境中，身体不再仅仅是规训的对象，而是自我肯定的存在。身体是个体化运动的中心，是独特感受的发源地。"身体明确地将人与人彼此区分开来。"④于是，"文艺复兴人"有意识地复活了古希腊罗马文化中的生命叙事，鲜活的身体则因此重新出场。

① ［德］恩内斯特·康托洛维茨：《国王的两个身体》，徐振宇译，华东师范大学出版社2018年版，第85—86页。
② Jean-Luc Nancy, *Corpus*, New York：Fordham University Press, 2008, p.9.
③ ［瑞士］雅各布·布克哈特：《意大利文艺复兴时期的文化》，何新译，商务印书馆2002年版，第543页。
④ ［法］大卫·勒布雷东：《人类身体史与现代性》，王圆圆译，上海文艺出版社2010年版，第36页。

"文艺复兴重新发现了人的肉体"，德国学者爱德华·傅克斯（Eduard Fuchs）如是说。① 此语出自他的《欧洲风化史：文艺复兴时代》（2012 年）。后者虽然介于学术著作和通俗读物之间，但这不妨碍上述论断的可靠性。在15—16 世纪之间，转折就已经发生。人应该要保持并尽可能长久地保护身体的健康，这一见解逐渐被世人所重视。② 各种论文开始称颂健康体魄，强调身体最好自然终老。这种对人间寿命的期望牵连出尘世之爱。健康、免收苦难、必要的欢乐都是个人发展的条件。随着相应话语的增殖，身体被当作"个人充分成长的源泉"。③ 从信仰的角度看，"一个新教的躯体"出现了。身体非但并不令人蔑视，反倒值得人们保护乃至拯救它。

伴随着这种观念，新兴的医学实践出现了。从 17 世纪开始，人们开始借助助产士来解救分娩中的妇女，保护婴儿的生命。观照生命的哲学落实为爱护身体的技艺。医学态身体正式进入大众的视野。在相应的语境中，关怀身体就是关怀自我。身体即便不是整个的人，也是其不可或缺的组成部分。对自我的关怀如果不落实到身体上，就无法实现自己的初衷。随着这种意识的增殖，转折发生了，西方的文化版图出现了断裂。其标志之一是身体—社会隐喻的变化："霍布斯 1651 年出版的《利维坦》将社会表现为与身体同源相应，国王是头而臣民是躯干。对于霍布斯这位保皇党而言，英国政府这具身体两年前做了不可思议之事——把自己的头砍掉。"④既然臣民在国王被杀后依然存活，那么，头颅—躯干的社会学区分就会被解构。臣民不是纯粹的躯干，相反，他们拥有自己的头颅，也是独立自主的个体。当头颅—躯干被还原为个体

① ［德］爱德华·傅克斯：《欧洲风化史：文艺复兴时代》，侯焕闳译，海豚出版社 2012 年版，第104 页。

② ［法］乔治·维加埃罗主编：《身体的历史：从文艺复兴到启蒙运动》，张竝、赵济鸿译，华东师范大学出版社 2013 年版，第 70 页。

③ ［法］乔治·维加埃罗主编：《身体的历史：从文艺复兴到启蒙运动》，张竝、赵济鸿译，华东师范大学出版社 2013 年版，第 70 页。

④ ［法］乔治·维加埃罗主编：《历史上的身体：从旧石器时代到未来的欧洲》，张竝、赵济鸿译，华东师范大学出版社 2013 年版，第 285 页。

性的身体时,一种新的身体社会学诞生了。拥有头颅的身体无需再被领导着前行,社会也没有必要被分割为两个部分。在这种社会变革中,解构二元论的机缘已经出现。按照常见的人学模式,灵魂是统治性的主体,身体则不过是容纳者和仆人,但这种观点与个体主义相悖。如果头颅与躯干构成整个身体,那么,我们就没有必要延续灵魂假设。即使有关灵魂的言说不会立刻消失,理论的天平也会倒向身体一边。在达·芬奇(Leonardo Da Vinci)留下的笔记中,这种变化已经清晰可见。他眼中的灵魂是贫穷的同义语:由于"既无神经又无骨骼","灵魂既不会有声音,又无形体,更无力。"①灵魂的贫瘠衬托出身体的富有,它的无力证明了身体的强大:身体既有骨骼,又有神经,还配备了丰富的感觉器官。虽然灵魂的存在没有被完全否定,但身体意象已经冉冉升起:丰盈、独特、强大。这种被重新估价的身体既与灵魂迥异,也区别于自己所立足的大地:"大地却缺少神经,缺少神经的原因在于神经是支配运动的,然而,世界却总是处于稳定状态,在这里不发生运动,也就不需要神经。除此之外,人体与大地是极其相似的。"②在论述绘画的意义时,他使用了"画家总是先用脑想,后用手表现"这种表述,而这等于承认身体具有思维能力。③ 通过如此表述,一个伏笔已经埋下:如果身体拥有神经而神经又支配运动,那么,我们能否说身体是支配者? 倘若是,身体岂不就是真正的主体? 虽然始终没有说出这番潜台词,但达·芬奇的天平已经向肉体倾斜:

　　　　为了很好地表现裸体的各个姿势和手势,画家必须懂得神经、骨骼、肌肉和筋腱的解剖,以便在动作不同和用力有别的情况下知道那一条神

① ［意大利］达·芬奇:《达·芬奇笔记》,郑福洁译,生活·读书·新知三联书店 2007 年版,第 41 页。
② ［意大利］达·芬奇:《达·芬奇笔记》,郑福洁译,生活·读书·新知三联书店 2007 年版,第 46 页。
③ ［意大利］达·芬奇:《达·芬奇笔记》,郑福洁译,生活·读书·新知三联书店 2007 年版,第 162 页。

经和哪一块肌肉在起作用,仅仅是把它们画得明显一些和大一些,而不是把全部都画成这样,就像某些画家那样。他们总是以素描大师自居,把自己的裸体人物画成失去美感的木头人。①

身体不是木头制成的机械,而是能够自我驱动的有机体:"熟悉神经系统、短肌肉的本性的画家,将会十分清楚,当一肢在运动的时候,有几根神经和什么样的神经是运动的原因,哪一块肌肉在拉长的时候是这根神经缩短的原因……"②它的各部分相互呼应,形成了主动性的物质体系。依赖肌肉、骨骼、神经系统的合作,身体能够自我管理。这是个倾听、观看、触摸、劳作的实在者,总是行走于感受世界的途中。在它的各种感受中,视觉至关重要:"眼睛是心灵之窗,是人的主要器官,人依靠眼睛才能最全面地认识大自然的无限作品。"③在颂扬眼睛时,达·芬奇从不吝啬赞美之辞:"多杰出的眼睛呀! 你超越于上帝创造的其他一切事物! 该怎样公正地评价你的崇高? 世界上什么样的民族该用什么样的语言才能描述你的功能? 眼睛是人体之窗,透过这个窗口人类享受着世界的美。"④眼睛既接受着来自世界的影像,又把"自己的形象投射到物体之上"。⑤ 由于眼睛的存在,人加入到了一个映射游戏之中:"大气里遍布着无数物体,这些物体的无数形象充满在大气中,这些物体的所有形象

---

① [俄]阿·阿·古贝尔、符·符·巴符洛夫编:《返回源始——艺术大师论艺术》,刘惠民译,文化艺术出版社1997年版,第132页。
② [俄]阿·阿·古贝尔、符·符·巴符洛夫编:《返回源始——艺术大师论艺术》,刘惠民译,文化艺术出版社1997年版,第133页。
③ [意大利]达·芬奇:《达·芬奇笔记》,郑福洁译,生活·读书·新知三联书店2007年版,第92页。
④ [意大利]达·芬奇:《达·芬奇笔记》,郑福洁译,生活·读书·新知三联书店2007年版,第92页。
⑤ [意大利]达·芬奇:《达·芬奇笔记》,郑福洁译,生活·读书·新知三联书店2007年版,第94页。

映现在所有物体上,所有形象映现在每一个物体上。"①通过这种传送—收留的游戏,个体可以成为储存影像的中心。可以说,世界同时存在于身体的内外,拥有实在—影像两种形态。通过支配影像,人也支配着世界。在达·芬奇看来,画家就是影像的支配者:"画家是形形色色的人和万物的主人。如果画家想看到他迷恋的人,他就能创造她;如果他想看到令人害怕的庞然怪物,或滑稽可笑的人物,或令人同情的人物,他就是创造这些事物的神;他还能创造渺无人烟的荒凉区域,创造炎热中的荫凉或严寒中的温暖处所。"②依赖诸如此类夸张的表述,他建立起以绘画为中心的艺术谱系。能见者上升到高位,可见者享有前所未有的荣耀。在能见和可见之间,感觉的火焰一旦被点燃,世界就会进入澄明之中。被照亮的不仅是万物,而且包括身体自身。身体可以被看见,被描绘,被置于画面的中心。它拥有看的器官,是观看这一动作的承担者。它是能见和可见的交汇处,是绘画诞生的地方。

从今天的角度看,达·芬奇的上述言说符合当代神经心理学。按照后者所提供的证据,"观看"其实并不只是凭借眼睛,而且依赖大脑的主动参与。③譬如,"视觉的发生并不是大脑单一部位的活动,而是一个遍布大脑的、极速往返的、交替进行的系列活动。"④再如,"我们现在知道了,即使是在大脑中,我们习惯称为图像的东西也是一个运算。"⑤大脑是身体的一部分,眼睛亦如

---

① [意大利]达·芬奇:《达·芬奇笔记》,郑福洁译,生活·读书·新知三联书店 2007 年版,第92 页。

② [意大利]达·芬奇:《达·芬奇笔记》,郑福洁译,生活·读书·新知三联书店 2007 年版,第162 页。

③ [美]乔纳森·克拉里:《观察者的技术》,蔡佩君译,华东师范大学出版社 2017 年版,第49 页。

④ [英]尼古拉斯·米尔佐夫:《如何观看世界》,徐达艳译,上海文艺出版社 2017 年版,第59 页。

⑤ [英]尼古拉斯·米尔佐夫:《如何观看世界》,徐达艳译,上海文艺出版社 2017 年版,第63 页。

是。身体才是观看者，是使观看活动得以完成的"主体"。① 正因为如此，人和人的关系总是落实为身体间性。在阐释自己的名著《最后的晚餐》时，他关注的首先是身体之间的互动：

> 另一个人扭着双手，严肃地望着他的同伴。另一个人伸开双手，掌心显露，两肩高耸及耳，惊得目瞪口呆。另一个人对旁人耳语，听者侧耳细听，一手拿着餐刀，另一只手拿着切下一半的面包。另一个人手执餐刀转身时碰翻了桌上一只玻璃杯。另一个人双手放在桌上眼光凝视。另一个人张口喘气。另一个人用手遮眉，身子前倾看着讲话者。另一个人把身子缩到前倾者背后，从墙壁与前倾者之间窥视说话者。②

这里的关键词全部指称身体的动作。后者彼此呼应，前后勾连，形成了一个因果链条。通过对身姿和动作的描写，危险的氛围被充分渲染。这是一种身体叙事。在《最后的晚餐》中，出场的是身体性存在。只有破译内蕴于其中的身体观，后人才能真正读懂这部作品。

对于艺术来说，一个重大事件已经发生：文艺复兴重新发现了人的身体。身体不再是"不灭的灵魂短暂的、转瞬即逝的躯壳"，而是由"'虫蚁'啃噬的客体变成了主体"。③ 它的"各个部位被认为与天体星辰以及类似护身符或一些珍贵物件等神秘力量的影响无关"，"显得特立独行"，"规定了通过其本身及其'原动力'来解释说明的一些机能。"④尽管解放的过程依然伴随着束缚，但

---

① Arthur Schopenhauer, *The World As Will and Representation*, Volume 2, London: Kegan Paul, Trench, Trubner & Co.Ltd, 1909, p.192.

② ［意大利］达·芬奇：《达·芬奇笔记》，郑福洁译，生活·读书·新知三联书店2007年版，第151页。

③ ［德］爱德华·傅克斯：《欧洲风化史：文艺复兴时代》，侯焕闳译，海豚出版社2012年版，第104—106页。

④ ［法］乔治·维加埃罗主编：《身体的历史：从文艺复兴到启蒙运动》，张竝、赵济鸿译，华东师范大学出版社2013年版，第1—2页。

承受张力的身体已经走上了前台。在回顾这个时代时,艺术史家爱德华·博克斯(Edward fox)写道:"文艺复兴时代颂扬的是肉体的人,自始至终,处处表现出对这个肉体的人的崇拜。肉体的人成了文艺复兴时代最崇高最虔敬的生活象征。"①在文艺复兴时期,许多大胆乃至荒诞不经的作品被放在画廊中,譬如,"西方艺术中久违了的人体在15—16世纪又重新出现了","裸体形象出现的原因似乎很清楚,在中世纪,裸体与快乐有着直接的联系,根据严格的基督教教义,为了替亚当和夏娃的原恶赎罪,肉体的快乐是应该避免的。到了15世纪中叶,这种贞节观开始被更加自然、更加现实的思想所取代,这与各个领域里在经济与社会事务中逐渐形成的自由观有关。"②恰如法国诗人瓦雷里(Paul Valéry)所言,"人们对于裸体涵义的理解无非两种;一是美的象征,二则是猥亵(欲望)的代名词。"③事实上,在文艺复兴的语境中,这两种含义并非总是彼此分离。甚至,神圣身体与世俗身体之间也不再具有非此即彼的界限:"从15世纪末起,圣母和使徒不再是禁欲的严肃人物,而只是漂亮的少妇和时髦的青年,带有美丽的日光色的头发,他们喜欢用美好的衣服做装饰,并把他们的生活打理得很舒适。"④神圣身体开始向世俗身体转化。本真的身体则因此走上了前台,启动其返魅之旅。作为复杂博弈的结果,文艺复兴时期的身体已经走出了中世纪的悖谬氛围,开始站到宇宙剧场的前台。在1492年绘制的《维特鲁威人》(Homo Vitruvianus)中,一个新的尺度出现了。这就是人类身体。它站立于宇宙的中心,展示自己均衡的形态。这个意象虽然具有复杂的内蕴,但其出现本身却意味着感性生命的节日。它是一个世纪性转型的结果,也是后者即将继续展开的标志。只有理解了这个关键之处,观者才能读懂

① [德]爱德华·博克斯:《欧洲风化史:文艺复兴时代》,侯焕闳译,海豚出版社2012年版,第307页。
② [美]约翰·基西克:《理解艺术》,水平、朱军译,海南出版社2003年版,第195页。
③ [法]保尔·瓦雷里:《德加,舞蹈,素描》,杨洁、张慧译,华东师范大学出版社2018年版,第91页。
④ [法]赖那克:《阿波罗艺术史》,李朴园译,中国财政经济出版社2016年版,第214页。

达·芬奇的传世名作《蒙娜丽莎》(Mona Lisa)。后者属于一个被反复创作的系列,具有不同的版本,但又都具有共同的特征:作品中的女性露出了谜一样的微笑。蒙娜丽莎为何微笑? 她的内心隐藏着什么秘密? 有关细节的答案可能各不相同,但有一点是肯定的:这微笑发生于感性复兴的背景中,源自在世的身体。当蒙娜丽莎微笑时,转折已经发生:

> 这幅画中不仅暗示了人类与自然共生共存的联系,还探索了两者的共同起源——神秘的天地创造。流淌的河流,河面上泛起的清波,霞光温暖四射,加上端坐于凉廊的女子,或许这些都象征着列奥纳多曾经提出的创造力,即"万物生长之本"。……《蒙娜丽莎》就是对女性作为孕育生命载体的沉思和敬畏……①

尽管当时的达·芬奇还不可能完全超越神学图式,但画面却展示了一种根本性的位移:"画中女子似乎是向后靠着椅背而坐,"仿佛"到了怀孕后期后,挺直脊柱是在太累"。② 据研究者考证,第一幅《蒙娜丽莎》的模特丽莎·德尔·焦孔多(Lisa del Giocondo)在为达·芬奇摆姿势的前几个月,也就是1502年12月生下儿子安德烈亚。③ 除了观察她之外,达·芬奇还去医院研究女子怀孕之后的症状和形态。在《蒙娜丽莎》中,谜一样的微笑很可能折射出孕育生命之喜悦。

达·芬奇的身体已经从神学教义中回到人间,开始体验日益丰盈的生存感受。它们站在新的地平线上,眺望属于自己的远景。这微笑的背景是田野、

---

① [美]让-皮埃尔·伊斯鲍茨、克里斯托弗·希斯·布朗:《蒙娜丽莎传奇》,陈薇薇译,生活·读书·新知三联书店2017年版,第168页。
② [美]让-皮埃尔·伊斯鲍茨、克里斯托弗·希斯·布朗:《蒙娜丽莎传奇》,陈薇薇译,生活·读书·新知三联书店2017年版,第168页。
③ [美]让-皮埃尔·伊斯鲍茨、克里斯托弗·希斯·布朗:《蒙娜丽莎传奇》,陈薇薇译,生活·读书·新知三联书店2017年版,第169页。

河流、道路，是今人所说的生活世界。它是感性生命的绽放，是肉体幸福之符号。这不是一个人的看法，而是当时正在绽露的集体立场。由于一种正在兴起的生命学，身体在整个意大利画派中已经成为当仁不让的主角："田野，树木，工场，对他只是附属品；……那些东西应当让才具较差的人作为消遣和补偿，因为艺术的真正对象是人体。"①就《蒙娜丽莎》而言，这个结论完全成立。研究者发现，它的背景与达·芬奇关于人体构造与自然组成相似的观点具有直接关联。例如，河流可以被视为大地"躯体"内的血管，岩峰则是大地的骨骼，土壤是将躯体各部分组合在一起的组织。② 这与此相应，画面中的全景风光"其实就相当于模特体内微观世界的宏观投射"。③ 为了绘制如此重要的身体，达·芬奇曾经倾心于解剖学研究："从 1507 年的佛罗伦萨到 1510 年的帕多瓦大学，列奥纳多在解剖学上倾注了不少心血，这番经历无疑有助于他产生自然与人体相似的观点。"④描绘自然就是为了描绘身体，身体是自然中最美好的存在。对于达·芬奇和当时新兴的意大利画派来说，身体是中心和目的："从粗具规模的艺术到发展定局的艺术所迈进的一大步，便是发明完美的形体，只有在理想中找到非肉眼所能看见的形体。——在它作为中心的理想人物身上，固然能分辨出精神与肉体，但一望而知精神并不居于主要地位。这个古典画派既没有神秘气息，也没有激动的情绪，也不以心灵为主体。"⑤"它决不为了关切精神生活而牺牲肉体生活，并不把人当作受着器官之累的高等动物。"⑥由于拥有此类信念，他们着眼于重构身体的本有形貌、结构、动姿："当

① ［法］丹纳：《意大利文艺复兴时期的绘画》，傅雷译，上海书画出版社 2011 年版，第 4 页。

② ［美］让-皮埃尔·伊斯鲍茨、克里斯托弗·希斯·布朗：《蒙娜丽莎传奇》，陈薇薇译，生活·读书·新知三联书店 2017 年版，第 167 页。

③ ［美］让-皮埃尔·伊斯鲍茨、克里斯托弗·希斯·布朗：《蒙娜丽莎传奇》，陈薇薇译，生活·读书·新知三联书店 2017 年版，第 167 页。

④ ［美］让-皮埃尔·伊斯鲍茨、克里斯托弗·希斯·布朗：《蒙娜丽莎传奇》，陈薇薇译，生活·读书·新知三联书店 2017 年版，第 167—168 页。

⑤ ［法］丹纳：《意大利文艺复兴时期的绘画》，傅雷译，上海书画出版社 2011 年版，第 5 页。

⑥ ［法］丹纳：《意大利文艺复兴时期的绘画》，傅雷译，上海书画出版社 2011 年版，第 6 页。

时的画家……都摸过隆起的肌肉，弯曲的线条，骨头的接榫；他们首先表现给
人看的，首先是天然的人体，就是健康，活泼，强壮的人体，角力竞技的本领，动
物的禀赋，无不具备。并且这也是理想的人体，近于希腊典型……"①这是一
个卓越与完美的肉体世界，是一个代表人类出场的群落："意大利文艺复兴时
期的画家却创造了一个独一无二的种族，一批庄严健美，生活高尚的人体，令
人想到更豪迈，更安静，更活跃，总之是更完全的人类。"②譬如，在米开朗基罗
的雕塑《朝》中，身体生机勃勃，丰满而活力洋溢，展示了一种丰盈的朝气，预
示着物质诗学的兴起。与此类似，提香、科雷乔、让·古赞、简·马苏斯的绘画
都演绎了身体的活力，洋溢着生命气息。它们是诱惑，是邀请，是宣言。无数
观众无法抗拒其魔力，欣欣然参加感性生命的盛宴。

　　身体的重新出场并非孤立的动作，而是属于感性复兴的总体氛围。在
《蒙娜丽莎》等绘画中，出场者包括：(1)生产性的身体；(2)与身体相关的感
性事物。二者构成了一个局部性的生活世界。这里的关键词是：身体、生活。
身体之复兴就是生活之复兴，反之亦然。一个空间性的巨大位移已经产生了
效果，随之产生的是不仅新的生命政治，而且包括前所未有的技术。在 15 世
纪，制作眼镜的技术日臻发达，可以应付包括近视在内的视力问题。③ 此
后，上了年纪的人没有必要哀叹自己"没有牙，没有眼，没有味觉，什么都没
有"。④ 到了1550—1560 年间，欧洲的演变已经抵达了一个关键点。由于钟
和表的先后问世，个体开始可以控制时间；因为得到了测量和绘图等新技术，
空间"也在人类的控制之中"；天文望远镜的发明使人类可以观看遥远的星

---

① ［法］丹纳：《意大利文艺复兴时期的绘画》，傅雷译，上海书画出版社 2011 年版，第 6—7 页。
② ［法］丹纳：《意大利文艺复兴时期的绘画》，傅雷译，上海书画出版社 2011 年版，第 7 页。
③ ［法］乔治·维加埃罗主编：《历史上的身体：从旧石器时代到未来的欧洲》，张竝、赵济鸿译，
　　华东师范大学出版社 2013 年版，第 346 页。
④ ［英］莎士比亚：《皆大欢喜》，梁实秋译，中国广播电视出版社 2001 年版，第 105 页。

体;受此影响,"天堂"也发生了变化。① 受此影响,"世界开启了另一个时代","对于身体的另一种意识绽放开来"。② 身体从一个集体的大主体中挣脱开来,进入了前所未有的自由场域。它虽然为此付出了巨大的代价,但却收获了最重要的财富:独立。身体终于被当作身体对待了。这是个体主义最宝贵的成果,是身体叙事的转折点。

当然,转折不是突兀的产物,而是逐渐发生的过程。在这个过程中,有关生产性身体的标绘,对奇异身体的想象,以及渲染欲望的民间仪式,都同时展示了解构和建构的力量。由于它们的作用,中世纪的文化版图出现了皱褶和裂痕,主流美学不得不面对不规则空间,而身体则找到了突围的罅隙。在乔内乔尔(Giorgione)的杰作《野外演奏》(1509 年)中,身体已经展示了不可遏止的冲动:"此画现存卢夫尔博物馆,是在繁茂的风景中的一群裸体的女子和音乐家。这种集会当然不曾在威尼斯举行过;可是,谈话派的画家们是不管事实如何的,他们只想画美丽的人体和漂亮的衣服,以适合他们那种把自由快乐的生活和光华灿烂的风景背景对照起来的理想,在这一点上,他们是成功了。"③ 画中的女性身体丰腴如大地,洋溢着肉性的力量。当它们出现于繁茂的植物之间时,生命已经奏响了凯歌。画面上没有声音,但观者依然会听到欢快的旋律。尤其值得注意的是,身体和风景已经结对出现,形成了身体—风景。二者不但相互补充,而且彼此争芳斗艳。这不仅仅是想象中的画面,相反,它是解放戏剧中的一个过渡性场景,更激动人心的时刻还远没有到来。如果说这幅画中的人物还略显拘谨的话,那么,接力者必然呈现更加奔放的身体动姿。在尼德兰画家彼得·波鲁盖尔(Pieter Bruegel)于 1556 年绘制的《农民婚礼舞》

---

① [法]乔治·维加埃罗主编:《身体的历史:从文艺复兴到启蒙运动》,张竝、赵济鸿译,华东师范大学出版社 2013 年版,第 73 页。

② [法]乔治·维加埃罗主编:《身体的历史:从文艺复兴到启蒙运动》,张竝、赵济鸿译,华东师范大学出版社 2013 年版,第 73 页。

③ [法]赖那克:《阿波罗艺术史》,李朴园译,中国财政经济出版社 2016 年版,第 214 页。

中,身体的活力几乎溢出了画面:一群男女穿着鲜艳的服装正在舞蹈,狂放的姿态形成了略显嘈杂但令人兴奋的景象。画面中的身体粗大而旷野,洋溢着解放的激情。

　　归根结底,感性之魅来自身体,但后者对于当时的人来说却是未解之谜。为了探究身体的秘密,目光进入其内部。需要一种能够打开身体的技术。这就是解剖学。解剖学属于科学范畴,展示了“面向事物自身”的技艺。由于它的兴起,身体开始以新的方式重构自己:“医学政治褪去了中世纪的神秘面纱,切断了与炼金术与占星术的联系,转而成为一门彻头彻尾的哲学性科学,新哲学与医术的结合向当时的思想家证明了两者的力量。”①在绘制于1559年的一幅图画中,我们可以看见两个有关男人和女人的解剖学图标。画面上的男人处于半裸露状态,正侧头观看位于自己左边的女性。后者的腹部和胸部已经被解剖,露出了蜿蜒的肠子和层次分明的肋骨,其头部则被肺叶的形象所覆盖。她的右手举着一个用拉丁文写成的小牌子,上面的文字传达了启蒙精神:“认识你自己! (Nosce te ipsum, know thyself!)”②这是意味深长的提示:在现代性诞生的过程中,自我勘探是一种重要的人类学实践。求索的目光早已不再满足于停留在皮肤表面,而是力图深入到身体内部。

　　存在着一种有关身体的地理学表述。事实上,当时的解剖学就是身体地理学:“我们总是根据某种地理学和医学式的术语来给疾病命名并确定其部位,即使它们同大家所公认的疾病分类学并不完全吻合。”③在绘制于15世纪晚期的一幅绘画中,下面的场景获得了清晰的展示展示了这样的场景:两群医

---

① 　[美]彼得·盖伊:《启蒙时代》(下),王皖强译,上海人民出版社2016年版,第14页。

② 　Jack Hartnell, *Medieval Bodies*: *Life*, *Death and Art in the Middle Ages*, London: Wellcome Collection, 2018, p.291.

③ 　[法]乔治·维加埃罗主编:《身体的历史:从法国大革命到第一次世界大战》,张竝、赵济鸿译,华东师范大学出版社2013年版,第6页。

师正从左右两个方向检查巨大的肠道,犹如勘探山洞的地质学家。① 恰如大地,身体充满未知的角落、黑暗的液体和可怕的可能性,当然也蕴含着尚未被完全发现的盎然生机。当身体被打量、勘探、切割、研究,人学获得了深化的机缘:"起初,解剖学的肢解被清楚设想为是对人类身体的探索。这取自把身体视为世界之微观宇宙的中世纪神学。正当 16 世纪的探险者们对新世界的疆土加以图绘和殖民时,解剖学家也承担起对人类身体进行探索和殖民的挑战。"②在这种注视—沉思的过程中,解剖学的路径出现了转折:"解剖至少在医学语境下是让身体从宇宙的微观态转变为一台机器的基本方法之一。解剖学于 16 世纪深入拓展。在维萨留斯之前,解剖学被理解为是对古典资源和圣经的证实。然而经过 16 世纪与 17 世纪,情况演变了。维萨留斯和其他人开始挑战盖伦的文本。"③到了 17 世纪,身体学出现了重要进展:"哈维发现血液循环并在 1616 年公布,这标志着身体由四种体液统治的思想开始走向末路。哈维对心脏的调查揭示了这架机器的引擎——驱动身体的泵。"④这种说法意味着:身体可以形成自我驱动的回路;它是自足的存在,无需外物驱动。与此相应,身体—机器意象开始兴起:"在这个时期的起始阶段是对身体的误解——身体由四种体液组成并被灵魂统治,"但这个时期结束时的身体却"被恰当地揭示出是一台生物学机器",而后者"由心脏—动力泵这样的器官驱动"。⑤ 血液循环、心脏的驱动、"直到疾病或年龄导致机械故障"才会停歇的

---

① Jack Hartnell, *Medieval Bodies : Life, Death and Art in the Middle Ages*, London : Wellcome Collection, 2018, p.219.
② [法]乔治·维加埃罗主编:《历史上的身体:从旧石器时代到未来的欧洲》,张竝、赵济鸿译,华东师范大学出版社 2013 年版,第 298 页。
③ [法]乔治·维加埃罗主编:《历史上的身体:从旧石器时代到未来的欧洲》,张竝、赵济鸿译,华东师范大学出版社 2013 年版,第 298 页。
④ [法]乔治·维加埃罗主编:《历史上的身体:从旧石器时代到未来的欧洲》,张竝、赵济鸿译,华东师范大学出版社 2013 年版,第 299 页。
⑤ [法]乔治·维加埃罗主编:《历史上的身体:从旧石器时代到未来的欧洲》,张竝、赵济鸿译,华东师范大学出版社 2013 年版,第 286 页。

身体—机器,这些意象的出现表明有关身体"由上帝驱动的生机论"已经让位于机械论思想。① 身体从与宇宙同构的模型降格为机器,这表面上是一种价值亏损,但却造就了后者重新认识自己的契机。如果机器能自我驱动,身体就会结束借由外力解释自己的时代,一种基于身体的身体学便会诞生。在 1731年发表的《英格兰书简》(*Letters On England*)中,伏尔泰明确指出:"我是身体,我思想,这是我所知道的事情。"②18 年后,写作《论盲人书简》(*Letter On the Blind For the Use of Those Who Sees*)时的狄德罗得出了类似的结论:"我很怀疑没有任何事物能脱离身体进行解释。"③到了 1769 年,这句话获得了清晰的解释:"在宇宙中,在人身上,在动物身上,只有一个实体。教黄雀用的手风琴是木头做的,人是肉做的。黄雀是肉做的,音乐家是是一种结构不同的肉做的;可是大家都有着同一的来源,同一的构造,同一的机能和同一的目的。"④肉做的人能够感觉、思想、行动,说明身体绝非被动之物。

如果人就是能感受、思想、行动的身体,那么,有关艺术的观念就应该改写。在写作《英格兰书简》(1738)时,伏尔泰首先将艺术领受为身体在世的一种方式:建筑房屋、制作面包、融化金属,等等。⑤ 在 1757 年发表的《和多瓦尔的三次谈话》(即《关于<私生子>的谈话》)中,狄德罗曾经提出过一个假设:"看来艺术就跟感觉功能一样:一切感觉功能都不过是一种触觉,一切艺术都不过是模仿。"⑥由于触觉是身体的最基本功能,因此,这种说法实际上把艺术归结为身体的一种活动。那么,一旦被剥夺了相应的感觉,人是否还会具有审

① [法]乔治·维加埃罗主编:《历史上的身体:从旧石器时代到未来的欧洲》,张竝、赵济鸿译,华东师范大学出版社 2013 年版,第 286 页。
② Voltaire, *Letters On England*, Hazleton:Pennsylvania State University, 2002, p.47.
③ [美]尼古拉斯·米尔佐夫:《身体图景:艺术、现代性与理想形体》,萧易译,重庆大学出版社2018 年版,第 63 页。
④ [法]狄德罗:《狄德罗哲学选集》,江天骥、陈修斋、王太庆译,商务印书馆 2007 年版,第132 页。
⑤ Voltaire, *Letters On England*, Hazleton:Pennsylvania State University, 2002, p.41.
⑥ [法]狄德罗:《狄德罗美学论文选》,张冠尧、桂裕芳等译,人民文学出版社 2008 年版,第112—113 页。

美能力呢？早在1749年写作的《论盲人书简》中，答案已经部分给出："一旦脱离了有用性和器官的需要，美对于盲人来说就是个空洞的词汇，而又有多少事物的功能脱离了他们的掌控呢？"①盲人只能依赖触觉来判断事物与他者的关系，无法形成有关的视觉意象，也难以在约定俗成的意义上对世界进行审美："当他们说'那是美的'时，他并没有形成某种观点，而不过是重复明眼人的判断。"②虽然此类断言可能并非无懈可击，但却表达了一种值得肯定的努力：回到感觉乃至整全的身体。

到了19世纪，身体的意义进一步凸显出来，艺术研究则继续延续已经发生的转向。在《古希腊的雕塑》一书中，丹纳甚至认为肉体是艺术之源："人总是先想到现实而后想到模仿；先关心真实的肉体而后关心仿造的肉体；先忙着组织合唱队，然后用雕塑表现合唱队。"③虽然丹纳没有完全超越二元论（他随后又提到"肉体的或精神的模型"④），但其表述已经足够激动人心。作为艺术史家，他显然并不擅长身心观方面的思辨。相比于他，尼采的相关表述更为清晰和彻底。1887—1888年，尼采撰写了小册子《尼采反对瓦格纳》（*Nietzsche contra Wagner*），提出了一个至今仍然新颖的命题："我对瓦格纳音乐所持的异议乃是生理学上的异议：那么，何以还要给这样一些异议披上美学的外套呢？美学其实无异于一种应用生理学。"（《我持异议之处》）⑤接着，他立刻提到了音乐的身体性效应：

我的"事实"，我的"真实小事"，即这种音乐一旦对我发挥作用，我就

① Margraet Jourdan ed., *Diderot's Early Philosophical Writings*, Chicago & London：The Open Court Publishing Company，1916，p.71.
② Margraet Jourdan ed., *Diderot's Early Philosophical Writings*, Chicago & London：The Open Court Publishing Company，1916，pp.70-71.
③ ［法］丹纳：《希腊的雕塑》，傅雷译，上海书画出版社2011年版，第134页。
④ ［法］丹纳：《希腊的雕塑》，傅雷译，上海书画出版社2011年版，第134页。
⑤ ［德］尼采：《尼采著作全集》第六卷，孙周兴、李超杰、余明峰译，商务印书馆2015年版，第544页。

再也不能轻松地呼吸了；我的双脚立即对这种音乐生出愤怒，进行反抗；它需要节拍、舞蹈、进行曲……它们首先要求音乐具有出身入迷的作用，而后者就在于良好的行进、迈步、舞蹈之中。但我的胃不会抗议吗？我的心呢？我的血液循环呢？难道我的内脏不会郁郁不乐吗？①

音乐起作用的直接对象是身体。身体不是被动的音乐接收器。它既被音乐激动，又会向它提出抗议；可能处于陶醉状态，也可能感到愤怒。这是处于交互关系中的身体，是提出吁求的主体："我整个身体究竟想从音乐中获得什么？因为根本就没有什么灵魂……我相信，我的身体想要放松；就好像所有动物性的功能，都会通过轻松、奔放、欢快、自信的节奏而得到加速；就像那坚强不屈的、铅一般沉重的生命，会通过纯真、温柔、圆润的旋律失掉自己的重负。"②当身体有所需要时，音乐才会真正发挥作用。身体图式总已经把音乐纳入其中，赋予它属于身体的意义。需要建立音乐身体学吗？如果答案为"是"，那么，我们能否得出更具有普遍性的理念——艺术是身体肯定自己的一种方式？换言之，我们是否应该建立艺术身体学？通过诸如此类石破天惊的表述，尼采把身体的现代出场仪式推向了高潮。

第二节　重新出场的身体与近代艺术中的几个形象系列

身体与生命的关系一经敞开，就再也无法被完全遮蔽。受上述思潮影响，文艺复兴以后的西方开始重新展示身体意象。它不是完全被动的客体，不是

---

① ［德］尼采：《尼采著作全集》第六卷，孙周兴、李超杰、余明峰译，商务印书馆2015年版，第545页。

② ［德］尼采：《尼采著作全集》第六卷，孙周兴、李超杰、余明峰译，商务印书馆2015年版，第546页。

空的容器,不是无内容的沙漏,而是能够感受和做事的活物。现在看来,这种立场的位移深刻地影响了艺术的建构:"关于身体意识的演变表现为艺术作品的改变"。① 譬如,在文艺复兴的绘画艺术中,"维纳斯像取代了圣母像"。② 到了15世纪上半叶,身体艺术史上出现了许多具有历史意义的艺术品,如马萨乔(Masaccio)的《逐出伊甸园》(1424—1428年)、博洛尼亚的雅各布·德拉·奎尔查(Jacopo della Quercia)的浮雕《创世纪》(1425年左右)、多纳泰罗(Donatello)的《大卫》(1443年),等等。随着时间的推移,"身体作为一个人的观念在增长。"③从15世纪到19世纪,"在世的身体"、"能感受的身体"、"劳动的身体"、"思想的身体"都先后获得了展示。在这个过程中,身体开始除去遮蔽物,重构自己多样化的动姿。

一、女性裸体形象的嬗变

在中世纪的图像志(Iconography)中,对裸露的正面表现被限定于少数题材中:"亚当和夏娃,洗礼和耶稣的激情,圣人受难的时刻。"④除此之外,裸露几乎总是具有负面的含义,被视为淫荡、虚荣、罪的标志。从文艺复兴开始,重视世俗生活的思潮开始颠覆这类传统观念。对于大多数个体来说,个体自由和尘世幸福变得至关重要。在这种观念引导下,"之前认为裸体是罪恶与淫荡的概念都被完全逆转,"艺术家"最大程度地扩展了以全裸或半裸为主体的创作表达方式"。⑤ 到了1550年左右,"裸体女性出现在绘画中是件很平常的事。"⑥

---

① [法]乔治·维加埃罗主编:《身体的历史:从文艺复兴到启蒙运动》,张竝、赵济鸿译,华东师范大学出版社2013年版,第72页。
② [法]乔治·维加莱洛:《人体美丽史》,关虹译,湖南文艺出版社2007年版,第30页。
③ [法]乔治·维加埃罗主编:《历史上的身体:从旧石器时代到未来的欧洲》,张竝、赵济鸿译,华东师范大学出版社2013年版,第335页。
④ Babette Bohn & James M.Saslow eds.,*A Companion to Renaissance and Baroque Art*,New York & London:John Wiley & Sons,Inc,2003,p.403.
⑤ [意]威廉·德隆·拉索:《人体》,陈琳译,北京出版集团公司2017年版,第30页。
⑥ [法]达尼埃尔·阿拉斯:《我们什么也没看见》,何蓓译,北京大学出版社2016年版,第28页。

从身体艺术的角度看,文艺复兴是个关键时期。虽然它延续了以往的部分风俗、礼仪、信念(如"在文艺复兴时期的基督教社会里,也唯有婚姻才能使性关系合法化"),但根本性的变化已经发生。① 由于现代性的增殖,一个重要的变化出现了:"随着透视法的出现,文艺复兴艺术展现了区别于中世纪艺术的一个最重要标志,这就是,裸体成为后古代西方艺术独立而至关重要的题材。"②在当时的语境中,"独立"意味着:在除去衣服等遮蔽物时,被赋予身体的各种政治、社会、宗教内涵也开始被剥离,作为身体的身体开始出场了。与此相应,身体艺术的表现范围也被拓宽了,不在于被限定在男性运动员、英雄、神祇的范围。③ 由于这种语境,女性身体大量出场。随着她们逐步走向公共空间,相应的重构也开始增殖。部分画家意识到了这个新的趋势,开始标绘她们走向独立的动姿。在从文艺复兴以降的现代裸体形象中,女性开始占据重要地位,引发了无数的热议和遐思。无论如何,一个曾被忽略的性属走上了前台,开始展示自己的形貌和动姿。随着这个过程的持续,她们开始加入独立的仪式。与此相应,身体艺术也出现了重要变化。

不过,新兴的身体艺术并非一开始就能够高歌猛进。在文艺复兴时期,身体依旧具有多义性:"欧洲的基督教社会相信身体是诱惑与罪的源头,具有可怕意味,应该被遮掩。与此同时,它又是救世主耶稣居留人世时的终生形态,天主教会教导人们说属地的身体(earthly body)将于末日审判后分道扬镳,或者在天堂享受永远的福佑,或者在地狱里体验无尽的绝望。"④由于这种张力,艺术家经常采用巧妙的创作策略。早期的裸体题材依然沿用了宗教背景,

① ［法］达尼埃尔·阿拉斯:《我们什么也没看见》,何蒨译,北京大学出版社 2016 年版,第27 页。
② Babette Bohn & James M.Saslow eds. ,*A Companion to Renaissance and Baroque Art*,New York & London:John Wiley & Sons,Inc,2003,p.402.
③ Babette Bohn & James M.Saslow eds. ,*A Companion to Renaissance and Baroque Art*,New York & London:John Wiley & Sons,Inc,2003,p.402.
④ Babette Bohn & James M.Saslow eds. ,*A Companion to Renaissance and Baroque Art*,New York & London:John Wiley & Sons,Inc,2003,p.402.

"玛丽及其孩子是文艺复兴艺术最受欢迎的题材。"①除此之外,维纳斯(Venus)也是个受欢迎的形象。在1480年绘制的《维纳斯的诞生》中,意大利画家波提切利(Sandro Botticelli)将"真人大小的女性身体置于画面的中心和前台",尽可能地渲染女性之美。② 值得注意的是,画面上的维纳斯用长发遮住了自己的隐私部位,旁边的女神则递给她一件衣服。这既揭示了衣服和裸体的关系,又暗示了一种过渡状态。在如此处理题材时,一条中庸之道已经初具轮廓。后来,画家曾长期沿用了这种构图方法:"从拉斐尔开始,在披着打褶布料的人物身边添加上赤裸的人物似乎成为了当时绘画的一个规矩。"③就表层语境来说,它们的出现"似乎对于作品的呈现并没有作用",但它们的出场显然另有深意。④ 在提齐安诺(Tiziano Vecelli)的作品《田园合奏》(1509年)中,两位女性裸体坐在草地上,丰满而柔软的身姿巧妙地回应了春天的自然风貌。他们旁边的两个男子穿着衣服,似乎没有意识到旁边两个女性的存在,仿佛她们只是两个"影像"。⑤ 这是意味深长的暗示:在衣服遮蔽了男性身体的同时,后者的目光忽略了也忽略了日常女性的身体。在遮蔽和忽略之间,因果联系清晰可见。与此同时,自然则提供了可供身体展开解放实践的场域。于是,女性身体虽然被理性(对应着穿衣服的男人)所忽略,但其盎然生机依旧洋溢于草地和树木之间。

随着时间的推移,身体的遮蔽物被逐渐清除。《被伏尔甘撞见的维纳斯与战神》(1550年)展示了这个进程。除了隐私部位仅存的围布外,画面上的男女已经一丝不挂。此时的遮蔽已经丧失了遮蔽功能,诱惑性力量则从中涌

---

① Babette Bohn & James M.Saslow eds.,*A Companion to Renaissance and Baroque Art*,New York & London:John Wiley & Sons,Inc,2003,p.403.

② Babette Bohn & James M.Saslow eds.,*A Companion to Renaissance and Baroque Art*,New York & London:John Wiley & Sons,Inc,2003,p.408.

③ [意]威廉·德隆·拉索:《人体》,陈琳译,北京出版集团公司2017年版,第34页。

④ [意]威廉·德隆·拉索:《人体》,陈琳译,北京出版集团公司2017年版,第34页。

⑤ [意]威廉·德隆·拉索:《人体》,陈琳译,北京出版集团公司2017年版,第33页。

现。这是一种微妙的处理。它既展示了"慷慨横陈在观者目光之前的肉体",
又暗示了诱惑和克制之间的张力。[1] 无论如何,身体出场了,展示了自己咄咄
逼人的感性锋芒和力量,令人无法回避:"他完全被妻子的性器迷住了,感到
自己仿佛是一位林神,撞见了仙女。"[2]道德暂时退场了,剩下的跨肉身的感性
联系:魅力与诱惑。魅力来自身体,诱惑则折射出身体增殖的需要。与芸芸万
物一样,人类身体也不可能常驻久存,而延续物种生命的道路只有一条:生育。
生育意味着身体的结合,牵连出感性之魅和激情的诗学。

　　在《被伏尔甘撞见的维纳斯与战神》中,女性身体被置于男性的目光之
中。由于后者的覆盖、渗透、掌控,它还不能尽情地展示自己。此刻,被看的身
体是欲望的客体,是待征服的对象。相比之下,提香(Titian)绘制于 1528 年的
传世杰作《乌尔比诺的维纳斯》(Venus of Urbino)可谓别有意味。画中的维纳
斯玉体横陈,直视观众的目光辐射出诱惑之意。她的右手持有一束玫瑰花,懒
怠地垂下。其左手放在腹部,遮盖了私处。她处于入浴前的瞬间,身边仅仅有
一个女仆和一条狗,而后者显然不是我们通常所说的观者:狗安静地趴在不远
处,轻手蹑脚的女仆所考虑的是怎样不干扰她的宁静。这是"为自己的身体"
(body for itself):"提香画中的身体既不凸显,也不退隐,而是仅仅处于它的自
由之中,是展露于其肉躯中的个体。"[3]它属于个体性的她——掌控周遭事物
的主体:"她卧于帘布之旁,相信自己对它们具有完全的个体权利,沉浸于比
此刻更长、更深、更神秘的生命之中。"[4]在这个自己对之享有主权的私人世界
中,她所向往的既非天国之美,亦非被观之悦。那么,后者究竟意味着什么?
欲望的狂欢?生命的盛宴?抑或仅仅是安静的小憩?答案或许在画面中找

---

[1] [法]达尼埃尔·阿拉斯:《我们什么也没看见》,何蓓译,北京大学出版社 2016 年版,第
16 页。
[2] [法]达尼埃尔·阿拉斯:《我们什么也没看见》,何蓓译,北京大学出版社 2016 年版,第
22 页。
[3] Roger Scruton, *Beauty: A very Short Introduction*, Oxford: Oxford University Preess, 2011, p.129.
[4] Roger Scruton, *Beauty: A very Short Introduction*, Oxford: Oxford University Preess, 2011, p.128.

到:维纳斯的目光射向画外的世界。当它与观者的目光相遇时,一种激情的游戏已经出现。观者眼中的身体望着观者的身体。相互涵括的不只是目光。恰如瓦雷里所言,这是两个身体之间的交互关系:"提香用慵懒地倚在绛红色床单上的维纳斯的纯洁胴体赋予了女神完美、丰盈的形象。我们可以真切地感受到,对提香而言,绘画就如同情人间的爱抚。在这至美的行动中,画家操纵着自我和作画工具,全部感官实现了对美人的占有,达成了两个肉体的缠绵。"①画家创造了人物所是的身体,观看她又被她观看,抚摸她又被她抚摸。身体与身体似乎处于共通状态,能够相互感受和点燃。

1635 年,荷兰画家鲁本斯(Peter Paul Rubens)创作了油画《美惠三女神》。三位健康的女性裸露着身躯,正在愉快地交谈。她们的金发和丰满的乳房"就像是感谢慷慨造物主的赞美诗",脸上则流露出犹如"在庆祝丰收的日子里装点乡下教堂的成捆玉米和成堆南瓜一样……质朴的虔诚"。② 据说,鲁本斯从不怀疑"女性的裸体是上帝的杰作",也从不怀疑"充满纯粹喜乐的春天永远不会被亵渎"。③ 在他如此袒露心迹 31 年后,哲学家狄德罗(Diderot)发表了影响深远的《画论》。当他于文中谈到身体与绘画的关系时,一种曾被鲁本斯赞美的激情洋溢于字里行间:"假如我们的圣男圣女不是用面纱一直掩盖到鼻子;假如我们对风化的概念没有禁止袒胸露臂、赤身裸腿;假如禁欲的思想没有使这些乳房干瘪萎缩,大腿软弱无力,胳膊骨瘦如柴,肩膀支离破碎;假如我们的艺术家不受束缚,我们的诗人不被亵渎神圣这些可怕的字眼所禁锢……我们的画家、诗人和雕塑家将有何等的变化!"④一连串的"假如"既表达了狄德罗的遗憾,又牵连出他对身体的赞美。后者不是需要遮掩的臭皮囊,而是应该自由绽露的存在。甚至,狄德罗暗示画家应该把圣母玛利亚还原为

---

① [法]保尔·瓦雷里:《德加,舞蹈,素描》,杨洁、张慧译,华东师范大学出版社 2018 年版。
② [英]肯尼斯·克拉克:《裸体艺术》,盛夏译,中信出版集团 2019 年版,第 142 页。
③ [英]肯尼斯·克拉克:《裸体艺术》,盛夏译,中信出版集团 2019 年版,第 142 页。
④ [法]狄德罗:《狄德罗美学论文选》,张冠尧、桂裕芳等译,人民文学出版社 2008 年版,第 365 页。

"肉欲的母亲"，尽情描绘她"美丽的眼睛、美丽的双乳、美丽的臀部"。① 这是大胆之论，这是豪迈的宣言。它之所以被狄德罗说出，是因为当时的裸体艺术已经蔚为大观。

1654 年，伦勃朗（Rembrandt）绘制了《沐浴中的拔示巴》（Bathsheba at Her Bath），继续渲染身体之魅。与维纳斯近乎完善的身体不同，画中的拔示巴则显现了一种凡俗特征：腹部略显臃肿，脸上露出疲倦之态。按照瓦雷里的说法，这是伦勃朗有意识的筹划："他画中的女性或臃肿或肥胖或瘦削干瘪。为数不多几个好看的，也不是因为外表漂亮，而是由于她们散发着某种我说不清的生命活力。"②这是一种对身体的信仰。它引导着伦勃朗，他因此"不畏惧下垂、叠堆的肥腻腹部"，"不回避壮硕的四肢、粗笨充血的双手、鄙俗的面部"。③ 吊诡的是，"这些丰乳肥臀、赘肉恣意的丑妇和被他从厨房移至神坛或君王卧榻的女仆，""都被他赋予了独特的光芒。"④事实上，"赋予"是一种不确切的表述。光来自肉体本身。肉体发光，照亮世界，伦勃朗不过发现了这个事实，仅此而已。

到了 18 世纪，裸体艺术出现了明晰的变化。随着"修长"让位于"紧凑"，一种新的裸体美学应运而生，这就是法国人所说的"娇小玲珑"。⑤ 由于娇小、丰满、容易驯服的身体一直都是好色之徒无法抵挡的诱惑，因此，上述转变意味着感性生命的凸显。在布歇（Francois Boucher）的作品中，我们可以发现他

① ［法］狄德罗：《狄德罗美学论文选》，张冠尧、桂裕芳等译，人民文学出版社 2008 年版，第365 页。
② ［法］保尔·瓦雷里：《德加，舞蹈，素描》，杨洁、张慧译，华东师范大学出版社 2018 年版，第94 页。
③ ［法］保尔·瓦雷里：《德加，舞蹈，素描》，杨洁、张慧译，华东师范大学出版社 2018 年版，第94 页。
④ ［法］保尔·瓦雷里：《德加，舞蹈，素描》，杨洁、张慧译，华东师范大学出版社 2018 年版，第94 页。
⑤ ［英］肯尼斯·克拉克：《裸体艺术》，盛夏译，中信出版集团 2019 年版，第149 页。

对"女性裸体热切而又敏锐的仰慕"。① 譬如,创作于1751年的《奥莫菲小姐》(*Miss O' MuRfhy*)呈现了一个奇妙的场景:一个稚气未脱的女孩率真地伸展在褐色的沙发上,圆润的身体散发出青春的气息。画面上的她悠然自得,观者也不必为窥见了裸露的女性躯体而感到害羞。无需言说,一种合法性已经获得了证明。在布歇活跃于画坛的时期,女性地位已经处于上升阶段,他需要真诚地服务于包括蓬皮杜夫人(Mme de Pompadour)在内的雇主。后者中包含其主要赞助人,而他的风格必须适用于"女性占据优势地位的美发沙龙、美容院等场合"。② 因为这个无法抗拒的理由,他所描绘的女性大都具有青春的身体、优美的腰身、曼妙的脚踝、优雅的姿态。她们不但向男性袒露自己的身体,而且能够彼此欣赏。他最著名的作品《浴后的狄安娜》(*Diane Sortant du Bain*,1742)展示了下面的场景:两位赤身裸体的女性坐在葱郁的山坡下,其中一个似乎正在凝视另一个的腿部,脸上露出欣慰的之色。从某种意义上说,这种细节处理演绎了女性的主体间性。为了理解其中缘由,我们可以品味狄德罗的下述言说:"像我有时在梦中所遇见的一样,她的头高耸入云端,她的双手准备伸出去探索南北极。"③这段文字发表于1770年的《文学通讯》上,虽然被讨论的对象是演员,但作者无意中说出了女性地位的变化:她们不再是一个被动的性属,而是"听着自己,看着自己,判断自己"的主体。④ 与此相应,新的女性形象已经涌现。在布歇的绘画中,相应的踪迹已经绽露。不过,这属于现代性叙事中的一个片段,因而具有后人难以完全领会的复杂意味。即便是在狄德罗的文字中,低估女性的思维惯性依然清晰可见:"你且看妇女。说到易动感情,她们肯定远远超过我们。在激情迸发的时刻,我们的表现和她们的表

---

① [英]肯尼斯·克拉克:《裸体艺术》,盛夏译,中信出版集团2019年版,第149页。
② [英]肯尼斯·克拉克:《裸体艺术》,盛夏译,中信出版集团2019年版,第150页。
③ [法]狄德罗:《狄德罗美学论文选》,张冠尧、桂裕芳等译,人民文学出版社2008年版,第257页。
④ [法]狄德罗:《狄德罗美学论文选》,张冠尧、桂裕芳等译,人民文学出版社2008年版,第258页。

现简直有天壤之别!不过,如果说当行动的时候我们不如她们,那么同样,当模仿的时候她们则不如我们。一个人易动感情,必定是生性软弱。"①"我们"与"她们"依然属于不同的群落,二者之间存在坚强和软弱之别。在狄德罗看来,这是大自然的安排:"我们可以说一个孩子美,尽管他矮小,但是一个美男子必须是高个子;至于女人,我们对这种品质的要求就少一些,我们可以说一个矮小的女人美,而不能说一个矮小的男人美。这时我们似乎不仅仅观察物体本身,而且还联系到大自然,在大的整体中所占的地位。"②这是一个男人的言说,但又折射出当时的集体立场。转折已经发生,但完成还有待时日。受制于转型时期的语境,绘画中的女性还是被看的对象:"在布歇所创造出来的意象中,'世俗的维纳斯'仿佛看见了镜子里自己的魔幻映像,她始终是欲望的对象,无法脱离尘世。"③

进入 19 世纪以后,情况出现了变化。随着现代性的增殖,身体得以更自由地展示自己的感性之魅。与此相应,女性获得了更多的上升空间。当这种变化进入绘画领域,新的裸体形象出现了。1814 年,安格尔(Jean Auguste Dominique Ingres)绘制了《大宫女》(*La Grande Odalisque*)。画面中的人物脊椎骨柔软颀长,脖颈肉感灵活,皮肤光洁平滑,躯干蜿蜒婀娜。她回眸面向观者,投来意味深长的一瞥。这是邀约的符号吗?无论如何,画面上都洋溢着身体的魅惑。面对画中人物起伏的曲线,"观众的目光不再只是观看,更是触摸,是拥抱。"④这是身体对身体的邀约,是身体与身体的交往。身体不是原罪的代名词,不是随时可废弃的居所。它是吸引力的源泉,是美的故乡。

① [法]狄德罗:《狄德罗美学论文选》,张冠尧、桂裕芳等译,人民文学出版社 2008 年版,第259 页。
② [法]狄德罗:《狄德罗美学论文选》,张冠尧、桂裕芳等译,人民文学出版社 2008 年版,第33 页。
③ [英]肯尼斯·克拉克:《裸体艺术》,盛夏译,中信出版集团 2019 年版,第 150 页。
④ [法]保尔·瓦雷里:《德加,舞蹈,素描》,杨洁、张慧译,华东师范大学出版社 2018 年版,第93 页。

随着女性地位的变化,一种吁求出现了:她们希望看到自己真实的映像,渴求在绘画中与自己相遇。部分画家意识到了这个吁求,开始重构女性身体的原初形貌。在库尔贝(Gustave Courbe)1865 年创作的《泉》中,女性身体获得了更加自然的体现。画面中的女性背对着观者,展现出自然的动姿。她伸开左臂,用手心承接泉水。此刻,人类身体既融合到自然景色之中,又因此凸显出来。这是自然中的身体,这是身体的自然状态。当画家拒斥理想之美的神话,被重构的女性身体不再迎合男性视角,它是其所是。虽然此画曾受到批评家指责,但它显然属于一个延续至今的独立仪式。

需要着重指出的是,裸体画中的身体是有性别的身体。它的兴起改变了划分性别的传统模式,揭示了一种久被遮蔽的差异性。从柏拉图的时代开始,男性身体就被当作模板。相对于后者,女性身体总是显现为欠缺。到了中世纪,这种观念甚至发展为"一性"模式。进入文艺复兴以后,"这个'一性'(one sex)模式被'两性'(two-sex)模式取代了。"①虽然这个模式依然"认为男性和女性根本不同且彼此不对称",但它还是展示了差异中的共性。无论性别为男或女,身体都已经返魅。

二、脸的发现与肖像画的兴起

在文艺复兴所营造的总体氛围中,个人普遍凸显出来,"几个世纪以来一直被忽略的主体独特性成为关注的焦点"。② 比较中世纪、文艺复兴、近代早期的人物画,我们会发现明晰的差别:中世纪画像中的人面相朦胧,属于"类"的展现;文艺复兴时期的作品则趋于生动;现代早期的自画像则已经个性化。③ 与此

---

① [法]乔治·维加埃罗主编:《历史上的身体:从旧石器时代到未来的欧洲》,张竝、赵济鸿译,华东师范大学出版社 2013 年版,第 287 页。
② [法]大卫·勒布雷东:《人类身体史与现代性》,王圆圆译,上海文艺出版社 2010 年版,第 35 页。
③ [法]乔治·维加埃罗主编:《历史上的身体:从旧石器时代到未来的欧洲》,张竝、赵济鸿译,华东师范大学出版社 2013 年版,第 307 页。

相应,艺术家不再是群众精神性的产物,不是集体大环境下的无名工匠,而是"变身为自主的创造者"。① 他/她要在作品上留下自己的签名,希望后者成为自己存在的见证:"在十五世纪后五十年里,画家们较以往越来越大胆地表现自己。就是从那时起,签名开始以 cartellino(介绍作者姓名或作品其他信息的纸片或薄板)的形式正式张贴出来。我们还经常可以看到作者肖像被嵌入作品的右下角。"②仅仅签名还不足以留下自己的踪迹。人们希望自己直接进入画面。这种冲动改变了视觉艺术的内涵和样态。它使艺术家重新发现了脸,并因此投身于肖像画的制作。

在人类身体上面,脸的地位至关重要。它生动、多变、富有表现力,可以展示/构成身体的积极形貌。它不是待雕刻的表面,不是演绎精神的屏幕,而是建构性角色。它"既一如既往地构成了我们身体的一部分","同时也是我们借以进行自我表达的工具。"③在中世纪早期,只有教会或者王国的达官贵人才留有自己的画像。十五世纪,人物肖像画开始成为"绘画最主要的灵感源头之一","在短短几十年的时间里彻底颠覆了人物肖像画必须带有宗教色彩的既成趋势。"④这是个体的时代,这是脸的世纪:"就在人发现自己作为个体存在的同时,他发现了自己的脸,自己的独特之处和自己所拥有的身体。西方个人主义的诞生于脸的地位提升不谋而合。"⑤此间,"不带任何宗教成分的个人肖像画都进入了突飞猛进的发展阶段。"⑥后者追求相似性。与面容相似是

---

① ［法］大卫·勒布雷东:《人类身体史与现代性》,王圆圆译,上海文艺出版社 2010 年版,第31 页。
② ［法］大卫·勒布雷东:《人类身体史与现代性》,王圆圆译,上海文艺出版社 2010 年版,第30 页。
③ ［德］汉斯·贝尔廷:《脸的历史》,史竞舟译,北京大学出版社 2017 年版,第 130 页。
④ ［法］大卫·勒布雷东:《人类身体史与现代性》,王圆圆译,上海文艺出版社 2010 年版,第33 页。
⑤ ［法］大卫·勒布雷东:《人类身体史与现代性》,王圆圆译,上海文艺出版社 2010 年版,第11 页。
⑥ ［法］大卫·勒布雷东:《人类身体史与现代性》,王圆圆译,上海文艺出版社 2010 年版,第34 页。

肖像画的基本特征:"肖像画的显著特征就是,它应该发现一种类型(type),故而发现在这种意义上的模型(无论它是圣洁的模型,神圣的模型,还是道德的或罪恶的模型,还是特征的或功能的模型,等等)。"①相似性而非身份成为一种准则。与什么相似? 面孔/脸。在面孔/脸缺席的地方,肖像画出现了。它代替面孔/脸出场。当观者面对它时,原型仿佛复活了,栩栩如生地出现于目光之中。这正是肖像画之魅:

> 一幅肖像画,并不是因为它和面容相像才与其相似,而是自由通过肖像画,并仅仅在它之中,相似性才开始,才存在;相似性就是其作品,其荣光或者不幸,它要说的正是这样一个事实:面容并不在那儿,面容是缺席的,面容仅仅从缺席出发才显露。而这个缺席,确切地说就是相似性。②

由于这个迷人的特征,肖像画先是变成了回忆的载体,继而升格为个人的颂歌:"中世纪对人的描绘在很大程度上极少关心个体性,人们被已给定的常规特征来指代他们的'类别'和特质,如美丽或有男人气。……天平到了17世纪和18世纪才位移,肖像画家逐渐致力于捕捉内在特征。"③它要表达的不是阶层的象征,而是个人的面孔/脸/容貌。在肖像画兴起的过程中,个体化的面孔/脸/容貌凸显出来:"脸部是最具个性特点,最与众不同的身体部位。因此,在个人慢慢觉醒的社会里,脸部的社会作用重大。个人在历史上地位的提升同时也是身体的提升,更是脸部的提升。"④作为身体的一部分,面孔的升格可谓意味深长:"'丢脸'一词在今天常被用作一种比喻,而当时的人只会从字

---

① [法]让-吕克·南希:《肖像画的凝视》,简燕宽译,漓江出版社2015年版,第29页。
② [法]让-吕克·南希:《肖像画的凝视》,简燕宽译,漓江出版社2015年版,第27页。
③ [法]乔治·维加埃罗主编:《历史上的身体:从旧石器时代到未来的欧洲》,张竝、赵济鸿译,华东师范大学出版社2013年版,第307页。
④ [法]大卫·勒布雷东:《人类身体史与现代性》,王圆圆译,上海文艺出版社2010年版,第35页。

面意义上理解所谓的'丢脸':脸的消亡,是死亡作祟的结果。"①当死亡到来之际,脸消亡了。脸与死亡联系起来。脸终将死亡,它的衰老预示了死亡的到来。人们试图"让自己的脸在肖像中获得永生",但"隐藏在这种背后的习俗是一种显而易见的狂妄",因为这恰恰昭示了"肉身必朽的真相"。② 然而,当脸被如此郑重其事地对待,一个等式已经悄然出现:身体就是自我,自我就是身体。否则,芸芸众生又怎么会这样担忧脸的消亡? 在再现脸的过程中,画家经常揽镜自照,感叹生命的短暂。1529 年,卢卡斯·弗腾纳格尔创作了《奥格斯堡画师汉斯·博克迈尔与妻子安娜的肖像》。在这个双人肖像中,男女主人公对镜自照,呈现在镜中的却是两具狰狞可怖的骷髅。此刻,"镜子以一种寓言的方式揭开了死亡的面纱。"③于是,对镜目照就成了一种哀悼的仪式:"在揽镜自照的一刹那,近代人意识到了生命的短暂。"④哀悼的对象是身体,是身体所代表的短暂者。在身体被郑重哀悼之时,新的生命戏剧已经上演。唯有身体,才是我们之所是。这不是肖像画的潜台词吗? 以一种曲折的方式,肖像画表达了身体自我关怀的本能。在有关死亡的暗示中,身体成为无法越过的边界。当它具有活力,生命就不会消失,个体就依然在世。正因为如此,珍视身体是唯一的选项。如果说画家总是建立一个世界,那么,身体就是后者的中心。恰如梅洛-庞蒂所言,生活在绘画中,就是生活在世界上,而这都意味着身体的在场。⑤ 为了重构身体的真实形象,文艺复兴时期的画家杨·凡·艾克(Jan Van Eyck)曾经借助镜子进行创作:

只有通过镜子,他才能看到自己平时看不到的脸。凡·艾克不仅描

---

① [德]汉斯·贝尔廷:《脸的历史》,史竟舟译,北京大学出版社 2017 年版,第 153 页。
② [德]汉斯·贝尔廷:《脸的历史》,史竟舟译,北京大学出版社 2017 年版,第 153 页。
③ [德]汉斯·贝尔廷:《脸的历史》,史竟舟译,北京大学出版社 2017 年版,第 158 页。
④ [德]汉斯·贝尔廷:《脸的历史》,史竟舟译,北京大学出版社 2017 年版,第 158 页。
⑤ [法]莫里斯·梅洛-庞蒂:《符号》,姜志辉译,商务印书馆 2003 年版,第 78 页。

绘了镜中所见,而且描绘了观看行为本身,即自己的目光。画像前的他身体前倾,全神贯注地盯视镜面。他在这样做的同时也是在展示一种"自我"角色,以一种近乎科学家的好奇来观察世界,记录他对"脸"的观察。①

镜子是人类眼睛的替代物,它代替眼睛在场。由于镜子的出现,个体可以面对面打量自己。面对镜子时,个体所重构的并非简单的物理意象,而是他人眼中的自己。他人是移动的镜子,映现出我的形貌。这镜子早已存在。关键的问题是我是否被关注。如果我是芸芸众生的一员,那么,古典的目光可能把我忽略,因为后者聚焦的是金字塔的顶层。在等级制的交往仪式中,权力主体的面孔备受关注,总是被凝视、敬仰、膜拜。相比之下,普通个体的脸则处于被忽略状态,甚至可以说,他们没有脸。在文艺复兴时期,平等精神推动了脸的普遍发现。随着个体主义的兴起,普通人也会相互打量。正是在这个过程中,脸被重新发现了。由于每个人都不可替代,普通人的面孔也随时会凸现出来。脸与脸的相遇于是成为现代叙事的重要情节。当人们相互打量,一种独属于我们物种的交往游戏就会启动。随着目光的游移、嘴唇的颤动、皮肤的起伏、輕笑的转换,这个游戏发展为有头有尾的戏剧。由此诞生的不是灵魂的幻灯片,而是身体的图画。

如果说肖像画是身体之意象,那么,绘者正是身体(作为自我和他人的身体)。当我为他人制作肖像画时,我已经进入身体—身体的关系之中。为了模仿他人之脸的运动,我必须以某种方式完成它。在绘者和模特中间,存在一种同构之运动。他人之脸先是进入我的目光之中,被触及、抚摸、勘探,而后又以其轮廓、运动、表情改造了我的脸,它进入了并充实我的脸。这是一种随时会消失的殖民运动,一种我主动要求的侵入。在被占据的同时,我的脸涵括了

---

① [德]汉斯·贝尔廷:《脸的历史》,史竞舟译,北京大学出版社2017年版,第185页。

占据者。一张脸在复制另一张脸。肖像之肖即源于此。为此，画家必须创造出一种目光，建立一种平等看人的方式。为了绘制"这一张脸"而非面具，相互观察至关重要。在扬·凡·艾克描绘近代肖像时，能够准确复制物体的平面镜尚未问世，追求平等的画家实际上依赖想象中的镜子。只有依赖后者，他/她才能在绘画中"唤起一种真实记录的感觉"。① 事实上，这镜子就是他/她本人，他/她的目光比被盯视的镜子更真实。绘画实际上是一种目光生产，画家则是"目光编年史作家"。② 目光生产永远不可能是单向的运动，相反，它只能发生于双向乃至多向的映射游戏之中，不断见证身体的主体间性。

即使在自画像中，这种游戏依然存在。当画家望向镜中之我并试图描绘他之际，他/她实际上已经站在他者的立场上。譬如，1433 年 10 月的某一天，扬·凡·艾克创作了一幅自画像，并且信誓旦旦地宣称"他看见的自己正是他画下的模样"，但观者显然不仅仅是他自己："画面中的他两眼略微偏离身体中心，以一种审视的目光望向观者，或者说望向镜中他自己的脸，试图通过最后一瞥来捕获这张脸上的全部真实内容。画家目光的专注进一步强化了真实记录的印象。"③镜中之脸已经经过重构。重构者是合作中的身体—主体，面孔则是目光交汇之处。在画家凝视镜中的自己之际，镜中的眼睛也在凝视他。正是通过凝视—被凝视的双向运动，作品才得以完成。由于身体不可能同时存在于两个地方，因此，镜中的凝视者具有双重身份：既是自我想象中的副本，又是他人的写照。后者也不仅仅属于画面，更属于匿名的他人。正是借助他人的目光，画家才能充当自己的模特，完成了对自己面孔的复制。这并非评论家所说的自我生产，不是孤独主体的自我描绘。在整个生产过程中，观者和绘者的对话始终未曾间断，尽管现场可能寂静无声："每一幅肖像都以双重

① ［德］汉斯·贝尔廷：《脸的历史》，史竞舟译，北京大学出版社 2017 年版，第 185 页。
② ［德］汉斯·贝尔廷：《脸的历史》，史竞舟译，北京大学出版社 2017 年版，第 185 页。
③ ［德］汉斯·贝尔廷：《脸的历史》，史竞舟译，北京大学出版社 2017 年版，第 187 页。

含义的目光为基础:画家望向模特的生动目光,以及被描绘出的模特望向观者的目光。"①当观者和被观者合一,自画像就出现了。虽然画像中的目光与画家的目光都源自同一个原型,但变化已经出现。由于凝视和反凝视的时间差,这种自我交流见证了更广阔的主体间性。作者用他人的目光凝视自己,画面中回望的目光则获得了某种程度的客观性。在古姆普(Johannes Gumpp)创作于1646年的自画像中,我们不难发现目光的辩证运动:"画家一方面将观者不可见的目光置换为可见镜像,一方面让肖像中的脸向画外凝望。""镜像中人物的目光并不投向自己,而是投向观者,或者说投向日后以观者身份站在肖像前的'他者'"②借助这种微妙的表现,肖像"建立起与'自我'之中的'他者'之间的关联"。③ 由于目光源自身体,因此,这种"自我"和"他者"之间的反射游戏实现了身体的主体间性。在肖像画的生产过程中,身体总是面对其他身体在场。从这个意义上说,肖像再现的是身体的交往实践。正因为如此,它才不会沦落为面具。当观者望向画面时,那个凝固的形象就会复活,重新变得栩栩如生。如果说它曾经从面孔上撕下来,那么,此刻它又会回到它所属于的身体。在观者的目光中,肖像并不是像幽灵一样漂浮不定,亦非如面具一样缺乏变化,而是属于有生命的主体:脸—面孔—头颅—身体。

在西方艺术史上,"脸的发现"是至为重要的艺术事件。脸是身体的构成。从某种意义上说,文艺复兴奏响了身体复兴的序曲。虽然这个过程是悖论性的,而且所引发的转变至今仍未完成。艺术参与了复兴的实践,是其内在构成。在达·芬奇的作品《维特鲁威人》中,对身体的呈现表达了一种信念,"即相信艺术能再现人类身体的完美形态。"④"画中将男性身体再现了两次,一次为站立的姿势,另一次是手臂和双腿向外伸展,"因此,"这个理想身体的

① [德]汉斯·贝尔廷:《脸的历史》,史竞舟译,北京大学出版社2017年版,第189页。
② [德]汉斯·贝尔廷:《脸的历史》,史竞舟译,北京大学出版社2017年版,第189页。
③ [德]汉斯·贝尔廷:《脸的历史》,史竞舟译,北京大学出版社2017年版,第189页。
④ [美]尼古拉斯·米尔佐夫:《身体图景:艺术、现代性与理想形体》,萧易译,重庆大学出版社2018年版,第31页。

比例就代表了两种完美几何形状的维度。"①通过沉默的画面，身体复兴的合法性得到了诠释。

在伦勃朗（Rembrandt）创作自画像时，生命的变动性备受重视："伦勃朗也会在镜子前表演不同的角色，以各种姿态来呈现他的'自我'。只有通过一系列的脸（和肖像），这些不同的脸之间才会在他的生命过程逐渐形成一定的内在关联。"②伦勃朗的自画像总是以组图的形式出现，着眼于表现同一张脸上的差异。这是身体展现自己多样性的尝试。它从属于身体的计划。人类身体总是在设计自己的未来，总已经走在自己的前方。当"我"坐在卧室中，到山脚下劳动的情景会浮现于眼前，牵引着"我"。这种自我设计是身体实现其主体性的方式。与一般的物体不同，人类身体经常若有所思，处于某种出神状态。当画家意识到这个事实以后，肖像生产就会升格为新的艺术实践。在伦勃朗晚年创作的自画像中，陌生的脸出现了。出现在画面上的仍是他的面孔，但却呈现出了陌生的形貌。陌生不意味着不可辨认，相反，它见证了变化的可能性。变化给"自我"带来了不确定性，而这正是身体所追求的效果。"新古典主义的身体不是一成不变的个体，而是被想象为能够进行剧烈改变，能够取代其他身体，并能再现许多身体。"③

到了现代时期，演绎变化的愿望愈加强烈，"自画像成为表达新的艺术神话及其变幻不定的诉求的场域。"④在《自认为是军事统帅的妄想症患者肖像》（约 1819—1822 年）中，西奥多·杰利柯（Théodore Géricault）展示了"出神的身体"。画面中的男人目光迷离，无视画家的存在而独自沉浸在自己的世

---

① ［美］尼古拉斯·米尔佐夫：《身体图景：艺术、现代性与理想形体》，萧易译，重庆大学出版社 2018 年版，第 31 页。

② ［德］汉斯·贝尔廷：《脸的历史》，史竟舟译，北京大学出版社 2017 年版，第 195 页。

③ ［美］尼古拉斯·米尔佐夫：《身体图景：艺术、现代性与理想形体》，萧易译，重庆大学出版社 2018 年版，第 103 页。

④ ［德］汉斯·贝尔廷：《脸的历史》，史竟舟译，北京大学出版社 2017 年版，第 202 页。

界。① 他似乎已经站立于别处,超越了周遭的凡俗事物。这种心不在焉的神情被同时代人当作病理学标本,但它却演绎了身体的超越性。身体总是越出自己之外,即使端坐不动,它的目光也可以穿过边界,抵达远处的世界。这是逾矩之举,在想象的身份和真实的身份之间,一个深渊出现了。他想象自己所不是的那个我并且信以为真。这是一种病理学意义上的症兆,但也折射出社会学层面的变化。在诞生之初,"每一幅肖像都为被再现人物指定了一个社会地位。"②此刻,肖像是社会地位的表征,被重构的是"社会身体"。然而,当精神病患者凝视远方的幻境时,这种固定的关系被松动了。通过想象可能的身份,个体展示了自我塑造的可能性。身体走在了自己的前方,回头反观留在原处的自己。自我复数化了,不再非得戴上一成不变的面具,肖像画的作者因此获得了重构的自由:"知道肖像画成为一种纯粹的习俗,人们才开始根据画面中所捕获的人物目光的生动性,即画家的才智,来衡量作品的价值。"③于是,两种貌似彼此相悖但实则相辅相成的愿望同时出现了:其一,人们越来越想在肖像画中看见逼真的自己,以便实现重构自己生命瞬间的渴求;其二,个体希望在肖像画中演绎可能的自己,而"肖像画开始对所有人的特殊愿望来之不拒"。④ 事实上,肖像画是对变动着的自我的表现。如果自我总是一成不变,那么,肖像画就是不必要之物,拥有面具即以足够。只有当自我将自己抛向前方时,他/她才需要留下自己此刻的形象。这不仅是对抗死亡的一种方式,更是自我建构的需要。蒙田曾把自我的诸多角色称为"脸"(visages)。⑤"脸"是自我塑造的产物,是最原初的自画像。它的凸显意味着生命已经升格为创作:人们可以层出不穷的为自己绘制一幅又一幅肖像,不断以新作代替旧

---

① [德]汉斯·贝尔廷:《脸的历史》,史竞舟译,北京大学出版社2017年版,第148页。
② [德]汉斯·贝尔廷:《脸的历史》,史竞舟译,北京大学出版社2017年版,第173页。
③ [德]汉斯·贝尔廷:《脸的历史》,史竞舟译,北京大学出版社2017年版,第173页。
④ [德]汉斯·贝尔廷:《脸的历史》,史竞舟译,北京大学出版社2017年版,第173页。
⑤ [德]汉斯·贝尔廷:《脸的历史》,史竞舟译,北京大学出版社2017年版,第184页。

作，而新作不仅是对旧作的补充，也是对它们的质疑和否定。① 它要求人们掌握重构的技艺："肖像画家应该特别认真地端详所画人物的两只眼睛，要把它们描绘得像真的一样，赋予自己的作品以生命，因为所画的人物的眼睛中体现着肖像画的生命。……眼睛能够表现出更多的活力，鼻子能够表现出更多的美，而嘴能够表现更多的相似。"②这是一种聚焦面孔的身体本体论。它蕴含着一种尊重原型的生命诗学。重要的不是绘制一张完美的脸，而是绘制"我的脸"："肖像画相似于（我），肖像画唤起（我），肖像画凝视（我）。"③强调"我"的意义、价值、独特性，这正是近代肖像画的重要特征。

上面所叙述的主要是男性肖像画。这是不完全的重构。在近代肖像画所重构的"我"中，女性开始占据重要的地位。从文艺复兴开始，她们开始走进公共场域，参与观看—被看的交互运动。一些热爱绘画的女性开设工作室，投身于制作图像的事业。到了16世纪，女艺术家的名字已经比较频繁地浮现："这些女性自画像创作的先驱，是最早想出自我描绘方式的人。"④对于她们来说，自我重构既是一种选择，又是无奈之举。当她们需要绘制身体意象时，尴尬的局面出现了："她们的问题在于，要从一片空白的画布开始。除了私人收藏的插图手抄本中屈指可数的例子外，并没有女性作画、画素描或做雕塑的形象来为她们提供灵感。"⑤与此同时，"女性不可能对着男性人体进行创作，即便这有可能，也不会将这一点广而告之。"⑥正因为如此，一个性属的自我观照

① ［德］汉斯·贝尔廷：《脸的历史》，史竞舟译，北京大学出版社2017年版，第184页。
② ［俄］阿·阿·古贝尔、符·符·巴符洛夫编：《返回源始——艺术大师论艺术》，刘惠民译，文化艺术出版社1997年版，第432页。
③ ［法］让-吕克·南希：《肖像画的凝视》，简燕宽译，漓江出版社2015年版，第26页。
④ ［英］弗朗西斯·波泽罗：《女性自画像文化史》，王燕飞译，上海人民出版社2018年版，第41页。
⑤ ［英］弗朗西斯·波泽罗：《女性自画像文化史》，王燕飞译，上海人民出版社2018年版，第41页。
⑥ ［英］弗朗西斯·波泽罗：《女性自画像文化史》，王燕飞译，上海人民出版社2018年版，第35页。

就必不可少。画布变成了镜子,映射出女性的面孔、躯干、四肢。

实际上,这种映射是选择性的重构。作为绘画职业里少数群体的一员,"女艺术家知道人们会以某种方式审视自己的肖像,""不得不苦心斟酌自己的自我呈现。"①譬如,"创作自画像意味着要调和社会对女性的期望和社会对艺术家的期望这两者之间的矛盾。"②社会希望女性具有女人味,但从事艺术又必须具有职业素养,同时满足这两种要求意味着考验。除了中庸之道,早期自画像的女性作者几乎别无选择:"她们想显示自己较古往今来的画家毫不逊色,但又害怕有自夸之嫌。她们想要画出正在进行创作的自己,但又不能显得怪异——不能画脏兮兮的工作服和乱糟糟的模样,不能进行过于戏剧性的自我呈现——因为她们不能冒险引得人们对自己的模样或品行品头论足。"③不过,有一点似乎是例外:女画家常常在自画像里强调自己标致的模样,"有几位与实际年龄相比年轻得不可思议。"④

这似乎是一种特权,但实际上折射出刻板的性别定位。在 16 世纪和随后的漫长岁月里,走入公共空间的女性还不能过于强调自己的主体性:她们是男性凝视的客体,不可能在意自己的身体意象。当男性的目光覆盖她们时,部分个体——尤其是精英人士——开始扮演"美丽的性别"。⑤美丽既是一种赞誉,又是无言的限定:"女人仍然避免不了地位'低下',因为美丽是为了'愉悦'男人或更好的为男人'服务'而更加处于被统治地位。她是为他创造的,只为他着想:她有可能升级,但那是在文学中,而不是社会中。"⑥为"他"着想

① [英]弗朗西斯·波泽罗:《女性自画像文化史》,王燕飞译,上海人民出版社 2018 年版,第 35 页。
② [英]弗朗西斯·波泽罗:《女性自画像文化史》,王燕飞译,上海人民出版社 2018 年版,第 35 页。
③ [英]弗朗西斯·波泽罗:《女性自画像文化史》,王燕飞译,上海人民出版社 2018 年版,第 35 页。
④ [英]弗朗西斯·波泽罗:《女性自画像文化史》,王燕飞译,上海人民出版社 2018 年版,第 36 页。
⑤ [法]乔治·维加莱洛:《人体美丽史》,关虹译,湖南文艺出版社 2007 年版,第 31 页。
⑥ [法]乔治·维加莱洛:《人体美丽史》,关虹译,湖南文艺出版社 2007 年版,第 35 页。

成为了一个性属的习惯。即使"他"不在场,其目光也不会缺席。"他"的目光进入女性的内部,又从她的眼睛中投射出来。渗透到女性目光中的男性目光又回到女性身上,女性用男人的眼睛看自己。这意味着女性自画像具有隐蔽的作者。后者犹如无处不在的幽灵,控制着女性的手,引导着她们标画出理想的女性身体:"女人是'完美的'、一成不变的、故步自封的,是外表的终极……完全是馈赠品。"①画中的她们因此符合某种范型,符合有关淑女的规定。即便是在描绘琴键前的自己或绘画的自己时,肘部也是收起来的,表情庄重,恪守传统。② 这是一种背反式的规定:已经升格为可以自由挥笔的作者,却又要扮演已经成型的形象。女画家被置于矛与盾之间,不得不维持微妙的平衡。

由于绘画实践不断确证了部分女性的作者身份,因此,没有谁能完全抹去她们的主体形貌。她们自己也不能。随着技艺的成熟和社会语境的变化,作者身份会变得更加突出,一个性属必然会展示其自信。1579 年,27 岁的拉维尼亚·丰塔纳(lavinia Fontana)在自画像中展示了环绕她的石膏像和青铜像。这看似是漫不经心之举,但却是惊世骇俗的自我表现:"把自己和古希腊罗马石膏像放在一起是一种聪明的方式,展现自己拥有人体素描方面的渊博知识,宣告自己艺术的严肃性,证明自己的艺术教育较之任何男性都毫不逊色。"③变化发生了,主流视域中的客体悄然移向主体之位。自画像中的女性就是自画像的作者。在女性这里,作者—作品的界限也开始消失:作品中的女性身体不再仅仅是被看的客体,而且是创造图像的主体。恰如卡若琳·史尼曼(Car-olee Schneemann)所言,自画像中的女性折射出自我呈现的动姿:"身体在眼睛

---

① [法]乔治·维加莱洛:《人体美丽史》,关虹译,湖南文艺出版社 2007 年版,第 38 页。
② [英]弗朗西斯·波泽罗:《女性自画像文化史》,王燕飞译,上海人民出版社 2018 年版,第 43 页。
③ [英]弗朗西斯·波泽罗:《女性自画像文化史》,王燕飞译,上海人民出版社 2018 年版,第 46 页。

中;视觉控制着整个有机体。"①随着现代性的增殖,这种趋势变得日益明朗。1770年左右,保罗·桑德比(Paul Sandby)绘制了《素描桌前临摹的女士》(*A Land Copying at a Drawing Table*),重构了自己创作时的动姿。② 这幅画的构图并不特别,但却标志着一个时代的开启:劳动中的女性主体将自己投射到作品之中。或者说,她制造了映射自己的镜像结构。这是主体的美学冲动。当它发源于长期被当作客体的性属,西方文化版图出现了一个隆起地带。根据斯达尔夫人(Madame de Stael)的记载,这种变化依然受到了种种限制:"一般说来,妇女如果安于家室,潜修妇德,那会好得多;然而怪就怪在男性对她们的看法;他们可以原谅她们有失妇德,却不能原谅她们由于具有杰出的才能而引人注目。"③父权制坐标系中的女性处于低位,而她们才华的凸显无疑会暴露出此类前设的非法性。有意识或无意识的压制必然出现。以规训之名,占据优势地位的男性展示统治的技艺,它以道德训诫的形式出现,但真实的动机是对女性去主体化。在这种情况下,有才华的女性会被当作逾矩者,被视为危险的源泉。当她们受到主流社会的指控时,天平几乎总是处于倾斜状态:

> 一个受了诬陷的男人可以以其行动向世人做出回答;他可以高呼我的一生应该是可以听取的证人。可是对一个妇女来讲,能让什么来做这个证人呢?那无非是一些不为人知的德行,一些无人知晓的业绩,在她命运所许的狭小圈子里流露出来的情感,几部在她不复存在的岁月中在异国使她成名的作品而已。④

---

① Amelia Jones, *Body Art/ Performing the Subject*. Minneapolis: University of Minnesota Press, 1998, p.1.
② [英]弗朗西斯·波泽罗:《女性自画像文化史》,王燕飞译,上海人民出版社2018年版,第108页。
③ [法]斯达尔夫人:《斯达尔夫人论文学》,徐继曾译,人民出版社1986年版,第275页。
④ [法]斯达尔夫人:《斯达尔夫人论文学》,徐继曾译,人民出版社1986年版,第281—282页。

不过,由于斯达尔夫人所说的共和政体正在崛起,上述情节注定属于时代戏剧的尾声而非序幕。随着平等观念的普及,越来越多的女性不再满足于展示自己的客体性。到了 19 世纪,自画像上出现了更多的女性—主体的形象。譬如,1820 年左右,罗琳达·夏普尔斯(Rolinda Sharples)创作了《和母亲在一起的自画像》,展示了自己工作时的情景:她在描绘两个女人的形象,站在画架旁的母亲则欣慰地望着她和作品。① 看和被看的关系出现在两个女性之间,见证了一个性属的主体形貌。画面中的母亲也是个画家,但"每每尝试画原创肖像就焦虑至极",②其女儿则完全不同,时常会因创作获得声誉。于是,母亲全身心地辅佐女儿的事业,成为后者"风雨同舟的伙伴"。③ 虽然"女性要在艺术世界里找到自己的位置还有待时日",但她们已经开始享受跨代接力所带来的荣耀。④

随着越来越多的女性主体进入艺术世界,一种新的自画像悄然诞生:"再也不需要像个淑女一样,再也不需要魅力,不需要女性气质了。女性开始描绘画架前的自己。她明智地穿着罩衫或围裙,攥着自己的画笔和调色板,神情专注,证明自己对于进入艺术世界的郑重之心。"⑤玛丽·巴西柯塞夫(Marie Bashkirseff)创作于 1880 年左右的作品体现了上述趋势。这幅作品被命名为《有皱襞和调色板的自画像》。作品中的她依着朴素、面容严肃、缄默地望着画面外的观者,而身前的绘画工具表明了其作者身份。⑥ 她似乎重构了自己

---

① [英]弗朗西斯·波泽罗:《女性自画像文化史》,王燕飞译,上海人民出版社 2018 年版,第 118 页。
② [英]弗朗西斯·波泽罗:《女性自画像文化史》,王燕飞译,上海人民出版社 2018 年版,第 118 页。
③ [英]弗朗西斯·波泽罗:《女性自画像文化史》,王燕飞译,上海人民出版社 2018 年版,第 119 页。
④ [英]弗朗西斯·波泽罗:《女性自画像文化史》,王燕飞译,上海人民出版社 2018 年版,第 128 页。
⑤ [英]弗朗西斯·波泽罗:《女性自画像文化史》,王燕飞译,上海人民出版社 2018 年版,第 128 页。
⑥ [英]弗朗西斯·波泽罗:《女性自画像文化史》,王燕飞译,上海人民出版社 2018 年版,第 129 页。

沉思的时分,再现了创作间隙的出神状态。那么,浮现于她头脑中的是什么呢? 流传下来的日记提供了答案:"我渴望自由,自由地独自游走,自由地来去,在杜伊勒利宫坐坐,在艺术作品店购物和观看。"然而,如此渴望自由的她却成为批评的对象,被认为"缺乏女人的修饰、举止和能力",于是,她不得不面对其雄心大志与所谓女性气质的紧张关系,力争"做最好看的女人兼最出色的艺术家"。① 在当时的语境中,这注定是个难以完全实现的筹划。由于在25 岁时去世,这种张力没有充分显现,但她沉思的面容却定格于绘画之中。作品中的"她"依然望着画外,凝视着公共空间,传达着无声的吁求。

三、能感觉和思想的雕塑

从谱系学的角度看,"脸的发现"凸显的还是"上部的荣耀"。在传统的身体美学图式中,头占据重要地位。譬如,柏拉图就曾说:"诸神照着宇宙的样子先造了一种圆形体,并把两种神圣运动赋予它。我们称之为头颅,乃身体的最神圣部分,作为统治者。"(柏拉图《蒂迈欧篇》44D)②到了文艺复兴时期,这种思维惯性延续下来,一度"使美丽局限在身体的特定范围":"低贱区与高贵区同时存在,道德逻辑使'高贵的肢体显而易见',使低贱的肢体'不被人看在眼里'。"③在《论女性美》中,当时颇有影响的学者菲郎佐奥尔(Firenzuole)写道:"天使促使男男女女去发现上半部分并掩盖下半部分,因为上半部分作为美丽专区应该看得见,其余部分则不是这样,它们仅仅是上部的基础、底部和支架。"④随着个人主义的兴起和平等精神的播撒,这种上/下的二分法必然被颠覆,而身体—总体终获得了出场的机缘。

在这个过程中,雕塑的地位再次凸显出来。与绘画相比,它能够更充分地

① [英]弗朗西斯·波泽罗:《女性自画像文化史》,王燕飞译,上海人民出版社 2018 年版,第127 页。
② [古希腊]柏拉图:《蒂迈欧篇》,谢文郁译,上海人民出版社 2003 年版,第41 页。
③ [法]乔治·维加莱洛:《人体美丽史》,关虹译,湖南文艺出版社 2007 年版,第22 页。
④ [法]乔治·维加莱洛:《人体美丽史》,关虹译,湖南文艺出版社 2007 年版,第22 页。

表现身体。从原始时代的仪式开始，它就被当作身体的替代物，在狩猎、祈福、庆典、哀悼、纪念的仪式上，雕塑的出场往往被郑重对待。到了文艺复兴以后，它虽然进入了去魅和复魅的冲突之中，但其重构身体的力量却与日俱增。对此，16 世纪著名的美术家乔尔乔·瓦萨里（Giorgio Vasari）说得非常清楚："雕塑，是在被加工的物质材料上去掉多余的部分，使之成为美术家的预想形体的艺术。应该注意，不论是何种人体，是大理石的还是铜铸的，是石膏的还是木制的，都应该具有圆形的浮雕感，对其围观的人们来说，它们应当承受来自各个方面的审视目光。"[①]在他之前，米开朗基罗也曾强调："我的确说过绘画只有接近浮雕时才是好画，而浮雕如果接近于绘画便被认为是劣作。所以，雕塑是绘画的目标；前者是太阳而后者是月亮。"[②]在涉及身体时，重视"浮雕"和"圆形的浮雕感"意味着什么？最大程度地接近被重构的身体。它能够"具有和它所代表的那个人的相似性"，展示他/她"是严肃的还是温和的、愤怒的、愉快的、忧愁的"。[③] 它应该具有生命："人们可能渴望把他者的或自己的人体制成一座雕像，并设想雕像能成为有生命的人体。"[④]对于哲学家孔狄亚克（Etienne Bonnot de Condillac）来说，有生命首先意味着能够感受。在 1754 年出版的学术专著《感觉论》（Treatise on Sensations）中，此君将身体比喻为一尊拥有感觉能力的雕塑。[⑤] 他希望探究感官在人类知识与自我意识建立过程中的作用，因而设想一座雕像被先后加上不同感官能力的过程。在这个过程中，他假定自己进入了雕像，位于其中而非徘徊于其外围。此刻，身体与雕像可以相互指称，形成了一种彼此映射的镜像关系。如果说雕塑可以有感觉，那么，

---

① ［俄］阿·阿·古贝尔、符·符·巴符洛夫编：《返回源始——艺术大师论艺术》，刘惠民译，文化艺术出版社 1997 年版，第 234 页。
② ［意］廖内洛·文杜里：《艺术批评史》，邵宏译，商务印书馆 2020 年版，第 89 页。
③ ［俄］阿·阿·古贝尔、符·符·巴符洛夫编：《返回源始——艺术大师论艺术》，刘惠民译，文化艺术出版社 1997 年版，第 234 页。
④ ［法］乔治·维加莱洛：《人体美丽史》，关虹译，湖南文艺出版社 2007 年版，第 19 页。
⑤ ［美］尼古拉斯·米尔佐夫：《身体图景：艺术、现代性与理想形体》，萧易译，重庆大学出版社 2018 年版，第 104 页。

身体就是有感觉的雕塑。这不仅仅是他个人的领悟,而是一种正在生成的集体立场。从文艺复兴时期开始,有关雕塑的现代言说时常牵连出对感觉的论述,而后者又反过来推动了雕塑的复兴。

进入 18 世纪以后,启蒙主义者倡导感觉论(sensualism):"感觉论认为人的心智是直接由感官经验形成的,因而具备不同感官的人就会有不同的想法。"[①]这种观念矫正了一个流行已久的偏见:"感官欺骗,理性矫正其错误;结果就认为理性是通向恒常的路;最远离感官的思想必然最接近'真实世界'。——感官是最大不幸的来源——它们是骗子、说谎者、破坏者。"[②]事实上,有机体的感官本来就具有矫正能力,可以进行初步的抽象。从根本上说,被感官"欺骗"是退化的结果。随着这种信念的增殖,人们必然重估重构身体的艺术。这是雕塑复兴的根本动因。由于大量艺术家的工作,一个形貌丰富的群落涌现出来。在艺术家的工作室、展览馆、公共官场,人们可以看到后者的多样化形态。与此同时,身体—雕像之间的互文性也变得明晰:"我相信,哥特艺术的匠师们,是通过对人体的理解而产生了塑造的概念。也许,首先是对女性人体的理解。有人体的柱子,从侧面看去,是鼻子、下巴、乳房、腰部的隆起和凹进,于是产生了波状的美的线条。"[③]身体是雕塑的原型,也是其作者和观者。通过雕塑,身体将自己对象化了。他/她仿佛可以站在自己的对面,围绕着自己转圈。后者可以如此逼真,以至于观者以为它们是活物。从这个意义上说,对于雕塑的迷恋折射出身体的那喀索斯(Narciccus)情结。经过如此这般的推理,一个惊人的结论出现了:"身体就是自我,自我就是身体。"[④]

---

① [美]尼古拉斯·米尔佐夫:《身体图景:艺术、现代性与理想形体》,萧易译,重庆大学出版社2018 年版,第 63 页。

② Nietzsche, Friedrich. *The Will to Power*, New York: Vintage Books, p.317.

③ [法]茱蒂丝·克莱代尔编著:《罗丹笔记:他的生平和作品》,迟轲、胡震、陈儒斌译,四川文艺出版社 2004 年版,第 133 页。

④ [美]尼古拉斯·米尔佐夫:《身体图景:艺术、现代性与理想形体》,萧易译,重庆大学出版社2018 年版,第 105 页。

随着这个趋势的发展，雕塑开始进入空前繁荣的时期。1877 年，罗丹（Auguste Rodin）展出了雕像《青铜时代》（*The Age of Bronze*）。后者最令人吃惊的特征是逼真，宛如模特的复制品。身体似乎将自己一分为二，原型和雕塑同在。一些人攻击他，认为他是剽窃者：仅仅复制了模特，而未进行雕塑。[1]然而，此举却开风气之先：从模特儿身上取形（surmoulage）。它显现了一个久被忽略的真相：身体是人类雕像的原型和尺度。当艺术家企图重构人时，他/她首先应该师法身体。那么，当身体运动起来，我们会看到什么？在 1907 年展出的雕塑《男子躯体》上，他给出了部分答案。画面上的男子一个行走的身体无头无臂，却依然给人完美之感："它们什么都不缺。站在它们面前，你会感到它们确是已经完成的作品，没法再往上加任何东西了。"[2]这部作品是去中心之作：头被解构，躯干的意义被凸显。隆起的肌肉、双腿的动姿、强壮的躯干出场了，勾勒出身体的动姿。它是对传统身体地理学的颠覆：从古希腊开始，头就被置于一个崇高的位置，仿佛拥有掌控其余部分的特权；然而，离开了头颅的身体并未死去，依然组织起属于自己的世界。这并非说头部可有可无，更不意味着可以理直气壮地实施斩首的行动。相反，它所强调的无非是：身体能够告别统治性的精神主体。在罗丹创作这部作品时，这个欲望下意识地涌现出来。[3] 后来提及这个圆雕时，他道出了自己的心曲："请观察这具女性躯体的小雕塑。这是个小维纳斯，已经破损，没有头，也没有手臂和腿。可我从未放松对它的探讨，它每时每刻都对我提供新的东西，使我了解得更多。对于我们不同的目光它显示了什么？它向我显示的是成熟的肉体无法形容的温柔

---

① Dominique Jarrasse, *Rodin：A Passion for Moment*, Paris：Terrail, 1995, p.44.
② ［法］海伦·皮涅特：《罗丹：激情的形体思想家》，周克希译，译文出版社 2002 年版，第 33 页。
③ 谈到这个作品的创作过程时，罗丹曾经回忆道："这个农夫走上转台，看样子，他从未没给人当过模特儿；他微微抬起头，身子向右一些，两腿像圆规式地张开，做出一副傲然的模样。这个姿势真是太准确，太有特色了！我不自禁地喊道：'这是个行走的男人嘛！我决定马上把我的感受表现出来。'"（《罗丹：激情的形体思想家》，第 33 页。）

的肉感。"①身体的力量和美来自其肉性,后者本来就内蕴了生机和活力。它被罗丹说出,牵连出正在形成的身体本体论。身体的真理因此逐步显现,进入澄明之中。

事实上,这仅仅是他众多实验的一个案例。在其它作品中,别的器官也会被有意识地凸显。譬如,"罗丹作品里有些手,有些鼓励而且小小的手,它们并不附属于任何器官,却一样生机勃勃。"②这些手探索、受难、给予、坚持,仿佛获得了单独的生命。对于它们,里尔克曾经进行过细致的分析:"有些手直竖起来,愤怒而带着恶意;有些手仿佛用五个耸立的指儿狂吠,如地狱里有五道咽喉的狗一样;有些手睡着了,有些手醒着;有些手在犯罪,而且负载着一个沉重的遗传;有些手却疲倦了,再不向往什么,只蜷缩在一隅,……它们自有它们的历史、传说以及它们的特殊的美。"③美国20世纪最著名的艺术批评家列奥·斯坦伯格(Leo Steinberg)也指出:

> 罗丹的陶制小手至少以两种方式模仿活手的动态:首先,通过表面多层的添加处理,使它的表面光线跳跃的比希望的还快;其次,通过指骨和肌腱蜿蜒的不停地颤动,好像整个身体能够做出的全部姿势以及所有的烦躁,都已经浓缩在这些单只的手上了;而且,这些指尖如此急切地探索着,以至于人们相信它们拥有所有的生活认知和全部的生活手段。④

对手的这种重构既凸显了它在身体中的地位,又强调了其归属整个身体的事

---

① [法]茱蒂丝·克莱代尔编著:《罗丹笔记:他的生平和作品》,迟轲、胡震、陈儒斌译,四川文艺出版社2004年版,第148页。
② [法]茱蒂丝·克莱代尔编著:《罗丹笔记:他的生平和作品》,迟轲、胡震、陈儒斌译,四川文艺出版社2004年版,第146页。
③ [法]茱蒂丝·克莱代尔编著:《罗丹笔记:他的生平和作品》,迟轲、胡震、陈儒斌译,四川文艺出版社2004年版,第146页。
④ [美]列奥·施坦伯格:《另类准则:直面20世纪艺术》,沈语冰译,江苏美术出版社2007年版,第380页。

实：作为使用工具的工具，它可以直接实现身体的筹划，总是带着任务在场。对手的塑造从属于一个总的身体学图式。相应的重构策略也被应用到其他身体器官上。经过日积月累，这种对身体器官的塑造形成了一个系列，躯干、手、头颅都先后获得了出场的机缘。在青铜作品《皮埃尔·德·维尚的巨型头像》(*Colossal Head of Pierre de Wissant*)中，身体最重要的器官独自出场了。[1]雕像仅仅出现了一个头颅，但又似乎完整无缺，因为被凸显的是人物的表情。后者的面孔显现出哀伤之情，似乎正在参加自我追悼的仪式："皮埃尔·德·维尚的脸，凹陷而半睁半闭的眼睛，残缺的嘴唇，展示于口部之一角的灵魂，表现了被压抑的极痛。"[2]雕塑师把面孔塑造为具有神经的敏锐之物，其中的每个特征都被强调：皱纹，酒窝，骨头的结构，等等。整张脸的每一寸空间都被塑造，都被还原为一个世界的残余物。它被利用得如此彻底，以至于雕刻师再也找不到下手的地方。这种处理方式强化了身体的表情，身体用自己的每个细部表现自己，出场者最终是身体。当观者看到这些器官，完形运动就会发生，它们会回到身体，讲述更加完整的故事。

　　为了表达自己的主题，罗丹经常借助压条法(marcottage)，将已经完成的作品整合到新的形象之中。碎片化，重复，装配，诸如此类的手段都被应用。甚至，已经破损的部分也不会被遗弃，当它们被组合到新的形象中，更富表现力的效果却出现了。不是拘谨地服从现实主义原则，而是展示现代性所允诺的自由，但罗丹并未因此迷途，因为身体已经提供了原型、尺度、法则。他曾细心地研究人类身体，分析它们的每个轮廓，细心地塑造其不同部分，呈现整个身体的能量和活力。[3]在制作雕像《施洗者圣约翰》(*Saint John the Baptist*)时，他雇名为皮尼雅泰利(Pignatelli)的意大利农民——一个简单而强壮的男

---

[1]　Dominique Jarrasse, *Rodin：A Passion for Moment*, Paris：Terrail,1995,p.22.

[2]　Dominique Jarrasse, *Rodin：A Passion for Moment*, Paris：Terrail,1995,p.24.

[3]　Dominique Jarrasse, *Rodin：A Passion for Moment*, Paris：Terrail,1995,p.44.

性——做模特。① 为了再现作为身体的身体,他经常首先雕塑人物的裸体形象,然后再给后者穿上衣服。原初的身体因此展现自己的各种瞬间:做出各种动作的身体,感受的身体,悲怆的身体,等等。在相应的作品系列中,最具有震撼性的可能是《思想者》(1880 年):"他坐着,若有所失,沉默不语,形体和思想都显得那么沉重。他用全部的力量——一个行动者的力量——在沉思。他的整个躯体仿佛一棵头颅,周身血管里流的血液则成了脑髓。"②根据罗丹的回忆,这个人物的原型曾经是但丁(Dante),但后来演变为一个普遍的形象:

> 在门前的一块岩石上,但丁陷入了沉思,构想《神曲》的大纲。这个计划无果而终。细瘦,禁欲,被裹在长袍之中,脱离了整体,我的《但丁》将毫无意义。根据我最初的灵感,我制作了另一个"思想者",一个坐在岩石上的男性裸体,脚趾抓住岩石的边缘。他的头放在手上,他感到惊奇。丰盈的思想最终在他的头脑中升起。他不是梦想者。他是创造者。③

事实上,《思想者》重构的不是但丁等个别人物,而是能思想的身体本身。出场者是身体,此外无他。没有灵魂,没有光晕,身体孤独地显现于宇宙中。然而,思想仍旧发生了。它源于何者? 答案不言而喻,能思想的身体:这就是作品的主角。它具有普遍意味:身体与思想不是偶然地联姻,相反,思想的可能性内蕴于身体之中,这是唯一可能的可能性。能思想的身体是原初身体,思想与身体的职业、性别、地位无关。首先浮现于罗丹心中的是但丁的形象(男性

---

① Dominique Jarrasse, *Rodin: A Passion for Moment*, Paris: Terrail, 1995, p.46.

② [法]海伦·皮涅特:《罗丹:激情的形体思想家》,周克希译,译文出版社 2002 年版,第43 页。这个评价可谓切中肯綮。它出自同时代的诗人里尔克(Rainer Maria Rilke),后者曾长期观察罗丹的生活,是其艺术创作的见证人。

③ Dominique Jarrasse, *Rodin: A Passion for Moment*, Paris: Terrail, 1995, p.90.

精英的身体),但他随后修正了自己的计划:首先,男性身体被从个别角色的限制中解脱出来,最终升格为普遍的能指;随后,女性思想者的身体陆续出现,虽然其形貌还略显模糊。譬如,在 1884—1885 年创作的《头盔制造者的妻子》(*The Helmet-maker's Wife*)中,被重构的老年女人陷入沉思之中,似乎在回想过去,又可能是在总结命运。与男性思想者的形象相比,她的动姿显得并不坚定。后来,罗丹的弟子朱尔斯·德布瓦(Jules Desbois)创作了雕塑《苦难》(*Misery*,1894—1895),深化了这个主题:雕塑中的老年妇女蹲坐于岩石上,展示了与《思想者》主角类似的姿态。[1] 当后者被重构并进入公共空间,一个里程碑式的事件已经发生。这不是罗丹一个人的胜利,它的荣誉应该属于所有的身体。罗丹 1906 年去世时,这个雕塑的副本被放在眼前,[2]这是个意味深长的安排。

罗丹重构的是能感而又可感的身体。在雕塑《吻》(*Le Baiser*,1886)中,身体回到了感觉—被感觉的原初关系之中。画面上的男女相互拥抱和抚摸,沉浸于亲吻之乐。当这个作品于 1886 年的沙龙中展出时,身体尽情拥抱的景象曾经引起震动。事实上,这个景象有其文献学依据。但丁的《神曲》(*Canto* 5)曾描绘过弗朗西斯卡(Francesca)和保罗(Paolo)的爱情。不过,罗丹赋予了它更普遍的意义:"由于艺术的至高魔法,吻变得可见,但不仅仅体现为嘴唇的联结;它不仅因面部的专注表情而变得可见,相反,更加触目的是身体同时性的颤栗——从脖颈到脚跟,在人背部的每一寸组织中,弯曲,抱紧,用自己身体的每个部分去爱……"[3]不再有保罗,也不再有弗朗西斯卡,仅有一对陶醉的男女。这正是诱惑观众之处:"这生命,这欲望,似乎进入了大理石之中。"[4]进而言之,这部作品的主角是身体。它的迷人之处首先体现为一个感受之环:感

---

① Dominique Jarrasse,*Rodin:A Passion for Moment*,Paris:Terrail,1995,pp.96-97.

② Dominique Jarrasse,*Rodin:A Passion for Moment*,Paris:Terrail,1995,p.90.

③ Dominique Jarrasse,*Rodin:A Passion for Moment*,Paris:Terrail,1995,p.102.

④ Dominique Jarrasse,*Rodin:A Passion for Moment*,Paris:Terrail,1995,p.102.

受的身体也是被感受的身体,被感受的身体也在感受。感受—被感受关系形成了一个交织地带,引燃了激情的火焰。这火焰掠过身体的每个部分,造就了身体的极乐体验。《吻》演绎了感觉的诗学:"在这接触的面上,我们感到一层层的涟漪,一阵阵美的预感和力的寒颤渗透了这两个躯体。"①如果将它与《思想者》联系起来,一个完整的身体意象就会出现。能感受的身体也是思想的身体,身体同时是感觉者和思想者。从感觉到思想,雕塑中的身体展示了自己全方位的主动性。这是对进化史的重演,是生命叙事的伟大片段。在罗丹创作的高峰时期,生命科学正在兴起,他显然深受其影响,相关话语影响了他,进入了他的作品之中。他眼中的身体首先是有机体,是能感受和思想的主体,是必然衰老和死亡的个体。正因为如此,珍视身体就是珍视我们自己,这是他的信仰,在与助手谈话中,他曾提到一种与身体相关的宗教:

> 歇了一会儿,他问我道:
>
> "你现在信不信艺术是一种宗教?"
>
> "无疑的。"我回答。
>
> 于是,他俏皮地:
>
> "然而那般愿意信从这宗教的人们,应当知道这宗教的第一要件,是要能善于模塑一条手臂、一个半身或一条腿。"②

离开了手臂、躯干、腿,艺术就失去了根基。如果说艺术的主要对象是人,那么,它最终应该落实到身体维度,这种身体之思引导着罗丹,创造性转化发生了。他开始用毕生精力创作大型雕塑《地狱之门》。地狱之门本来通向惩罚的场所,但在罗丹这里成为身体重新出场的通道。身体从四面八方涌来,先后

---

① [奥地利]里尔克:《罗丹论》,梁宗岱译,中央编译出版社 2006 年版,第 49 页。
② [法]罗丹口述,葛塞尔著:《罗丹艺术论》,傅雷译,天津社会科学出版社 1987 年版,第205 页。

展现生存的动姿:伸展、祈祷、思考、亲吻,等等。为了重构它们,罗丹将压条法发挥到了极致:先前的雕塑也聚集于此,群落中的成员又可以随时奔赴到别处。恰如现实身体的聚散离合,雕塑们也参演了生命的戏剧。身体意象因此迅速增殖,犹如分享了生生不息的力量。借助《地狱之门》的创作,罗丹实际上组织了一次漫长的身体聚会,从这个角度看,他是当之无愧的身体艺术家。

在罗丹所处的时代,生命科学迅速发展。在后者所烘托的语境中,身体是与环境互动的有机体。正因为如此,对身体的重构不可能离开环境话语。他曾把《四季》塑造成四个睡卧着的女人。他在暖色调的石头上塑造出她们美丽的肉体,石头的色调看上去栩栩如生,而神秘的睡姿对应着一年四季的更替:"在《春》这件作品中,一个年轻的胴体肉感地躺在玫瑰花丛下,芬芳的花瓣与肉体交织在一起,使她沉浸在玫瑰花香的梦境之中。"①依据这样的逻辑,身体与其他季节的对应关系也获得了演绎。这是无声的言说,暗示了身体—自然的原初关系。

四、风景画中的身体:中心与成员

随着身体意识的兴起,自然生命的价值获得了重估,而这深刻地影响了艺术的建构。作为有机体,身体只能生存于 oikos 之中。在西方近代艺术史上,表现 oikos 的首要艺术形式是风景画。如果说古希腊罗马的艺术家仅仅"把风景视为其他作品的仆人",那么,文艺复兴时期的风景画开始变成"独立完整的艺术"。② 到了 16 世纪中叶以后,它"成了绘画和印刷品的公认的题材"。③ 在 1650 年完成的论著《细密画》(Miniatura)中,画家爱德华·诺加特

---

① [法]茱蒂丝·克莱代尔编著:《罗丹笔记:他的生平和作品》,迟轲、胡震、陈儒斌译,四川文艺出版社 2004 年版,第 242 页。
② [英]E.H.贡布里希:《规范与形式》,杨思梁、范景中等译,广西美术出版社 2018 年版,第 130 页。
③ [英]E.H.贡布里希:《规范与形式》,杨思梁、范景中等译,广西美术出版社 2018 年版,第 131 页。

（Edward Norgate）记载了"一项真正的方向"："将绘画中的一部分（指风景——作者注）变成独立完整的艺术，并使一个人把毕生的勤奋全部倾注上去，我以为要算近期的一项发明，尽管它是个新玩意儿，但却是个好东西……"①这段叙述来自具有明晰的纪实意味，是亲历者对新兴艺术的评价。风景不再仅仅填满人物及情节之间的空白处，不再仅仅用来说明或布置它们的历史画，相反，它开始充溢着整个画面。

与其他艺术形式一样，风景画也曾深受基督教的影响。在早期的风景画中，"荒原中的哲罗姆"被频繁地当作主题。② 哲罗姆（St.Jerome）是早期基督教的拉丁教父，经常在森林中忏悔。这个意象被文艺复兴时期的画家频繁使用，被带到全新的语境之中。在树木的家族中，人类身体出现了，呈现出忏悔的动姿。随着他动作的持续，周围事物既被重新组织起来，又展示了自己的本有存在。它们不仅仅是背景，更是整个活动的参与者。这凸显了风景（Landscape）的二重性：虽然它总是牵连出观察者的存在，但也彰显了自己的本体论属性。英文中的 landscape 由 land（土地）和 scape（具有花茎之意）构成，首先意指长有植物的土地。这是一种独立于观察者的规定性。当绘画中的身体频繁地出现于之中时，生存的真理也因此显现出来。Landscape 是植物生长的大地，也是身体存在的空间。这不正是现代科学所揭示的事实吗？根据马尔科姆·安德鲁斯（Malcolm Andrews）的分析，早期风景画既表达了"城市与乡村间的冲突感"，又演绎了"关于自然世界和人类在其中所处位置的进化思想"。③ 他所说的进化思想属于生物学范畴。后者发轫于古希腊时期，延续至中世纪，到了文艺复兴之后迅速发展。在生物学逐渐兴起的过程中，机械论世

---

① ［英］E.H.贡布里希：《规范与形式》，杨思梁、范景中等译，广西美术出版社 2018 年版，第130 页。

② ［英］马尔科姆·安德鲁斯：《风景与西方艺术史》，张翔译，上海人民出版社 2014 年版，第44 页。

③ ［英］马尔科姆·安德鲁斯：《风景与西方艺术史》，张翔译，上海人民出版社 2014 年版，第39 页。

界观逐渐被克服,一个事实被反复确认和阐释:人是有机体,是动物群落中的一个类。① 人不再被当作柏拉图式的灵魂,而是深受自然环境影响的有机体:"每个国家的自然环境赋予土著人和外来的移民与之相应的外表和思维方式。"②他/她属于自然界,承受其恩惠。于是,想象中的栅栏被拆除,我们这个物种被再次还原到自然界中。科学著作中的插图记载了这种变化。在 1458年德国出版的《植物图集》(Herbarius)中,有关曼德拉草的图绘如下:一个站立的男性身体形成了根茎的形状,占据了三分之二的画面;他头上覆盖着茂密的头发和胡须,犹如植物的根系;植物的叶子和花冠挺立于他的头顶。③ 这本书属于《植物志》系列。它展示了生物学在文艺复兴时期的兴起。在后者的早期观念中,人类还占据着特殊的位置。恰如有关曼德拉草的图式所显示的那样,当时的生物学家相信一个理想原型的存在:人类身体。这是一种具有悖谬意味的观念。它既消解了人类中心论,又以某种方式强化了它。后来的生物学逐渐消解了这个悖论。譬如,在林奈 1735 年出版的《自然体系》(Systema Nature)中,他"把人类刻画为其他动物中的一种动物。"④当德国生物学家海克尔(Ernst Haeckel)于 1866 年创立生态学时,人是有机体的观念开始深入人心。⑤ 有机体(organism)又可译为组织者。它意指自主的存在:无需外来的灵魂入住,它就具有生命力,能够同化周围世界。⑥ 由于有机体只能生存于自然之家中,因此,对于身体的重视必然牵连出对自然的爱。这是风景画兴起的深

---

① 法国学者布雷东(David Le Breton)曾武断地宣称:"科学知识将身体以机械论模式加以整理分析。"(《人类身体史与现代性》,第 138 页。)这种说法有失公允,因为它忽略了生物学和生理学,而后者敞开了身体之魅。

② [德]温克尔曼:《论古代艺术》,邵大箴译,中国人民大学出版社 1989 年版,第 60 页。

③ [美]艾伦·G.狄博斯:《文艺复兴时期的人与自然》,周雁翎译,复旦大学出版社 2000 年版,第 54 页。

④ [法]乔治·维加埃罗主编:《历史上的身体:从旧石器时代到未来的欧洲》,张竝、赵济鸿译,华东师范大学出版社 2013 年版,第 293 页。

⑤ Joseph R. Des Jardins, *Environmental Ethics*, California: Wadsworth Publishing Company, 1993, p.177.

⑥ Tere Audesirk and Gerald Audesirk, *Life on Earth*, New Jersey: Prentice Hall, 1996, p.2.

层原因。在有关风景的视觉编码中,一个图式已经显现出来:身体在自然之中(the body in the nature)。自然不再仅仅被当作心灵的象征,而是被视为相对独立的存在。一种对待自然的经验主义态度兴起了,随之出现的是新的风景美学。

作为一种视觉现象,风景这种说法首先意味着观者的存在。这观者就是身体性的人。只有当后者用自己的眼睛欣赏世界时,风景才会诞生。后者并非纯粹的自然现象,而是身体—世界交互作用的产物。这种双重性见证了另一个观者的在场。后者可能是路人,也可能是画家。与路人或许漫不经心的观看不同,画家是风景的凝视者。他/她驻足观看,反复观察,日夜揣摩。在他/她拿起画笔时,风景已经被内在化了。从这个角度看,伦布朗(Rembrandt)的绘画《有猎人的风景》(*Landscape with a Huntsman*)中的人是个原型。恰如纳尔逊·古德曼(Nelson Goodman)所言,"画面上出现的人是可辨别的图像—符号,其具体身份则无关紧要"。① 他/她不是特定的人,而是身体—主体的代表。所有的风景都牵连出观看的身体。正是由于身体的在场,世界才涌现为风景。身体既是风景的一部分,也是风景形成的动因。后者即使没有直接出现于画面中,也是缺席的在场者。它在风景画中的每个地方。甚至在不适合它栖居和逗留之处,它也依然会在想象中抵达。从这个角度看,身体是风景画中隐秘的枢纽,是周遭自然事物的组织者。在身体感受到最大痛苦之处,*oikos*往往获得了最大程度的凸显。历经千难万险之后,回到环绕它的周围事物之后,安全的感受就会油然而生。在这里,溪水是生命之泉,树木是其伙伴,山脉是牢固的象征。

即便某些风景画被置于象征体系中,上述关系也难以被完全遮蔽。以帕蒂尼尔(Joachim Patinir)的作品《风景,前往埃及的途中休息》(约 1520—1524年)为例,我们可以发现它的顽强显现:虽然作品中的植物可能分别象征神圣

---

① [美]纳尔逊·古德曼:《艺术的语言:通往符号理论的道路》,彭锋译,北京大学出版社 2013年版,第 23 页。

者、受难、圣洁、赎罪，但整幅画却呈现出一个本体论结构：大地与天空、动物和植物、建筑与道路形成了守护生命的体系，而圣母专注为婴儿喂奶的场景更是弥漫着现世的气息。从这个角度看，身体—自然终究会结对出现。虽然早期的风景定义并未完全敞开这个事实，但它也没有完全被遮蔽：

> 风景是一个荷兰语词汇，它表达了我们在英语中对土地描述的所有内容，或者说它对土地的描述包括了山脉、森林、城堡、海洋、河谷、废墟、飞岩、城市、乡镇，等等——凡是在我们视野范围内所展示的东西。如果它不自提身份，或者以自己至上，而是尊敬谦卑，为其他事物着想，它最终成为那些我们称作"副产品"的东西，它们是附加物或附属物而不是装饰，于是它们仍然是必要的。①

风景既是附属物，又是必要的存在，这种说法提供了意味深长的暗示：身体离不开自然。为什么会这样？从生态学的角度看，答案昭然若揭。恰如许多生物学家所指出的那样，身体并非不可分割的实体，具有不可遮掩的短暂品格。② 它强大而脆弱，只能生存于oikos（家）之中。Oikos（家）固然包括人工环境，但也离不开自然。自然是身体的来处，是生命原初的oikos（家）。它是对安全的承诺，是守护性的担保，也是快乐的源泉。这不是《建筑十书》所揭示的事实吗？"看到描绘欢乐的乡村、港湾、捕鱼、狩猎、游泳、牧羊人的游戏以及花卉、草木等的绘画，会使我们的心灵感到无比的喜悦。"③在这本1486年

---

① ［英］马尔科姆·安德鲁斯：《风景与西方艺术史》，张翔译，上海人民出版社2014年版，第38页。

② 到了18—19世纪，生命短暂的说法开始流行，而这与身体意识不无关联。譬如，波德莱尔曾经说："我不相信天上的鸟儿管我的饮食，也不相信一头狮子充当我的掘墓人和埋葬人；但是，就像那些跪倒在地的隐遁者无端地指责那个依然充满了短暂的、必死的肉体的……"（《美学珍玩》，第257页。）

③ ［英］E.H.贡布里希：《规范与形式》，杨思梁、范景中等译，广西美术出版社2018年版，第134页。

出版的书中,阿尔贝蒂(Uberto Albert)如是说。他所说的"心灵"属于身体。当人珍视身体,oikos 的意义必然凸显出来。在文艺复兴肇始之际,自然的意义已经获得重估:"理想中的'令人愉快的地方'必须是自然的,或者即使是人工营造的,也需要把自然素材作为最主要的内容……"①对于许多人来说,幸福意味着回到自然:"这个隐居的人,他在一座宜人的小山上找到了一处鲜花盛开的居所,太阳升起光芒四射,快乐的引导着他的嘴唇开始了每日对上帝的祈祷,他还将得到更多的喜悦,当他那虔诚的呼吸和谐地配合着奔流而下的溪水的低吟以及鸟儿的甜美鸣叫。"②这段话出自彼特拉克(Francesco Petrarca)1346 年出版的《隐居生活》(De Vita Solitaria)。彼特拉克是伟大的人文主义者,也是自然的积极回应者。他"大力推崇这种孤独、意志、精神纯净性和自然环境之间的关系",③他心目中的自然"不仅是一种装饰性的背景",也不是"一种对孤独和精神纯粹性的隐喻性的比拟"。④ 那么,自然为何会与精神相提并论? 这与他在自然中所体验到的愉悦有无关联? 事实上,他的言说见证了自然主义的兴起。与他处于同一时代的薄伽丘(Boccaccio)也持有相同立场,强调田园是"令人愉快的地方",认为后者是缪斯的栖身之所:

> 如果在任何时候……(缪斯)离开了她高高的王座,带着她神圣的智慧亲临土地,她不会栖息在国王雄伟的宫殿或者奢华便利的居所,她宁可光临陡峭山坡上的岩洞,或者茂密成荫的树林……那里有羊群和兽群,还有牧羊人的小屋或小棚——没有受到任何现代住宅考虑的困扰,所有的

---

① [英]马尔科姆·安德鲁斯:《风景与西方艺术史》,张翔译,上海人民出版社 2014 年版,第67 页。
② [英]马尔科姆·安德鲁斯:《风景与西方艺术史》,张翔译,上海人民出版社 2014 年版,第43 页。
③ [英]马尔科姆·安德鲁斯:《风景与西方艺术史》,张翔译,上海人民出版社 2014 年版,第43 页。
④ [英]马尔科姆·安德鲁斯:《风景与西方艺术史》,张翔译,上海人民出版社 2014 年版,第43—44 页。

一切都充满了平和与安宁。①

城市/乡村的二分法虽然再次出现了,但艺术的天平已经向后者倾斜。乡村是缪斯所钟爱之所,是艺术家应该亲近的地方。它宁静而美好,远胜动荡不安的城市:

> 大自然总是在山脉的崎岖表面上布满了挺拔和自由生长的树木,比起那些被人工种植在精心雕琢的花园中并经过巧手修剪和削薄的树木来说,前者常常给观赏者带来更大的愉悦感。林中小鸟站在远离人烟的树林中的绿色枝桠上唱歌,比起那些住在拥挤城市中的精美鸟笼里的被教会说话的鸟儿,前者常常让倾听者感到更大的乐趣。②

这种描述既展示了人—自然的原初联结,也意味着现代性批判的开始。在其建立之初,现代性就已经孕育了批判自身的力量,这正是现代性的吊诡之处。当城市化进程开启之际,一种弥补性力量已经出现。田园诗、牧歌、风景画几乎同时兴起,形成了不容忽视的文化群落。以田园为主题的文本一度大受欢迎。譬如,桑那扎罗(Sannazaro)1504 年出版的田园诗《阿卡迪亚》(*Acadia*)曾于 26 年间再版 13 次。在阿戈斯蒂诺·加洛(Agostino Gallo)1553 年出版的《十天》(*Le Dieci Giornale*)中,名为阿伏伽德罗(Avogadro)的人物"大力推崇乡村带来的快乐与道德益处":"在这里我们得到了完全的平和、真正的自由、稳定的安全感和甜美的睡眠。我们可以享受纯净的空气、荫凉的大树和它们丰盛的果实、清澈的流水和可爱的河谷;我们可以好好利用肥沃的农田和多产的葡萄园,享受山

---

① [英]马尔科姆·安德鲁斯:《风景与西方艺术史》,张翔译,上海人民出版社 2014 年版,第 83 页。

② [英]马尔科姆·安德鲁斯:《风景与西方艺术史》,张翔译,上海人民出版社 2014 年版,第 8—84 页。

脉和丘陵的风景,享受树木的魅力,享受田野的空旷和花园的美丽……"①如此
被描述的风景本身就像一幅美丽的图画。它本身就是画家应该描摹的艺术
品。由于这种思潮的影响,"中世纪肖像画的存在和惯例正在被画家们所改
革。"②到了14世纪,自然主义已经形成了巨大的压力,迫使画家们协调它与
"已经存在了一千年的基督教传统",而此类努力催生了"一种被称为隐蔽的
或被伪装的象征体系"。③ 自然被置于一个象征体系之中,但后者在很大程度
上已经失去了原来的所指:"一棵苹果树也许仅仅是一棵苹果树,而不是辨别
善恶之树。一条河也许仅仅是一条河,而不是寓意着人一生流程的河。"④由
于游弋于象征和现实之间,风景画中的自然具有复杂而暧昧的内涵,隐藏着后
人需要反复解读"被伪装的象征体系"。然而,"伪装"意味着一个需要实现的
目的:"人文主义者将人们的注意力和兴趣点重新集中在人类身体和情感的
复杂上,它的刺激和推动很可能将那种兴趣进一步延伸到了与人类自身具有
同等复杂程度和丰富性的自然环境之中。"⑤显然,跷跷板已向身体—自然的
位置倾斜。身体—自然共同出场的机缘已经成熟。由此产生的风景画中,我
们不难发现三种类型:其一,自然环绕着身体的风景;其二,风景中的自然与身
体处于交互作用状态;其三,身体在风景中是缺席的在场者。

现在看来,达·芬奇的木板油画《丽达与天鹅》(1510—1515 年)无疑属
于第一种类型。画面中的女性身体处于自然的中心,陪伴它的是天鹅、树木、

---

① [英]马尔科姆·安德鲁斯:《风景与西方艺术史》,张翔译,上海人民出版社 2014 年版,第
  73—74 页。
② [英]马尔科姆·安德鲁斯:《风景与西方艺术史》,张翔译,上海人民出版社 2014 年版,第
  51 页。
③ [英]马尔科姆·安德鲁斯:《风景与西方艺术史》,张翔译,上海人民出版社 2014 年版,第
  51 页。
④ [英]马尔科姆·安德鲁斯:《风景与西方艺术史》,张翔译,上海人民出版社 2014 年版,第
  51 页。
⑤ [英]马尔科姆·安德鲁斯:《风景与西方艺术史》,张翔译,上海人民出版社 2014 年版,第
  62 页。

山水。虽然画中的风景还是烘托身体的背景,但已经与身体形成了清晰可见的对照—呼应关系。在《丽达与天鹅》(1506年)中,身体的身体性已经牵连出自然的自然性。恰如梅洛-庞蒂所说,构成人类身体的元素来自世界之肉。或者说,肉体的肉性来于自然的自然性。它虽然不能归结为后者,但却离不开这个被超越的基础。正因为如此,二者具有天然的亲和性。在18世纪,身体与自然已经形成了一种互喻关系。根据施莱格尔(Schlegel)的回忆,"狄德罗(Diderot)不止一次地惊异于自然的赤裸之魅,有时他看见她安慰自己。"① 当身体大规模出场时,作为自然的大地必然凸显出来。在文艺复兴时期的身体艺术中,风景已经绽露:它首先呈现为环绕身体的世界,折射出人类的视野。风景这种说法不仅假定了一个身体性视角,而且承认了一个身体性中心。风景中的身体,这不是一种未被明确说出的定位吗? 不是孤独的身体,而是身体—物体的联合,身体是当仁不让的主角。它占据了画面的中心和大部分空间,其他物体只能出现于边缘和远处。② 如果说身体是主题性存在的话,那么,风景则是"非主体或非主题的东西"。③ 这种风景意识曾经广泛流行于西方,甚至延续到19世纪。对于其中所蕴含的人类中心论观念,波德莱尔(Charles Pierre Baudelaire)曾经做过很好的总结:"如果说我们称为风景的某种树、山、水和房屋的组合是美的话,那不是由于这种组合本身,而是由于我,由于我自己的好感,由于我赋予它的观念或感情。任何不善于通过植物材料或动物材料的一种组合来表达一种情感的风景画家不是艺术家,我想话说到此已经足够了。"④ 表达情感不意味着人类必须放大自己。当他/她将自己还原到自然之中时,生命的原初结构才会绽露。无论风景画的作者展示了如何

---

① Johnson, Galen A. edited, *Merleau-Ponty Aesthetics Reader*, Illinois: Northwestern University Press, 1993, p.327.

② 中国画中也有过"水不容泛,人大于山"的时期,但后来获得了纠正。

③ [英]马尔科姆·安德鲁斯:《风景与西方艺术史》,张翔译,上海人民出版社2014年版,第39页。

④ [法]夏尔·波德莱尔:《美学珍玩》,郭宏安译,译林出版社2013年版,第262页。

不合比例的世界结构,身体—自然总已经结对出现。在《丽达与天鹅》中,情况就是如此。

当身体占据了绝大部分空间时,作为自然的自然难以显现。后者还仅仅是被挤压的背景,而不是身体应该与之互动的环境。这既不符合身体与自然的原初关系,也有悖于日常的视觉印象。随着风景艺术的发展,这种构图法必然被部分否定。事实上,当达·芬奇依然活跃于画坛时,风景画已经出现了嬗变。在16世纪的北欧绘画中,"风景常常得到更大的许可去支配一幅画面"。① 在多索·多西(Dosso Dossi)和巴蒂斯特·多西(Battista Dossi)共同创作的壁画《饰有女神柱的房间》(约1530年)中,身体—自然的关系出现了变化:"女像柱——女人的身体被移植到树木的根部上——展现了一种自然与人类相融合的图像。"② 一个身体与其他自然存在几乎平分秋色的场景出现了,它意味着身体开始对自己去中心化。随着这个过程的持续,作为自然的自然就会出场。在提香(Tiziano Vecellio)的作品中,这个倾向获得了清晰的显现。在他1510年创作的《露天音乐会》中,身体与自然大体上平分秋色:身体虽然处于画面上最醒目的地带,但已经不再具有压倒性优势;树木、草原、飘着云朵的天空占据了至少2/3的空间;涵括身体的风景因此形成了"一个和平的统一体"。③ 在他1556年创作的《田园风景》中,身体—自然的关系已经发生了更大的变化:牧羊女的身体退到了边缘,植物和动物占据了画面主体部分。这是意味深长的位移。

到了14世纪末,画家开始描绘涵括身体的中景和远景空间。亨德里克·霍尔齐厄斯(Hendrick Goltzius)的《风景,以及一对坐着的情侣》(1590年)、维

---

① [英]马尔科姆·安德鲁斯:《风景与西方艺术史》,张翔译,上海人民出版社2014年版,第52页。
② [英]马尔科姆·安德鲁斯:《风景与西方艺术史》,张翔译,上海人民出版社2014年版,第75页。
③ [英]马尔科姆·安德鲁斯:《风景与西方艺术史》,张翔译,上海人民出版社2014年版,第84页。

斯彻（Claesjansz Visscher）的《怡人的风景》（1608 年）、尼古拉斯·普桑（Nicolas Poussin）的《风景，皮拉姆斯和提斯柏》（1650—1651 年）均如是。在树木、房屋、道路和苍茫的大地上，略显渺小的身体出现了，展示各种生存的动姿。身体被还原到环境之中，谦卑地接受属于自己的位置。他/她虽然是属己世界的中心，但都不能同时出现于两个地方。无论他/她多么富有、强壮、智慧，这都是无法改变的本体论事实。只要画家试图重构更广阔的世界，后者就会显现出来。到了 18 世纪，自然界已经部分地获得了重估。在 1734 年出版的《哲学通信》中，伏尔泰强调自己"差不多已经证实野兽不能是简单的机器"："上帝给它们创造的感觉器官恰好跟我们的一样；所以，倘若它们一点也不感受，上帝便创造了一件废品。可是，你们也承认，上帝不会无的放矢；所以他绝不会创造那么多感官而没有一点功能；所以野兽一点也不是单纯的工具。"①动物是自然界的一部分。当它被还原为有感觉的存在时，人们必然重新思考自然界的地位问题。当伏尔泰揭示动物的主动性时，他着眼的是包括植物在内的整个自然界："动物的血液循环，植物的汁液，都改变了与我们相关的自然面貌。"②这种思路折射出一个事实：由于生物学的兴起，18 世纪的哲学家已经开始思考生命之间的内在联系。正是由于这种进展，评价艺术的尺度也发生了变化："有哪个主题能在同一个地点，在原野上、桥孔下、远离一切房舍，把女人、男人、孩子、公牛、绵羊、狗、一捆捆稻草、流水、篝火、提灯、炉子、陶罐、小锅，都集中在一起呢？"③这句话出自狄德罗的短文《布歇的郊野图和风景画》（1761 年）中。显而易见，狄德罗眼中的布歇揭示了一个生命的世界，一种人文和自然交织的场景。

此刻，一个问题已经浮现出来：当人文和自然发生冲突时，我们应该怎样

---

① Voltaire,*Letters On England*,Hazleton：Pennsylvania State University,2002,p.48.
② Voltaire,*Letters On England*,Hazleton：Pennsylvania State University,2002,p.62.
③ ［法］狄德罗：《狄德罗美学论文选》，张冠尧、桂裕芳等译，人民文学出版社 2008 年版，第 395 页。

做？事实上，早在 1758 年发表的《给黎柯博尼夫人的回信》中，狄德罗就已经给出了答案："自然是美丽的，那么美丽，以致几乎不应该触动它。如果我们在一个田园风味的、荒野的地方动用剪刀，一切便被破坏了。看在上帝面上，让树木纵情生长吧。有些地方稀疏，有些地方稠密，有的枯瘦干瘪，但是这个整体却会讨您的喜欢。"①这种说法并非是偶然迸发的激昂之辞，而是隶属于当时正在兴起的知识型：当他强调"人是肉做的"之际，自然不可能继续被低估，因为后者是我们的来处。换言之，芸芸众生首先是"自然造成的人"，然后才是文化塑造的对象。② 由于这种强调原初生命的知识型，自然开始从背景走上了前台。她不再仅仅是戏剧演出的地方，而且也是演员本身。为了强调这种转换，部分画家声称："一切都引向风景……"③

在身体—自然的关系发生变化时，一些画家演绎了更加激进的风景美学。譬如，阿尔布雷特·阿尔多弗（Albrecht Altdorfer）的作品中往往没有人或动物，整个画面"不讲故事"。④ 他于 1516 年创作了《有人行小桥的风景》，展示了一个意味深长的场景：出现于画面上的是房屋、树木、小桥、山脉、大地、天空，此外无它。犹如电影中的空镜头，这幅画中没有人的形象。由于诸如此类的尝试，他被视为风景画走向独立的象征。然而，这种独立并不意味着去身体化：（1）"画中的树木有一种人神合一的结构和特征，仿佛用以补偿图画中没有标明人类出现的缺失感，而且确实，画面右侧拖把头一样的树冠使人想起了出现在阿尔多弗其他作品中的一些毛发蓬松的野人的特征。"（2）画中的房子具有"古怪的建筑细部特征"，"证明了它的形象其实是基于某个真实存在的

---

① ［法］狄德罗：《狄德罗美学论文选》，张冠尧、桂裕芳等译，人民文学出版社 2008 年版，第 223 页。
② ［法］狄德罗：《狄德罗美学论文选》，张冠尧、桂裕芳等译，人民文学出版社 2008 年版，第 331 页。
③ ［法］玛丽亚·特蕾莎·卡拉乔洛：《浪漫主义》，王文佳译，北京美术摄影出版社 2016 年版，第 127 页。
④ ［英］马尔科姆·安德鲁斯：《风景与西方艺术史》，张翔译，上海人民出版社 2014 年版，第 52 页。

建筑,"而这无疑与身体的栖居相关。① 类似的世界结构也出现于亨德里克·霍尔齐厄斯的《哈勒姆附近的沙丘风景》(*Dune Landscape near Hearlem*,1603)中。这幅画具有"广阔的风景视角",它所呈现的事物均被巨大的天空所覆盖。② 在苍茫的大地上,田野、树木、房屋都只能展示自己渺小的轮廓。人几乎被缩小为点。当且仅当观者仔细观看,他/她才能发现大风景中的小身体。这是一种有意识的设计,体现了画家的原初意图:将人类还原到自然的坐标系之中。在解释自己的作品《风景,皮拉姆斯和提斯柏》时,普桑曾经说:

> 我努力表现陆地上的一阵暴风雨,尽可能地模拟那种猛烈的暴风雨的效果,让空气中到处都充满黑暗、充满雨水闪电和霹雳,我并没有避免制造混乱。画面中的所有人物,其所表演的角色都与天气密切相关:有一些正在穿越尘埃落荒而逃,他们被风吹着,沿着风的方向跑;另一些则相反,他们逆风而行,步履艰难,把手挡着眼睛前面。③

在狂风暴雨之中,人所是的身体暴露出其脆弱和卑微。为了强化这个印象,他甚至引入了神话中的故事:"在画面的前方,你可以看到皮拉姆斯,四肢摊开倒在地上死去,二者他身旁的提斯柏,也已痛不欲生。"④吊诡的是,当狂风、黑暗、大雨、雷电造成巨大的恐慌时,中景之外的自然却"维持着一种特殊的静态平衡":"湖的表面是平静的,画面两侧建筑的完美几何形状也看起来没有受到暴风雨毁灭性理论的任何影响。虽然闪电劈断了原处湖岸边的树枝,但

---

① [英]马尔科姆·安德鲁斯:《风景与西方艺术史》,张翔译,上海人民出版社2014年版,第52—53页。
② [英]马尔科姆·安德鲁斯:《风景与西方艺术史》,张翔译,上海人民出版社2014年版,第111页。
③ [英]马尔科姆·安德鲁斯:《风景与西方艺术史》,张翔译,上海人民出版社2014年版,第118页。
④ [英]马尔科姆·安德鲁斯:《风景与西方艺术史》,张翔译,上海人民出版社2014年版,第119页。

是那整个区域似乎并没有显示出对前景中灾难的共鸣。"①人类非但不是自然永远的中心，而且也不是被特殊观照的对象。在 17 世纪，部分风景画家开始表现恐怖题材，专门渲染以下使人感到渺小的场景：悬崖、山脉、洪流、狼群、轰鸣，等等。其中的代表性人物是意大利画家萨尔瓦多·罗沙（Salvator Rosa）。在他的作品《风景，士兵和猎人》(landscape with soldier and huntsman，17 世纪中叶)中，自然展示了自己的威力：晦暗不明的天空之下，陡峭的悬崖、潜伏着危险的密林、渺小的士兵和猎人形成了一个世界，营造出危险和恐怖的氛围。然而，后者所激发的体验却牵连出浪漫之情。在罗沙成名后，众多崇拜者开始效仿他，呈现"一种令人愉快的恐怖"。② 1697 年，法国探险家亨内平（Louis Hennepin）创作了《尼亚拉加大瀑布》，表现"对整个崇高景象的赞叹"。③ 此画的技法并不足道，但重要的是它所传达的"难以言喻的震惊"。事实上，其中的人物站在相对安全的地方。他们面对危险而非置身于其中。

这并不是身体所能体验到的极限状态。真正的挑战是突破边界，冒险进入危机起伏的地域。这正是探险者的事业。随着风景美学的兴起，探险成为一种生活方式。在 1739 年穿越高大的阿尔卑斯山脉后，贺拉斯·沃波尔（Horace Walpole）向自己的朋友韦斯特（Richard West）描写了自己所见到的壮丽场景："只是路而已，韦斯特，路！蜿蜒缠绕在一座群山这的一座巨大山脉上，周围满是悬垂的树木，被松柏所遮掩，甚至迷失在云中！下面，一条湍流冲击悬崖，在岩石的碎片中翻滚奔腾！一片片小瀑布用它们银色的疾流在峭壁上冲击出自己的轨迹，迅速坠入崎岖不平的河底！"④他极力渲染自己的所

① ［英］马尔科姆·安德鲁斯：《风景与西方艺术史》，张翔译，上海人民出版社 2014 年版，第119 页。
② ［英］马尔科姆·安德鲁斯：《风景与西方艺术史》，张翔译，上海人民出版社 2014 年版，第160 页。
③ ［英］马尔科姆·安德鲁斯：《风景与西方艺术史》，张翔译，上海人民出版社 2014 年版，第168 页。
④ ［英］马尔科姆·安德鲁斯：《风景与西方艺术史》，张翔译，上海人民出版社 2014 年版，第161 页。

见所感,尽情释放自己的亢奋之情:"对于那些没有见到它的人来说,这听起来似乎太夸大其词、太罗曼蒂克,而对于见过的人来说,这使人战栗。"①人和自然的位置调转了,后者占据了上风。这是人有意识的安排,也是本有秩序的体现。沃波尔所说的人不是精神主体,而是历经艰难的身体性存在。唯有把自己还原为身体,自然的自然性才会显现出来。

对于亨利·富塞利(Henry Fuseli)来说,这个事实更加清晰地显现于原住民的生活之中。他于1776年创作了《尼亚拉加瀑布》,演绎了一个引人深思的细节:除了湍急的瀑布外,一个印第安人的形象出现了;他站在画面的左下角,靠近了水流的边缘;虽然瀑布的宏大凸显了其身体上的渺小,但其挺立的动姿却展示了同样原始的野性。②据批评家分析,画中人将自己当作瀑布的保护神。这是一种不同的立场:他不是观光者,而是参与者。与观光客不同,他不是偶然地出现于此处,相反,这个危机起伏的地方是他的家,是他的日常生活世界。换言之,它不过是身体—自然的联结点之一。正因为如此,这个人物代表了风景美学的深化:不是与危险拉开距离,而是尽可能地逼近危险。这是纸上的探险,是画布上的极限运动。身体进入风暴的内部,畅游于动荡的海面,徘徊于火山口。它发现自己岌岌可危,感受到了痛楚,但最终安全地归来。这种表述折射出荒野概念的变化。

在文艺复兴之后,自然的意义依然具有吊诡品格:一方面,自然被视为上帝的创造物、真理显现的场所、人类的家园;另一方面,它又是博弈乃至斗争的对象,对于少数开拓者来说,荒郊野岭就是敌人,开拓者把摧毁这种野蛮状态视为自己的使命。因为景观和消遣上的价值而保存这种野蛮状态是边疆人想都不敢想的事情。当时的问题是原始自然太多而不是相反。为了反抗和生

---

① [英]马尔科姆·安德鲁斯:《风景与西方艺术史》,张翔译,上海人民出版社2014年版,第161页。

② [英]马尔科姆·安德鲁斯:《风景与西方艺术史》,张翔译,上海人民出版社2014年版,第169页。

存,人类不得不把野地当作一个物理障碍来战斗。不过,随着时间的推移,情况出现了转折,"蛮荒状态开始被视为一种宝贵的资源而不是一种威胁。"①1803年,菲利普·德·卢泰尔堡(Philip James de Loutherbourg)创作了《阿尔卑斯山上的雪崩》,凸显了危险迫近时的人类心境。当汹涌的雪浪倾泻而下时,站在安全地带的人依然流露出不安之情。一种对于人类无能的戏剧化表述出现了,但引发恐惧的壮观景象又备受赞美。它们的巨大、有力、宏伟被视为崇高的特质。在相当长的一段时间里,试图接近危险地带是流行的审美游戏。人们努力抵达"毁灭的悬崖边缘",体验自然与身体的不平衡状态:"我们在真实意义上,走上了毁灭的悬崖边缘,只消一个闪失,生命和身体就会在一瞬间被摧毁。这全部的感觉在我的身体里创造了完全不同的情绪,那是一种充满喜悦的恐惧,一种恐怖的快乐,在同一时刻,我得到了无限的满足感,我颤栗着。"②这种极限体验"撼动了观赏者的神经","将崇高的感觉渲染得更加惊心动魄"。③ 类似的作品还有透纳(Joseph Mallord WilliamTuner)的《暴风雪:汉尼拔和他的军队翻阅阿尔卑斯山》(1812年)。画面上的乌云如怒涛般翻卷,遮蔽了大部分的天空。它们的巨大反衬出人的渺小。后者几乎被压迫在地面上,只能匍匐前行。随着时间的推移,画布上的冒险演绎出更加戏剧化的效果。1824年,画家弗里德里希(Caspar David Friedrich)创作了《极地海洋》,彰显大自然的无情力量:"在这里,个体不过是大自然暴怒下的小虫子。曾经是政府的力量象征的船只,如今被冰块击碎,即使是大卫作品中的英雄贺拉斯也无能为力。"④

恰在此时期,有关崇高(sublime)的言说开始流行,衍生出另一种自然叙

① [美]约翰·汉尼根:《环境社会学》,洪大用译,中国人民大学出版社2009年版,第43页。
② [英]马尔科姆·安德鲁斯:《风景与西方艺术史》,张翔译,上海人民出版社2014年版,第166页。
③ [英]马尔科姆·安德鲁斯:《风景与西方艺术史》,张翔译,上海人民出版社2014年版,第170页。
④ [美]约翰·基西克:《理解艺术》,水平、朱军译,海南出版社2003年版,第316—317页。

事：“下面这种环境还能引起更高度的壮美感：大自然在飙风般的运动中；天色半明不黯，透过山雨欲来的乌云；赤裸裸的、奇形怪状的巨石悬岩，重重叠叠挡住了前面的视线；汹涌的、泡沫四溅的山洪；全是孤寂荒凉；大气流通过岩谷隙缝的怒号声。这时，我们就直观地形象地看到我们自己的依赖性，看到我们和敌对的自然作斗争，看到我们的意志在斗争中被摧毁了。”①相对于他/她来说，自然界伟大非凡。适合它的一个重要词汇是“壮丽”，而后者又牵连出与之互补的美学特征：“与弗里德里希一样，泰纳的自然观可以用浪漫主义评论词汇——‘壮丽’和‘秀美’来帮助理解。艺术家和作家对所有令人敬畏的‘壮丽’的风景的反应是：雄伟的高山、暴风雨或空旷的大草原。‘秀美’是较为朴实的田园风光，有恬淡的劳动者，远处起伏的群山生长着繁茂的森林。这两种格调支配着泰纳和当时欧洲所有风景画家的作品。”②恰恰是在这个时期，身体与风景形成了一种互喻关系：“崇高与美丽（the sublime and the beautiful）是风景美学和身体美学中的关键成分。崇高的身体，美丽的大地和黏滑的身体—大地出现于 19 世纪早期三位作家的作品中，他们是威廉·克贝特（William Cobbett）、乔治·格拉贝（George Grabbe）、威廉·黑兹利特（William Hazlitt）。尽管克贝特和黑兹利特奉行政治上的极端主义，但二者都再生产了美学上的等级制，稳定地使自然的‘荣耀’高居于自然的‘羞耻和疾病’之上。”③

到了 19 世纪末期，身体—风景的联结已经是常见的景象。1845 年，托马斯·科尔（Thomas Cole）创作了油画《欢乐颂》。作品中的人类身体与动植物、建筑与山脉、人文与天地相互联结，难分彼此，演绎了和谐共处的欢乐场景。1891 年，高更（Paul Gauguin）完成了杰作《我们迎接三个玛丽》（*Ia Orana Maria*），继续展示前者所呈现的可能性。作品中的三个成年人赤脚站在大地上，

---

① ［德］叔本华：《作为意志和表象的世界》，石冲白译，商务印书馆 1997 年版，第 285 页。

② ［美］约翰·基西克：《理解艺术》，水平、朱军译，海南出版社 2003 年版，第 317 页。

③ Rod Giblett, *The Body of Nature and Culture*, London：Palgrave Macmillan, 2008, p.63.

周围是丰盈的植物。放在盘中的水果暗示了食物的来源,这是形象化的生态学讲义。它超越了画家本来要表达的宗教内涵:一个宁静的塔希提人(Tahitian)抱着婴儿时期的耶稣,两个半裸的美丽塔希提女孩则虔诚地迎接她。画中的塔希提属于遥远的岛屿,上面居住着淳朴的土著居民。它是高更眼中的理想世界,是人与自然和谐相处的乌托邦,是身体渴望到达的远方。①

五、劳作的身体与世界在艺术中的敞开

1803 年,英国画家透纳(Joseph Mallord William Tuner)创作了《雾中日出:渔夫清理船只和贩卖鱼》。这幅绘画描绘了典型的海岸风光(天空、海水、帆船、沙滩),但最醒目的是劳动者的群像——他们或在海上清理船只,或在海滩上贩卖捕捞到的鱼。在"超乎寻常的静谧安宁的氛围"中,这些人形成了隐秘的枢纽。② 随着动作的持续,周围世界被重新组织起来,身体则得以展示其主体形貌。后者不再仅仅是被观看、解剖、意淫的对象,而是"某事发生的地方"。与此相应,风景也不是纯粹的自然景象。在画作显现的空间结构中,事物与身体已经处于相互作用状态。这是一种新的逻辑:自然和身体都提供动力。然而,人类身体并非总是渺小无力,相反,它们驱动船只、撒下渔网、清除积雪。从这个角度看,这幅作品是人类身体无声的颂词。值得注意的是,它并非心血来潮的偶然产物,因为类似的作品形成了一个系列:《艾弗海景(渔夫岸上拖船的海岸风景)》(1803—1804 年)、《奋力清除积雪的人群》(1829年)、《浅水处的加莱海滩:渔民捡拾鱼饵》(1830 年)、《范·特龙普,英雄气概——在雨中航行》(1844 年),等等。

在透纳的风景画中,劳作的身体再次出场了。这并非是备受关注的艺术

---

① Peter Selz, *Art in Our Times*: *A Pictorial History*1890—1980, New York: Harry N. Abrams, Inc, 1981, p.40.

② [意]加布里埃·克列帕迪:《透纳》,黄啸然译,时代出版传媒股份有限公司 2016 年版,第60 页。

事件,而是一个久被忽略的边缘现象。大多数近现代艺术家致力于表现"被凝视的身体、被抚摸的身体、被深入了解的身体、得到满足的身体"。① 有欲望的身体与可欲的身体是同一个身体的两种身份,又是身体相遇时的基本角色。除非处于性欲丰盈的时刻,身体似乎都只能呈现消极的姿态。然而,解蔽的力量并未缺席:身体首先是劳作的身体,是组建世界的主体,因而必然展示自己的主体形貌。这个事实可能被暂时遗忘,但不可能被完全抹去。在现代性开启之后,情况尤其如此。随着平等精神的增殖,劳作的意义逐渐凸显出来。在艺术场域中,"劳动的身体"开始持续出场。

早在 1563 年,约阿希姆·博伊克雷尔(Joachim Beuckelaer)就创作了《捕鱼的奇迹》(*The Miraculous Draught of Fishes*),表现了一群渔民劳作时的情形:或拉着桅杆,或张网捕鱼,或背负鱼篓,或整理刚刚捕获的鲜鱼。虽然这幅画具有宗教背景,但作品中最触目的仍然是"劳作的身体"。类似的作品还有博伊克雷尔 1566 年完成的油画《厨房内景》(1566 年):一个健壮的年轻女性正在厨房中忙碌,她的周围环绕着各种食材。绝非巧合的是,这两个作品形成了相互诠释的关系:经过身体的劳作,食物被从渔场带到了厨房。根据后人的研究,描绘厨房、市场、海滨渔场是 16 世纪欧洲绘画界的一个时尚,相关作品形成了具有共同特征的家族。

到了 17 世纪,这个风尚延续下来。1630 年,路易斯·穆瓦庸(Louise Moillon)创作了油画《年轻女孩给一个老年妇女一篮子葡萄的市场摊位》(*A Market Stall with a Young Woman Giving a Basket of Grapes to an Older Woman*),表现了两个妇女工作时的场景。画面上的老年女性背负着沉重的背篓,脸上流露出劳作时的艰辛。在同一年,她还完成了《水果蔬菜女贩》:一位健壮的女商人正把一篮水果交给采购食品的丰满女子。饶有趣味的是,上述绘画虽然具有静物画(still life painting)的特征,但却吊诡地展示了"劳作的身体"。

---

① [法]乔治·维加埃罗主编:《身体的历史:从法国大革命到第一次世界大战》,张竝、赵济鸿译,华东师范大学出版社 2013 年版,第 125 页。

当我们观看画面上的人和物时,一个因果链条也会显现出来:离开了实在的活动,水果和蔬菜不会奔赴厨房和客厅。不过,此类逻辑显然被大多数艺术评论家忽略了。在评价路易斯·穆瓦庸时,当代评论家尼科尔·佩勒格兰(Nicole Pellegrin)曾不无轻佻地调侃道:"我们并不知道这位法国静物画的开山女祖师是愿去描绘采购真实食物的场景(只是这些食物不可能在同一个季节同时成熟),还是愿描绘对那些空洞的事物讨价还价的场景。"①相对于作品的意义来说,这类轻描淡写的评论只能暴露评论者的贫乏。

进入18世纪以后,劳作的身体继续显示自己的踪迹。由于这个时期的人"充满了四海之内皆兄弟的精神和对宗教信条的怀疑这一启蒙时期的特点",遮蔽性力量开始逐渐被清除。② 在布歇(Francois Boucher)的油画《中国捕鱼风光》(La Pache Chinois,1742年)中,船夫的形象出现了。他们或者奋力划船,或者清洗渔网,或者提起鱼篓。一个与劳作有关的生活世界因此成形,身体则是其支撑者和拥有者。类似的作品还有布歇的《从市场归来》(Returning From Market,1767年):画面的商贩们正在驱赶驮着各种货物的牛,略显杂乱的场景衬托出他/她健壮的身材。这是对日常场景的展示,这是对生存真理的敞开。在布歇的自画像《工作室中的画家》(The Painter In His Studio,1730—1735年)中,原初的因果关系获得了完整的呈现。虽然作品中的画家正处于静止的沉思状态,但他手中的画笔还是提供了意味深长的暗示:离开了画家艰辛的劳作,作品就不会诞生。这不正是世界诞生的普遍机制吗?

在布歇的上述作品中,劳作的身体是可见的中心,是世界形成的原点。这是一种前理论化的展示。作者可能没有意识到自己为何这么做,但却本能地开始行动。事实上,这并非是偶然的实践,相反,引导画家的是正在萌发的身

① [法]乔治·维加埃罗主编:《身体的历史:从文艺复兴到启蒙运动》,张竝、赵济鸿译,华东师范大学出版社2013年版,第104页。
② [法]德比奇等:《西方艺术史》,徐庆平译,海南出版社2000年版,第271—272页。

体意识。随着平等意识的增殖,劳动者开始走向生活的前台,身体的意义获得
了重估。恰如我们前面所指出的那样,18 世纪是身体意识开始兴起的年代。
当狄德罗(Diderot)强调"人是肉做的"时,一种新的人学已经诞生。① 这句话
的引申义乃是:人是身体。进而言之,世界只能是身体的作品。关键的问题不
是人如何思想,而是他或她如何行动。倘若"世界不再是一个神,而是一架机
器",那么,"它的齿轮、缆索、滑车、弹簧和悬摆"由什么推动呢?② 答案显然
不言而喻。随着这个思路的展开,劳动的意义也凸显出来。到了 19 世纪以
后,一种新的理论表述应运而生。在 1842 年出版的《社会理论》(*Théorie Soci-ale*)中,贝魁尔(Pecqueur)写道:"劳动者(劳动)是人,但劳动资料却不包括
人。"③此句被写作《1844 年经济学—哲学手稿》时的马克思引用,牵连出更加
明晰的结论:劳动是人的生命活动(life-activity),是人确立自己物种存在(spe-cies being)的根本方式。④ 劳动是对象化的现实活动。它见证了人的肉体性:
"说人是肉体的(corporal)、有生命的(living)、现实的(real)、感性的
(sensuous)、充满自然活力的对象性存在,等于说,他拥有现实的感性的客体
作为自己存在或生命的对象,或者说,人只有在现实的感性的客体中才能表现
自己的生命。"⑤由于贝魁尔和马克思等人的推动,有关劳动的言说已经兴起。
一个新的知识型业已诞生。它具有下列关键词:劳动、劳动的主体、身体。在
它所形成的参照系中,劳作的身体占据了重要位置。它所从事的生产被当作

---

① [法]狄德罗:《狄德罗哲学选集》,江天骥、陈修斋、王太庆译,商务印书馆 2007 年版,第
132 页。
② [法]狄德罗:《狄德罗哲学选集》,江天骥、陈修斋、王太庆译,商务印书馆 2007 年版,第
8 页。
③ Karl Marx, *Economic and Philosophic Manuscripts of 1844*, New York: Dover Publications, Inc,
2007, p.47.
④ Karl Marx, *Economic and Philosophic Manuscripts of 1844*, New York: Dover Publications, Inc,
2007, pp.75-76.
⑤ Karl Marx, *Economic and Philosophic Manuscripts of 1844*, New York: Dover Publications, Inc,
2007, p.156.

"人的能动的类生活(active species life)"①,这种思潮也影响了艺术创作,推动了身体出场的进程。

在19世纪,"劳作的身体"开始频繁地进入绘画之中。1818年,泰奥多尔·籍里柯(Théodore Géricault)创作了《渔夫的英雄史诗》。在接近海岸的浅水中,几个健壮的男性正在推拉一艘小船。虽然画面上的事物都处于静止状态,但他们隆起的肌肉折射出劳作的艰辛。意味深长的是,这几位渔夫似乎脱离了凡俗的语境,升格为史诗中的英雄。这不是拔高,而是还原。所有劳动者都属于史诗:既是史诗所记录的对象,又是史诗的真正作者。进而言之,劳动者是身体的原初身份,是历史性的源头:身体是属己世界的建造者,是生活之网的编织者;正是由于身体的劳作,自然时间才升格为历史。这不正是法国画家让·弗朗索瓦·米勒(Jean-Francois Millet)所要揭示的事实吗? 1850年,他创作了油画《播种者》:倾斜的黄色田野上,一个青年农民正在播种,动作迅疾而坚定,脸上洋溢着重组世界的豪情;当他快速迈向前方时,周围的事物向后退去,空间仿佛在流逝。对于《播种者》的解读大都聚焦于社会—政治层面,身体—主体的出场反倒被忽略了。事实上,这是身体—主体的自我展示。画面上的身体不是沉迷于艺术分配给它的常规活动:食、色、休闲,等等。相反,身体开始承担严肃的行动:播种。播种者是播种的原因,是播种活动的承担者。在他进行播种之际,植物繁茂成长的前景已经若隐若现。在其坚定的姿态中,观者可以发现播种者的信念。这是对因果链条的确认。身体处于这个链条之中,是移动着的中心。通过播种之类劳作,它完成了自己。当如此这般的身体进入了绘画,艺术才真正与其起源相遇。这是身体对身体的重构:画家所是的身体描绘着他人的身体。它们具有共同的身份:劳作的主体。

《播种者》中的身体已经升格为画面中的主导意象,而后者属于一个系

① Karl Marx, *Economic and Philosophic Manuscripts of 1844*, New York: Dover Publications, Inc, 2007, p.76.

列:《农民》(1851 年)、《暴风雨过后收获海草》(1854 年)、《嫁接树木的农夫》(1855 年)、《拾穗者》(1857 年)、《收土豆》(1857 年)、《樵夫》(1859 年)、《扶锄的男子》(1863 年)、《牧羊少女》(1864 年)、《农民把一头在田野上刚出生的牛犊抬回家》(1864 年)、《拾穗农妇》(1865 年),等等。在这些被归类为巴比松派(Barbizon School)的作品中,劳作的身体升格为主角。这是未被充分估价的位移。大多数后世评论者不是把相关作品定位为乡村风景画,就是发掘其中的批判意味。譬如,《播种者》被解读为政治宣传画,评论家认为它表现的姿态"看起来像是来自民众的威胁"。① 这些说法不能说全无道理,但并非道出了米勒作品的全部意义。事实上,米勒"厌恶多愁善感和戏剧夸张的绘画","对政治更是漠不关心"。② 在谈论评论家的解读时,他吐露了如下心曲:"我的评论家们都是些高雅的人,但我却不愿意处在他们的地位,况且我一生中除了田野之外什么也没有见过。我只想把我看到的东西单纯地描绘出来,并且尽我所能表现它们的本质。"③解释《农夫把一头在田野上刚出生的牛犊抬回家》时,他更是直抒胸臆:"两个用担架抬东西的人的表现是好是坏,是由他们手臂末端所承受重量大小所决定的。如果重量是均等的话,那么,无论他们抬的是笨重的平底船,还是小牛犊,是金块还是石头,他们都得服从重力法则;因此,这幅画的寓意除了说明那个重量外,其他什么都不说明。"④被聚焦的是劳动的身体。后者出现于田野上,重组周围的事物。通过胼手胝足的劳作,他们赋予大地以新的意义。这个过程可能意味着艰辛,但却会带来收获。正因为如此,米勒喜欢观察与身体有关的作品。譬如,他对米开朗琪罗的解读就颇具身体学意味:"当我看到米开朗琪罗的一幅描绘一个昏厥过去的男子的绘画时,那松弛肌肉的表现和那沉浸于痛苦的面部的起伏关系,都给我

---

① [法]罗曼·罗兰:《大地的画家米勒》,冷杉、杨立新译,山东画报出版社 2004 年版,第 1 页。
② [法]罗曼·罗兰:《大地的画家米勒》,冷杉、杨立新译,山东画报出版社 2004 年版,第 2 页。
③ [法]罗曼·罗兰:《大地的画家米勒》,冷杉、杨立新译,山东画报出版社 2004 年版,第 2 页。
④ [法]罗曼·罗兰:《大地的画家米勒》,冷杉、杨立新译,山东画报出版社 2004 年版,第 2 页。

带来感官上的持续震撼。我觉得自己就像他那样被痛苦折磨着,令人同情。我的躯干和四肢感受到了同样的痛楚。"①然而,这个重要的细节却被大多数评论家所忽略。于是,一种时差出现了:当绘画中出现了"劳作的身体",后者依然在艺术评论中处于缺席状态。正是由于这种惯性的持续,有关身体的前见仍未被克服。

被忽略不等于不存在:19 世纪下半叶的身体叙事不但已经出现,而且形成了前后相继的系列。1885 年,凡·高(Vincet Van Gogh)完成了名画《吃土豆的人》:简陋的房梁上吊着煤油灯,几个衣着朴素的农民围着饭桌吃土豆;他们刚刚结束了田野中的劳作,衣服的皱褶中还保留了尚未掸掉的泥土;光线暗淡,麻织桌布和妇女戴的软帽都肮脏不堪,但画面上却洋溢着无言的喜悦——当劳动者与其成果相遇,生存世界会显现出内在的丰盈。正如凡·高本人所说,这幅画的主题是劳动的身体:"这幅画叙述的其实是体力劳动,尽管画中的人吃着土豆,但他们伸向盘子的手是用来锄地的,他们用勤劳的双手本分地挣自己的食物。"②如果说农人具有一个世界,那么,后者只能由他/她自己建立。没有播种土豆的艰辛,田野就不会提供生存的可靠性。为了揭示这个逻辑,凡·高在一年前(1884 年)创作了《把犁者和种马铃薯的妇人》:在黄绿相间的田野上,一个农夫扶着犁铧耕耘土地,他的后面跟随着弯腰种植的农妇;两个人虽然都暴露了疲惫之态,但又表现出了无怨无艾的坚毅。这种表情属于劳动的身体,敞开了生存的基本法则。在耕耘和收获的轮回中,忙碌的身体是世界的枢纽,是事物重新聚合时的中心,是编织生存网络的主体。农人奔忙于自己所建立的世界里,反复演绎劳作的逻辑。后者进入了凡·高的绘画,被模仿和敞开。譬如,1888 年和 1899 年,他先后创作了《播种的人》和《收割的人》,展示了两个相互呼应的场景:春意盎然的田野上,一个意气风发的

---

① [法]罗曼·罗兰:《大地的画家米勒》,冷杉、杨立新译,山东画报出版社 2004 年版,第 11 页。

② [荷兰]凡·高:《凡·高论艺术》,李华编译,四川人民出版社 2003 年版,第 22—23 页。

人正在播撒什么;在涌溢于天地之间的金色之中,一个轮廓模糊的人正在收割。这两幅画的主角都是劳动的身体。它们即使不属于同一个人,但画面仍旧演绎了与劳动有关的因果律。这个事实并非总是清晰地被意识到。在画《收割的人》时,凡·高觉得自己描绘的是死神,但却无法解释画面上为什么洋溢着欢乐的范围。[①] 这欢乐是收获之喜悦,它属于劳动的身体。劳动的身体是凡·高作品中的原型,它们反复出现,形成了一个系列:《在小屋前挖土的农妇》(1883—1885 年)、《两位挖土的农夫》(1856—1857 年)、《拾穗归来的人》(1859 年)、《挖土者》(1881 年)、《耙草的女孩》(1882 年)、《背煤袋的人们》(1882 年)、《推手推车的妇人》(1883 年)、《织布者》(1884 年)、《拾穗农妇》(1885 年)、《捆绑谷物的妇女》(1885 年)、《拿镰刀的农夫》(1885 年)、《手持谷物的农妇》(1885 年)、《耕地》(1888 年)、《青年农民》(1889 年)、《女羊倌》(1889 年),等等。为了描绘它们,凡·高走上田野,观察正在播种的农民。[②] 有次,他正在观察田野中的劳动者,倾盆大雨突然而至,改变了天空和他手中素描的颜色。这是个意味深长的插曲。它以凡·高未必意识到的方式凸显了身体—世界的关系。甚至,在身体意象缺席之处,人们依然能看到它们。譬如,他画于 1886 年的《一双鞋》就是如此:

> 从农鞋磨损的内部黑洞洞的敞口中,劳动者艰辛的步履显现出来。这硬邦邦沉甸甸的破旧农鞋里,聚集着她在寒风料峭中迈动在一望无际永远单调的田垄上步履的坚韧和滞缓。鞋皮上粘着湿润而肥沃的泥土。夜幕降临,这双鞋在田野小径上踽踽而行。在这农鞋里,回响着大地无声的呼唤,成熟谷物的宁静馈赠及其在冬日的休闲荒漠中无法阐释的冬冥。[③]

---

① ［荷兰］凡·高:《凡·高论艺术》,李华编译,四川人民出版社 2003 年版,第 28 页。
② ［荷兰］凡·高:《凡·高论艺术》,李华编译,四川人民出版社 2003 年版,第 195 页。
③ ［德］马丁·海德格尔:《诗·语言·思》,彭富春译,文化艺术出版社 1991 年版,第 35 页。

这是大哲海德格尔的著名评论。其中的细节可能值得商榷(画中的鞋可能不属于农妇),但有一点确凿无疑:这双鞋属于劳作者,曾被反复脱掉和穿上,无数次亲近大地。即便它是凡·高本人的所有物,这仍是可靠的事实。为了描绘劳动的身体,他曾于朝霞初泛时把手伸向这双鞋,又于夜幕降临之际脱掉它们。它们坚固的鞋底承受着他的体重,磨损的内里吸收了他行走时的汗水。在这个过程中,他真实的身份也是"劳动的身体":"我想,和农民在庄稼地里劳动一样,我在艺术的土地上耕耘,画布就是我的土地。"①

在凡·高的作品中,身体总是处于一个世界体系之中:房屋、田野、树林,等等。后者既是劳动的场所,又是风景形成的地方。恰如梅洛-庞蒂所言,只有破译了"身体与它所栖居的世界的相遇",我们才能读懂其作品。② 由他的绘画,我们不难发现风景凸显的重要机制:随着身体的自我意识日益增强,环绕其的周遭世界也随之涌现出来。后者不是中立的空间,不是与人无关的自然,而是身体的生活世界。在《有四棵树的秋景》(1885 年)、《公园小径》(1888 年)、《绿色葡萄园》(1888 年)中,身体的出场形成了可见的中心。这并非偶然事件,相反,它诞生于精心的筹划。根据凡·高的回忆,他画风景时经常注意到劳动的人们:"那里有一片成熟的麦田,与这片麦田相连的是一片广阔的刚刚犁过的土地,在这个甚至还残留着泥土芬芳的紫色土地上,一个穿蓝白色服装的农民正在播种。"③其中,一个细节耐人寻味:"在继续努力创作油画《收割的人》的同时,我见缝插针地画了一幅小的从窗口望出去所看见的风景,这也是一篇金黄色的麦地,在留有麦茬的地里,人们正在辛勤扶犁。"④播种的农民是田园风景的缔造者。随着他/她动作的持续,一个世界正在生成。几个月后,人们会在他/她劳作的地方看到繁荣生长的植物家族。后者成形为

---

① 〔荷兰〕凡·高:《凡·高论艺术》,李华编译,四川人民出版社 2003 年版,第 110 页。
② Merleau-Ponty, Maurice. *The Prose of the World*, Evanston: Northwestern University Press, 1973, p.65.
③ 〔荷兰〕凡·高:《凡·高论艺术》,李华编译,四川人民出版社 2003 年版,第 194 页。
④ 〔荷兰〕凡·高:《凡·高论艺术》,李华编译,四川人民出版社 2003 年版,第 29 页。

观者眼中的风景,但又属于他/她赖以生活的田园。田园风光这种说法牵连出劳动的身体,敞开了一种清晰的因果关系。正是由于觉察到了上述秘密,他画风景画时首先想到下面的人和物:一个平凡的劳动者形象、一处金色的沙滩、一片广袤的海洋与天空,甚至一块地上的犁沟,等等。① 当凡·高画山毛榉时,他希望这片树林可以"使人们可以在里面自由呼吸和行走","并感受到树木处处散发的芬芳"。凡·高眼中的树木也具有生命力,是人的同类而非异己之物。② 童年的他就喜欢走出屋子,拜访野外的树木,去跟它们"聊会儿天"。③ 随着交往的持续,"拟人化"逐渐发展为"拟身体化":"从1882年开始,在一些典型的作品中,树木与人体形状的联系更加显而易见。"④在1882年4月创作的绘画《树的研究》中,他表现了一棵备受摧残的树:它被"暴风雨拔起了一半","幸存着活了下来"。⑤ 研究者发现,"他描绘这幅画时倾注的情感与同期创作的另一幅关于一个被抛弃的妇女的画作《悲伤》是完全相同的。"⑥树被当作身体性存在,被视为体验的主体。它们站立、承受、抗拒、挣扎,经历悲欢离合。当凡·高如此看待树时,他已经扩展了身体的谱系:后者不再局限于动物的谱系,而且延伸到了植物的家族。

与米勒一样,凡·高也被冠以身体画家的称号。从谱系学的角度看,凡·高深受米勒的影响。事实上,当时重视身体的画家形成了一个系列。根据瓦雷里的回忆,法国画家德加(Edgar Degas)也致力于研究"劳动的身体":"在表现舞女和熨衣工的画作中,德加捕捉到了她们工作时的习惯姿势。这使德加对身体有了全新的认识,他对前辈画家没有表现出的许多身体姿势进行了分

① [荷兰]凡·高:《凡·高论艺术》,李华编译,四川人民出版社2003年版,第209页。
② [英]拉尔夫·斯基:《凡·高的树》,张安宁译,北京美术摄影出版社2014年版,第15页。
③ [英]拉尔夫·斯基:《凡·高的树》,张安宁译,北京美术摄影出版社2014年版,第18页。
④ [英]拉尔夫·斯基:《凡·高的树》,张安宁译,北京美术摄影出版社2014年版,第18页。
⑤ [英]拉尔夫·斯基:《凡·高的树》,张安宁译,北京美术摄影出版社2014年版,第26页。
⑥ [英]拉尔夫·斯基:《凡·高的树》,张安宁译,北京美术摄影出版社2014年版,第27页。

析。"①他"摒弃了慵卧于睡榻的美人","执着地重构一种有着特定职业烙印的雌性动物","呈现了她们多少变形了的形体和极不稳定的姿势"。② 的确如此:《新奥尔良棉花事务所》(1873 年)、《洗衣女》(约 1876—1878 年)、《练舞室的舞者》(1884—1888 年)等作品的主题都是"劳动的身体"。在《熨衣女》(1884 年)中,他展示了劳动的细节:一个俯身熨烫,一个面露倦容。这是未加修饰的身体,但却揭示了生存的逻辑。个体要活下去,就不能不做事。离开了众多身体的劳作,世界就无法确立其世界性。这是许多评论家所忽略的原初事实。

由于米勒、凡·高、德加等人的努力,"劳动的身体"终于在现代绘画出场了。后者不是被观看的客体,而是某事发生的地方。由于它们播种、挖掘、收割的动姿,世界被重新组织起来。当劳动的身体进入绘画中时,一种革命发生了。身体终于获得了自我意识,将自己"带入"作品。这是艺术史上的重要事件:艺术诞生的原因绝非"存在的真理将自己带入作品"(the truth of beings set itself to work)③,而是身体的劳作。没有可以自动运行的真理,没有预先决定万物进程的天命。正由于身体要建立属于自己的世界,艺术才会诞生。身体的身体化是艺术作品的起源。归根结底,艺术是身体完成自己的一种方式。

劳动是身体自我实现的根本方式。唯有通过劳动,身体才能与环境互动。在劳动中,一个活的中心出现了。这就是编织世界网络的身体。它是行为的起源,也是行为的归处。如果说劳动者有所关怀的话,那么,其对象首先是身体自己。当劳动升格为艺术的一个主题,身体已经有意识地关怀自己。这是一个贯穿生命活动的任务,但却很少清晰地被意识到。对它的意识意味着觉

① [法]保尔·瓦雷里:《德加,舞蹈,素描》,杨洁、张慧译,华东师范大学出版社 2018 年版,第 103 页。

② [法]保尔·瓦雷里:《德加,舞蹈,素描》,杨洁、张慧译,华东师范大学出版社 2018 年版,第 103—104 页。

③ Martin Heidegger, *Poetry, Language, Thought*, translated by Albert Hofstader, New York: Haper & Row, 2001, p.35.

醒,觉醒后的身体会以尽可能多的方式聚焦自己,结果就是凡俗的身体也进入了艺术的场域。大约在1874年到1875年间,德加创作了《挠背的舞女》。画面中的舞女停了下来,正在专注地挠自己的后背。她神情高度集中,无暇旁顾。整个宇宙似乎都缩小为后背上的一小块区域。它是中心中的中心,主题中的主题。此刻,最关键的问题不是如何完成壮丽的航程,而是怎样真正搔到痒处。与她在舞台上表演的形象相比,上述场景具有艺术家常常回避的凡俗意味,但却体现了一个根本的位移:停止表演的身体开始关心自己,显现为目的性存在。这是一个会被大多数画家忽略的动作。它简单、平庸、凡俗,与通常意义上的美无关,但却回应了身体的吁求。身体能感受到自己,需要自我照料。瘙痒就是自我照料的行动。这是历史悠久的技艺,曾被我们的非人类祖先所反复演练。以文明之名,它长期被排斥到主流话语之外,却又总是绵延不绝。从日常生活的场所到艺术的殿堂,它发生于各种行动的间隙之中,凸显了身体的在场:需要挠的是皮肤的表面,感受愉悦的是肌肉、神经、大脑构成的体系,而动作的完成者则是手。在手、皮肤、神经、大脑的递进关系中,身体形成了一个回路:既是关怀者,又是关怀的对象。当这回路进入画家的大脑内,人至少部分地进入澄明之中。对于身体艺术来说,这是个伟大的间隙。

在德加创作《挠背的舞女》20年后,法国画家亨利·德·图卢兹-罗特列克(Henri de Toulouse-Lautrec)创作了《女丑角》(The Clown Cha-U-Kao)。该作品可以说是德加作品的加强版。如果说德加只是表现了一个舞者"尴尬的瞬间",那么,罗特列克则展示了女主角变老后的动姿。画面上的她身材臃肿,正在整理舞蹈服。她所有的注意力都集中于胸部地带。那是世界中最重要的地方,而调整舞蹈服则是"比宇宙更大的任务"。这是一个私密性的时刻,女丑角没有暴露在公众注视的目光之中。她在为自己而活。与德加作品中的主角一样,关怀性力量同样来自于身体自己:在目光无法完全抵达焦点的情况下,触觉(手—胸部)的互反性至关重要;正是依赖能触—被触关系的可逆性,调整才能大功告成,而所有的感觉都同时性地出现于身体图式之中。从这个角度看,《女丑角》中的真正主角是身体—主体。

除了绘画外,摄影也参与了相应的重构。在 19 世纪下半叶,英国兰开夏地区的采矿业迅速兴起,吸引了不少女性劳动者。她们像男人般投入艰辛的劳作,建构起全新的女性形象。一种奇异的社会风景诞生了。好奇的游客和摄影师接踵而至,目睹—记录了身体形象的嬗变。其中有个人因此青史留名。他就是记者爱德华·芒比(Edward Munby)。此君虽然不是摄影师,但却热情地记录劳动妇女(the woking-class women)的踪迹:"在其一生中,他进入了无数寒舍(cottage),购买照片或者说服妇女去找村里的地方摄影师。"①1873 年,维根(Wigan)地区女矿工爱伦·格朗斯(Ellen Grounds)与他合影,留下了至今仍令观者震惊的身体意象:右手抓着挖煤用的钢钎,左手像男人一样叉着腰;脸上演绎着自信的笑容;更加引人注目的是,她穿着当时女性很少穿的裤子。这是个历史性的瞬间。女性身体进入了男性的传统领地,拥有了本来属于后者的服装,展示了更加积极的动姿。她们不再是供欣赏的静物画,而是建构世界的主体。对于维多利亚时代的大多数人来说,此种形象属于越界的产物:"这些女性具有被太阳灼伤的面孔和粗糙的双手,与《维多利亚仕女》(Victorian Lady)形成了鲜明的对照,她们的着装习惯更是与'体面'女人恰好相反。"②然而,这却是煤矿所在地区常见的社会景观。在一篇文章中,爱德华·芒比如此描写了他所会见的女矿工:"一个女性穿着法兰绒裤子、马甲(带着象牙纽扣)、粉红衬衫、淡紫色软帽……大约 30 岁,已婚,黄色的头发,金棕色的皮肤,非常干净……"③她是他眼中一个非常值得尊敬的女性。根据他的观察,她的衣服在维根并不引人注目:在维根,穿裤子的女性一点也不比穿裙子

① Joanne Entwistle, *The Fashioned Body: Fashion, dress & Modern Social Theory*, Cambridge: Polity Press, 2018, p.166.

② Joanne Entwistle, *The Fashioned Body: Fashion, dress & Modern Social Theory*, Cambridge: Polity Press, 2018, p.167.

③ Joanne Entwistle, *The Fashioned Body: Fashion, dress & Modern Social Theory*, Cambridge: Polity Press, 2018, p.167.

的女性显得古怪。对于主流视域来说，这可能体现了"野蛮的地方性"。① 正是由于这种"野蛮"，已有的边界才被突破，劳动的女性身体才得以进入艺术场域。

当女性身体也进入劳动叙事之时，对于身体—主体的重构已经趋于完整。生存的真理终于进入了作品，获得了多样化的呈现。这并非是海德格尔所说的自行进入，而是艰辛劳作的结果。身体既是这个过程的推动者，也是阻力诞生的地方。这是一种永远无法消除的二重性。它意味着身体艺术将始终具有悖谬品格。

第三节　矛盾的身体意象与身体艺术的前景

对于身体艺术来说，从文艺复兴到 19 世纪的漫长时期仍处于过渡阶段：(1)虽然尼采等人不断强调身体的主体地位，但有关身体客体的言说仍然流行于世纪之交；(2)对身体主体身份的揭示依然在持续，而这意味着一个物种终究会与自己的本性相遇。由于上述两种观念的博弈，身体—主体的出场仪式并未呈现出势如破竹之势。在相应的艺术建构中，延宕、迟疑、反复仍是常态。

为了理解这种胶着状态，我们有必要回顾一个真实的事件。1739 年夏天，某个自学成才的编年史作者来到了巴黎，差点被都市的人群挤得昏厥。在叙述这段经历时，他动用了灵修词汇来形容自己的苦痛："在如此处境中，我很幸运我只有这样一具久经磨炼的身体来拯救自己的生命。"②身体依然被当作工具，被视为某种所有物。它非但不是自我，而且必须被后者驱使。在心灵

---

① Joanne Entwistle, *The Fashioned Body*: *Fashion*, *dress & Modern Social Theory*, Cambridge: Polity Press, 2018, p.167.

② ［法］乔治·维加埃罗主编：《身体的历史：从文艺复兴到启蒙运动》，张竝、赵济鸿译，华东师范大学出版社 2013 年版，第 77 页。

和身体之间想象的深渊中，人们充填了各种形而上学的假设：

> 许多科学家通过援引笛卡尔派的折中论而达成：人类身体是一种物质性机制，它属于"自然"并能加以科学研究，而人类的"灵魂"或"精神"是独一无二并外在于自然的。达尔文和斯宾塞演化论观点的新颖之处……是完全在物质论哲学中看待人类，不觉得有必要从神圣资源中引入特殊原因解释人类精神或灵魂的平行起源。你现在可以从一种物质的"自然"基础出发理解人类的所有面相，包括理性和心理。①

从文艺复兴开始，虽然人们开始挑战古希腊罗马的许多学说（如"灵气"），却始终没有走出二元论的藩篱，因而相应观念仍具有挥之不去的悖论品格。在达·芬奇的日记中，有关灵魂的言说曾挥之不去："灵魂希望留在躯体内，因为若没有躯体这个器官，灵魂既不能行动也无感觉。"②灵魂虽然已经丧失了许多想象中的功能，但还是保留了最后的一席之地："骨头的关节服从神经，神经服从肌肉，肌肉服从多孔腱，多孔腱服从'感官通汇'，而'感官通汇'是灵魂的住所……"③由于这种保留，身体依然处于被压抑的状态，仍旧没有完全摆脱一个假想的陪伴者："我们是由两种东西组成的，就是灵魂和躯体。灵魂主要，躯体次要。"④讨论眼睛的作用时，达·芬奇使用了一个柏拉图式的隐喻："眼睛是人体之窗，透过这个窗口人类享受着世界的美。只因有了眼睛，心灵

---

① ［法］乔治·维加埃罗主编：《历史上的身体：从旧石器时代到未来的欧洲》，张竝、赵济鸿译，华东师范大学出版社 2013 年版，第 294 页。
② ［意大利］达·芬奇：《达·芬奇笔记》，郑福洁译，生活·读书·新知三联书店 2007 年版，第 234 页。
③ ［意大利］达·芬奇：《达·芬奇笔记》，郑福洁译，生活·读书·新知三联书店 2007 年版，第 91 页。
④ ［意大利］达·芬奇：《达·芬奇笔记》，郑福洁译，生活·读书·新知三联书店 2007 年版，第 234 页。

才安于留在躯体的牢笼中,没有眼睛,这个躯体的牢笼是扭曲的。"①身体被当作牢笼,被视为囚禁者,是西方文化史上一个绵延的意象。它虽然总是面临被驳斥的可能性,但又始终顽固地盘踞于人们的头脑之中。

从文艺复兴开始到 19 世纪末期,二元论始终是占统治地位的人学模式。由于它的流行,身体学建构并不能势如破竹。相应进程往往一波三折,具体情节常常颇具吊诡品味:"西方个人主义的上升逐渐发展为区分人及其身体的二元论,这一变化与宗教没有直接关系,而是在世俗层面展开的。"②进入 19 世纪以后,身体依然因其晦暗品格而被视为危险的场所。它差不多成了最后被文明收录的蛮荒之地。造成这种状况的根本原因是社会分工:权力主体喜欢将自己标画为非物质性的精神主体,似乎自己与身体没有必然的关联;无权无势者被当作身体性存在,但又缺乏展示自己的机缘。当前者被反复赞美时,主体性的身体却被持续遮蔽:"笛卡尔二元论发扬了维塞留斯二元论。两者都表达了对身体的关注,它为主体提供了坚实性与面孔,却被甩在主体之外。身体是人的附属品。"③在这种背景中,它即使偶尔获得出场的机缘,也只能短暂地闪烁于主流话语的边缘,随即便沉入无意识的漫漫长夜之中。借助解剖学,它的内环境变成了探微索隐的对象,而这仍不意味着身体能将自己带入澄明状态。遮蔽性的力量来自权力的布局、统治的计谋、认识的盲区,但最终落实为分裂的人学图式:人被从中间一分为二,而心灵与身体又必须以悖谬的方式联合。身心二分法不但依然存在,而且时常以吊诡的方式获得了强化:"虽然这样讨论了感官和感觉,我们仍然停留在暗箱所占据的知识论范围内,它凌驾在身体的直接主观明证之上。甚至对狄德罗这样一个所谓的唯物论者,感

① ［意大利］达·芬奇:《达·芬奇笔记》,郑福洁译,生活·读书·新知三联书店 2007 年版,第 92 页。
② ［法］大卫·勒布雷东:《人类身体史与现代性》,王圆圆译,上海文艺出版社 2010 年版,第 27 页。
③ ［法］大卫·勒布雷东:《人类身体史与现代性》,王圆圆译,上海文艺出版社 2010 年版,第 79—80 页。

官也被认为比较是理性心灵的辅佐者,而较不是生理感官。"①有时,躯干—头颅仍然被分离。譬如,温克尔曼曾经写道:"头是美和高贵的优雅的杰作,超越了身体,并且很明显地不属于它……"②这种语境中的身体已经是残骸。它被切去了头颅,被剥夺了思想的器官,被简化为随时待命的躯干。它变成了殖民的场所,供想象中的灵魂入住和掌控,必须随时等待精神主体的御使。只有当显现出温顺品格,当且仅当它甘当载体,它才能被判定为美的存在。对心灵的想象依然牵引着众多个体,催生出贬抑身体的故事。

然而,二元论尽管被如此郑重地谈论,但它并非是一种严谨的学说,而是无根的臆测。二元论的最大问题是自我驳斥:如果二元根本不同,它们就无法相互作用,当然也不可能联合为"人";倘若它们本性相同,划分二元也就没有依据。这是一种悖论式的命题。为了自圆其说,盖伦等人曾提出"灵气"说,假定后者赋予血液以活力。③ 所谓的"灵气"据说是半物质半精神的存在。④存在这种神秘的事物吗? 他们显然无法给出有效的证明,因为必须首先证明二元论正确,才能证明"灵气"存在,但有关它的假设恰恰是为了证明二元论,这是典型的循环论证。尽管证明者殚精竭虑,但所能做的仅仅是叠床架屋:"主体通过身体可能做到的活动,构建人与世界之间生机勃勃的关系,鉴别评估周边环境并建立起个人身份。"⑤假定存在一个超越身体的主体,随后又把身体贬抑到工具的行列:这是一种流传已久的陈词滥调,体现了抹去身体的古

---

① [美]乔纳森·克拉里:《观察者的技术》,蔡佩君译,华东师范大学出版社 2017 年版,第 95 页。

② John Winckelmann, *The History of Ancient Art Among the Greeks*, London: George Woodfall and Son, 1850, p.126.

③ [英]亚·沃尔夫:《十六、十七世纪科学、技术和哲学史》(下册),商务印书馆 2016 年版,第 506 页。

④ [英]亚·沃尔夫:《十六、十七世纪科学、技术和哲学史》(下册),商务印书馆 2016 年版,第 507 页。

⑤ [法]大卫·勒布雷东:《人类身体史与现代性》,王圆圆译,上海文艺出版社 2010 年版,第 181 页。

老筹划。尽管作者言之凿凿，但所表达的很可能不过是偏见，因为它遮蔽了下面的可能性：身体就是我们之所是，就是传说中的主体。

不过，由于已经形成了盘根错节的体系，二元论很难被迅速清除，而身体的出场进程必然一波三折。到了 19 世纪末期，它仍旧深刻地影响着艺术生产。譬如，亨利·卢梭（Henri Rousseau）1894 年创作的油画《战争》（*La Guerre*）展示了这样的场景：一个悬空的女性身体挥舞着短剑，她下面的大地上倒卧着众多的尸体。这种身体悬空的场景通常都与灵性想象有关。画中的女性身体是充溢着灵性的身体。它在某种意义上已经被精神化了。然而，诡异的是，当她的身体被精神化时，有关实践的重构并未缺席：正是由于画面中的女性身体挥舞着剑，尸体横陈的景象才会出现。从这个角度看，身体又是"某事发生的地方"。这种处理显然不无悖理之处：如果身体可以随意地被精神所充盈，那么，精神力量为何不直接显现呢？它为何偏偏要驱使一个傀儡般的身体呢？难道仅仅是为了形成可见的意象吗？毫无疑问，当画家如此重构身体时，他依然生活于二元论的场域。尽管亨利·卢梭后来被定位为现代艺术家，这个事实都无法抹去。① 在尼采等人已经多次宣告"我是身体"的 19 世纪末，此类现象无疑显现了西方文化的内部时差。不是所有人都乐意接受一种连贯的身体学，相反，他/她可能更喜欢暧昧的生命观。这反过来折射出身体学的羸弱。尽管尼采等人高声赞美身体，但他们的声音很难立刻进入大众耳中。对于芸芸众生来说，高深莫测的哲学文本绝不是有效的启蒙读物（尼采的书当时几乎没有销路）。如果出现一种能够充分揭示身体主体性的艺术，那么，相应的话语生产就会产生更大的影响。

到了 19 世纪末，一种影响身体学命运的艺术形式终于出现了：这就是脱胎于摄影术（photography）的电影。由于它的诞生，身体的公共形象大为改观：

---

① Guy Cogeval, Sylvie Patry, Stéphane Guégan and Christine Dixon, *Van Gogh*, *Gauguin*, *Cézanne & Beyond*；*Post-Impressionism From the Musée D'Orsay*, Canberra：National Gallery of Australia, 2009, p.66.

"在美国和欧洲一样,电影观众对身体表现出极大的热情,这使电影作为一种神奇的艺术,影响力不断扩大。展示身体不但不会夺走其声望和影响,反而使其更有魅力,因为公众分享了身体的美。电影中的身体在不同国家和文化之间流动,被全世界的观众所分享。"①电影之魅并非完全源于表象之诱惑,而是诞生于本体论意义上的认同。当观众注视银幕上的身体时,他/她实际上是在注视自己。这是身体对身体的注视。身体似乎脱离了身体,转移到自己的对面。观看电影,实际上就是反复加入重逢的仪式。银幕上的身体非幽灵,非鬼影,非魑魅。它们就是自我增殖的身体。身体来自身体,注定要相互联合,又必然拥有共同的命运。即使在斗争中,身体依然会体验到彼此的共性。这是同情的基础,是观看的前提。

回顾艺术史,电影之魅首先来自摄影术。从身体学的角度看,摄影术的发明是个影响至今的重要事件:身体从此可以出现在自己的目光之中,进入了可视之物的行列。"我"所看见的不仅是天空和大地、河流和山脉、动物和植物,还包括"我"自己。一个千古难题——身体无法看见自己——至少部分地被破解了。在它出现之前,人曾无数次地凝视水面、镜子、他者的瞳孔,希望看见它们折射出的自己,但都难以充分实现自己的愿望。艺术家既无法完整重构身体的外观(尤其是其动姿),也难以深入到其内部进行探索。能够被从容打量和勘探的是遗体——一种已经无法自我打量的客体。后者是解剖学研究的对象,也是画家反复观摩的客体。自文艺复兴以来,解剖学日趋发达,遗体成为人自我认识的模型:"素描、绘画以及制作身体模型都是从解剖的真实性角度来认识裸露的身体,然后再根据场景或动作环境的需要为身体穿上衣服。"②在解剖台上,活的身体处于缺席状态。当遗体成为模型,艺术中的身体

---

① [法]让-雅克·库尔第纳:《身体的历史:目光的转变:20世纪》,孙圣英等译,华南师范大学出版社2013年版,第292—293页。

② [法]让-雅克·库尔第纳:《身体的历史:目光的转变:20世纪》,孙圣英等译,华南师范大学出版社2013年版,第323页。

就难以完全返魅。要改变这种局面，那么，视觉层面的技术变革既必须提到议事日程。从这个角度看，1837—1839 年是个重要的时间区域。正是在此阶段，达盖尔（Jaccque-Mandé Daguerre）发明了摄影术。从此，艺术对世界的复制方式出现了巨大的变化，开始具有"惊人的真实性"。① 超越的力量产生了。

摄影术被称为光的写作（light writing）。② 它的工具是暗箱（light-tight box）、镜头（lenses）、感光物，可以记录所有被光照亮的事物。③ 这种方法赋予所拍下的照片"以一种确实的、无可争议的真实价值"，"赋予了真实以十分清晰的透明度"。④ 照相机可以模仿视觉功能，将我们看到的世界收录到胶片上。当目光重新触及它时，被收录的事物就会重新变得栩栩如生。从海德格尔所说的上手事物到遥远的星际，这种重构似乎可以无限地延伸。从 1839 年起，它"深刻地影响了艺术和视觉的习惯"。⑤ 与绘画不同，摄影不需要艺术家这个中介，可以直接抵达对象（包括人所是的身体）。正因为如此，巴赞（André Bazin）认为"它的独特性在于其本质上的客观性"："作为摄影机眼睛的一组透镜代替了人的眼睛，而它们的名称就叫'objectif'。在原物体与它的再现物之间只有另一个实物发生作用，这真是破天荒第一次。外部世界的影像第一次按照严格的决定论自动生成，不需人加以干预，参与创造。"⑥犹如可以离开身体的眼睛，摄影机可以相对自由地观看—摄取—收录对象。它"摆脱了我们对客体的习惯看法和偏见"，"清除了我的感觉蒙在客体上的精神锈斑"，因而"能够还世界以纯真的原貌"。⑦ 对于身体来说，"精神锈斑"的清除

① ［德］齐格弗里德·克拉考尔：《电影的本性——物质现实的复原》，邵牧君译，中国电影出版社 1981 年版，第 5 页。
② Mary Wgrner Matien, *Photography：A Cltural History*，London：Prientice Hall，2011，p.viii.
③ Mary Wgrner Matien, *Photography：A Cltural History*，London：Prientice Hall，2011，p.3.
④ ［法］乔治·维加埃罗主编：《身体的历史：从法国大革命到第一次世界大战》，张竝、赵济鸿译，华东师范大学出版社 2013 年版，第 83 页。
⑤ ［法］乔治·维加埃罗主编：《身体的历史：从法国大革命到第一次世界大战》，张竝、赵济鸿译，华东师范大学出版社 2013 年版，第 83 页。
⑥ ［法］巴赞：《电影是什么?》，崔君衍译，中国电影出版社 1987 年版，第 11 页。
⑦ ［法］巴赞：《电影是什么?》，崔君衍译，中国电影出版社 1987 年版，第 14 页。

具有决定性的意义。后者曾横亘在观者和身体之间，遮蔽着身体的主体形貌。现在，依赖机械设备的效力，身体可以站在新兴文化场域的中心，反复留下自己变动的影像。无需像舞台剧演员那样被当场观看，也不必借助画家的劳作，个体就可以将自己的真实形象呈现给观者："因为摄影技术的产生，在不再借助于舞台上的滑轮换景机械或是绘画工作室的帆布带以及挂钩的情况下就能很快地捕捉模特的动作。"①由于特写镜头的出现，摄影技术可以凸显细节。身体因此变得高度可视化了。观者有时就是他/她本人。他/她可以与自己面对面，凝视自己，仿佛掌握了分身术。由此形成的不是主体的裂痕，而是其梦幻般增殖的意象。

这种魔法曾使许多人着迷，拍摄照片逐渐升格为都市中的时尚。它流行于各个阶层之间，最终改变了政治家的形象生产方式："大多数美国人直到摄影的出现前都没有见过他们总统'真正的样子'。1849 年，詹姆斯·诺克斯·波尔克（James Knox Polk）成了第一位拍照的美国总统，尽管大多数人对 1865 年苏格兰人亚历山大·戈登纳（Alexander Gardner）所做的著名的亚伯拉罕·林肯画像更为熟悉。"②在摄影逐渐流行的过程中，一种新的真实观开始出现，人们越来越倾向于相信照片的再现功能。后者不是普通的所指，而是现实的复制。那么，它们是否总是具有客观对应物？在 1840 年 10 月 18 日，有人以恶作剧的形式探讨了这点。希波利特·巴耶尔（Hippolyte Bayard）将自己扮演成一个溺水而死的人，并将其拍摄成一幅自画像式的照片。这幅作品被命名为《扮演溺死男人者的肖像》（*Self-Portrait as a Drowned Man*）。在艾美利亚·琼斯（Amelia Jones）看来，这幅作品源于"一个弥天大谎"："如果巴耶尔真的溺水而亡，他又怎样伪造这幅自我肖像？他的身体不能同时在两处（在照相机前和照相机后，或至少在操纵它），他的身体也不能同时表现为（生和

① ［法］让-雅克·库尔第纳：《身体的历史：目光的转变：20 世纪》，孙圣英等译，华南师范大学出版社 2013 年版，第 323 页。
② ［英］理查德·豪厄尔斯：《视觉文化》，葛红兵等译，译林出版社 2014 年版，第 172 页。

死)两种存在状态。"①这是非谎言的谎言,是身体的自我证明。当且仅当身体存在,摄影才可能发生。是身体在操纵相机,是身体在查看拍摄的效果。在摄影过程中,身体处于一个过程的两端,同时是出发点和终点。它不可能拍摄死后的自己,而只能在镜头前"扮演"死者。即便摄影师具有"抛弃身体并因此抛弃自我的欲望",最终被证明的也是"身体是无休止的'真实存在'"。② 图片可能被误读,我们所是的身体却注定在场。人无法拉开与身体的距离,不能在别处打量自己的身体。身体在哪里,你和我就在何处。身体不是自我的物质表现形式,不是精神栖居于其中的外壳,而就是你和我。它可以与环境互动,可以支配上手事物,可以成为移动的中心,但你我依然是这个以皮肤为边疆的细胞帝国。在照片出现之后,这也是无法超越的本体论结构。正因为如此,摄影术中蕴含着一种身体学。

在谈论照相术的使命时,美国摄影家迈纳·怀特(Minor White)曾说:"透过相机来发现自我。""风景照实际上是'内心风景'。""镜头替我观看,并要求我观看。""摄影拍摄的是我的肉身,我是可见的。"③相机首先是眼睛的延伸。眼睛通过它观看和捕捉有形的客体。摄影依赖我们的眼睛这个身体器官,而眼睛所凝视的是身体及其生活世界。于是,在走了一圈后,它又回到了身体。存在一种身体与身体之间的相互反射关系。对于身体来说,摄影不过是确认自己的新型方式。后者首先是对身体位置的记录。为了收留—展示另外一个身体的位置,摄影者就必须具有对自己的位置意识:打量、勘探、衡量;移动、扭曲自己的身体;调节自己的高度,等等。在这个过程中,所有的活动总是回到一个中心。这就是作为观者的身体—主体。身体—主体拥有头脑、双手、眼睛。在图像制作过程中,头脑、双手、眼睛总是处于合作状态,但所起的作用并不相同。如果说以往的图像制作主要有赖于双手的劳作,那么,摄影术

① [英]艾美利亚·琼斯:《自我与图像》,古光曙译,江苏美术出版社2013年版,第9页。
② [英]艾美利亚·琼斯:《自我与图像》,古光曙译,江苏美术出版社2013年版,第9页。
③ [美]苏珊·桑塔格:《论摄影》,黄灿然译,上海译文出版社2010年版,第253页。

的出现则凸显了眼睛的地位:"在图像复制的工艺流程中,照相术第一次把手从最重要的功能上解脱出来,并把这种功能移交给往镜头里看的眼睛。由于眼睛能比手的动作更快地捕获对象,图像复制工序的速度便急剧加快,以至于它能够同说话步调一致了。"①眼睛"捕捉"对象的目的是满足整个身体的需要。观者不是眼睛,而是身体—主体。身体—主体是开放的建构者,总是将环绕它的事物整合到属于自己的世界之中:(1)首先被整合的是可以直接被触及的存在,它们构成了个体世界的内层;(2)即将被触及到者处于一个弹性的中间地带;(3)难以被触及者则最终留给了目光——目光如透明的手一样抚摸、感受、认识它们,将它们安置到了个体世界的外层。借助于相机的"去远"功能,身体—主体可以更从容地完成这种整合:从遥远的星辰到近处的花朵,事物都进驻人造的平面之中,随时被端详、凝视、把玩。对此,罗兰·巴特(Roland Barthes)心领神会。在观看自己童年的照片时,这位卓越的批评家写道:

> 这组照片在包容了父母方面全部关系的同时,俨然有一种通灵物质在起作用,并使我与我躯体的"本我"建立起关系。这组照片在我身上激起某种晦涩的梦幻,其组成单位就是牙齿、头发、鼻子、瘦身材、穿着长筒袜的大腿,它们不属于我,然而除我之外又不属于别人——从此,我便处于令人不安的亲近状态:我竟然看见了主体的裂痕(他甚至对此无话可说)。②

"通灵物质"就是身体的"肉"。身体就是"通灵者":能够感受和回忆,可以通过联想重建自己与世界的本体论关系。当它看见自己的昔日影像,一种重逢/分离的辩证体验就会油然而生。照片上的人同时是又不是他/她。他/她

---

① [德]本雅明:《启迪:本雅明文选》,阿伦特编选,张旭东、王斑译,生活·读书·新知三联书店 2008 年版,第 233 页。
② [法]罗兰·巴特:《罗兰·巴特自述》,怀宇译,中国人民大学出版社 2010 年版,第 5—6 页。

不能以照片为媒介复活自己曾经是的身体,但可以将后者的意象统摄到自己的当下世界之中。昔日身体的意象进入了当下的身体,成为身体中的身体。身体并未因此成为俄罗斯套娃,因为它统摄的仅仅是与自己关系密切的意象。然而,这已经足够:如果没有照片,身体将无法如此轻松地保留自己的昔日形貌。拥有照片意味着拥有某种魔法,可以演绎对抗时间的技艺。在这个过程中,古典艺术品的"灵晕"(aura)可能如本雅明所担忧的那样趋于消失,但身体却因此吊诡地返魅。

在论文《摄影简史》(*Little History of Photography*)中,本雅明(Walter Benjamin)曾提到一个重要的位移:从作为艺术的摄影(photography-as-art)到作为摄影的艺术(art-as-photography)。① 这种说法意味深长:如果说诞生之初的摄影需要证明自己是一门艺术的话,那么,此后的它却可以为其他艺术树立标准。虽然本雅明所关注的是摄影的可复制性,但它的真实影响绝不限于此。摄影是艺术的艺术。它既是艺术之一种,又可以记载其他艺术的发生史。这是个迷人的功能:每件东西都会获得自己的副本,而后者又可以迅速增殖。借机械复制之功,事物似乎获得了别样之魅。正因为具有如此魔力,摄影术诞生之后很快受到了一些艺术家的欢迎。他们把玩自己、亲戚、朋友、恋人的照片,将之当作最切己的艺术品。其中的代表人物是雕塑家罗丹:"罗丹不仅懂得利用摄影技术,而开一代先河,更因他经常利用摄影技术,且得其诀窍,而跻身革新者的行列。"②这绝非偶然:与雕塑一样,摄影同样适于重构身体,但二者之间又不存在直接的竞争关系。摄影属于平面艺术,雕塑的作品则是三维存在。它们之间迥然有别而又殊途同归。有了重构身体这个共同使命,摄影师与雕塑家走到了一起。正因为如此,当画家指责摄影作品与绘画艺术无法相

---

① Walter Benjamin, *The Work of Art in the Age of its Technological Reproducibility and Other Writings on Media*, Cambridge: The Belknap Press of Harvard University Press, 2008, p.290.

② [法]海伦·皮涅特:《罗丹:激情的形体思想家》,周克希译,译文出版社 2002 年版,第 116 页。

容时,雕刻家们纷纷购买了照相机。除此之外,罗丹等还与波德梅(Bodmer)、帕纳利埃(Pannelier)、弗勒莱(Freuler)等人交往甚密。这些摄影师的作品反映了罗丹工作室里的各种雕塑作品,记录了工艺制作过程的细节。1896年日内瓦博览会开幕时,展出的28幅摄影作品反映了他未送展的雕塑。现在的罗丹博物馆里大约有25000张照片,其中7000张是罗丹自己收集的。拍摄的主体和主题非常多样化。这个私人相册见证了罗丹的兴趣和他的艺术来源,而肖像和报刊照片则展现了他的生活。最重要的是,这些照片记录下了从1877年到1917年罗丹逝世之前在工作室里的生活。由于这些照片的存在,罗丹所是的身体被定格为一系列影像,成为后世学者的研究对象。如果说他是激情洋溢的身体艺术家,那么,摄影则记录了其身体的动姿。① 将这些片段串联起来,一个相对完整的身体叙事就会成形。

罗丹去世于1917年11月17日。在他生前摄影术已经发生了一次革命。如果相片在短于1/24秒的时间内连续出现,人眼就会把它们联系起来,观者所看到的就是活的画面。在连续摄影术诞生后,这种可能性已经初露端倪。1882年,法国人马莱(Jules Marey)利用摄影枪拍摄出了步兵连续行走的动姿,预示了电影直接记录身体动作的可能性:"正如平板印刷最终包含了带传图的报纸,照相术也预示了有声电影。"②19世纪末期,人们涉及出了可以制造活动幻觉的机器(parlor-game machine)。后者又被称为"哲学玩具"(philo-sophical toys),可以转动环绕着水平柱面(horizonal cylinder)的影像。③ 当人们观看时,照片系列就会成形为奔马或其他活动画面。这是个小玩意,但它的出现却是大事件。从前,人们只能看到移动的身体和物体,现在却可以看到影像的移动。后者不是偶然地出现于水面和镜面,而是被有意识地投射

① 譬如,照片记录下来一个生动的瞬间:罗丹在《雨果》和《思想者》两座雕像前凝神观照,其动姿似乎回应了后两者的呼唤。(《罗丹:激情的形体思想家》,第116页。)
② [德]本雅明:《启迪:本雅明文选》,阿伦特编选,张旭东、王斑译,生活·读书·新知三联书店2008年版,第234页。
③ Mary Wgrner Matien, *Photography:A Cltural History*, London:Prientice Hall,2011,p.214.

出来。这意味着本体论层面的革命：我们可以看到身体之外的身体，进入世界之外的世界，体验生活之外的生活。一切都被双重化了。原型可以凝视自己的副本，后者似乎可以自行运动、变形、增殖、消失，但它们并非幽灵般的主体，而是前后相继的影像。影像来自身体—物体。身体是影像诞生的原因，影像记录了身体的行动。当身体将自己投射到活动影像中时，世界已经以某种方式被重组。如果说身体在世界之中，那么，他/她的变化就是世界的变化。

在影像世界中，身体—影像同样是枢纽，物体—影像则环绕着它们。这就是影像世界的基本结构。当这个秘密被敞开，电影最终横空出世。1895 年 12 月 28 日，法国的卢米埃尔兄弟（Lumière Brothers）租下了巴黎一个大咖啡馆楼下的台球厅，开始展示他们的新版活动图片。他们一共放映了 10 部小电影，耗时仅 20 分钟，观众总数为 34 人。从经营的调度看，这远远算不上成功。正因为如此，此刻的他们或许不知道自己创造了新的世纪。然而，当连续的人物影像出现时，革命已经发生：被投射到屏幕上的不是个别的影像，而是影像的世界。此后，艺术将拥有更加神奇的叙事手段。与现场表演的剧场艺术相比，"电影似乎拥有更明确和更有效的手段来引导观众的注意力"，如"影片中镜头视角的变光比剧场灯光更有效"，但其优势并不限于这些细节上的革新。[①]更重要的是，它可以在屏幕上创造运动的幻觉，直接演绎身体叙事。当演员做出一串动作，摄影机就会将它们记录下来。通过摄影机，身体的行动被完整地收录，成为可以观看的艺术品。出现在电影中的身体形象犹如活动的摹本，可以供观者直接面对。由于不需要语言"这个二级中介"，电影演员又不必亲临现场，身体似乎获得了别样的魔力：它可以同时在多个地方出场，升格为某种原型意象。这是现代传奇的重要组成部分，意味着前所未有的自由。

或许正是由于这个巨大的优势，它迅速吸引了芸芸众生。虽然早期电影

---

① ［南非］大卫·歌德布拉特等编著：《艺术哲学读本》，牛宏宝等译，中国人民大学出版社 2016 年版，第 101 页。

缺乏丰富的艺术手段,但依然具有独特的魅力:"没有伟大的剧情,没有电影明星,没有对影像的交叉剪接(cross-cutting)所造成的高度张力,没有奶油派和追逐。对于最早的观众来说,屏幕上的运动乃是新奇之事,本身就具有足够的吸引力。"①许多观众区别不开幻觉和实景,认真地对待屏幕上发生的一切。当进站的火车驶过来时,他们发出尖叫声;为了躲避屏幕上的波浪,有人跳来跳去。② 即使是伟大的俄罗斯小说家高尔基(Maxim Gorky)也被卢米埃尔兄弟的《水浇园丁》(*Watering the Gardener*)所震惊:"你觉得水流也会击中你,你会本能地躲避。"③高尔基曾于1896年7月于观看过卢米埃尔兄弟的电影,感觉自己经历了一场艺术的地震。在随后为当地的报纸所写的评论中,他开篇便说:"昨晚我进入了影子的帝国。"④影子帝国的成员是意象。它们可以代替身体—物体出场,演绎各种各样的故事。在传统艺术中,只有皮影戏能够制造出类似的魔幻效果,但却远远无法与之竞争。受制于演员与道具的在场性,它无法演绎足够丰富的故事,缺乏电影所具有的自由度。与传统艺术相比,电影能够制造幻觉是个巨大的优势。在比较绘画和诗歌时,莱辛(Gotthold Ephraim Lessing)曾经指出:

> 绘画描绘物体,通过物体,以暗示的方式,去描绘运动。
> 诗描绘运动,通过运动,以暗示的方式,去描绘物体。⑤

与上述两种艺术形式相比,电影可以描绘/演绎运动中的物体,能够综合诗和绘画的共同优势。正因为如此,它可以完整地重构运动中的身体:"对于电影

---

① Wenden,D.J.*The Birth of the Movie*,New York:Dutton & Co.,Inc.,1974,p.13.
② Wenden,D.J.*The Birth of the Movie*,New York:Dutton & Co.,Inc.,1974,p.15.
③ Wenden,D.J.*The Birth of the Movie*,New York:Dutton & Co.,Inc.,1974,p.15.
④ Wenden,D.J.*The Birth of the Movie*,New York:Dutton & Co.,Inc.,1974,p.15.
⑤ [德]莱辛:《拉奥孔》,朱光潜译,商务印书馆2016年版,第213页。

来说,首要的是演员在摄影机前向观众再现自己,而不是再现别的什么。"①身体终于可以直面自己的运动—影像。这是个里程碑式的事件,在评价这个转折时,本雅明(Walter Benjamin)写道:"人第一次——而这是电影的结果——必须开动起他整个活生生的身体,但却不得不放弃灵晕。"②这个评价的前一部分完全正确,后面的论断却失于武断。随着电影的发展,"环绕着演员的灵晕"非但没有消失,反倒被强化到了前所未有的程度。由于不受舞台时空的限制,演员可以更充分、完整、细致地进行叙事,获得了空前的自由:"通过用周围的事物把我们封闭起来,通过在照相术坦率的引导下探索共同的背景,电影一方面引申了我们对统治着我们生活的必需之物的理解,另一方面又保证了一个巨大的意想不到的活动领域。"③与被束缚于舞台上的传统演员不同,他/她可以相对自由地变换自己的活动地点,今天在伦敦,明天到纽约。只要经费充足,肉身性的人可以去地球上的大多数地方。通过后期制作,这种神奇品格会获得进一步强化:"在电影中,我做这个动作,同时我又不做这个动作;我在这个空间之内,又在这个空间之外;我具有无所不在的力量。我在一切地方,我又不在任何地方。"④由于表演和观看的分离,身体意象获得了被加工的机缘。它可以被合成,被美化,被赋予神秘色彩。经过一番加工,呈现给公众的身体意象已经超越了其原型。如今身体意象变得可以独立于人了,可以被移来搬去了。它被搬运到哪里呢? 它被搬运到公众的面前。英文中的电影可以写作 film(胶卷)和 cinema(剧场)。film 是人们观看的对象,cinema 则是他或她观看的空间。身体与身体相聚于 cinema 之中,观看 film 就是观看身体之

①　[德]本雅明:《启迪:本雅明文选》,阿伦特编选,张旭东、王斑译,生活·读书·新知三联书店 2008 年版,第 246—247 页。
②　[德]本雅明:《启迪:本雅明文选》,阿伦特编选,张旭东、王斑译,生活·读书·新知三联书店 2008 年版,第 247 页。
③　[德]本雅明:《启迪:本雅明文选》,阿伦特编选,张旭东、王斑译,生活·读书·新知三联书店 2008 年版,第 256 页。
④　[法]克里斯蒂安·麦茨等:《凝视的快感——电影文本的精神分析》,吴琼编,中国人民大学出版社 2005 年版,第 26 页。

踪迹。真实的身体凝视虚拟的身体,琢磨它们如何演绎—解构一段故事。故事是身体踪迹之延异。后者分叉、增殖、消失,但又总是回到身体。早在电影被制成之前,它就已经存在于身体的关系之中。演员的行动总是处于被注视的状态。注视他/她的人不仅是导演、摄影师、助理,而且是潜在的观众。观众虽然并不在场,但却拥有共同的"物质之眼"——摄影机。后者凝视着演员和环绕他们的物体,摄入存在者的影像。这些影像被储存于 film 里,被带到 Cinema 内,被送达观众的视野中。Cinema 中的灯光熄灭后,影像便复活为身体—物体,屏幕上则出现了虚拟的生活世界。观众看着屏幕,欣赏的却是三维的运动。他/她为什么会把影像翻译成实在?是因为一种共同性:屏幕上的主导影像源自身体性的人,后者与他/她并无本质上的不同。当他/她凝视屏幕时,首先被看到的是影像化的身体。那么,观者是谁?是眼睛吗?眼睛又属于何者?答案只能是:活的身体。当屏幕上的影像消失,若有所思的人们开始退场。随着身体相继离开,剧场和屏幕又恢复了原初的空白状态。没有幽灵显现于屏幕之上,徘徊于座位之间。剩下的是非有机的物体。它们停留于缄默之中。只有当身体回来,这里才会重新生机勃勃。身体是电影叙事的主角,是其编剧、导演、演员、观众。如果说电影首先是一些运动着的照片(motion picture),那么,运动的主角就是身体。它并不是一种被给予的存在,而是电影因之诞生的原初主体。没有身体,就没有电影。电影不是胶卷、摄影机、投影装置,也不是剧场。前者是身体征用的上手事物,后者则是身体所建造、维护、逗留的建筑,将二者联系起来的是身体的行动,后者是电影的本体。无论场景如何变化,它所主要表现的仍是"在世界中的身体"(the body in the world)。从这个角度看,电影的出现必然意味着身体的复兴。

第四章　20 世纪以后的艺术:身体的
主体形貌与客体意象

进入 20 世纪以后,世界进入快速变化的阶段。"一切坚固的东西都烟消云散了",研究现代主义的学者马歇尔·伯曼(Marshall Berman)如是说。① 这种表述略显夸张,但却道出了 20 世纪的重要特征。如果说现代性同时意味着变化和永恒,那么,20 世纪则把变化的逻辑发展到了极致。在历史迅速推进的过程中,许多艺术家走向了新的地平线。他们站在昔日的无人地带,自豪地扮演先锋者的角色。随着文化的边界不断被扩展,身体获得了重新出场的机缘。

受惠于自然科学和社会科学的影响,20 世纪的西方哲学家继续清除残存的灵魂假说。在梅洛-庞蒂(Maurice Merleau-Ponty)、米歇尔·亨利(Michel Henry)、马克·约翰逊(Mark Johnson)等众多学者的努力下,下面的结论获得了反复证明和阐释:恰如收音机中没有演员,我们的头脑中也没有所谓的小人(灵魂)。② 假定存在所谓的"内在自我"(innner self)或"真正自我"(true self)不过是一种语言学上的错误。③ "没有内在的人"(inner man),"人在世

① [美]马歇尔·伯曼:《一切坚固的东西都烟消云散了:现代性体验》,徐大建、张缉译,商务印书馆 2013 年版,第 1 页。

② [美]约翰·塞尔:《心灵,语言和社会》,李步楼译,上海译文出版社 2001 年版,第 80 页。

③ George Lakoff &Mark Johnson, *Philosophy in the Flesh*, New York:Basic Books,1999,p.13.

界中并且只有在世界中才能认识自己"。① 不存在所谓的"非物质性的'我'","现代精神哲学越来越频繁地考虑解除与灵魂有关的观念群"。② 如果不存在非物质性的"自我",那么,生活的主体就只能是身体:"我们并非在自己的身体前面,我在身体中,或者说我就是身体。"③甚至,所谓的理性也是身体的内部过程:"我们所说的'理性'既非具体亦非抽象之物,而仅仅是我们的经验在探索中被开发、批评、转化的具身化过程(embodied process)。"④随着此类言说的增殖,身体的主体形貌日益清晰。越来越多的人相信思想是大脑的功能,认为大脑属于整个身体。拥有大脑的身体是自我组织的主体。主体性就存在于身体—身体、身体—社会、身体—自然的关系之中,而非另有神秘的来处。在这种语境中,现象学美学、实用主义美学、西方马克思主义美学、生态美学开始推动艺术研究的"身体转向"(somatic turn),同时揭示身体的主体—客体形貌。这个转向已经持续了一个世纪,至今仍在进行之中。它形成了强大的语境,深刻地影响了西方的艺术生产。

与此同时,传统的身体理念仍未完全退场。受制于强大的思维惯性,许多人依然轻视身体:"在我们的社会中,身体被视为主体的藩篱,意味着它的局限性、它的差异和自由。"⑤甚至,它的物质性也意味着风险:"我们十分确定身体作为一个实体的物质属性,然而这种物质属性所带来的必然的残缺性会具

---

① Maurice Merleau-Ponty. *Phenomenology of Perception*, London and New York: Routledge, 2002, p.xii.

② Simon Blackburn, *Oxford Dictionary of Philosophy*, Oxford & New York: Oxford University Press, 1994, p.357.

③ Maurice Merleau-Ponty. *Phenomenology of Perception*, London and New York: Routledge, 2002, p. 173.

④ Mark Johnson. *The Meaning of the Body: Aesthetics of Human Understanding*, Chicago&London: The University of Chicago Press, 1999, p.13.

⑤ [法]大卫·勒布雷东:《人类身体史与现代性》,王圆圆译,上海文艺出版社 2010 年版,第 5 页。

有何种难以定义的可能,却始终是不安的源泉。"①于是,对它的规训、整合、铭写就似乎具有了天然的合法性。在这种语境中,身体是不完整、不确定、不协调,当然也需要社会的激励、指示、长期"管理"。当类似的言说反复出现,身体艺术不可能不受其影响。

第一节　身体的主体形貌与当代艺术的一个重要走向

进入20世纪以后,有关身体—主体的言说已经蔚为大观。与此同时,古老的灵魂概念已经不可挽回地退隐到了暮色之中。随着人学的跷跷板越来越向身体一侧倾斜,艺术家已经不能再扮演旁观者的角色。如果说艺术是活生生的劳动,那么,它的承担者一定是身体。尽管人们不愿意承认这个事实,但后者却不可能完全被遮蔽。在日常生活中,在劳作的轮回里,在艺术创造的边缘地带,在理论话语中,身体—主体的形貌已经若隐若现。经过百年变迁。一种新的观念被确立:"身体从此既是艺术的行为的主体也是客体。"②

一、电影的发展与身体地位的凸显

进入20世纪以后,电影逐渐演变为制造传奇的工业。在世纪之初,它的魔法曾经吸引芸芸众生:"那里有一便士就可以购买的传奇,但每次只能放24个,没有地方放更多的……以前你看过书中的人物绘画,全都僵直不动……你从未看过使人物活起来的图片,在其上,人物像你我一样移动。"③此语出自英

---

① [美]尼古拉斯·米尔佐夫:《身体图景:艺术、现代性与理想形体》,萧易译,重庆大学出版社2018年版,第33页。
② [法]让-雅克·库尔第纳:《身体的历史:目光的转变:20世纪》,孙圣英等译,华南师范大学出版社2013年版,第336页。
③ D.J.Wenden, *The Birth of the Movie*, New York:Dutton & Co.,Inc.,1974,p.9.

国导演乔治·皮尔森（George Pearson）。他说的是当时流行的小电影（放映的工具被中国人称为西洋镜）。后者虽然并不精致,但却引发了一场革命:活动的身体意象出现于观者面前,演绎栩栩如生的故事。受此魔力诱惑,皮尔森本人也进入了电影行业,成为演员和导演。

在皮尔森为小电影着迷时,身体叙事开启了自己的新世纪。1902年,梅里爱（Georges Méliès）导演了《月球旅行记》（1902年）,创造了一种新型的身体神话。当观众走进剧场时,他/她看到了下面的神奇景象:宇航员设计跨星球旅行,建造了一台发射机,被抛射到月球上,躲进巨大的坑穴,受到月球居民的攻击,经过搏斗后逃离了月球,落到了海洋之中,最终举行胜利庆典。值得注意的是,导演对月球的定位具有悖谬意味。它既被想象为异形生物居住的场所,又被当作陌生的生态体系。由于前一个特征,它成了逃离的对象,而后者则提供了可栖居的环境:"仿佛像地球的森林中长着巨大的蘑菇,蹦跳类的昆虫—鹦鹉—骷髅生物将探险家抓走,接受月球人的审判。"①人类身体不仅被抛入可以生存的环境中,而且很快与其他身体相遇了。除了怪异且并不友好之外,后者与地球上的同类并无本质差别。

一个生态体系,一些身体,这就是《月球旅行记》的背景和主角。从卢米埃尔兄弟（Lumière Brothers）拍摄纪录片开始,它的主题就是生存。后者不是无身体的过程,而是植根于身体的在世。譬如,卢米埃尔的电影《水浇园丁》就是如此:在一个老园丁浇水的时候,一个小孩子在背后偷偷地踩住了水管;当老园丁查看水管时,小孩子收回了脚,水冲到老园丁脸上;他追上了搞恶作剧的顽童,赏了后者一顿老拳。这部电影虽然篇幅不长,但却展示了一种素朴的身体本体论:当身体做出某种动作时,世界就会发生相应的变化。在英国早期的故事片《查尔斯·披斯的一生》（1905年）中,开始的场面如下:

---

① ［英］菲利普·肯普:《电影通史》,王扬编译,中央编译出版社2013年版,第20页。

　　(内景,一个房间)披斯和他的同伙从一扇窗子里爬进来,撬开一只箱子。他们在撬箱时,屋里的主人闯进来袭击他们。披斯从窗口逃走了。他的同伙想跟他一起逃跑,但结果中了枪,翻倒在房间里。①

这个片段演绎了电影的发生学机制:身体—动作—情节。由于身体总是属于一个由其动作支撑的世界,因此,电影首先要交代它活动的情境(situation)。随着身体动作的变化,后者也会呈现出不同的形态。电影中隐含着一种身体学:身体既是电影的作者,又是其中的主角,更是其观众。作为对现实的重新创造和解读,电影蕴含着完整的身体图式:它由身体演绎,供身体观看。电影中的身体总是创造属于自己的世界,而这恰恰是主体的事业。按照德勒兹(Gilles Louis Rene Deleuze)的说法,这是一种从身体到身体的艺术:"存在着一种与环境概念相应的物理—生理场域。后者首先指定了身体与身体的间隔,指定了占据了这间隔者,指定了将一个身体的行动在别处转移到另一个身体上的流动。"②根据他的总结,电影的基本模式有两种:其一,SAS 即情境(situation)—行动(action)—情境(situation);其二,ASA 即行动—情境—行动。③ 事实上,这两种模式殊途同归:起推动作用的首先是人类身体。在电影中,身体/生存的二分法被彻底消解了:"准确地讲,生活的范畴就是指身体的态度及其姿势。"④在表达导演和演员的思路时,"身体不再是分割思维的障碍,不再是为了能够思维而必须克服的东西。相反,为了抵达非思维即生活,

① [英]欧纳斯特·林格伦:《论电影艺术》,何力等译,中国电影出版社 1993 年版,第 44 页。
② Gilles Deleuze, *Cinema 1*:*The Movement-Image*, Mmneapohs:Uiversityof Minnesota Press, 1986, p.186.
③ Gilles Deleuze, *Cinema 1*:*The Movement-Image*, Mmneapohs:Uiversityof Minnesota Press, 1986, p.179.
④ Gilles Deleuze, *Cinema 2*:*Time-Image*, translted by Hugh Tomlinson and Robert Caleta, Minneapolis:University of Minnesota Press, 1997, p.189.

它必须被卷入和卷入他物。"①正是由于洞悉了这个秘密,德勒兹写道:"电影正是通过身体(而不再是通过身体的中介)完成它同精神、思维的联姻。"②这是一种富有启发性的表述,但并不准确:如果精神、思维不过是身体的功能——活动,那么,它们就不是身体联姻的对象;身体联姻的对象只能是身体。如果我们说"我可以与自己的手合作",那么,人一定会感到困惑。不过,尽管这种说法没有完全超越传统的语境,但依然通向身体的复兴:如果我们把大脑还原为身体的一部分,那么,电影就会找到其归属。这就是主动的、生产性的、创造的身体。

对于身体艺术来说,电影业的兴起重要之至。后者以一种令人惊愕的速度建立了图像的帝国。随着后者疆域的扩展,能感而又可感的身体不断凸显出来,升格为艺术场域中的主角。电影所表现的虚构的世界中,身体是绝对的中心。只有当它用行动重新组织世界,情节才会向前推进。它是编织者,周围世界都镶嵌于它之上。在电影中,剧情依靠它的运动而发展,意义依赖它的赋予而生成。如果说电影是对行动的模仿,那么,行动的主体恰恰是身体。电影中的身体或许会受意识形态的掌控,但绝对不是傀儡,不是被灵魂驱使的机器,不是被精神主体放飞的风筝,相反,奔走、行动、叫喊、受难者都是身体。身体在世界之中并支撑着它不断为之添砖加瓦,改变其局部结构,引导它向未来涌现。原初的身体就是主体。身体同时具有主体—客体形貌。身体既组织世界,又不断调整自己。身体是自我组织的整体:"在某些方面,身体显然被理解为整合性的整体。它们作为一个统一体周游世界,你不能让自己的左腿出去工作而右腿还留在家里做家务。"③电影美学就是身体美学,身体美学必须

① Gilles Deleuze,*Cinema 2:Time-Image*,translted by Hugh Tomlinson and Robert Caleta,Minneapolis:University of Minnesota Press,1997,p.189.
② Gilles Deleuze,*Cinema 2:Time-Image*,translted by Hugh Tomlinson and Robert Caleta,Minneapolis:University of Minnesota Press,1997,p.189.
③ [法]乔治·维加埃罗主编:《历史上的身体:从旧石器时代到未来的欧洲》,张竝、赵济鸿译,华东师范大学出版社 2013 年版,第 362 页。

涵括电影美学。电影中的人类身体就是世界的枢纽。没有人类身体的镜头是空的，无法持续地构建情节。在试图为电影分类时，德勒兹认为它表现了两种身体：(1)日常身体和(2)仪式身体。首先，"'那么，请给我一个身体'意味着将摄影机架设在日常身体之上"；其次，"'给一个身体'，在身体上架设摄影机另有含义，它不再意味着追踪和直击日常身体，而是让日常身体经历一个仪式，将它置于一个玻璃或水晶装置中，把它打扮成狂欢节、化装舞会、成为一个怪诞身体，还要从中提炼或优雅或婀娜的身体，以便最终消除可见的身体。"① 这两种划分方法都依据身体的形态。身体总是在世界之中（being-in-the world），位于河流边、山脚下、街道上、书桌旁，被卷入到与其行动相关的生活之中。只有当规定情境极端化时，身体的蜕变才会出现。日常身体是大多数电影的主角，仪式身体则是日常身体的变形。

无论表现的是哪种身体，引导演员的基本模式是："假如……那么……"与日常实践不同，电影拍摄的动力是一系列想象：它"利用'假如'"，"把我们从日常生活提升到想象力的层面上去。"②即使导演"用六个半小时拍摄一个睡觉的人"，他/她也没有脱离电影的基本模式。"假如"所牵涉到的不仅是情境，更是位于其中又对其起反作用的身体；"那么"则展示了身体—情境的关系；起决定性的因素则是身体的行动。身体固然被抛入情境之中，但它并非对此全盘接受。它有自己的姿态，是世界公开或隐蔽的中心。姿态所勾勒出的不是身体的外在轮廓，而是预示了身体可能的行动轨迹。在德勒兹分析过的电影《面孔》(Faces)中，情节就"建构在身体的态度上"，但获得表现的却不仅仅是"期待、疲倦、晕眩和消沉"。③ 这部拍摄于1968年的电影具有貌似平庸的

① Gilles Deleuze, *Cinema 2 : Time-Image*, translted by Hugh Tomlinson and Robert Caleta, Minneapolis: University of Minnesota Press, 1997, pp.189–190.
② [俄]斯坦尼斯拉夫斯基：《演员自我修养》，刘杰译，华中科技大学出版社2016年版，第56页。
③ Gilles Deleuze, *Cinema 2 : Time-Image*, translted by Hugh Tomlinson and Robert Caleta, Minneapolis: University of Minnesota Press, p.194.

情节,但却表达了一种隐秘的身体美学:身体的行动是"戏",是情节的源泉,是世界重新组织自己的动力。譬如,影片开始时,一个少年打破了窗子,四射的碎片立刻充满了整个屏幕。在这种清晰可辨的因果关系之中,身体从来不仅仅是现在,而且包含以前和以后。譬如,当《火车大劫案》(1900 年)中的劫匪举起枪时,被威胁者知道自己正处于一个因果链条之中:或者受伤乃至死亡,或者在反抗和逃走之间作出选择。这是典型的身体叙事。

在人们观看电影时,映入其眼帘的首先是表演。所有表演本质上都是行动。与传统的舞台艺术不同,电影表演可以在现实时空中进行。这正是电影的吊诡之处:它虽然失去现场感,但却更容易重构现实。因此之故,观众更容易认同画面中的一切,甚至将之当作"正在进行的生活":"电影之所以能够兴起,是因为移动并选择看什么的艺术家(摄影师和导演)成了真正的行动的来源,他们的活动范围最终打破了来源于舞台边框的胶片画格对行动的限制。"①当人们观看电影时,他/她看到的是更为广阔的世界。这就是接受的辩证法:观众在看影视剧中的画面时,会比看舞台上活的演员更容易产生真实感。正因为如此,电影票房曾经迅速飙升。到了 20 世纪 20 年代,美国和欧洲建造了能够分别容纳 6250 人、4400 人、6000 人的巨型电影院。② 1929 年,美国每周看电影的人数达到 9000 万。电影不但荣升美国第四大产业,而且是其中最赚钱的一个。1927 年,首部有声故事片《爵士歌王》(The Jazz Singger)大获成功:投资仅为 50 万美元,收入却高达 2000 万美元。③ 在同一年发表的《走向形象时代》一文中,法国导演冈斯(Abel Gance)曾经如此渲染电影的力量:"莎士比亚、伦勃朗、贝多芬将被搬上电影……所有的传说、所有的神话、所有的宗教创始人以及宗教本身都等待着在银幕上复活,主人公们已在大门

---

① [美]达德利·安德鲁:《电影是什么!》,高锦译,北京大学出版社 2019 年版,第 65 页。
② D.J.Wenden,*The Birth of the Movie*,New York:Dutton & Co.,Inc.,1974,p.10.
③ D.J.Wenden,*The Birth of the Movie*,New York:Dutton & Co.,Inc.,1974,p.10.

前你推我搡。"①借助电影，身体开始了自己的返魅之旅："电影作为人体表演的圣地，很快就因为好莱坞的摄影棚系统而得到了系统化的普及，从而造就了美国电影的经典时代，同时也造就了法国电影的'黄金时代'，同时具有现实和人为的特点。"②随着技术体系的完善，X光、特写摄影、宏观摄影很快就加入到了身体叙事之中：

> 通过物体或感官直接同感观纸的接触，现实主义画家克里斯蒂安·夏德创立了夏德技法（schadograohie），超现实主义大师曼·雷伊创立了射线技法（rayogramme）。用于医学X光照相的关于姿势摆放的书籍，记录皮肤、面部以及口腔疾病的图片资料，记录畸形部位和先天性畸形的图片资料等全部为艺术家们所用，其中包括……拍摄电影《战舰波坦金》的爱森斯坦等艺术家。③

为了表现身体，一切摄影方法都派上了用场。身体被抛入新的视觉世界之中。电影所表现的不是面具，而是活的身体。在摄影术诞生的瞬间，面具的霸权就被拽入瓦解的过程中。它所代表的僭越也被终止。这种瓦解和终止是大趋势，但不可能遏制所有复辟的企图。由于各种力量的博弈，人有时还会将面孔面具化。他/她要用类型化的图像代替生动的表情，遮蔽血肉构成的脸。借助陈腐的修辞学手段，它似乎可以获得合法性，但终究难改大势。在身体电影化的过程中，它或许被迫接受"标准化的美人标准"，但这并不意味着它要接受电影的驯服。驯服身体的不是电影，而是身体自己。做主者自始至终是身体。

---

① ［德］本雅明：《启迪：本雅明文选》，阿伦特编选，张旭东、王斑译，生活·读书·新知三联书店2008年版，第236页。

② ［法］让-雅克·库尔第纳：《身体的历史：目光的转变：20世纪》，孙圣英等译，华南师范大学出版社2013年版，第289页。

③ ［法］让-雅克·库尔第纳：《身体的历史：目光的转变：20世纪》，孙圣英等译，华南师范大学出版社2013年版，第325页。

除了身体之外,没有第二自我。身体制作了电影,既是其主角,又是其观众。三位一体的身体是电影的直接起源。如果这样说还不够充分的话,那么,我们就必须揭示第二种在场者:物体。电影是身体—物体的游戏。此外无它。没有灵魂、鬼魅、自由游荡的信息和能量。当我们言说灵晕、氛围、背景时,真实的所指无非是身体—物体的关系。从这个角度看,电影本体论的构成简单之至。

随着摄影—投射技术的发展,电视(Televison)于 20 世纪 20 年代出现了。与先前的电影不同,它可以将影像和声响传送到每个家庭之中。当电子流涌动于传输线时,人们看到的是类似现实生活的片段。由于这种接受上的便利,相应演绎可以持续更长的时间。与此相应,西方文化的视觉转向(Visual Turn)被强化,身体获得了更多的出场机缘。电视所再现的不是精选的身体实践,而是其任何可能的活动。在电视屏幕上,身体出现的场景变化多端:路边的长椅,街道的拐角,银行大厅,卧室,厨房,赛马场,战壕,月球表面,等等。随着这个目录的增加,观众会看到一个以身体为枢纽的世界。无论地点如何变幻,身体都是能够移动的中心,都是观察世界的原点,都是组织周遭世界的主体。人物出现,拿起拖把,地板变得洁净。这是日常生活中的劳作。它凸显了身体实践的重要性。身体是因果关系的肇始者、承受者、体验者。观众感兴趣的恰是这三位一体的生存结构。他/她将后者的变化尽收眼底,犹如隐蔽的上帝般俯瞰屏幕上的世界。这正是电视之魅。可惜的是,此中机制未被充分揭示。在探讨电视与身体的关系时,研究者大都着眼屏幕形象对身体塑造的影响,支配研究者的仍是身体客体论。可以毫不客气地说,拖滞西方电视研究的恰恰是这种知识型。

相比于创作实践,当代影视理论表现出明晰的滞后性。它还没有建立起真正的电影本体论。作为身体的身体还没有进入有关电影的言说。在谈论电影与身体的关系时,人们最感兴趣的依然是身体如何被驯服和利用。这种意义上的身体已经被去掉了大脑和心脏,已经沦落为残骸。当德勒兹等激进思想家谈论电影中的身体和大脑时，范畴的分类方法同样出现了错误：部分被与整体并列，整体则因此被悄然删减。这是一种隐蔽的切割术：身体被斩首，大脑则似乎脱离了它所隶属的身体。它既不符合我们对身体的日常印象，又违背最基本的逻辑法则："大脑指挥身体，因为身体只是大脑的一个赘生物，反过来，身体指挥大脑，因为大脑是它的一部分：在这两种情况中，存在的不是相同的身体态度和大脑故事。"①在这种不无悖谬意味的定位中，一个二分法再次出现了：身体/大脑。它属于历史悠久的谱系，可以追溯到苏格拉底等古代大哲，但其直接思想来源应该是柏格森（Bergson）。当德勒兹开始电影研究的时候，柏格森是他最为重要的对话者。在《电影1：运动—影像》一书中，后者的名字不断被提起，反复出现于文本之内："对运动—影像，以及更深刻地，对时间—影像的柏格森式发现（Bergsonian discoverty），在今天仍是一笔如此巨大的财富，以至于人们尚未从中收获全部效益。尽管柏格森他后来对电影的评论过于简要，但这丝毫不影响运动—影像与电影的影像的结合，恰如他所思考的那样。"②这是德勒兹本人的话，属于夫子自道。然而，运动—影像和时间—影像都非独立的存在。离开了一个生产、储存、观看的主体，它们就会沉没于物体的系列之中。关于它们的言说必然牵连出下面的追问：究竟是谁在生产、储存、观看影像。德勒兹的答案几乎完全重复了柏格森的结论。正如他使用"非思维的躯体（non-thinking body）"③这样的表述，柏格森也强调身体"不能够造成一种智能状态"④。他们所说的身体都被剥夺了最重要的器

---

①　Gilles Deleuze, *Cinema 2：Time-Image*, translted by Hugh Tomlinson and Robert Caleta, Minneapolis：University of Minnesota Press, p.205.

②　Gilles Deleuze, *Cinema 1：The Movement-Image*, Mmneapohs：Uiversityof Minnesota Press, 1986, p.186. Gilles Deleuze, *Cinema 1：The Movement-Image*, Mmneapohs：Uiversityof Minnesota Press, 1986, p.186. Gilles Deleuze, *Cinema 1：The Movement-Image*, Mmneapohs：Uiversityof Minnesota Press, 1986, p.1.

③　Gilles Deleuze, *Cinema 2：Time-Image*, translted by Hugh Tomlinson and Robert Caleta, Minneapolis：University of Minnesota Press, p.189.

④　[法]亨利·柏格森：《材料与记忆》，肖聿译，华夏出版社2003年版，第159页。

官——大脑,剩下的是躯干。后者没有思维能力,而这成为排斥身体的理由。在《材料与记忆》第四章,下面的说法曾被德勒兹所沿用:"尽管动物几乎不能从幻想中获得什么益处,因为动物被束缚在物质需要上面,人的大脑却似乎不停地使用其全部记忆,敲击着身体向它敞开一半的那扇门:由此便产生了幻想的变换和想象的运作——大脑从自然界里获得了如此众多的自由。"① 大脑不是身体的一部分,而是能够"敲击着身体"。它不但与身体比肩并立,而且控制着身体。这种说法也出现于德勒兹的文本之中。在《电影 2:时间影像》中,他将电影分为"大脑的电影"和"身体的电影":"身体或大脑是电影所要求的东西,是它们给自己的东西,是它们自己发明的东西,它们按照两个方向来构建它的作品,每一个方向都是抽象和具体的。② 这种说法显然具有吊诡意味,因为它同时凸显和贬抑了身体。只有超越这种分裂身体的研究图式,电影才能真正敞开它的秘密。

二、戏剧理论—实践与身体—主体意识

在身体主体性获得理论表述的过程中,戏剧家也扮演了重要的角色。这与戏剧的本性相关。与其他艺术形式不同,它直接依赖身体的出场和缺席。只有当身体表演其他身体或物体,戏剧才会诞生。正是由于意识到了此类关键事实,戏剧身体学(尽管还未获得清晰的命名)出现了。

从身体学的角度看,法国导演阿铎(Antonin Artaud,又译为阿尔托)是个不可忽略的人物。他登场亮相于 20 世纪 20 年代。当时,剧场中流行所谓的"话剧",演员被缩减为发音器官乃至传声筒:"由于他们除了说话之外什么都不做,他们已经忘记了自己在剧场中还有身体,他们也很自然地忘记了使用自己的喉咙。由于畸形的萎缩,喉咙已经不是一个器官,而是一个所说的抽象怪

---

① [法]亨利·柏格森:《材料与记忆》,肖聿译,华夏出版社 2003 年版,第 160 页。

② Gilles Deleuze, *Cinema 2:Time-Image*, translted by Hugh Tomlinson and Robert Caleta, Minneapolis:University of Minnesota Press, p.204.

物：法国演员唯一会做的就是说话。"①在追查造成这种贫乏状态的原因时，他发现了西方主流戏剧观中的悖论：虽然强调表现具有说话和行动两种方式，但又断言诗性制作"仅仅运用语言"。（*Poetics* 47b）②自亚里士多德开始，这种自我矛盾就已经出现："悲剧是对严肃、完整、有一定程度的行动的模仿；其媒介是悦人之语言，后者的不同种类分散于戏剧的不同部分；由演员表演而非依赖叙述；借引起怜悯和恐惧之情使相应情感得到净化。"（*Poetics* 49b）③既然悲剧是对行动的模仿（imitation of action），它的媒介就不可能仅仅是语言。如果片面凸显语言的意义，戏剧必然陷入贫乏状态，背离身体和生活世界。那么，怎样才能消除如此明晰的悖谬？阿铎提出了残酷戏剧（The Theatre of Crulty）这个重要概念："残酷主要是意识清醒，是一种严格的控制、向必然不可免之事的屈从。没有专注的意识，就没有残酷。在意识赋予人生的每一行为以鲜红、以残酷的色彩，因为大家都同意，生命永远意味着某个人的死亡。"④必死的人是身体性存在。身体是短暂者，必然消解于宇宙之中，这是残酷的真相。残酷意识就是身体意识，就是自欺的反面："我说的残酷是指生的欲望、宇宙的残酷以及不可避免的必然性……一种不可逃避的、命定的痛苦，没有这种痛苦，生命就无法开展。"⑤痛苦源于人的本体论根性，源于他/她之所是。只有主动体验痛苦，人才能驱散笼罩在他/她之上的迷雾，直面生存的真相。这是克服自欺的必要手段，回到身体的道路："让我们稍微回到语言呼吸的、造型的、生动的源头，给文字以身体的动作（文字是从这里诞生的），强调话语身体的、感情的一面，取代逻辑、阐释的一面。"⑥对于演员来说，这意味着亲近诗意的源头，重新参与宇宙的进程：

---

① Antonin Artaud, *The Theatre and Its Double*, New York: Grove Press, 1985, p.141.

② Aristotle, *Poetics*, London: Penguin Books Ltd, 1996, p.4.

③ Aristotle, *Poetics*, London: Penguin Books Ltd, 1996, p.10.

④ ［法］翁托南·阿铎：《剧场及其复象》，刘俐译注，浙江大学出版社2010年版，第121页。

⑤ ［法］翁托南·阿铎：《剧场及其复象》，刘俐译注，浙江大学出版社2010年版，第122页。

⑥ ［法］翁托南·阿铎：《剧场及其复象》，刘俐译注，浙江大学出版社2010年版，第142页。

所有情绪都有其器官基础。一个演员要在身体中培养他的情感,这样才能为自己充电。

事先应该知道应该触及身体的哪一点,这是将观众带进入魔状态的关键。剧场的诗学长久以来都遗忘了这种珍贵的知识。

了解身体的部位,以便重塑神奇的锁链。①

如果说诗意源于身体,那么,演员所创造的是身体的复象:"如果演员运用自己的情感,就像一个摔跤者运用一个肌肉组织一样,就必须把人当作一个复象,正像埃及木乃伊前面的雕像,像一个永远的幽灵,感情的力量就从这里发射。"②他/她是模仿身体的身体。身体本来就是带电的物质,就是创造力的源泉,就是戏剧诞生的地方。身体总是处于一定的宇宙进程中,行进在生和死的间隙。身体被来自宇宙的力量所捕获,体验到了无法用语言表达的癫狂状态。③ 身体痛哭、大笑、痉挛、震颤、出神。身体感受、行动、创造、增殖。只有回到身体,人才能真正体验到戏剧的本体。在这个过程中,一些古老的戏剧形态可能给我们启迪,可能"让我们看到一种身体的而非文字的戏剧概念"。④这种说法或许值得商榷,但却表达了一种明晰的创作意向:回到艺术的具身性形态,重建戏剧与宇宙本体的深层联系。不过,"身体的而非文字的"之类表述并不准确,因为它暗示文字有可能存在于身体之外。果真如此的话,二元论岂不正确无误? 我们为何非得回到身体? 对于这些问题,阿铎并没有进行精确的分析。在具体的论述中,他还会将物质与精神并列,忘记了身体可能会思维这个事实。⑤ 有时,他还会重复分裂身心的陈旧套路:"我们像使用屏幕一

---

① Antonin Artaud, *The Theatre and Its Double*, New York: Grove Press, 1985, p.140.
② [法]翁托南·阿铎:《剧场及其复象》,刘俐译注,浙江大学出版社 2010 年版,第 155 页。
③ Antonin Artaud, *The Theatre and Its Double*, New York: Grove Press, 1985, p.65.
④ [法]翁托南·阿铎:《剧场及其复象》,刘俐译注,浙江大学出版社 2010 年版,第 77 页。
⑤ [法]翁托南·阿铎:《剧场及其复象》,刘俐译注,浙江大学出版社 2010 年版,第 66 页。

样使用身体,通过它实现和放松意志。"①与同时代的大多数人一样,他对身体的看法经常失之暧昧。这不仅展示了他个人的欠缺,而且折射出某种文化型的不足。

　　阿铎去世于 1948 年 3 月,仅仅活了 52 岁。由于英年早逝,他并没有建立起完整的身体戏剧学。在当时的总体语境中,他的言说可谓空谷足音。受制于占据主流地位的二元论,西方戏剧界难以摆脱他所痛恨的顽固的愚蠢(stupidity)。② 不过,他代表的努力并没有中断。在他辞世之后,人们继续探讨身体与戏剧的关系。在 1975 年出版的自传中,罗兰·巴特就指出:"戏剧的色情功能并不是辅助性的,因为在所有的形象性艺术中,唯有戏剧提供躯体,而不是它们的表象。"③当某些身体出现于剧院中的观众区时,它们会看到舞台上行动着另一些身体。这是身体与身体的相遇和共在。尽管舞台/观众区之间的界限分离了二者,但这依然无法隔绝身体与身体的本体论关联。只需观众"在某个时刻变得疯狂",他/她就可以跳到台上,触摸自己"想摸到的东西"。④ 在 1986 年出版的《表演训练手册》(A Practical Handbook for the Actor)中,作者梅利莎·布鲁德(Melissa Bruder)写道:"'动作'是你在舞台上要做的一切,它是你试图达到一个目标的身体过程,通常是客观的。"⑤1997 年,法国人贾科·勒克(Jacques Lecoq)出版了自传体著作《诗性的身体》(Le Corps Poétique),深入阐释了身体与戏剧的原初关系。根据书中所述,他从 20 世纪40 年代起开始关注身体。⑥ 早在二战期间,他就曾试图"利用体操(gymnastics)、哑剧(mime)、运动和舞蹈(movement and dance)表达对法西斯意识形态

---

① Antonin Artaud,*The Theatre and Its Double*,New York:Grove Press,1985,p.138.
② Antonin Artaud,*The Theatre and Its Double*,New York:Grove Press,1985,p.86.
③ [法]罗兰·巴特:《罗兰·巴特自述》,怀宇译,中国人民大学出版社 2010 年版,第 110 页。
④ [法]罗兰·巴特:《罗兰·巴特自述》,怀宇译,中国人民大学出版社 2010 年版,第 111 页。
⑤ [美]梅利莎·布鲁德:《表演训练手册》,刘亚、马潇婧译,北京联合出版公司 2016 年版,第15 页。
⑥ *Poétique* 也具有动的意思,但诗性显然是其最恰当的所指。此书名英译为 *The Moving Body*(《运动中的身体》),可谓境界尽失。

的抵抗"。① 后来,从运动的角度重建戏剧成为其毕生追求:"我从体育运动走向戏剧。17 岁时,我在巴黎名为先锋(En Avant)的体操俱乐部中通过单杠和双杠发现了运动的几何学(geometry of movement)。身体在空间中进行体操运动时形成了纯粹的抽象秩序。进行这些体育运动时,我发现了可以带入日常生活中的非凡感受。"②他将运动与诗意联系起来:"我喜爱奔跑,但纯粹的田径运动员的诗(the pure poetry of athletics)最为吸引我:阳光把奔跑者的身影斜射到体育馆的地面上,缩短或拉长,由它们可以领受运动的节奏。体育的诗(physical poetry)对我影响巨大。"③在运动中,身体是永远的原点:它既是运动发生的地方,又是运动的承担者,更是展现运动的场所。只有通过这三位一体的身体,运动才能获得真正的理解:平衡,不均衡,对抗(opposition),交替(alternation),补偿(compensation),动作(action)和反动(reaction),等等。对于观察者和运动者来说,秘密都存在于身体之中。所有身体都是能运动者,都具有欣赏运动的本能和渴望。当他人看见运动的身体时,一种情绪(emotion)就会被激发。本真的情绪意味着开始运动(motion)。运动着的身体可以相互激发,强化彼此的感受。如果说诗是对行动的模仿,那么,身体的运动就是原初之诗,运动的身体则是诗性的源泉。当身体的运动延伸到哪里,诗性就增殖到何处。当多个人被激发到运动(情绪)状态,具有普遍意味的诗性感受(the universal poetic sense)就会诞生。④ 此刻,集体—身体(a collective body)出现了。在贾科·勒克的言说中,一种身体诗学已经展露其基本轮廓。它所聚焦的是主体性的身体,是诗性的物质源泉,是艺术活动的承担者。只要能通过身体解释剧场中的事实,他就不会画蛇添足。由于信任身体,他拒斥传统的精神范畴:"自我(ego)是多余的。更重要的是观察存在物(beings)和客体

---

① Jacques Lecoq, *The Moving Body*, New York & London: Routledge, 2001, p.xi.

② Jacques Lecoq, *The Moving Body*, New York & London: Routledge, 2001, p.3.

③ Jacques Lecoq, *The Moving Body*, New York & London: Routledge, 2001, p.3.

④ Jacques Lecoq, *The Moving Body*, New York & London: Routledge, 2001, p.14.

（objects）怎样移动，以及它们如何在我们身上发现一种反映。"①对于西方戏剧理论和实践来说，这意味着身体转向已经发生。

后人将贾科·勒克的戏剧理论和教学法命名为身体诗学（embodied poetics）。事实上，这是对一个知识型的命名。在20世纪末期，后者已经产生了不可小觑的影响。进入21世纪以后，它影响了包括西蒙·谢泼德（Simon Shepherd）在内的戏剧家。2006年，后者在论文《戏剧，身体与快乐》中指出："戏剧是一种实践，在其中，社会围绕着什么是身体和身体意味着什么进行谈判。"②身体是戏剧的最基本元素："演员身体的形状、结构、共鸣和运动被当作这种艺术形式的创造性元素被使用"，"观众的身体是在同一空间里实际展现的行动的身体"。③ 那么，身体究竟是什么？ 它是我们的所有物，还是我们自己？ 在思考这个问题时，日常语言经常将我们引向歧途："我可以谈论'我的身体'，似乎我拥有它，似乎世界上存在着没有身体的'我'。"④果真如此吗？显然，作者已经含蓄地表达了自己的怀疑。当他讨论这些有关身体的主流观念时，后者已经成为需要重新思考的问题而非确定无疑的答案。在分析戏剧家皮特·尼克斯（Peter Nichols）的戏剧《手足泪》（1967年）（*A Day in the Death of Joe Egg*，也译为《谁怜寸草心》）时，这种倾向已经充分显露出来。剧中的乔（Joe）具有健康的躯体但大脑严重损伤，时常被当作一种"活牛蒡"（living parsnip）；她是否还是人已经成为一个问题。对这种状态的展示震惊了观众，引发后者思考人之资格（human-ness）问题："乔是人，具有人的身体，但却与他人没有任何沟通，而且似乎她没有任何思想。乔是个身体吗？ 她能仅仅是身体吗？"⑤其实，这个问题并不难回答：乔是那个大脑受了损伤的身体，而她以

---

① Jacques Lecoq,*The Moving Body*,New York & London:Routledge,2001,p.19.
② Conroy,Colette.*Theatre & the Body*,New York:PALGRAVE MSCMILLAN,2010 p.13.
③ Conroy,Colette.*Theatre & the Body*,New York:PALGRAVE MSCMILLAN,2010,p.13.
④ Conroy,Colette.*Theatre & the Body*,New York:PALGRAVE MSCMILLAN,2010,p.17.
⑤ Conroy,Colette.*Theatre & the Body*,New York:PALGRAVE MSCMILLAN,2010,p.24.

其残缺状态揭示了身体的主体形貌——假如大脑未受损伤,那么,她所是的身体就可以正常地行动;假定她多于身体,非但不能解决其身份困境,反而会画蛇添足——倘若存在可以超越身体处境的"我",为什么"我"仍然受困于身体的当下状态?"我"为何不开口说话? 事实上,剧中的其他人要想与乔交流,必须为她补足对话,似乎她能够思考和像我们一样感受:

> 布里(Bri):公共汽车里的女士说你状态很好。坐在司机旁边,是吧?
>
> 乔(Joe):啊哈(Aaaah)!
>
> 布里(Bri):车里有个聪明的女孩。
>
> 乔(Joe):啊哈(Aaaah)!
>
> 布里(Bri)(似乎他能听懂似的):看见圣诞树了吗?
>
> 乔(Joe):啊哈(Aaaah)!
>
> 布里(Bri):商店的灯光亮了吗?
>
> 乔(Joe):啊哈(Aaaah)!
>
> 布里(Bri):你说什么? 看见了耶稣? 他在哪儿,耶稣在何处,你这个可怜的热心肠?
>
> (A Day in the Death of Joe Egg)[1]

布里想象乔在想什么。他想象自己站在乔的位置,假定自己是乔,试图像乔本人那样感受世界。这是无法实现的筹划:由于身体和身体的位置不能重合,他与乔之间具有无法消除的距离/间隙。作为在宇宙中占据独一位置的身体性存在,所有个体的生存都不能由他人代庖。个体的分立性是一种吊诡的本体论事实:它是个体之为个体的前提,但也意味着无法逾越的边界。我所是的身体—整体不能出现于我的皮肤之外,不能进入别人的身体,不能居住于他/她

---

① Conroy, Colette. *Theatre & the Body*, New York: PALGRAVE MSCMILLAN, 2010, pp.24-25.

的心中。虽然乔已经丧失了思考能力,但布里和她的交往依然见证了主体间性的存在。面对她时,布里只能试探性地站在其位置,想象另一个人的心理状态。只有假定乔是能够感受、思维、行动的主体,这种交往才能在想象中持续下去:"我们居住在社会中生存的能力植根于这样的事实,即,当观看他人时,我们想象他们的主体性经验类似于我们,而正是这种能力使我们可以观看戏剧。"①然而,乔的身体已经处于残缺状态,上述想象则在很大程度上缩减为单向的游戏。那么,我们应该如何对待他?需要怎样定位相应角色在戏剧中的意义?上述问题由戏剧理论家提出,这本身就是意味深长的提示:身体已经是戏剧研究绕不过的主题。要理解戏剧是什么,我们首先需要解答身体之谜。

到了 2010 年,克洛特·康罗伊(Colette Conroy)出版了《戏剧与身体》(*Theatre & Body*),开始回答这个问题。此书虽然篇幅不长,但却比较充分地揭示了戏剧与身体的关系:"首先,存在着在舞台上呈现和观看身体的惯例(convention)。"②"其次,身体是权力的场所(site of power),是权力可以被质疑和探索的场所。"③"第三,身体可以被当作分析策略(analytical strategy)或有利位置(vantage point)来使用。"④最后,舞台上同时存在"身体"(body)和"身体们"(bodies),而这两者展示了虚构与真实的关系。⑤ 此处,有关"身体们"的表述脱离了身体—客体话语的轨道,开始揭示一个更具启示意味的事实:身体与戏剧可能具有更为基本的本体论关联。在意识到这点以后,康罗伊进行了一系列追问:

> 身体概念所激发的问题是什么?……什么被涵括在身体之中,什么又被排除在外?我的表象也是身体的一部分吗?某人的轮椅是其身体

---

① Conroy,Colette.*Theatre & the Body*,New York:PALGRAVE MSCMILLAN,2010,p.26.

② Colette Conroy,*Theatre & the Body*,New York:PALGRAVE MSCMILLAN,2010,p.4.

③ Conroy,Colette.*Theatre & the Body*,New York:PALGRAVE MSCMILLAN,2010,p.5.

④ Conroy,Colette.*Theatre & the Body*,New York:PALGRAVE MSCMILLAN,2010,p.5.

⑤ Conroy,Colette.*Theatre & the Body*,New York:PALGRAVE MSCMILLAN,2010,p.6.

吗？内在的或内部的经验，如情绪、疼痛、怀孕或生病，是如何展现于身体上的？在何种意义上我们可以把身体当作文本（text）？它是一种原材料或一个工具？而且，作为一个困难而困扰我们多年的理论难题，我们应该怎样理解身心关系？①

为了给出答案，康罗伊探讨了身心关系问题，甚至提到了"机器中的幽灵（the ghost in the machine）"这个著名的隐喻——后者由美国哲学家赖尔（Jilbert Ryle）提出，用以反对笛卡尔的身心二元论（dualism）。值得注意的是，他的表述暗示身体很可能是我们之所是："我们所拥有（或我们所是）的身体与预判中源自它的行动之间可能出现间隙（gap），这似乎是戏剧结构的一部分。"②当"对作为言说和思想的人类身体的现成阐释"遭遇"人类主体和人类客体之间的矛盾"，一种戏剧张力就会产生。③ 如果身体是我们之所是，那么，戏剧理论就会面临一个全新的地平线。譬如，我们应该用"身体的话语"替代"裂痕的话语"。当康罗伊谈论"解放身体的表现力"时，替换的动作已经出现。④ 具有表现力的身体能够表现，它不仅是表演的手段，而且是表演者。表演中的身体同时是手段和目的。这种定位无疑越过了传统西方身体文化的边界——被仅仅当作身体曾被视为侮辱，人们更喜欢灵魂之类称号。无论它是否符合被分析的作品，这种非笛卡尔主义的陈词都值得注意。当它出现于戏剧理论中，变革的征兆已经显现出来。

恰如阿铎、贾科·勒克、西蒙·谢泼德、克洛特·康罗伊等人所指出的那样，戏剧是身体可以直接出场的艺术，它展示的不是身体留下的踪迹，而是其正在形成的动姿。走上舞台的身体做事、说话、演绎各种情节，舞台上的事物

---

① Conroy, Colette. *Theatre & the Body*, New York：PALGRAVE MSCMILLAN，2010，p.15.
② Conroy, Colette. *Theatre & the Body*, New York：PALGRAVE MSCMILLAN，2010，p.57.
③ Conroy, Colette. *Theatre & the Body*, New York：PALGRAVE MSCMILLAN，2010，p.25.
④ Conroy, Colette. *Theatre & the Body*, New York：PALGRAVE MSCMILLAN，2010，p.38.

被重组。一个世界因此被建立，演员生活于自己所建立的世界之中，建立这个世界的是身体—主体。无论后者是伊甸园，还是凶杀案现场，身体都是其制作者。舞台是身体展示主体性的场所。这个事实可能被遮蔽，却不能被清除和否定。一旦时机成熟，身体主体性就会展示其踪迹。进入20世纪以后，新兴的知识型就提供了这样的机缘。在卡莱尔·恰佩克(Karel Capek)1920年创作的剧本《万能机器人》中，下面的情节可谓意味深长：

　　海伦娜：可是，你们不也是在造人吗？

　　多明：接近于人的东西，海伦娜小姐。但是老罗素姆的意图却是制造名副其实的人。您知道他总想通过科学打倒上帝。他是一个可怕的唯物主义者，因此他就这样干起来了。他一心一意无非是要证明上帝根本没有用处。因此他想造出一个同我们一模一样的人来。您懂得一点儿解剖学吗？

　　海伦娜：懂——得很少。

　　多明：我也是。您想想看，他连人体内的一切，甚至于各种分泌物都考虑到了。什么盲肠啊、扁桃体啊、肚脐眼啊，全是些多余的东西。甚至——呃——还有性腺。

　　(《万能机器人》序幕)①

此处，有关"性腺"的言说是个微妙的伏笔，最终牵连出剧终时刻的生命话语。"性腺"属于有机体，恰佩克所想象的原初机器人不是电子元件的组合，而是有机体的一种形态，后者更接近人类身体，是人类身体的替代者。剧中的老罗素姆"一心想造出几个真正的人来"，但其产品并不成功，到了小罗素姆这里，人们终于造出了"活的、有头脑的劳动机器"，这是同时被简化和强化的身体：

———————————

① 袁可嘉等编选：《外国现代派作品选》(A卷)，北京燕山出版社2006年版，第353页。

"比起我们人来,他们的机械更为完善,我们有非凡的智力,但是他们却没有灵魂。"(《万能机器人》序幕)①没有"灵魂"的机器人依然可以思考,这显然暗示了两点:

> 其一,身体本来就可以思考;
>
> 其二,"灵魂"并非绝对必要的选项。

即使灵魂不存在,有机体仍旧可以自主行动。在如此言说时,恰佩克实际上已经发布了身体主体性的宣言。剧中的机器人可能并不完美,但却是自主的身体—主体。它们如此接近人类身体,以至于观者无法区别原型和摹本:

> 海伦娜:(跳起身来)您胡说! 您骗人! 苏拉不是机器人,苏拉是像我一样的姑娘! 苏拉,这太可耻啦——您干嘛玩这样的花招?
>
> 苏拉:我是机器人。
>
> 海伦娜:不,不,您在撒谎! 啊,苏拉,请您原谅,我知道——是多明逼您做活广告! 苏拉,您是像我一样的姑娘,难道不是吗? 您说说看!
>
> 多明:很遗憾,戈洛里奥娃小姐,苏拉是机器人。
>
> (《万能机器人》序幕)②

这些机器人是可以进化的有机体,不断会有"新的长进":"就跟人受'教育'一样,他们学说话,学写字和计算。这就是说,他们有惊人的记忆力。假如您给他们念一遍二十卷的百科全书,他们就会一五一十地从头到尾给您背出来。可是,他们从不创新。到大学里教教书,倒是蛮不错的。"(《万能机器人》序

---

① 袁可嘉等编选:《外国现代派作品选》(A 卷),北京燕山出版社 2006 年版,第 354 页。
② 袁可嘉等编选:《外国现代派作品选》(A 卷),北京燕山出版社 2006 年版,第 356 页。

幕)①事实上，"从不创新"只是某些剧中人的成见。这些机器人并非如他们所说的"没有自己的意志，没有欲望，没有阅历，没有灵魂"，相反，有机体的结构—组织对应着相应的功能，因此，一旦改变了它们的身体状况，相应的精神属性就会出现。譬如，如果获得了健全的神经系统，它们就会感到疼痛。对于机器人来说，存在着一种有关"身体的加法"：由不健全到健全，从被动到主动。最终，它们升格为"比人更进化，更聪明，更强壮有力"的主体。到了该剧第二幕，机器人已经完成了蜕变：学会憎恨，开始造反，创造世界。在接下来的博弈中，人类主体迅速处于下风，很快遭遇灭顶之灾，获得胜利的机器人自豪地宣布："人类阶段已被征服。新世界开始了！"(《万能机器人》第二幕)②但是，欢庆胜利的声音刚刚平息，机器人就发现自己的设计者预设了一个限制：每个机器人最多只能活20年。于是，在差不多消灭人类之后，豪迈进军的机器人却发现一个难题：机器人不能生育，将于若干年后彻底灭绝。为了活下去，他们只好求助唯一幸存下来的人——阿尔奎斯特。可是，阿尔奎斯特是建筑师，不懂得相关的知识。机器人首领达蒙命令他用活的身体做实验，破译机器人的制造原理。当他试图解剖女机器人海伦娜时，男机器人普里姆斯却挺身而出：

> 普里姆斯：我不让！老家伙，谁也不让你伤害！
>
> 阿尔奎斯特：为什么？
>
> 普利斯姆：我们——我们——她是我的，我是她的。
>
> (《万能机器人》第三幕)③

原来，两个机器人相互萌生了爱意，他们将成为机器人中的亚当和夏娃："生

---

① 袁可嘉等编选：《外国现代派作品选》(A卷)，北京燕山出版社2006年版，第357页。
② 袁可嘉等编选：《外国现代派作品选》(A卷)，北京燕山出版社2006年版，第398页。
③ 袁可嘉等编选：《外国现代派作品选》(A卷)，北京燕山出版社2006年版，第407—408页。

命又从爱情中开始了，从光溜溜的小身体开始了。"(《万能机器人》第三幕)①显然，机器人将重演人类的故事。在剧本中，当机器人逐渐有了思想和情感之后，他们首先确定的是自己对人类的归属感："你们听，哦，你们听，人是我们的祖先！那连连呼喊要活下去的声音，那哀哀悲述的声音，那追求永恒、谈论永恒的声音，那就是人的声音！我们是他们的子孙！"(《万能机器人》第三幕)②也就是说，他们要重演人类的身体故事。这个过程的关键是剧作家所说的"赋予灵魂"。然而，并没有任何东西植入身体之中。变化的是身体自己：日益敏锐的神经系统，自我激活的性腺等等，前者使他们感到了疼痛，后者则把他们引向了他人。起决定作用的是身体性和身体间性。当机器人彼此相爱之后，一种新的主体间性建立起来了。后者存在于机器人—机器人、机器人—人、人—人之间。这或许就是未来世界的主导格局。随着 AI 工程的日益成熟，戏剧家恰佩克所虚构的世界状态很可能会逐步成为现实。

三、舞蹈理论—作品中的身体—主体形象

在身体返魅的过程中，舞蹈的作用同样不无悖谬意味。它是一种直接由身体演绎和完成的艺术形式，但其承担者却常常被当作精神主体。③ 对于它而言，遮蔽—敞开的冲突形成了绵延至今的张力。到了 19 世纪末期，相关博弈出现了明显的变化，身体—主体形象获得了持续展示的机缘。

1886 年，法国诗人马拉美(Stéphane Mallarmé)撰文指出："芭蕾舞女演员并不是一个正在跳舞的女孩，""而是象征着人间形成的一些基本方面的隐喻。""她并没有跳舞，而是以超凡的前扑和省略，用她的身体书写，她暗示出

---

① 袁可嘉等编选：《外国现代派作品选》(A 卷)，北京燕山出版社 2006 年版，第 408 页。

② 袁可嘉等编选：《外国现代派作品选》(A 卷)，北京燕山出版社 2006 年版，第 401 页。

③ Richard Shusterman，*Pragmatist Aesthetics*：*living Beauty*，*Rethinking Art*，New York & London：Roman & Littlefield Publishers，2000，p.278.

书面作品只能用几段对话或描述文字才能表达的东西。"①此处"身体书写"是个引人遐思的表述。它或许暗示身体不过是书写的媒介，但下面可能性无疑更具有吸引力：舞蹈中的身体既是书写者，又是书写的作品。如果是这样的话，那么，这个词组就说出了舞蹈的独特之处："一个在舞台上旋转的芭蕾舞演员就是以自身为作品的作者——将自己所是的肉身作为艺术品来创造的艺术家。与画家、导演、作曲家等艺术家不同，他们的主要工作就是将自身塑造为艺术品，向宇宙呈现自己挑战肉身极限的动姿。"②舞蹈中的身体同时是主体—客体、目的—手段、艺术家和艺术品。与制作家具等活动不同，舞蹈总是源自身体而又回到身体："在舞蹈中，舞蹈者的身体本身就是表演的艺术内容得以表达的媒介。"③身体不仅是舞蹈的媒介，而且是舞蹈者自己。身体直接出现于自己的作品中，构成自己作品的一部分。在 20 世纪即将到来的前夜，这种言说预演了身体复兴的前景。

进入 20 世纪以后，舞蹈与身体的关系获得了反复确认。1905 年，邓肯（Isadora Duncun）撰写了论文《舞蹈家与自然》，认为人的身体"业已成为美的最高象征"，预言未来的舞蹈家将"用自己的身体去创造富有立体感的崇高形象"。④ 1939 年，舞蹈理论家约翰·马丁（John Martin）指出："尽管世界上，舞蹈或许通常是所有艺术中最难让人理解的，但它用作媒介的材料，即人体动作，对其周围环境的反应距离生活的经验，却比任何其它艺术都要近一些，人体动作的确正是生命的本质所在。"⑤1954 年，美国学者阿恩海姆（Rudolf Arnheim）出版了《艺术与视知觉》（*Art and Visual Perception*），强调舞蹈不能由所谓的精神完成："当舞蹈涉及整个躯体时，其主要的动作就只能由躯体最显要

① ［美］埃伦·迪萨纳亚克：《审美的人》，户晓辉译，商务印书馆 2016 年版，第 235 页。
② 王晓华：《身体美学导论》，中国社会科学出版社 2016 年版，第 258 页。
③ David Davies，*Philosophy of the Performing Arts*，West Sussex：Wiley-Blackwell，2011，p.190.
④ ［美］伊莎多拉·邓肯：《邓肯论舞蹈》，张木楠译，九州出版社 2006 年版，第 83—84 页。
⑤ ［美］约翰·马丁：《舞蹈概论》，欧建平译，文化艺术出版社 2005 年版，第 31 页。

和最能动的中心部位去完成,而不能由神经中枢所在的部位完成。"①1982年,比厄斯利(Mornoe C.Beardsley)撰写了论文《舞蹈里发生了什么?》,把舞蹈定义为"由身体活动分类生成的行动以及由身体静止分类生成的姿势"。②1992年,舒斯特曼(Richard Shusteman)称赞舞蹈是"最卓越的身体美学艺术"(A soma-esthetic art par excellence)。③ 2001年,布洛克(Betty Block)和吉赛尔(Judith Kissell)发表了论文《舞蹈:具身化的本性》(The Dance:Essence of Embodiment),开始总结上述各家之言:"我们——舞者和哲学家——将揭示作为一种在世方式(being-in-the-world)的舞蹈。……它提供了独特而有力的洞见,有利于我们理解成为'身体—主体(body-subjects)'——身体认知者(body-knower)和身体表现者(body-expreeser)意味着什么……"④在他们看来,人不能被强行分成身心两个部分:"如果我们追问为什么我们哪个真正的自我撒了谎——在我们的身体中还是在我们的心灵中,我们或许会回答:在我们的心灵中——没有意识到以这种方式本身提问已经做出了一个错误的假设。"⑤在拒斥了二元论以后,剩下的选项实际上只剩下一个:我们就是能够感受、思想、行动的身体。舞蹈不是某种内在自我的表现,而是身体—主体的在世方式。正因为身体—主体总已经在行动、感受、认识,我们才会以完全人类的方式舞蹈。这段话不但已经完全说出了舞蹈的秘密,而且暗含着后来被大卫·戴维斯(David Davies)明确说出的潜台词:当舞蹈者谈论"内在自我"(the inner

---

① [美]鲁道夫·阿恩海姆:《艺术与视知觉》,滕守尧、朱疆源译,四川人民出版社2006年版,第556页。

② [美]大卫·戈德布拉特、李·B.布朗主编:《艺术哲学读本》,牛宏宝等译,北京大学出版社2016年版,第270页。

③ Richard Shusterman, *Pragmatist Aesthetics:living Beauty,Rethinking Art*, New York & London:Roman & Littlefield Publishers,2000,p.278.

④ Betty Block & Judith Kissell, *The Dance:Essence of Embodiment, Thoretical Medicine* 22:5-15(2001):5.

⑤ Betty Block & Judith Kissell, *The Dance:Essence of Embodiment, Thoretical Medicine* 22:5-15(2001):6.

self)时,我们不一定非得把后者等同为某种非物质性的东西,相反,它完全可以用神经学术语(neurological terms)来进行定义。①

如果以上论述成立的话,那么,我们能否"从身体出发"重构舞蹈学呢?事实上,答案已经给出:约翰·马丁已经演绎了建立舞蹈身体学的可能路径。在1939年出版的《舞蹈导论》中,他曾以调侃的口气谈到"灵魂":"在解释布丁时,我们发现它的基本价值在于它对'灵魂'的作用。这就提供了解决问题的恰当起点。把饮食当作满足'灵魂'需要的说法已成为一种标准的笑话……"②

接着,他又给出了自己的定义:"实际上的灵魂,是用它的需求来统治人,是由那些有助于生命的延续并使之和谐地发挥作用的有机体来构成的。它们通常是由有时称为生命器官的东西,以及它们自己具有的、实际上独立的神经系统所组成的。"③按照这种说法,"心"(生命器官)就是身体的内部构成。换言之,身—心问题就是身—身问题。在解释运动的机制时,马丁走上了从身体出发的道路:(1)"我们与外界接触的唯一可能是通过各种感觉。"④(2)"当一种感觉印象停留在眼睛、耳朵和皮肤的器官中无数有意提供的接收器上时,他的迅速产生主要通过神经达到脊髓与大脑,这里就像一部精心设置的电话交换机一样,当即被送到输出脉冲之中,再通过其他神经传达到某些恰当的肌肉与腺体,以做好运作的准备。"⑤(3)"身体是主动地运动,而无生命的物体是被动地运动。"⑥(4)"舞蹈中的节奏,只不过是身体节奏一种演化了的变体……"⑦(5)在舞蹈中,身体是"一个自发的表现性整体"。⑧ 这种自我组织

① *Philosophy of the Performing Arts*,p.190.
② [美]约翰·马丁:《舞蹈概论》,欧建平译,文化艺术出版社2005年版,第31页。
③ [美]约翰·马丁:《舞蹈概论》,欧建平译,文化艺术出版社2005年版,第32页。
④ [美]约翰·马丁:《舞蹈概论》,欧建平译,文化艺术出版社2005年版,第40页。
⑤ [美]约翰·马丁:《舞蹈概论》,欧建平译,文化艺术出版社2005年版,第40页。
⑥ [美]约翰·马丁:《舞蹈概论》,欧建平译,文化艺术出版社2005年版,第62页。
⑦ [美]约翰·马丁:《舞蹈概论》,欧建平译,文化艺术出版社2005年版,第69页。
⑧ [美]约翰·马丁:《舞蹈概论》,欧建平译,文化艺术出版社2005年版,第253页。

依赖复杂的身体运作:"当躯体运动神经接收到来自大脑的信号时,身体会立即做出反应,肌肉收缩。"①除了脊椎、心脏、骨盆、骨骼肌之外,身体还拥有大脑。大脑是身体的一部分,只能在身体中运作。当身体与环境接触时,感觉便产生了:"我们与外界接触的唯一可能是通过各种感觉。当一种感觉印象停留在眼睛、耳朵和皮肤等器官中无数有意提供的接收器上时,它的迅速产生要通过神经达到脊髓与大脑,这里就像一部精心设置的电话交换机一样,当即被送进输出神经脉冲之中,再通过其他神经传达到恰当的肌肉与腺体,以便做好动作的准备。"②在解释舞蹈时,他勾勒出一个明晰的身体学图式:

动作—感觉—神经—大脑—神经—肌肉—动作。

这是个开放而封闭的环路,是一个自我组织的体系。这是一种以身体概念为中心的修辞学表述,演绎了建立舞蹈身体学的可能性。在论述舞蹈的机制时,神经中枢"接受信息和指挥一切",就是精神所在地。③ 它由脑和脊髓组成,可以支配整个身体。由于它是身体的一部分,因此,舞蹈中的身体是自我组织的主体。这是阿恩海姆未曾明确说出的命题。舞蹈演员的身体既是表现的媒介,又是表现的主体。他们的所有意欲"全都由自己的表象和行为含蓄地展示出来"。④ 按照这个思路走下去,完整的舞蹈身体学就会诞生。

从根本上说,约翰·马丁的建构属于兴起于 20 世纪的知识型。1906 年,

---

① [美]雅基·格林·哈斯:《舞蹈解剖学》,王会儒主译,河南科学技术出版社 2017 年版,第4页。

② [美]约翰·马丁:《舞蹈概论》,欧建平译,文化艺术出版社 2005 年版,第 24 页。

③ [美]鲁道夫·阿恩海姆:《艺术与视知觉》,滕守尧、朱疆源译,四川人民出版社 2006 年版,第 555 页。

④ [美]鲁道夫·阿恩海姆:《艺术与视知觉》,滕守尧、朱疆源译,四川人民出版社 2006 年版,第 554 页。

神经心理学的创始人之一,英国学者查·谢灵顿(Sir Charles Sherrington)提出了"本体感受"概念,用其概括所有的感知行为,包括我们今天称之为"运动的感觉"或"运动觉"。① 他所说的运动感非常复杂,几乎涉及身体的所有活动:"它同时涉及关节、肌肉、触觉和视觉等方面的因素,而所有这些因素通常被某种更加不明确的运动机能所改变,即调整深层生理节奏的(比如呼吸、血液流出等)神经植物系统的运动功能。"②这个发现再次肯定了身体的自我组织能力。身体不仅仅是诗意表现的对象,而且很有可能是诗意的源泉:"正是在人体这片有意识或无意识的、变幻不定的土地上开启了20世纪初期的探险之旅。感觉与想象在此展开无尽的、优雅的交谈,激发出各种表演和诸多关于感觉的传奇故事,从而造就了一大批充满诗意的身体。"③诗意不是来自身体之外的主体,相反,身体本身就是诗意的身体(poetic body)。

甚至,在思想暂时不起作用的情况下,身体也能完成"无意识的运动"。根据玛莎·格雷厄姆(Martha Graham)的观察,"收缩与释放"(contraction and release)是身体运动的基本原理。以躯干为中心,收缩身体使腹部凹陷,背部隆起;释放时身体伸直,脊椎挺立。④ 在她始于20世纪初期的实验中,身体和空间的关系获得了确定。譬如,1930年排演的《悲悼》(Lamentation)演绎了"困扰身体的悲剧",展示了"在自己皮肤之内伸展的能力",探究和见证"忧伤的周长和边界"。⑤ 这是处于空间中的身体,这是探测自己生存边界的有机物,这是本身就具有灵性的主体。舞者就是这种灵性的身体。当她或他行动

---

① [法]让-雅克·库尔第纳:《身体的历史:目光的转变:20世纪》,孙圣英等译,华南师范大学出版社2013年版,第307页。

② [法]让-雅克·库尔第纳:《身体的历史:目光的转变:20世纪》,孙圣英等译,华南师范大学出版社2013年版,第307页。

③ [法]让-雅克·库尔第纳:《身体的历史:目光的转变:20世纪》,孙圣英等译,华南师范大学出版社2013年版,第307页。

④ [美]茱莉娅·L.福克斯:《现代身体——舞蹈与美国的现代主义》,张寅译,生活·读书·新知三联书店2018年版,第23页。

⑤ Jonet Anderson, *Modern Dance*, New York:Chelsea House Publishers,2010,p.44.

时,引导性的力量来自身体性的动觉智能(bodily kinesthetic intelligence)。[①]那么,身体应该如何回应世界呢? 她写道:"舞者的艺术建立在倾听的态度上,用他的整个身体去听。"[②]听的对象首先是自然,是风、花、树,是大地的话语。在她的戏剧中,大地不再是逃离的对象,而是身体回归的目标:"格雷厄姆之前的舞台舞蹈技术拉长身体,尽可能地使身体向上,芭蕾就是这样。她则钟情地板和大地——坐在上面,落向它,触及它。"[③]舞蹈中的身体不再向想象中的天堂飞升,而是表达自己对家园的依赖和爱。当身体舞蹈时,它展现了它与大地的原初关系。每当它试图向上飞升,下落运动都会随即产生,同样,随着身体不断落向地面,它又会不断反弹并站立起来。这就是多丽丝·汉弗莱(Doris Humphrey)所说的"下落与恢复"(fall and recovery)原理。在舞蹈的过程中,身体每个部位的运动都会带动下个部位的运动,而脊椎则是整个运动的轴线和传动带。

至于哪个部位是轴线外的中心,舞蹈家的观点并不相同:(1)邓肯等人重视上半身,认为"一切真实身体表达的发生位于心脏一带"。(2)格雷厄姆则强调骨盆才是身体的重心,是原动力的来源。[④] 不过,两种说法并无本质区别:无论是心脏,还是骨盆,它们都是身体的构成。有关二者的地位之争最终凸显的是身体。当人们说脊椎、心脏、骨盆是身体运动的轴线和中心时,他/她所强调的恰恰是:身体并不是傀儡,而是一个自我组织的有机体。既然如此,那么,身体就不仅仅是舞者的工具:"'我并不是在使用我的身体,是就是我的

---

① Michele Root-Bernstein, Ph.D., and Robert Root-Bernstein, Martha Graham, *Dance, and the Polymathic Imagination: A Case for Multiple Intelligences or Universal Thinking Tools?*, Journal of Dance Education, Volume 3, Number 1(2003):16.

② Michele Root-Bernstein, Ph.D., and Robert Root-Bernstein, Martha Graham, *Dance, and the Polymathic Imagination: A Case for Multiple Intelligences or Universal Thinking Tools?*, Journal of Dance Education, Volume 3, Number 1(2003):17-18.

③ Jonet Anderson, *Modern Dance*, New York: Chelsea House Publishers, 2010, p.43.

④ [法]让-雅克·库尔第纳:《身体的历史:目光的转变:20世纪》,孙圣英等译,华南师范大学出版社2013年版,第308页。

身体'，我呈现在我的舞蹈之中。"①身体不是心灵的对应物，相反，而是拥有心灵的主体："头部和颈部为精神区域，躯干为精神—情感区域，臀部和腹部为物质区域。此外，胳膊和腿是人体探测外部世界的接触器——附着于躯干的手臂具有一种精神—情感特征。身体的每一区域都可以进一步分成三个部分。"②这种定位的细节或可商榷，但它的总体思路符合当代人学的基本走向："思想的具身化和身体的具脑化（embrainment）"。③精神并非隶属于神秘的独立实体，而是身体的活动—功能。依靠感觉—意识，舞蹈中的身体—主体可以自我控制："舞蹈演员主要是通过对肌肉的松紧程度的感觉，以及可以用来区别垂直方向的稳定性和前倾、后仰的危险性的平衡感，而创造了自己的作品。"④一个钟爱舞蹈的人，其身体感觉是强烈而完全的，渗透于每一处肌肉，遍及指尖、喉咙和眼睑。据弗朗西斯·斯帕肖特（Francis Sparshott）的分析，舞蹈植根于以下层面的身体：

> 首先是"肉体"，运动中真实的物质材料。接着是在其四肢、关节、肌肉能允许的情况下身体运动的清楚表达的机械系统。接着是有机的身体，作为一个由其神经系统控制下的活物而活动。……接着是具有社会性的身体，着装打扮，并有如所有别的人那样，被赋予一种一目了然的社会实存。接着或者可能是在某一特定场合具有象征意义地装备起来的身体，因为很多艺术舞蹈唯有在此种场合中才能实现，并且模仿性舞蹈基础利用这一点去组织表演。⑤

---

① ［美］彼得·基维主编：《美学指南》，彭锋等译，南京大学出版社2018年版，第237页。
② ［美］鲁道夫·阿恩海姆：《艺术与视知觉》，滕守尧、朱疆源译，四川人民出版社2006年版，第556页。
③ Rosi Braidotti, *The Posthuman*, Cambridge：Polity Press, 2013, p.86.
④ ［美］鲁道夫·阿恩海姆：《艺术与视知觉》，滕守尧、朱疆源译，四川人民出版社2006年版，第559页。
⑤ ［美］彼得·基维主编：《美学指南》，彭锋等译，南京大学出版社2018年版，第237页。

此处的分类略显混乱,但道出了舞蹈对身体的依存关系:"舞蹈欣赏的中心是具有体积和重量、柔顺和抵抗的身体,对它们的肯定和否定;舞蹈的荣耀与悲悯都建立在它是运动与被运动的人的身体之上。"①符合这些特征的艺术活动构成一个体系:从原始巫仪到由此分离出来的戏剧和舞蹈,乃至现代行为艺术(performance art),呈现于观者面前的活动网络都直接与身体相关;身体出现于自己的作品中,构成自己作品的一部分。舞蹈中的人既是身体—认知者(body-knower),又是身体—表现者(body-expresser)。② 在舞蹈时,所有的感受都会被整合到身体图式(corporeal schema)之中,因此,演员可以随时调整自己的动作。他/她可以聆听自己内在的生理节奏,谋划表演的总体过程。质言之,他/她是身体—主体(body-subject),而舞蹈则是自我组织的一种方式。由于舞蹈中的身体—主体同时是艺术家、艺术媒介、艺术品,因此,上述形象—动作就成形为"一个真正的视觉艺术品"。

在现当代舞蹈理论中,身体—主体概念已经出现。它虽然首先属于学术空间,但并非纯粹思辨的产物,而是一个体现于舞蹈中的原初事实。当邓肯呼吁超越传统舞蹈的程式时,身体—主体已经开始说话:"我们的儿童为什么要卑躬屈膝地去跳这种装模作样、奴性十足的小步舞呢? 为什么要稀里糊涂地转来转去,跳那种自作多情的华尔兹舞呢? 不如让他们自由自在地大步行进,欢腾跳跃,昂首张臂……"③这是现代舞的宣言,更是身体—主体的心声。身体不希望自己继续被规训,不愿意总是被已有模式所限制,而是渴望展示更加自由的动姿。

自 20 世纪初,大批舞蹈家脱下了紧身胸衣,穿上了灯笼裤,解放双腿和躯干,演绎"新女性"的精神面貌。她们开始"在舞蹈中采用区别于芭蕾舞和歌

① [美]彼得·基维主编:《美学指南》,彭锋等译,南京大学出版社 2018 年版,第 238—239 页。
② B.Block and J. Kissell, (2011) *The Dance: Essence of Embodiment, Theoretical Medicine and Bioethics* 22(1):5-15.
③ [美]伊莎多拉·邓肯:《邓肯论舞蹈》,张木楠译,九州出版社 2006 年版,第 157 页。

舞杂耍表演的方式"，"将身体动作和芭蕾舞僵化的技巧和歌舞杂耍从浮夸的表演风格中解放出来"。① 在这个过程中，海伦·塔米里斯(Helen Tamiris)曾经尖锐地嘲讽足尖练习："用趾尖跳舞……为什么不用手掌跳舞呢？"②她不愿意在舞蹈中保持队形，在舞台上又异常活跃，因此又被称作"野贝克尔"(Wild Becker)。③ 到了 20 年代中期，众多美国舞者放弃芭蕾舞而转向现代舞。据费思·雷耶·杰克逊(Faith Reyher Jackson)回忆，现代舞光着脚跳舞的方式吸引了那些买不起足尖鞋的贫困舞者。④ 但这只是表层原因。真正的动力来自于主体性的身体，身体总是处于规训—反规训的张力中，它既是规训的始作俑者，又是被规训的对象。当规训被以天、道、存在(Being)的名义合法化后，忍受会被视为美德。相应的知识型、信念、技艺、器具会形成盘根错节的体系，阻碍芸芸众生发现其真相。身体受苦受难但却不知道苦难的起源，只能以苦为乐。但是，这并不意味着不合理的规训会永远持续下去：是身体在规训其他身体，是身体在自我规训。一旦身体意识到这个事实，规训就会暴露其起源。相关的修辞学体系即使不会立刻瓦解，也难以维持其庄严的形貌。裂缝产生了，来自未来的光亮从中涌出，新的地平线开始展示其轮廓。此刻，身体的身体性就会绽露：每个身体都在宇宙中占据独一无二的位置，因而不可能完全被他者同化；对于剧院领班来说，演员的身体是永远的出位者；或者说，出位的可能性已经潜伏于身体之中。身体是充满可能性的密室，是主体性诞生的地方，是希望的真正故乡。这正是大批舞蹈家所揭示的原初事实。

① ［美］茱莉娅·L.福克斯：《现代身体——舞蹈与美国的现代主义》，张寅译，生活·新知·三联书店 2018 年版，第 15 页。
② ［美］茱莉娅·L.福克斯：《现代身体——舞蹈与美国的现代主义》，张寅译，生活·新知·三联书店 2018 年版，第 21 页。
③ 塔米里斯原名海伦·贝克尔(Helen Becker)，后来邂逅一名南美洲作家，开始使用现在的名字。这个名字源于一首讲述古代波斯女王的诗："你便是塔米里斯，冷酷的女王，扫除一切障碍。"(《现代身体——舞蹈与美国的现代主义》，第 20—21 页)
④ ［美］茱莉娅·L.福克斯：《现代身体——舞蹈与美国的现代主义》，张寅译，生活·新知·三联书店 2018 年版，第 21 页。

意味深长的是,在这个原初事实获得呈现的过程中,女性身体扮演了重要的角色。它们是解放的对象,更是解放的主体。由于性别的等级制,女性身体曾经备受压抑,但也因此成为"她者":一方面,女性被视为男性的副本;①另一方面,她们又被当作危险的源泉(与自然类似)。这是一种吊诡的定位,它意味着女性总是生存于悖论之中,被矛与盾同时挤压。女性身体因此成为张力聚集的场所。当理想的光照降临时,后者是反抗力量的发源地。对于女性舞者来说,这是时刻起作用的身体逻辑。在她们的推动下,"舞厅变成了公共舞台,""为探索身体动作提供了场所。"②随着"跳舞疯(dance madness)"的流行,一种新的精神诞生了:主动、参与、分享。它体现于现代舞之中,形成了前所未有的表演风格:现代舞演员"绝不愿意把自己的身体变成一台在空间维度被预先设计好的用于制造产品的机器","而是坚持将其永远看作身体自身"。③"身体自身"这种说法意味深长。它是作为身体的身体而非对象化了的身体。它提供尺度,发出召唤,表达吁求。这岂不是暗示身体的主体身份吗?如果身体本为主动之物,那么,对它的规训、压抑、束缚就是反身体实践。在格雷厄姆1930年表演的独舞《悲歌》(*Lamentation*)中,这个主题已经获得了充分阐释:

　　一名孤独的舞者坐在长椅上,身体被一套筒状的衣服所包裹,四肢被紧紧地束缚,头部也被遮盖着,只露出脚和脸。躯干的动作若隐若现,如胚胎般地蠕动。舞蹈透露出一种悲伤的情绪,并将这种情绪注入到被束

---

① 自古典时代以来,身体就被理解为两种性别之一种(非男即女),但只能拥有单一的性:男性和女性被理解为有相同的性器官,尽管女性版本是男性的倒置。因此,阴道是阴茎的反转,卵巢是内部的睾丸,诸如此类。(《历史上的身体:从旧石器时代到未来的欧洲》,第287页)
② 〔美〕茱莉娅·L.福克斯:《现代身体——舞蹈与美国的现代主义》,张寅译,生活·新知·三联书店2018年版,第18页。
③ 〔美〕茱莉娅·L.福克斯:《现代身体——舞蹈与美国的现代主义》,张寅译,生活·新知·三联书店2018年版,第26页。

缚的身体做出的紧张而充满渴望的动作中。

身体为何悲伤? 它渴望什么? 答案几乎不言而喻。对身体的遮蔽—规训产生了切己之痛,引发了延续至今的悲伤。以正义、道德、社会之名,遮蔽—规训依然大行其道。当后者发展到极致时,衣服会成为遮蔽—规训的象征,如监狱的围墙般囚禁身体,身体被困住,无处可逃。此刻,没有反抗,就没有自由。自由是现代舞的基本法则,也是身体—主体至深的生存冲动。① 它引导邓肯等舞蹈家演绎"真实的舞蹈":"'真实的舞蹈'重视最美的人类形体,而'虚假的舞蹈'则与此相反,也就是说,它的动作表现的是畸形的人体。"②真实的舞蹈属于身体—主体。它是身体—主体自我实现的一种方式。每个身体—主体都在组建属于自己的世界,都在编织以自己为中心的文本。身体的身体性体现为世界的世界性。世界有其边界,这边界就是个体生命的外围,后者不断延展、分叉、交织,成形为伸缩不定的动态网络。无论如何,最外部的疆界不能是皮肤,而是行为体系的末端。世界之溃散意味着身体之殇。身体总会看护自己世界的边界。这吁求源自身体的身体性,它与性别无关。女性身体也是自己世界的看护者。1935 年,格雷厄姆创作了独舞《边境》(Frontier),演绎了这个主题。舞蹈开始时,她单腿撑在一个围栏上,侧脸对着观众,眼睛注视着侧台。接着,宣示主权的动作依次显现:"她首先宣示对围栏的所有权,接着在围栏的前方描绘了一个空间,然后她以一种将一切据为己有的目光环顾四周,最后自信地坐会到围栏上。"③这类动作并不新鲜,但它由女性身体完成却是个现代事件。

　　舞蹈中的身体存在于空间之中。存在着天空—身体—大地的三元结构。

---

① [美]茱莉娅·L.福克斯:《现代身体——舞蹈与美国的现代主义》,张寅译,生活·新知·三联书店 2018 年版,第 26 页。

② [美]伊莎多拉·邓肯:《邓肯论舞蹈》,张木楠译,九州出版社 2006 年版,第 87 页。

③ [美]茱莉娅·L.福克斯:《现代身体——舞蹈与美国的现代主义》,张寅译,生活·新知·三联书店 2018 年版,第 51—52 页。

无论舞者如何努力地克服重力,他/她总是回到以大地为基础的世界之中。舞者的具身性意味着嵌入性(embedded)——嵌入社会、文化、语言乃至整个世界。① 这个世界是身体的家。家是个生态体系(eco-system)。当身体发挥自己的生命机能时,它是而且只能是生态学身体,是处于交互运动中的身体—主体:"世界不'在'我的身体中,我的身体归根结底也不'在'可见的世界内;正如肉(flesh)与肉结合,世界既不环绕身体,也不被它所环绕。"② 只要身体进入自己放射出的澄明之中,生态世界就不会被遮蔽。身体总是与其他有机体打交道,总是处于相互成全的运动之中。这就是生态世界的互文性。随着时间的推移,上述事实进入了表演教程。20 世纪初,现代舞的先驱富勒(Loie Fuller)曾经利用围巾和衣裙形成的魔幻效果,把自己转换为花朵、蝴蝶、火焰,引发了观众的欢呼和狂喜。③ 她使用了电能等科技手段,营造了可视的在家感。尽管舞台上的富勒所营造的不过是一种幻觉,但这种行动却敞开了生命体之间的相互依存关系。当她在舞台上旋转时,众多观者将自己还原到 oikos 之中。正是由于 oikos 意味着安全和丰盈,人们才能享受生存之乐。这不正是舞蹈所揭示的原初事实吗? 邓肯曾经在林间的草地上赤足舞蹈,体验回归 oikos 的欢乐:

> 人可以在海边跳舞,可以在林中跳舞,也可以在阳光下、在旷野里赤身裸体地跳舞,但若他的舞姿不跟海浪的节奏和谐一致,不跟树枝的摇曳和谐一致,不跟风景中的生命及宁静的气息和谐一致,那么,无论怎样跳,他所做出的每一个动作都将是虚妄的,因为它们和大自然和谐的基调格格不入。④

---

① Betty Block & Judith Kissell, *The Dance: Essence of Embodiment*, *Thoretical Medicine* 22: 5 – 15 (2001): 8.

② Thomas Baldwin ed. *Maurice Merleau-Ponty: Basic Writings*, London: Routledge, 2004, p.135.

③ Jonet Anderson, *Modern Dance*, New York: Chelsea House Publishers, 2010, p.13.

④ [美]伊莎多拉·邓肯:《邓肯论舞蹈》,张木楠译,九州出版社 2006 年版,第 132 页。

大自然是身体的家。当身体舞蹈于其中时，它已经是归乡者，需要听从始终在家者的呼唤。原初舞蹈是响应的方式，是合作的形态，是共在的明证。当邓肯如此言说时，她已经诠释了一种质朴的生态诗学：身体—自然—家园。这种立场引发出学习的激情，成形为谦卑的动姿："为了跳舞，我研究花蕾绽开时的姿态、蜜蜂飞行时的动作和鸽子等鸟类雍容华贵的形体。"①她认为这些都是"那贯穿在生命活动中的爱之舞的表现"。② 原初之舞是爱之舞，爱是合作、交融、狂欢。它指向生命的至深冲动：增殖。唯有通过增殖的行动，生命才能不断延续，舞者才能继续舞蹈。当邓肯在海边或森林中舞蹈时，她已经进入了生命的剧场。此刻，不断诞生的是生命体的游戏。其他物体也加入其中。这是一种真正的三元游戏：身体—身体，身体—物体，物体—物体。它的参与者不是海德格尔所说的天—地—人三元。这些大词本身就是遮蔽的产物，隶属于整体性的遮蔽实践。真正存在的是个体（身体—物体）。个体是舞者。他/她不需要寻找地平线之外的光亮，不必在最遥远处发现真理，相反，解蔽的力量就在身体—物体之中。应该回应的是身体的内在吁求，是其他个体的呼唤。这不正是邓肯所要强调的事实吗？尽管还偶然使用真理之类大词，但她已经意识到了身体对生态世界的归属关系。从身体的身体性出发，她抵达了自然的自然性。

本真的自然首先显现于大地之上。后者是基础，是生殖力量显现的场所，但也是背叛的对象。从柏拉图的时代开始，逃离大地的想象就开始兴起。人渴望变得轻盈，向上，升上高处，抵达彼岸。当舞者用足尖舞蹈，当他或她尽量拉长身体，当演员高高跃起，上述渴望已经显露无遗。大地托举了舞蹈者，舞蹈者却向往天国并对空气中的精灵产生象征性兴趣。在身体意识已经兴起的时代，这种悖谬已经无法遮掩。它被揭示和否定，被当作解构的目标。当邓肯赤足舞蹈时，艺术家已经开始了返乡之旅。新的舞蹈意向诞生了，牵连出属于

① ［美］伊莎多拉·邓肯：《邓肯论舞蹈》，张木楠译，九州出版社2006年版，第160页。
② ［美］伊莎多拉·邓肯：《邓肯论舞蹈》，张木楠译，九州出版社2006年版，第160页。

身体—大地的技术体系。随着这种回归的持续,展示世界的视角发生了变化。1959年,法国现代舞大师莫里斯·贝雅(Maurice Bejart)编排了《春之祭》(*The Rite of Spring*),着重表现肌肉运动的感受。此剧原本是斯特拉文斯基(Igor Fedorovitch Stravinsky)的作品,但他编排时进行了大胆的创新:去掉了与宗教关系过于密切的内容,凸显身体—大地之间的呼应关系。当舞者展示身体的力量时,大地也似乎受到了震动。这是对身体—大地关系的揭示。在身体—大地共同凸显的过程中,格雷厄姆是引导变化的关键人物。她改变了强调向上拉伸身体的舞台舞蹈技艺(stage-dance techqiques),"欢迎地板和大地"——"坐在上面,落向它,触及它。"①有时,观众甚至可能看见她并不洁净的脚。后者也许并不好看,但却展示了回归身体—大地的行动。这一改变延续下来,最终影响了编舞者的思与行。1964年左右,美国旧金山的舞蹈家哈普林(Ann Halprin)强调即兴表演,"发现我们的身体能做什么"。② 在1988年出版的《动作的瞬间:舞蹈即兴》(*The Moment of Movement:Dance Improvisation*)中,"人类的演变"这一主题具体化为下面的身体动作:"在地板上以一个团状物开始。模拟阿米巴虫到一个双细胞的动物的进程,再到一个扁形虫……变得更加有区别的并缜密连接的。从随机扭动到有目的的爬行,从腹部着地,到四肢爬行,再到两脚直立。身体从犹豫到肯定,到控制自由,再到细化并合作的演变。"③人类身体属于从阿米巴虫到未来身体的谱系。阿米巴虫是最初的身体,它是人类身体的祖先,在阿米巴虫和人类身体之间,无数身体曾经诞生、成长、死亡。当舞蹈演员模拟某些可信的片段时,一种原初关系已经显现出来:正是由于大地是一个生产性的体系,隶属于它的身体才是掌控属己世界的主体。

---

① Jonet Anderson,*Modern Dance*,New York:Chelsea House Publishers,2010,p.43.

② [美]罗斯莉·格特伯格:《行为表演艺术:从未来主义至当下》,张冲、张涵露译,浙江摄影出版社2018年版,第171页。

③ [美]琳恩·布洛姆、L.塔林·卓别林:《动作的瞬间:舞蹈即兴》,赵知博译,北京日报出版社2016年版,第250页。

随着身体—主体形象的完整显现,舞蹈身体学也展示了其基本框架。具有吊诡意味的是,后者的建构并未形成势如破竹之势。相反,言说者经常陷入自我矛盾的状态。由于西方文化总是把人分成身体和精神,因此,二元论已经深入到言说者的内心深处。譬如,他/她会不自觉地谈论身与心的亲密关系。在约翰·马丁留给我们的文本中,这种矛盾依然留下了清晰的踪迹。虽然他已经展示了从身体出发的可能性,但却没有建构出连贯的话语。譬如,他曾经使用"身体执行内心命令的努力"①之类表述,多少重蹈了二元论的覆辙:难道内心不是身体的一部分吗? 如果不是,岂不是必须援引精神主体概念? 显然,马丁的论述潜藏着致命的悖论。由于这种暧昧品格,他受到了后来者的批评。在《论约翰·马丁的舞蹈理论》一文中,朱迪思·B.奥尔特(Judith B. Alter)表达了自己的不满:"尽管马丁的措辞表明,他已经敏感地意识到,必须纠正通常流行的那种身心分离的概念,但他在将心当作理性的或者理智的能力,而将身体当作舞蹈家的工具时,还是将两者的功能进行了区分。他还没有意识到这种潜在的矛盾。"②接着,更尖锐的追问出现了:

> 所谓"身",就是位于他或她的头脑之下的某个部位吗? 或者说,"身"指的是整个人,及其整个肉体和个性吗? 马丁三番五次地提到社会对"下贱"的身体之感受。尽管它期望对"身"的欣赏有所改变。然而,在他多次将身体当作舞蹈家的工具时,曾宣称舞蹈家在运用自己的身体去跳舞时,便将其身体对象化了,这就意味着心高于身这种带有等级制度的审美标准,以及"心对物"的垄断。③

这追问针对的不仅仅是马丁,而是西方曾经长期流行的二元论。当舞者活跃

---

① [美]约翰·马丁:《舞蹈概论》,欧建平译,文化艺术出版社 2005 年版,第 40 页。
② [美]约翰·马丁:《舞蹈概论》,欧建平译,文化艺术出版社 2005 年版,第 357 页。
③ [美]约翰·马丁:《舞蹈概论》,欧建平译,文化艺术出版社 2005 年版,第 357—358 页。

于大地之上时,牵引他/她的似乎是战胜重力的意志。后者可能来自于更轻盈的存在,一种与血肉之躯形成鲜明对照的事物。人们称之为灵魂、心、自我,想象它可以驱使身体—工具。事实上,进行具体论述时,马丁已经极力回避灵魂等传统范畴。相比于他,邓肯的说法更容易招致批评:"不难设想,一个舞蹈家在经过长期训练、苦修和灵感启发之后也是可以达到这样一个程度,即他认识到自己的身体只不过是供灵魂表现的工具罢了,这时,他的身体便会按照一种内在的旋律舞动,而表现出另一个更为玄妙的世界。"①她眼中的灵魂"比 X 光更飘然",可以"会使身体化作明亮的云雾般的东西"。② 当灵魂完全掌控身体,后者就会变得轻盈,可以翩翩飞翔到神界。这是柏拉图主义的当代版本,内蕴着古老的二分法:轻盈的灵魂/沉重的肉身。在两千多年前,柏拉图曾说:"在严肃的戏剧中,一种舞蹈用适宜的形体动作来表现战争,由勇敢、坚毅不拔的灵魂来承担;另一种舞蹈则表现繁荣昌盛的快乐,由有节制的灵魂承担,后者的恰当名称是'和平舞蹈'。"(柏拉图《法篇》814E)③灵魂是舞蹈的真正承担者,形体动作则不过是外在表现:"借助身体的姿态和姿势可以表达意思,舞蹈艺术的本质就在于此。"(柏拉图《法篇》816A)④当舞蹈中的身体"刻画了各种躲避敌人的打击和躲闪飞矢走石的姿势",再现了"射箭、投标枪、拳打、脚踢"等动作时,一个隐蔽的主体似乎操纵着一切。(柏拉图《法篇》816A)⑤这种说法长期占据上风。它延续到现当代,继续支配包括邓肯在内的众多个体。

吊诡的是,邓肯本人后来几乎完全否认了灵魂概念。当被问及是否相信死后还有生命时,她曾经明确地表示:"我们每个人不过是熔炉里的一颗星火,一颗已经熄灭在永恒职业里的星火,一颗独自存在的星火。它燃着,我们

---

① [美]伊莎多拉·邓肯:《邓肯谈艺录》,张本楠译,湖南大学出版社 2006 年版,第 8 页。
② [美]伊莎多拉·邓肯:《邓肯谈艺录》,张本楠译,湖南大学出版社 2006 年版,第 8 页。
③ [古希腊]柏拉图:《柏拉图全集》(第一卷),王晓朝译,人民出版社 2002 年版,第 573 页。
④ [古希腊]柏拉图:《柏拉图全集》(第一卷),王晓朝译,人民出版社 2002 年版,第 574 页。
⑤ [古希腊]柏拉图:《柏拉图全集》(第一卷),王晓朝译,人民出版社 2002 年版,第 573 页。

便有形有体；它熄灭了，我们便化为乌有。此外，我们还会有什么呢?"①当她习惯性地说出灵魂一词时，后者的所指不过是一种残留物或遗痕。它不是可以飞出人体的魂影，不是在大脑中忙碌的小人，不是身体消亡后依然存在的实体，而仅仅是习惯用法或者隐喻。当人们无法用身体学解释某种现象时，一个词就会脱口而出。与其说是个体发出了相应音节，毋宁讲是它在自我显现。这残余物依然受到主流信仰和民间意识形态的支持，可以衍生出众多温和的解释模式。由于它的影响，舞蹈学视野中的身体仍旧残缺不全。它被砍头，被挖心，被剥夺了大脑，在它的内部似乎存在着它无法充实的空洞，后者被灵魂、心、精神占据，成形为身体无法掌控的飞地。当这种观念发展到极致时，身体会被当作居所和工具。这是语词的诱导性：能指好像总是对应着所指，被郑重其事地对待。由此可见，对灵魂的言说产生了遮蔽性的效果。以灵魂之名，身体被遮蔽。存在一种遮蔽身体的知识型遮蔽了直接由身体承担的艺术。甚至，艺术形象离身体越近，其机制就越停留于晦暗之中。在很多时刻，人们的注意力转向了某种假想之物，而身体则被当作"一种和谐的、得心应手的工具"。② 如果这种情况延续下去，舞蹈理论就无法做到"思想脉络的贯通"。③当后者出现于邓肯和马丁等人的头脑中时，魔法出现了，她和他便不由自主地重蹈覆辙。

　　事实上，这不是少数人的错误，而是一种至今仍在延续的知识型。除了邓肯和马丁之外，格雷厄姆也没有完全超越二元论。谈论音乐的影响时，她曾经说："我现在用身体去感受，正如我用心灵去倾听。"④甚至，一些依然活跃的当

---

①　[美]伊莎多拉·邓肯:《邓肯谈艺录》，张本楠译，湖南大学出版社 2006 年版，第 136 页。

②　[美]伊莎多拉·邓肯:《邓肯谈艺录》，张本楠译，湖南大学出版社 2006 年版，第 46 页。

③　[加拿大]弗朗西斯·斯帕肖特:《舞蹈哲学:动静中的身体》，转引自 [美]彼得·基维主编:《美学指南》，彭锋等译，南京大学出版社 2018 年版，第 277 页。

④　Michele Root-Bernstein，Ph.D.，and Robert Root-Bernstein，Martha Graham，*Dance，and the Poly-mathic Imagination:A Case for Multiple Intelligences or Universal Thinking Tools?*，Journal of Dance Education，Volume 3，Number 1(2003):19.

代学者也经常重蹈覆辙。譬如,在明确表示拒斥身心对立(mind/body polarity)后,布洛克和吉赛尔又写道:"大多数人不允许他们的身体思想,事实上,我们从小就被训练去压抑具身性感知。我们被告知,释放身体记忆或允许整个身体做行动,这在文化上是不可接受的。我们重视理智和惯例胜过一切,被训练去压抑身体想去体验的体验。"①这是具有悖谬意味的错误:言说者不自觉地假定了某个高于身体的我;他们被自己思想中的残余物所捕获。那么,怎样才能如何清除这些残余之物? 不能想象擦去或清除等物理学动作。不能像擦除污渍般擦除它。因为,这些残存物并非顽固的精灵,而是一些功能性的存在。当人们遇到当下身体学无法解释的现象时,他或她就会求助于这些古老的范畴。就像古代的神祇,它们是一些功能(如理性思维)的象征。只有证明这些功能属于身体,人才能完成陈旧观念的退场仪式。经由邓肯乃至马丁的困境,下面的事实已经昭然若揭:如果不彻底超越身心分裂的图式,那么,舞蹈学就不可能自圆其说。正是由于这个模式未被克服,20世纪的西方主流舞蹈研究从整体上说还处于史前状态:"从未有哪门艺术像舞蹈这样遭受如此多的误解、情绪化的鉴赏以及玄虚的解释。它的批评文献,更糟糕的是,非批评文献,那些伪人类学和伪美学的文献,实在令人不忍卒读。"②

四、行为艺术中的身体:滑动在主体—客体之间

在当代西方艺术中,身体的地位问题依然悬而未决:当文化坐标系已经可以容纳生产性的身体意象时,艺术家似乎依然处于一个滞后的位置,但遮蔽有时又辩证地蕴含着敞开性的力量。这个悖论也显现于行为艺术(performance art)之中。

---

① Betty Block & Judith Kissell, *The Dance: Essence of Embodiment*, *Thoretical Medicine* 22:5-15 (2001):10.

② [美]苏珊·朗格:《感受与形式》,高艳萍译,江苏人民出版社2013年版,第174页。[美]伊莎多拉·邓肯:《邓肯谈艺录》,张本楠译,湖南大学出版社2006年版,第46页。

　　回顾行为艺术的诞生踪迹，未来主义（Futurism）可能意味着开端。从 1909 年 2 月 20 日开始，它就不再是传统的文学流派：表演的激情、搅动公共空间的筹划、参与嘉年华的渴望都曾驱动着当时年轻的诗人和艺术家，引导他们走向咖啡馆、剧院、广场。在他们的驱动下，20 世纪最初的行为艺术因此诞生了。1910 年 1 月 12 日，第一次"未来主义晚会"（Serata）举办于罗塞蒂剧院（Teatro Roseti）。马里内蒂（Flippo Tommaso Marinetti）和阿莱芒多·马扎（Armando Mazza）等人登场亮相，演绎未来主义的基本理念。与传统的文学实验不同，他们强调"行为"与"变化"："我们的行为不再是宇宙动力（universal dynamism）中一个凝固的瞬间，而是动态感受（dynamic sensation），直达永恒。"①为了迫使观众更直接地注意到他们倡导的观念，未来主义者随后投身到行为表演之中。他们演讲时也用双臂和双脚来说话，双手则握着"各种发出噪音的乐器"。② 这是一种直接以身体为媒介的艺术实践，意味着艺术家获得了双重身份：既是这种艺术戏剧新形式的"作者"，又是其"艺术品"。由于表演的直接演绎者无疑是身体，因此，下面的问题已经不可回避："作者"是谁？他/她为何会成为"艺术品"？ 如果它是精神主体，那么，作者和艺术品就不可能合一，因为心灵无法成为表演中的身体。当排除了这个选项后，剩下的可能性只有一个：身体。

　　在论文《达达演员与行为艺术理论》（*The Dada Actor and Performance Theory*）中，梅尔策（Annabelle Henkin Melzer）曾经指出："如果我们把演员的身体分为三个变种：熟练的表演者（the skilled actor）、带面具的表演者（the masked actor）、个体表演者（the personal actor），那么，这种划分会有利于理解达达表演者……"③这种说

---

① ［美］罗斯莉·格特伯格：《行为表演艺术：从未来主义至当下》，张冲、张涵露译，浙江摄影出版社 2018 年版，第 22 页。
② ［美］罗斯莉·格特伯格：《行为表演艺术：从未来主义至当下》，张冲、张涵露译，浙江摄影出版社 2018 年版，第 27 页。
③ Gregory Battcock and Robert Nickas ed.，*The Art of Performance：A Critical Anthology*，New York：E.P.DUTTON，INC.，1984，p.33.

法可能并不确切,但却道出了行为艺术与身体的关系。对此,未来主义者并非毫无觉察。譬如,写作《未来主义舞蹈》时,马里内蒂曾说舞者必须超越"肌肉的可能性",创造出"人们梦寐以求的发动机式的多重身体"。① 此类说法已经凸显了身体的意义,可能引发进一步的讨论:"多重"身体意味着什么? 是身体的自我复制,还是一种演出效果? 身体能够自我控制吗? 为了解答表演之谜,我们是否还需要假定幽灵般的主体?

随着行为艺术的发展,这些问题已经部分地浮现出来。1916 年,达达主义(Dadaism)曾公开宣称:"拉丁语里的 producere 是生产、使某样事物存在的意思。不一定生产书籍,我们还可以生产'艺术家'。"②这里所说的艺术家首先指的是表演者,尤其是聚集在伏尔泰酒馆(Cabaret Voltaire)的诗人们。从1916 年 2 月 5 日开始,后者曾经把苏黎世变成了行为艺术的重镇。值得注意的是,表演中的他们使用了身体隐喻:

> 慢慢地,屋子们张开了他们的身体,
>
> 随后,教堂们肿着嗓子,向着深渊嚎叫。③

到了 1923 年,达达主义的精神领袖查拉(Tristan Tzara)设计了作品《气体心脏》:头颅、眼睛、鼻子、嘴巴、耳朵、眉毛曾经先后出场,演绎着花样百出的恶作剧。④ 身体终于出场了,却成了肢解活动的牺牲品。这是敞开,更是遮蔽。当身体被碎片化,当器官仅仅扮演隐喻性的角色,敞开—遮蔽的张力必然出

---

① [美]罗斯莉·格特伯格:《行为表演艺术:从未来主义至当下》,张冲、张涵露译,浙江摄影出版社 2018 年版,第 34 页。
② [美]罗斯莉·格特伯格:《行为表演艺术:从未来主义至当下》,张冲、张涵露译,浙江摄影出版社 2018 年版,第 73 页。
③ [美]罗斯莉·格特伯格:《行为表演艺术:从未来主义至当下》,张冲、张涵露译,浙江摄影出版社 2018 年版,第 74 页。
④ [美]罗斯莉·格特伯格:《行为表演艺术:从未来主义至当下》,张冲、张涵露译,浙江摄影出版社 2018 年版,第 109 页。

现。随着部分达达主义者逐渐向超现实主义（surrealism），这种矛盾开始浮出海面。由于推崇自动性，布勒东（André Breton）等人开始探究被压抑于无意识深处的意象，而这为身体的重新出场开辟了通道。1924 年 12 月 21 日，杜尚（Marcel Duchamp）参与了《电影评论短剧》的演出，饰演走出伊甸园中的亚当。① 演出中的他赤身裸体，手执一片遮蔽隐私部位的树叶。1927 年，阿铎（Antonin Artaud）创作了《血如泉涌》（Le Jet de sang）："一场龙卷风将两个爱人分开了，最后两个星星坠落到了一起，之后我们见到人的躯干从上空掉落：手、脚、头皮、面具、柱子……"②这个表演不仅触及了死亡，而且牵连出生命与身体的关系：身体的毁灭是否意味着死亡？ 存在后身体的生命吗？ 事实上，这些问题绝非多余。在阿铎脱离超现实主义阵营后的表演中，身体意识始终起到重要作用。这是一个意味深长的线索：超现实主义对梦的迷恋具有悖谬的效果，既为身体的出场提供了机缘，又妨碍了它的完整显现。只有从梦中回到现实生活场域，这种悖谬才会被克服。

在这个过程中，德国表演艺术家奥斯卡·施莱默（Oska Schlemmer）起到了重要作用。在 1929 年设计的《玻璃舞蹈》（Glass Dance）中，这位参与包豪斯（Bauhaus）艺术革新的大师演绎了下列理念："舞者们与其说是木偶，不如说他们是机器人，由线绳操控着移动，或者较好一点是的由精确的自动机械控制，几乎没有人工进行干预，至多被遥控器操控。"③机器人没有灵魂，但可以自动或半自动地行动，而这显然暗示了这样的可能性：身体也可以扮演主体的角色。虽然施莱默还假定了操纵者的存在，但后者实际上已经是残存物。操纵身体的只能是身体。

---

① ［美］罗斯莉·格特伯格：《行为表演艺术：从未来主义至当下》，张冲、张涵露译，浙江摄影出版社 2018 年版，第 115 页。
② ［美］罗斯莉·格特伯格：《行为表演艺术：从未来主义至当下》，张冲、张涵露译，浙江摄影出版社 2018 年版，第 115 页。
③ ［美］罗斯莉·格特伯格：《行为表演艺术：从未来主义至当下》，张冲、张涵露译，浙江摄影出版社 2018 年版，第 135 页。

身体操纵自己，这不正是行为艺术的秘密吗？然而，大多数行为艺术家似乎并未洞悉身体的主体性。在表现身体时，他或她喜欢聚焦其客体性，探讨利用它的可能方式。身体被当作媒介，被视为可勘探的空间，被还原为待蠡刻的平面："艺术家把自己的身体作为对象，并在其上进行创作，把它们当作一件雕塑或一页诗歌来处理，与此同时其他人则进行更加结构化的行为表演，把身体作为空间的一个元素来探索。"①譬如，一些行为艺术家"通过照片和录像记录下来的一些表演"，创造出"用身体来诠释"的艺术作品，表达明晰的社会学主题：无处不在的肉体的痛苦和社会对性的尖锐批评。② 再如，1969 年左右，纽约艺术家阿孔西（Vito Acconci）试图以身体为"纸张"，写作新型的"诗歌"《接下来的片段》（*Following Piece*）。他在街上任意地选择自己所遇到的个体，但又在这些人进入建筑时离开他们。这些片段虽然似乎没有明确的意义，但却形成了可以观看的意象。他观看别人，也被别人观看。身体因此进入看和被看的交互关系之中，成为"诗歌"中的片段。随着情节的变化，它被赋予更多的含义。在 1970 年创作的《转换》（*Conversion*）中，阿孔西"通过燃烧体毛尝试着掩盖他的阳刚之气"，徒劳无功地尝试着把自己的胸脯变成女性的乳房。③ 通过这种方式，他似乎让自己的"身体诗歌"具有更多的公共性。然而，这种转换只发生在象征层面。身体无法变成纸张，他也没有办法像"出版"一首诗一样出版自己的表演。进而言之，这些尝试还具有悖谬意味：身体的行动形成了可以观看的片段，但作者又试图将它当作被改造的客体。

在阿孔西等人创作的行为艺术中，身体总是进入矛盾之境：既是空间中的一个物体，又是空间的改变者；既置于其内，又改造它。这个悖论进入了作品之中，获得了部分的诠释。1967 年，《正在进行》（*Going On*）的表演者设计了

---

① ［美］罗斯莉·格特伯格：《行为表演艺术：从未来主义至当下》，张冲、张涵露译，浙江摄影出版社 2018 年版，第 195 页。

② ［意］威廉·德隆·拉索：《人体》，陈琳译，北京出版集团公司 2017 年版，第 60 页。

③ ［美］罗斯莉·格特伯格：《行为表演艺术：从未来主义至当下》，张冲、张涵露译，浙江摄影出版社 2018 年版，第 191 页。

一个意味深长的情节：28个缝在一个长布条上的口袋被摆在田野之中；随后，四个参与者爬遍了所有的口袋，改变了纺织品的原有形态。当表演者匍匐于口袋之中时，一个线索已经出现："劳作的身体"是改变的原因，重新成形的世界则是改变的结果。那么，如此行动的身体能否直接将自己定性为艺术品？到了1969年，吉尔伯特（Gilbert）和乔治（George）等人给出了肯定的答案。作为伦敦马丁艺术学院的学生，他们开始创作"活体雕塑（living sculpture）"，"进而使得自己成为艺术品"。[1] 第一座"唱歌的雕塑"被命名为《拱门下》（Underneath the Arches）：两名艺术家把脸涂成金色，穿着日常的西装；一个人手里拿着一根手杖，另一个握着一副运动手套；两个人机械地如木偶般地在一张小桌子上表演了大约6分钟，其间为他们伴奏的是弗拉纳根（Flangan）和艾伦（Allen）的同名歌曲。[2] 身体成为了艺术品，代价是处于被削减的状态。它们仿佛被注射了麻醉剂，变得如木偶般僵硬。这是一种无奈的设计：如果表演中的身体如同日常生活那样运动，那么，它就不会被视为艺术品，也难以符合人们对活体雕塑的预期。不过，当身体试图模仿雕塑，一种起源意识已经绽露。活体雕塑不是对身体的模仿，而就是表演中的身体。雕塑家和雕塑合一，他/她就是雕塑，就是身体。虽然经过化装和易容，但身体的主体性终究难以遮蔽。身体是表演的策划者、承担者、体验者。这种三位一体的关系意味着身体可以不断调整自己，活体雕塑之活就在于此。

早在1965年，诗人、教授、艺术家大卫·梅达拉（David Medalla）曾经说过："我梦想着有朝一日可以创造可以呼吸、分泌、咳嗽、大笑、打哈欠、傻笑、眨眼、喘息、舞蹈、漫步、爬行的雕塑……它在人群旁行走，就像影子一样。"[3]

---

[1] ［美］罗斯莉·格特伯格：《行为表演艺术：从未来主义至当下》，张冲、张涵露译，浙江摄影出版社2018年版，第204页。

[2] ［美］罗斯莉·格特伯格：《行为表演艺术：从未来主义至当下》，张冲、张涵露译，浙江摄影出版社2018年版，第204页。

[3] Gregory Battcock and Robert Nickas ed., *The Art of Performance：A Critical Anthology*, New York：E.P.DUTTON,INC.,1984,p.5.

譬如,《饮酒雕塑》(*Drinking Sculpture*,1975 年)就完成了大卫·梅达拉的设想:表演中的吉尔伯特和乔治"出没在伦敦东区的酒吧","在安静的河边野餐"。[①] 这个作品越过了生活与艺术之间的虚拟边界,揭示了下面的事实:"任何人都可以成为艺术家,他们说什么或做什么都可以成为艺术。"[②]当他们有意识地模仿雕塑,艺术品已经诞生了。这就是不断变换形态的身体。

从根本上说,行为艺术是身体变形的实验。它的承担者是生成中的身体,是身体—生成(body-becoming)。身体是这个生成过程的发动者、实施者、完成者,又是其可以不断修正的产品。只要艺术家所是的身体能够完成想象中的变形,行为就会升格为艺术。不过,这种变形有其限度:无论如何,身体不能成为另一个身体。每个身体都是以皮肤为边疆的细胞帝国,都在宇宙中占据着独一的位置。两个身体的位置不可能重合,更不能合而为一。这不正是作品《变形者》(*Transformer*,1974 年)所显现的真相吗? 当"一个又圆又矮的苏黎世艺术家扮演他的又高又瘦的漂亮女朋友"时,互换的并不是身体,而是其表演形态。[③] 人和人的穿着和打扮可以惊人地相似,但他们的独特性并未被因此抹去。每个身体都在宇宙中占据着独一的位置,具有无法与他者重合的处境。尽管人们可以将自己想象为轻盈的灵魂、强大的诸神、变形金刚,但依然无法改变身体的身体性:它是永远的此在,是无法复制的这一个,是绝对独特的实有。这是身体被质疑、否定、弃绝的原因,也是其意义、价值、尊严所在。正是由于意识到了这个秘密,行为艺术家吉娜·潘恩(Gina Pane)才于 1979 年强调:"我们的所有文化都奠基于对身体的表现(the representation of the body)。表演并非能够废弃绘画,相反,它有助于一种新的绘画的诞生,而后者

---

① [美]罗斯莉·格特伯格:《行为表演艺术:从未来主义至当下》,张冲、张涵露译,浙江摄影出版社 2018 年版,第 206 页。

② [美]罗斯莉·格特伯格:《行为表演艺术:从未来主义至当下》,张冲、张涵露译,浙江摄影出版社 2018 年版,第 206 页。

③ [美]罗斯莉·格特伯格:《行为表演艺术:从未来主义至当下》,张冲、张涵露译,浙江摄影出版社 2018 年版,第 207 页。

基于身体在艺术中的功能和对它的不同阐释。"①

那么,行为艺术能否抵达作为身体的身体? 这正是澳大利亚人斯迪拉克
(Stelarc)所思考的问题。斯迪拉克1946年出生于希腊塞浦路斯,原名为斯泰
利奥斯·阿卡迪乌(Stelios Arcadiou)。他移居澳大利亚后痴迷于新媒体技
术,曾经进行了一系列挑战身体—机器极限的创作,如《第三只手》(*The Third
Hand*)、《胃雕》(*Stomach Sculpture—Hollow Body/Host space*)、《放大的身体》
(*Amplified Body*),等等。由于这些表演,他被誉为"使用机器人进行艺术实验
的最前沿者"。② 借助假肢、电视屏幕、计算机,这位大师试图探讨作为一个客
体的身体:"重要的是身体作为一个客体而不是一个主体——它不是一个特
定人的身体而是成为另外一样东西。"③这是一种意味深长的说法:它既肯定
了身体的主体地位,又将聚焦点移到了其客体性;既强调身体的独特性,又试
图寻找它被替代的可能性。如果身体是主体,那么,抵达身体—客体的就是
他/她自己。是主体性的身体想抵达客体性的身体。一旦这个事实被遮蔽,相
应的尝试必然具有悖谬意味:试图表现的是A,被表现的却是A的反面。譬
如,"在一次悬置中,身体在被悬置中积极地做着一些事情(在滑轮上提升自
己),斯迪拉克认为这表达了'身体所感觉和身体所行为之间的分裂'。"④只
有感受到了自己的处境,在滑轮上提升自己的身体才能调整自己的行动。显
然,获得诠释的并非斯迪拉克事先构思的主题,相反,行动中的身体展示了自
己的逻辑。从1996年表演《砰身体:一个网络驱动和上传的行为》(*Ping
Body:An Internet Actuated and upload performance*)开始,他就试图展示身体被
不规则的信号所控制的情形:"随机的砰声在超过30个全球网域创造价值观

---

① Battcock,Gregory and Nickas,Robert ed.,*The Art of Performance:A Critical Anthology*,New York:
　　E.P.Dutton,Inc.,1984,p.6.
② [英]艾美利亚·琼斯:《自我与图像》,古光曙译,江苏美术出版社2013年版,第258—
　　259页。
③ [加]布来恩·马苏米:《虚拟的寓言》,马蓓雯译,河南大学出版社2012年版,第127页。
④ [加]布来恩·马苏米:《虚拟的寓言》,马蓓雯译,河南大学出版社2012年版,第132页。

念,从 0 到 2000 毫秒,它们的信息被编排到(胳膊和腿中的各种肌肉上)……通过一个计算机界面的刺激系统……以启动各种非随意的运动。"① 为了强调自己的创作意图,他还在自己亲自标画的示意图上写上了"不自主身体/第三只手"(Involuntary Body/Third Hand)等解说词。显而易见,这个作品表达了这样的事实:随着技术的演化,皮肤不再是身体不可侵入的边界。借助注射器、手术刀、激光,物体会轻松地突破皮肤,进驻身体的内部,它们不再是附体,而是身体的一部分。如果说人是可以使用工具的动物,那么,他/她现在必须正视一个全新的局面:工具不再是一件身体之外的物体,不是"人类前肢可拆卸的延伸",而是成为身体的一部分。② 甚至,身体可能被日益增殖的工具体系吞没。当身体成为物体的殖民地,它还能维持自己的完整性吗? 事实上,作品已经回答了这个问题。尽管这类构思"涉及对控制和统治的各种想象"③,但这些实验也展示了这样的可能性:身体并未因此被替代乃至抹去,而是展示了借助当代信息技术强化自己的可能性;它进入了网络之中,再次确认了自己的地位。在解读它们时,评论家们看见了新的地平线:斯迪拉克的身体是"一个被网络化的和同源的自我的图像","就是这个网络——一个自我的网络"。④

虽然有人认为斯迪拉克的实验属于乌托邦传统,但他的确展示了身体自我强化的路径。事实上,这也是他着重探索的维度:"通过数量众多的涉及机械化(有时是数字化控制的)假体的方式延展身体的作品",斯迪拉克试图使"仿生超人"(The Bionic Man)得以实现。⑤ 由于对技术介入的前景过于自信,他曾经乐观地主张:随着身体在"一个模块化的时尚中,被重新设计,以方便

---

① [英]艾美利亚·琼斯:《自我与图像》,古光曙译,江苏美术出版社 2013 年版,第 258 页。
② [美]凯瑟琳·海勒:《我们何以成为后人类:文学、信息科学和控制论中的虚拟身体》,刘宇清译,北京大学出版社 2017 年版,第 45 页。
③ [英]艾美利亚·琼斯:《自我与图像》,古光曙译,江苏美术出版社 2013 年版,第 258 页。
④ [英]艾美利亚·琼斯:《自我与图像》,古光曙译,江苏美术出版社 2013 年版,第 259 页。
⑤ [英]艾美利亚·琼斯:《自我与图像》,古光曙译,江苏美术出版社 2013 年版,第 258 页。

功能上出现故障的身体部件的替换"，那么，从技术上讲，没有理由存在死亡，换言之，死亡"是一个过时的进化策略"。① 经过一系列铺垫，想象中的身体终于羽化登仙，人则似乎可以实现不朽之梦。这是柏拉图理想的当代版本："最终，天机还是泄露出来；那就是，所有这些声明都是关于逃避死亡本身的。就所有超越身体的幻想而言，对死亡的恐惧是最有效力的刺激因素。"②然而，这是无法实现的计划：死亡植根于人的有限性；只要后者不被克服，它就会不可避免地发生，而身体—机器组成的网络显然有其边界。事实上，早在斯迪拉克成名之前，部分艺术家就开始揭示这个事实。1984 年，美国艺术家布鲁斯·南蒙（Bruce Nauman）创作了多媒体作品《一百种生与死》（*One Hundred Live and Die*）：用霓虹灯显示"生"（live）与"死"（die）这个两个字自我组合和相互组合的可能性——生与生、生与死、死与死，而这三者又牵连出众多的亚类（如爱与死、说与死、吻与死或睡与生、坐与生、笑与生，等等）。虽然身体没有直接出场，但这个作品显然揭示了它的命运——从生开始，以死结束。值得注意的是，在布鲁斯·南蒙策划《一百种生与死》时，机器与人的共生问题已经进入了大众的视野。显然，它给出了一个暗示：即使技术手段不断发展，身体性的人仍然无法战胜其宿命。从这个意义上说，设计假肢身体或者机器人"并不是证实了超越身体的可能性"，相反，这种筹划"仅仅是为了将我们定义为人类、存在与虚无、在场和缺席的另一种方式"。③ 与其说它们证明了身体业已过时，毋宁讲它再次揭露了柏拉图主义的虚妄品格。

在斯迪拉克的行为艺术中，身体的地位问题愈加变得扑朔迷离。它虽然凸显了身体的客体性，但又展示了其各种各样的行为。在作品的当下形态和身体实践之间，因果关系几乎总是清晰可见。当观众目睹行为展开的进程时，他/她看见的是身体的双重形貌。实施这一计划岂不就是身体吗？在展示身

① ［英］艾美利亚·琼斯：《自我与图像》，古光曙译，江苏美术出版社 2013 年版，第 268 页。
② ［英］艾美利亚·琼斯：《自我与图像》，古光曙译，江苏美术出版社 2013 年版，第 268 页。
③ ［英］艾美利亚·琼斯：《自我与图像》，古光曙译，江苏美术出版社 2013 年版，第 269 页。

体的客体性时,展示的主体依然是身体:"身体远非'过时了'",正是身体"坚持不懈地表演、展示、推进着世界的进展"。① 对此,他本人并不完全否认:"他继续说,身体是'废弃的',同时他又始终主张说,他的作品完全在'灵魂—肉体或思维—大脑这种形而上学的过时区分模式'之外操作。"②从逻辑的角度看,这种表述意味深长:如果不区分大脑—思维,那么,我们必然将大脑理解为能思维者;根据同样的推理,肉体可以被判定为灵魂的拥有者。沿着这条线索向前走,身体的主体形貌便会清晰可见。恰如法内尔(Ross Farnell)所言,斯迪拉克作品中同时存在有关身体的笛卡尔模式和现象学模式:如果说前者使他贬抑身体的话,那么,后者则引导他承认身体的主动品格。③ 在一段经常被引用的对话中,这种张力显现出来:

法内尔:哈拉维(Haraway)等理论家试图将身体重置为主体(agent)而非资源,而你将身体当作资源而将其主体性外置的行为具有反讽意味。

斯迪拉克:问题不在于除去主体性(agency),而是敞开在身体之间和身体之内的操作空间的复杂性和复合型。需要提醒你的是,我的确提到过身体是个被消除的区域(erasure zone)而非肯定的场域(realm of affirmation),那里不再仅仅承载着基因记忆(genetic memory),而是被电子回路所重塑,而且我的确被这样的可能性迷住了——身体能否在没有记忆的情况下发挥功能? ……身体能否更加根据当下并朝着随机的可能性发挥功能而非承载着预先决定其行为的生物学和基因的图谱(mapping)?④

① [英]艾美利亚·琼斯:《自我与图像》,古光曙译,江苏美术出版社2013年版,第243页。
② [加]布来恩·马苏米:《虚拟的寓言》,马蓓雯译,河南大学出版社2012年版,第113—114页。
③ Ross Farnell, *In Dialogue with "Posthuman" Bodies: Interview with Stelarc*, Body & Society 1999 SAGE Publication(London),Vol.5(2-3):129.
④ Ross Farnell, *In Dialogue with "Posthuman" Bodies: Interview with Stelarc*, Body & Society 1999 SAGE Publication(London),Vol.5(2-3):135.

他的回答体现了现象学模式,甚至展示了一种面向身体本身的思考路径:身体如何不被束缚于生物学领域,它应该怎样向着技术开放并维持自己作为自动的主体(autonomous agent)的地位? 当此类思路占上风时,他否认自己是笛卡尔主义者,甚至声称自己并未分裂身心:"当我谈论身体时,我并不是谈论心灵的对比物。我所意指的是这个生理学的、现象学的大脑套装,而当我们区别身体和心灵、自我与身份时,我们就会进入各种我们不应该进入的哲学困境。"①事实上,他并不完全否认身体的生产性,而是曾追问:"身体思考自身时是怎么样的?"②身体可以思考自己,思考者是身体而非灵魂,过时的应该是灵魂而非身体。对此,下面的追问可谓切中肯綮:"这需要我们愿意重新拜访一些基本概念,即当身体作为一个动作、一种感受、一种思考、一种感觉物时,它是什么,做了什么。"③事实上,斯迪拉克本人也进入到这个维度:"放下绳子,使之站起,给它一个机器人手臂,然后你也许就可以开始想象一个用途。身体开始重新组织,以回应它不熟悉的连接。它的物质就开始重新系统化。"④这难道不等于强调身体是组织者? 换言之,被嵌入空间的岂不就是身体—主体本尊? 有时,意识到这个事实的斯迪拉克也把身体称为"我(I)"。⑤ 甚至,他还认为"心理—社会时期(the psycho-social period)以环绕自己、照亮自己、侦探自己的身体为特征"。⑥ 由此可见,即使在试图遮蔽身体主体性的筹划中,身体—主体也总是顽强地显现出来,它总是存在于那里,发挥自己的作用,每个行动都见证了它,都是它的自我确认。它不是梦幻泡影,不是漂移不定的幽

---

① Ross Farnell, *In Dialogue with "Posthuman" Bodies: Interview with Stelarc*, Body & Society 1999 SAGE Publication(London), Vol.5(2-3):136.

② [英]艾美利亚·琼斯:《自我与图像》,古光曙译,江苏美术出版社2013年版,第114页。

③ [英]艾美利亚·琼斯:《自我与图像》,古光曙译,江苏美术出版社2013年版,第115页。

④ [加]布来恩·马苏米:《虚拟的寓言》,马蓓雯译,河南大学出版社2012年版,第138页。

⑤ Ross Farnell, *In Dialogue with "Posthuman" Bodies: Interview with Stelarc*, Body & Society 1999 SAGE Publication(London), Vol.5(2-3):136.

⑥ Joan Broanhurst Dixon & Eric J.Cassidy, *Virtual Futures: Cyberoptics, Techonology and Post-human Pragmatism*, London and New York: Routledge, 2005, p.155.

灵,它既无法抹去,又不能驱除。

从这个角度看,斯迪拉克的下列言说不无讽刺意味:"艺术的事业是产生矛盾的、移动的、模棱两可的区域,在那里,不可预测之物诞生,不确定性被重构和反思。"①在斯迪拉克演绎赛博格(cyb-org)的诞生机制时,这种矛盾性再次凸显出来:虽然他试图证明废弃身体的可能性,但结局却恰好相反。如果说赛博格是身体—机器(body-machine),那么,它就不可能在废弃身体的情况下诞生。只有当身体的身体性和机器的机器性都获得实现时,赛博格所需要的界面(interface)才会成形。用斯迪拉克本人的话说,与机器联合的身体是"一种结构而非心灵(as a structure rather than as a psyche)"。②沿着这个思路走下去,身体就会如他所说的摆脱下面的圈套(entrapment):"我们所谓的'心灵'(mind)或柏拉图式的'精神'(spirit)或笛卡尔式的心脑'分裂'。"③这个身体会发现自己拥有大脑,发现自己是世界的组织者。它不是承载多元主体(agent)的宿主,而就是主体(agent)的一种。事实上,后期斯迪拉克倾向于肯定身体的意义,甚至强调虚拟现实(virtual reality)也离不开身体:"虚拟现实不是销魂的脱离身体的经验,后者不过是笛卡尔式的延伸、或柏拉图式的欲望、或新世纪伪精神的追求(pseudo-spiritual pursuit),我认为它更多地是病理学的而非有意义的假设。"④在谈及技术与身体的结合时,他认为我们只有一条路可以走:"我们或者不得不将这种技术包含到身体之中,并因而使之成为我们主体性的知觉装置(subjective sensorial apparatuses),或者没做成这件事,

---

① Ross Farnell, *In Dialogue with "Posthuman" Bodies: Interview with Stelarc*, Body & Society 1999 SAGE Publication(London), Vol.5(2-3):138.

② Ross Farnell, *In Dialogue with "Posthuman" Bodies: Interview with Stelarc*, Body & Society 1999 SAGE Publication(London), Vol.5(2-3):138.

③ Ross Farnell, *In Dialogue with "Posthuman" Bodies: Interview with Stelarc*, Body & Society 1999 SAGE Publication(London), Vol.5(2-3):139.

④ Ross Farnell, *In Dialogue with "Posthuman" Bodies: Interview with Stelarc*, Body & Society 1999 SAGE Publication(London), Vol.5(2-3):140.

我们不得不设计更有效率的输入和输出。"①如此被言说的身体已经不仅仅是宿主，而是能够与技术互动的主体(agent)。后者不是被动地被技术所占领，而是能够与技术形成"相互延伸—影响的震荡体系(the oscillating system of reciprocal extension and influence)"。② 由此形成的是后人类身体(post-human body)："身体需要从生物学的精神领域(the psycho realm of the biological)重置到赛博空间的界面中，并从承载基因扩展到电子挤压(electronic extrusion)。走向后人类的策略更多地事关擦除(erasure)而非肯定(affirmation)——不是痴迷于自我，而是对结构的分析。"③后人类身体总是与机器联结起来，无法脱离身体—机器(body-machine)的混杂状态(hybridities)。这是两种主体(agent)的联结。在郑重对待机器的过程中，身体也肯定了自己。

通过以上言说，斯迪拉克至少部分地回到了身体—主体。不过，受制于西方流行的语境，他在涉及身体时还经常使用被动语态：身体似乎总是被重置(repositioned)、重塑(refigureed)、重绘(remapped)，被抛入与机器共在的处境之中。那么，主动者是谁？ 答案并未被明晰说出。一旦涉及身心关系，斯迪拉克习惯于转移问题而非直面事情本身："区分灵魂—身体(soul-body)或心灵—大脑(mind-brain)是一个过时模式，取而代之的将是关注身体—物种的分裂(the body-species split)，因为身体将被重新设计——在结构和功能上都更加分化。赛博格身体(cyborg bodies)不仅仅被充电和延伸，而且被植入物所强化。"④每当回到基本的认识论和本体论层面，他还会陷入概念的陷阱：

---

① Ross Farnell, *In Dialogue with " Posthuman" Bodies : Interview with Stelarc*, Body & Society 1999 SAGE Publication(London), Vol.5(2−3):140.

② Ross Farnell, *In Dialogue with " Posthuman" Bodies : Interview with Stelarc*, Body & Society 1999 SAGE Publication(London), Vol.5(2−3):146.

③ Joan Broanhurst Dixon & Eric J.Cassidy, *Virtual Futures : Cyberoptics, Techonology and Post-human Pragmatism*, London and New York : Routledge, 2005, p.153.

④ Joan Broanhurst Dixon & Eric J.Cassidy, *Virtual Futures : Cyberoptics, Techonology and Post-human Pragmatism*, London and New York : Routledge, 2005, p.153.

"在那里,思维和行动再次结合,身体和物质再次结合,活力和无活力再次结合。"①难道思维不是总体行动的一部分? 身体怎么会与物质相提并论? 正是由于概念层面上的误置,贬抑身体的计划依然延续下来。在当代的行为艺术中,类似的紊乱随处可见:"身体将自身放在信息和力之间。身体的左侧接收到从机器传送过来的程序动作,根据这些动作在它确定的范围内自动反映,做出舞蹈动作:编程的和自动的。身体将电磁运动传递到器官运动中,然后将器官运动再传回去:器官的和机器的。"②信息和力都不是独立的存在,但却被艺术家当作可以实际作用的物体。身体仿佛位于信息和力之间,恰如它可以走在山脉和河流之间。这是一种非常具有代表性的错误:通过词语中的误置,属性—功能实体化了,身体被置于紊乱的坐标系之中。

由于主流身心观的影响,这种紊乱还出现在许多行为艺术作品中。在皮皮洛蒂·瑞斯特(Pipilotti Rist)的录像装置《打开我的沼泽地(被压扁了)》(2000年)中,巨大的松下电视被高悬于纽约时代广场的高楼上,屏幕上则浮现出被压扁了的女性面孔。后者试图从屏幕中突围。面孔充塞着大半个屏幕,肉体屏幕出现了,它似乎可以展示不可展示之物。据瑞斯特本人的解释,被展示的是潜意识:"屏幕是一盏神奇的灯。这台机器向我们投射出我们从眼睑后面(大脑)来识别的那些图片:这些图片拍摄于我们那些无意识的时刻,那时我们正处于半梦半醒、精神愉悦、怀旧或紧张的精神状态。我们通过正规的系统操控(彩色着色、数字失真、分层打孔)以及极快的速度,将潜意识从这些机器中引诱出来,并像握着一面镜子一样反映出我们的潜意识。"③但是,潜意识意味着什么? 是身体—世界关系的内在化。一个缩微的世界出现于我的精神世界却又暂时未被意识到,这不正是潜意识的内涵吗? 弗洛伊德

---

① [加]布来恩·马苏米:《虚拟的寓言》,马蓓雯译,河南大学出版社2012年版,第141页。
② [加]布来恩·马苏米:《虚拟的寓言》,马蓓雯译,河南大学出版社2012年版,第160—161页。
③ [英]艾美利亚·琼斯:《自我与图像》,古光曙译,江苏美术出版社2013年版,第304页。

(Freud)曾把梦的来源归结为以下四点：(1)外部感觉刺激；(2)内部感觉刺激；(3)内部躯体刺激；(4)纯粹心理刺激源。① 其中3个原因直接与身体有关，而所谓的纯心理刺激源也折射出身体—世界的关系："只有那些当时曾深深打动过我们，但后来在现实生活中又都失去兴味的东西才进入我们的梦境。"②正因为如此，试图进入潜意识的装置艺术最终必然聚焦身体。它不能像打开信封一样打开身体，也不能让身体折叠起来，但可以改变身体的意象。1972年，琼·乔纳斯(Joan Jonas)创作了作品《垂直滚动》(Vertical roll)，"玩弄起录像信号来"，制造出对一场表演的现场报道的录像。③ 通过"扭曲和操纵录像"，艺术家"在人的肉体、机器的肉体与机器图像(屏幕)之间"展示了"一种不对称的但却相互可逆的摆动"。④ 2003年6月，在南加利福尼亚巨大的露天音乐会现场，英国摇滚歌星彼得·盖布瑞尔(Peter Gabriel)昂首阔步地登上舞台，头上戴着像矿工头盔一样的东西。一个装着微型摄像机的金属臂指向他的面孔，他的鼻子、眼睛、毛孔随即被投射到舞台后面的屏幕上。随着他操纵金属臂，自我反射出现了：舞动着的歌唱着的身体似乎同时出现在舞台和屏幕上，人仿佛可以与自己面对面。⑤ 在试图以如此这般的实验揭示潜意识时，身体似乎获得了增殖的机会：精神上和情感上的诸多分裂"不仅出现在被再现的身体的层面上，也出现在那些电子图像的身体上"。⑥ 它好像不仅仅是实在的肉身，还衍生出电子身体(digital body)。于是，一种复杂的反射游戏诞生了，身体仿佛与其副本相遇，主体间性似乎获得了新的内涵。那么，真的存在电子身体吗？如果存在的话，它是屏幕上的影像，还是漂浮于隐秘空间中的电子流？答案或许并非像人们想象的那样明晰。事实上，分身术并未因此

① ［奥］弗洛伊德：《梦的解析》，高申春译，中华书局2017年版，第42—58页。
② ［奥］弗洛伊德：《梦的解析》，高申春译，中华书局2017年版，第56页。
③ ［英］艾美利亚·琼斯：《自我与图像》，古光曙译，江苏美术出版社2013年版，第304页。
④ ［英］艾美利亚·琼斯：《自我与图像》，古光曙译，江苏美术出版社2013年版，第304页。
⑤ ［英］艾美利亚·琼斯：《自我与图像》，古光曙译，江苏美术出版社2013年版，第11页。
⑥ ［英］艾美利亚·琼斯：《自我与图像》，古光曙译，江苏美术出版社2013年版，第304页。

出现。身体是永远的此在(*Da-sein*),无法通过摄影拉开它与自己的距离。如果说身体是自我,那么,图像就是他者,永远不可能代表身体出场。被表现的依然是身体—世界的关系,对图像的扭曲并未改变这个事实。屏幕—身体不过是个隐喻。在接受了持续投射的电子流之后,屏幕依然是身体与之打交道的物体。存在的依然是身体—物体的关系。只有意识到身体—机器—物体的互动结构,多媒体时代的行为艺术才能敞开其本真形态。

为了克服可能出现的迷途,艺术家就必须回到从身体出发的本体论。在占主导地位的身体—物体结构中,身体总是处于活动的原点。身体反复使用物体,物体延伸了身体。借助物体,身体可以出现于它不在的地方,建立属于自己的世界。如果艺术家意识到了这个事实,他/她就会演绎身体的主体形貌。在某些艺术文本中,身体显现出部分的主体形貌。1970年,丹尼斯·奥本海默(Dennis Oppenheim)来到美国加州的长滩(Long Beach),表演了《一个造成了一个二级烧伤的阅读位置》(*Reading Position for a Second-Degree Burn*):把一本大小合适的书放在肋部,他在沙滩上躺了三个小时;阳光灼伤了裸露的皮肤,但被书籍覆盖的部分却保持了原来的颜色。[①] 在表演过程中,经过者会想象他所承受的灼伤之痛,并且象征性地体验了它,以这种方式,能感受的身体展示了自己的在场。

类似的例子还有很多。1972年,保罗·麦卡锡(Paul McCarthy)创作了录像艺术《挤压》(*Press*):"我将唾液作为润滑剂一样涂抹在一块玻璃上,然后将我的脸和上半身挤压在这块玻璃上——当观看录像带时,它所表现出的是,我正在显示器的内部挤压着屏幕。"[②]屏幕对身体的禁锢,身体对屏幕的挤压,这二者似乎处于一种均衡状态。身体无法突破屏幕的边界,屏幕也不能阻止身体的抵抗。当屏幕禁锢身体之时,身体也以挤压的行动将自己"移交到我们

---

① Battcock,Gregory and Nickas,Robert ed.,*The Art of Performance:A Critical Anthology*,New York:E.P.Dutton,Inc.,1984,p.47.

② [英]艾美利亚·琼斯:《自我与图像》,古光曙译,江苏美术出版社2013年版,第190页。

的视野之中"。① 位于屏幕另一侧的身体既被阻隔，又"强行进入'我们'的视觉和具体化的空间"。1973年，吉娜·潘恩表演了《调节》（The Conditioning）：在蜡烛火焰的持续烤灼中，她在铁床上躺了一个半小时，体验身体所遭受的苦痛。当皮肤接近火焰之际，身体变成了"思考和受难的物质"（the thinking and suffering matter）。② 如此被表现的身体是客体性的主体和主体性的客体，是主体—客体之别消失的地方。

类似的例子还有1992年表演的《啃食》（Gnaw）中：在杰妮·安东妮（Janine Antoni）咬食巨大的黄油块和巧克力块时，牙印留在上面而雕刻出一组作品。③ 由于身体开始有意识地展示自己，其主体形貌不可能总是处于压抑状态。与此具有异曲同工之妙的是她1993年制作的《尤里卡》（Eureka）："她俯身进入装满黄油的浴缸之中，然后将带有她离开后留下的身体痕迹的浴缸展出。"④在这些作品中，身体—主体展示了自己"操纵和标记物体"的能力，留下了行动的直接踪迹。与此同时，一种交互关系也因此绽露："'身体'和'物'，以及延伸说去的'身体'和'客体'，只存在于彼此包含中。物是身体的一极，反之亦然。身体和物是彼此的延伸。"⑤当身体试图使用物体时，物体也在纠缠身体。它并非总是温顺地听命于身体，相反，使用它的身体也必须顺应它的法则："再说开去，物、客体可以被认为是身体的填补——倘若记住身体同样是物体的填补。"⑥当这种交互性绽露之际，身体和物都获得了自我实现的机缘。

---

① ［英］艾美利亚·琼斯：《自我与图像》，古光曙译，江苏美术出版社2013年版，第190页。

② Battcock，Gregory and Nickas，Robert ed.，*The Art of Performance：A Critical Anthology*，New York：E.P.Dutton，Inc.，1984，p.74.

③ ［美］简·罗伯森、克雷格·麦克丹尼尔：《当代艺术的主题：1980年以后的视觉艺术》，匡骁译，江苏美术出版社2012年版，第94页。

④ ［美］简·罗伯森、克雷格·麦克丹尼尔：《当代艺术的主题：1980年以后的视觉艺术》，匡骁译，江苏美术出版社2012年版，第94页。

⑤ ［加］布来恩·马苏米：《虚拟的寓言》，马蓓雯译，河南大学出版社2012年版，第121页。

⑥ ［加］布来恩·马苏米：《虚拟的寓言》，马蓓雯译，河南大学出版社2012年版，第121页。

随着身体主体性的绽露,行为艺术开始展示它增殖的逻辑。譬如,"当代视觉艺术中的惊人发展之一就是女艺术家对性快感和性欲的艺术表征空前增长。"①性欲是身体的基本欲望,而性活动则是身体克服其短暂品格的唯一有效方式。这二者具有不可替代的本体论功能。它本是被远古仪式所尊崇的重要活动,曾经不无神圣意味,但却最终被压抑性的文明驱赶到暗处和无意识领域。在这个过程中,丰盈的身体被风干和漂白,被简化为伦理学意义上的能指,被缩减为意识形态的客体。身体始终蕴含着反抗遮蔽和压抑的力量:"不可能像使用客体一样使用身体。身体唯一获得这个地位的例子发生于它成为尸体之后。"②事实上,它同时是遮蔽—压抑的主体和客体,扮演着互反性的双重角色。上述女艺术家就是部分地意识到了自己原初位置的身体。通过有关情欲和性快感的渲染,身体已经展示了其主体形貌的某个侧面:"年轻的女艺术家们在其指涉了窥淫癖、恋物癖和色情狂的作品中冲破清规戒律,离经叛道地赋予性快感和情欲那么多元、复杂的方方面面以视觉形态。"③譬如,在卡若琳·诗尼曼(Carolee Schemann)的行为艺术《内部卷轴》(*Interior Scroll*,1975)中,女性身体展示了自己内在的丰盈,表达了它与自我的内在关联。当赤身裸体的艺术家拉出深藏于体内的纸卷时,一个意味复杂的计划获得了实施:随着女性身体开始返魅(作为一种雕塑形式、一种建筑学上的所指、神圣知识的来源、诞生的通道、变形),艺术家解构了"抽象自我(abstract self)"的理想神话(idealized mythology),挑战了隐藏于"非功利"假设中的男性主义(masculinism)。④ 再如,在玛丽·凯丽(Marry Kelly)创作于1984—1985年的作品《肉

① [美]简·罗伯森、克雷格·麦克丹尼尔:《当代艺术的主题:1980年以后的视觉艺术》,匡骁译,江苏美术出版社2012年版,第99页。
② Battcock,Gregory and Nickas,Robert ed.,*The Art of Performance:A Critical Anthology*,New York:E.P.Dutton,Inc.,1984,p.100.
③ [美]简·罗伯森、克雷格·麦克丹尼尔:《当代艺术的主题:1980年以后的视觉艺术》,匡骁译,江苏美术出版社2012年版,第100页。
④ Amelia Jones,*Body Art/ Performing the Subject*.Minneapolis:University of Minnesota Press,1998,p.5.

体》(*Corpus*)中，代替身体出场的是各种针织品，但遮蔽—敞开的辩证关系却又暗示了它的在场。① 通过诸如此类的表演，女性主义身体艺术开启—延续了重构自我的实践。虽然相应尝试还不无吊诡意味（如重述了身体与自我的二分法），但依然部分地实现了身体复兴的原初筹划。正是由于艺术家转向了身体，当代文本才具有了新的活力(aliveness)。无论如何，行为艺术都是具身性实践(embodied practice)。正是由于领悟到了这个事实，辛迪·奈姆瑟(Cindy Nemser)于1971年发表了论文《主体—客体身体艺术》(*Subject-object Body Art*)，强调艺术中的身体具有主体—客体双重身份。②

对于行为艺术的这种嬗变，学者们已经进行了初步的总结。在1998年出版的《身体艺术：表演主体》(*Body Art/Performing the Subject*)中，作者艾美利亚·琼斯(Amelia Jones)提出："身体艺术(Body Art)被视为一系列表演实践，它通过交互主体性的参与(intersubjective engagement)，开启了脱离笛卡尔式主体(Cartesian subject)或对之去中心化的进程，而后者属于现代主义(modernism)。"③由于笛卡尔把心灵(mind)当作主体，因此，这种解构敞开了这样的可能性：自我无可挽回地是具身性(embodied)存在，甚至可能就是身体。④正是为了强调这样的可能性，她喜欢说"身体……是身体/自我(body/self)"。⑤ 在她看来，"通过强调身体的效果是自我不可或缺的一部分，""身体艺术家策略性地揭露了艺术家的身体在常规艺术史和艺术批评中被幽闭

---

① Amelia Jones, *Body Art/ Performing the Subject*. Minneapolis: University of Minnesota Press, 1998, p.29.

② Amelia Jones, *Body Art/ Performing the Subject*. Minneapolis: University of Minnesota Press, 1998, p.38.

③ Amelia Jones, *Body Art/ Performing the Subject*. Minneapolis: University of Minnesota Press, 1998, p.1.

④ Amelia Jones, *Body Art/ Performing the Subject*. Minneapolis: University of Minnesota Press, 1998, p.34.

⑤ Amelia Jones, *Body Art/ Performing the Subject*. Minneapolis: University of Minnesota Press, 1998, p.34.

(occluded)的机制。"①当身体艺术家表演时,一种交互关系出现了:"身体/自我同时是客体和主体;在对话的经验中(或者,以我们为例,艺术品的生产和接受),两个被卷入的主体(艺术制造者,艺术阐释者)是'相互成就的合作者'。"②由于这种自信,部分女性行为艺术家从 1970 年起不断发表宣言:辛迪·奈姆瑟认为"身体艺术的原初目标"是"将主体性自我和客体性自我合为不可分割的整体",尚塔尔·庞特布兰德(Chantal Pontbriand)强调表演"展现(present)而不再现(represent)",凯瑟琳·埃尔维斯(Catherine Elwes)宣称表演中的艺术家"同时是能指和所指"。③ 如果把这些话语串联起来,我们就可以发现一种肯定身体的艺术图式。

恰如格雷戈里·柏力考克(Gregory Battcock)于 1979 年所指出的那样,行为艺术中的艺术家形象就是艺术本身。④ 由于更接近通常所说的剧场式呈现,行为艺术中的身体具有三位一体的身份:活动的承担者(he body as agent),表演的媒介(the body as media),被观看的客体(the body as object)。在已经诞生的西方行为艺术中,对三者的表现还远不平衡:被着重演绎的是身体的媒介性和客体性,而其主体性(agency/subjectivity)则时常被忽略。即便在艾美利亚·琼斯的激进话语中,身心二分法也未被完全消除。由于难以完全摆脱的思维惯性,她有时还会谈论"心和身的内在关联"(the interalatedness of both mind and body)。⑤ 在评价吉娜·潘恩的行为艺术时,另一位评论家布

---

① Amelia Jones,*Body Art/ Performing the Subject*.Minneapolis:University of Minnesota Press,1998, p.35.

② Amelia Jones,*Body Art/ Performing the Subject*.Minneapolis:University of Minnesota Press,1998, p.41.

③ Amelia Jones,*Body Art/ Performing the Subject*.Minneapolis:University of Minnesota Press,1998, p.33.

④ Battcock,Gregory and Nickas,Robert ed.,*The Art of Performance:A Critical Anthology*,New York: E.P.Dutton,Inc.,1984,p.5.

⑤ Amelia Jones,*Body Art/ Performing the Subject*.Minneapolis:University of Minnesota Press,1998, p.41.

朗(Cee S.Brown)一方面宣称前者的身体"变成了思考和受难的物质"，另一方面又断言这个身体将自己"转化为思想的助手"。① 通过未被觉察的逻辑通道，笛卡尔主义的幽灵又回到文本之中。从身体主体论的角度看，这是一种清晰可见的欠缺。

五、绘画文本中的身体—主体意象

当绘画与身体这两个词联结起来时，人们通常想到的是被绘画装饰的身体(body-painting)，但此类认知显然并未揭示二者的原初关系——根据梅洛-庞蒂(Maurice Merleau-Ponty)等人的研究，绘画是身体重构世界的一种方式。身体不仅是绘画表现或装饰的对象，而是它赖以诞生和获得鉴赏的主体(subject)。在 20 世纪以降的西方绘画理论和实践中，这个命题获得了反复的言说和诠释。

从 1945 年到 1961 年，梅洛-庞蒂先后撰写了阐释绘画的论文《塞尚的疑问》(*Cézanne's Doubt*)、《间接语言与寂静之声》(*Indirect Languange and the Voice of Silence*)、《眼与心》(*Eve and Mind*)。在这些论文中，身体一词频繁出现。更值得注意的是，作者暗示绘画的承担者就是身体："'画家总是带着自己的身体'，瓦雷里(Valéry)如是说。通过将自己的身体借给世界，艺术家将世界转变为绘画。要理解这种转变，就必须回到工作的现实的身体——它不是一块空间或一束功能的身体，而是视觉和运动的交织。"②如果我们把相关论述放到其总体身体学语境中，那么，一种具有创新性的绘画理论就会显现出其基本轮廓。

根据梅洛-庞蒂在《知觉现象学》、《世界的散文》、《可见与不可见》等

---

① Battcock, Gregory and Nickas, Robert ed., *The Art of Performance: A Critical Anthology*, New York: E.P.Dutton, Inc., 1984, p.74.

② Galen A. Johnson, ed., *The Merleau-Ponty Aesthetics Reader*, Evanston: Northwestern University Press, 1993, pp.123-124.

书中的论述,现实的身体是工作的身体,是航行于世界中的劳动者。当身体穿越可见之物时,后者也被整合到其世界之中:"我能见到的每个事物原则上都在我能抵达的范围之内,至少是在我的视野之中,而且被打上'我能'的印记。"①只有被纳入与"我能"相关的运动图式之中,"可见"才会获得一个属于我的意义。这种运动并非由思想承担,相应的视觉也并非精神的操作,相反,"身体移动它自己","我的运动是自我运动"。② 如果说视觉是感觉之一种,那么,它必须被还原到身体的运动中:"我们必须明白我们称之为'一瞥'、一只'手'、或从总体上说是'身体'的东西构成了系统的系统,后者专心于视察世界,能够跨越距离、穿过可见的未来,并且……勾勒出凹陷和凸起、距离和间隙……"③只有研究"人类身体的科学","我们才能学会区别我们的各种感觉"。④ 人类身体总是在与世界打交道,在组织属于自己的因缘整体:"身体不是流过一个它需要承受其图式(schema)的世界,相反,它从远处拥有这个世界而非被后者所拥有。"⑤拥有不可能通过静观或沉思来实现。它必须落实为行动。一个人的行动并非仅仅是可观的现象,而就是他/她自身:

> 一个经过的女人对于我来说并非首先是肉体的轮廓,一个彩色的人体模型,或一个景观;她是"一种个体性、感性、性的表达"。她是作为肉身的特定方式,而这全部交给了她的行走乃至鞋跟对地面的敲击,正如弓

---

① Galen A. Johnson, ed., *The Merleau-Ponty Aesthetics Reader*, Evanston: Northwestern University Press, 1993, p.124.

② Galen A. Johnson, ed., *The Merleau-Ponty Aesthetics Reader*, Evanston: Northwestern University Press, 1993, p.124.

③ Merleau-Ponty, Maurice. *The Prose of the World*, Evanston: Northwestern University Press, 1973, p.78.

④ Galen A. Johnson, ed., *The Merleau-Ponty Aesthetics Reader*, Evanston: Northwestern University Press, 1993, p.65.

⑤ Merleau-Ponty, Maurice. *The Prose of the World*, Evanston: Northwestern University Press, 1973, p.78.

的张力存在于每一寸木料之中——一种行走、观看、触摸、言说规范的一种引人注目的变量,它在我的自我意识中被占有,因为我是身体。①

正由于身体移动自己并且观看,"它才把事物组织为围绕它的一个环":"事物成了它的附加物或延长;它们嵌入它的肉之中,它们是它完整定义的一部分;世界完全由身体的材料构成。"②这意味着身体可以行使一种魔法:作为可见之物,它捕获其他可见者,聚集质量、光亮、色彩、深度于自己之中。当事物内在化之后,"它们的在场激发了一种肉体公式(carnal formula)"。③ 内在化的事物也处于一个世界之中,也折射出身体的在场。它们不是副本,不是逐渐衰落的踪迹,不是第二等的存在,而是为自己之物(being-in-itself)。"它们是内在的外在和外在的内在,"同时存在于两个地方。④ 这正是可见性(visibility)的诞生机制。事物之所以可见,是因为它们可触,而触及它们的人类身体是捕获者。人类身体总是在移动、聚集、分解,总是在编织属于自己的世界。在人类身体所到之处,事物总是处于交织状态:"在观看者和可见者之间,在触及和被触及之间,在一只眼睛和其他眼睛之间,在交错的手与手之间;当能感/可感的火焰被点燃,当这火焰一直燃烧到某种意外降临到身体之上时……"⑤感觉牵连出被感觉之物,能见和可见的分裂消失了。在能见的身体和可见的身体所形成的回路之中,一个镜子铺展开来:"镜子之所以出现了,是因为我是可见的能见者(the visible see-er),是因为存在着一种可感觉之物的反射性

①　Galen A. Johnson, ed., *The Merleau-Ponty Aesthetics Reader*, Evanston: Northwestern University Press,1993,p.91.

②　Galen A. Johnson, ed., *The Merleau-Ponty Aesthetics Reader*, Evanston: Northwestern University Press,1993,p.125.

③　Galen A. Johnson, ed., *The Merleau-Ponty Aesthetics Reader*, Evanston: Northwestern University Press,1993,p.126.

④　Galen A. Johnson, ed., *The Merleau-Ponty Aesthetics Reader*, Evanston: Northwestern University Press,1993,p.126.

⑤　Galen A. Johnson, ed., *The Merleau-Ponty Aesthetics Reader*, Evanston: Northwestern University Press,1993,p.125.

（the reflexivity of the sensible）；镜子翻译并再生产反射性。"①事实上，这镜子就是身体本尊："所有技艺都是'身体的技艺'，诠释并放大我们血肉（flesh）的本体论结构。"②

由于身体之境的存在，绘画才获得了诞生的机缘："画家的世界是个可见的世界，仅仅可见，此外无它：一个几乎疯狂的世界，因为它仅仅通过局部的表现才能完成。"③可见性并不意味着肤浅，并不局限于表面，相反，它牵连出深层的本体论联系："本质与存在、想象与现实、可见与不可见——绘画抢夺我们所有的范畴，在我们面前展开它梦一样的宇宙，后者具有肉身本性、现实化了的相似性、沉默的意义现实化。"④当画家看见一个路过的女人时，他/她会发现意义的结构："如果我不是画家，路过的女人仅仅向我的身体或我的生命说话。倘若我是画家，一种意义将激发出其他意义。我不但会精选我的日常感觉，而且会将线条、色彩、痕迹翻译到画布上，以便女人的关键价值或感性价值显现出来。"⑤事实上，画家和他/她所重构的女性"在世界之中"："如果我也是一个画家，那么，被转化到画布上的将不仅仅是一种重要的或感觉性的价值。出现于绘画中的将不仅仅是'一个女人'或'一个不高兴的女人'或'制帽匠'。被呈现的将是这样一种纹章（emblem）——栖居于世界之中、与它打交道、翻译它，而这都显现于她的面部、服装、姿态的敏捷性和身体的惯性中——

① Galen A. Johnson, ed., *The Merleau-Ponty Aesthetics Reader*, Evanston：Northwestern University Press,1993,p.129.
② Galen A. Johnson, ed., *The Merleau-Ponty Aesthetics Reader*, Evanston：Northwestern University Press,1993,p.129.
③ Galen A. Johnson, ed., *The Merleau-Ponty Aesthetics Reader*, Evanston：Northwestern University Press,1993,p.127.
④ Galen A. Johnson, ed., *The Merleau-Ponty Aesthetics Reader*, Evanston：Northwestern University Press,1993,p.130.
⑤ Merleau-Ponty, Maurice. *The Prose of the World*, Evanston：Northwestern University Press, 1973, p.60.

简而言之,与存在具有某种关系的纹章。"①归根结底,画家重构的是身体的在世方式(a way of inhibiting the world)。②

梅洛-庞蒂去世于1961年,未来得及完成自己的身体学建构。不过,他所阐释的知识型依旧延续下去,因为它牵连出一种集体立场。1981年,法国哲学家德勒兹(Gilles Louis Rene Deleuze)出版了《弗朗西斯·培根:感觉的逻辑》,试图建立更完整的绘画身体学:"感觉有一面是朝向主体的(神经系统、生命的运动、'本能'、'性格',这些都是塞尚和自然主义者们共同运用的词汇与术语"),而有另外一面朝向客体('事实'、场地、事件)。……而且,说到底,是同一身体给予感觉,又接受感觉,既是客体,又是主体。"③他发现这个原初事实会直接显现于绘画过程中:"色彩在身体之中,感觉在身体之中,而非在空气中。感觉,就是被画出的东西。在画中被画出的东西,是身体,并非作为客体而被再现的身体,而是作为感受到如此感觉而被体验的身体。"④绘画首先是身体的自我呈现。这种活动牵连出一个世界。即便身体不出现于绘画之中,它也是隐蔽的枢纽。当观看一幅绘画时,我们已经进入身体的世界,"到达感觉与被感觉合一处"。⑤ 绘画所呈现的首先是意象,而后者诞生于身体的身体化运动:"什么是意象? 意象是身体的身体化。意象是运动中的身体。意象是体验与其他身体关系的身体。意象是身体的部分,在行动中替代

---

① Galen A. Johnson, ed., *The Merleau-Ponty Aesthetics Reader*, Evanston: Northwestern University Press, 1993, p.91.
② Merleau-Ponty, Maurice. *The Prose of the World*, Evanston: Northwestern University Press, 1973, p.60.
③ [法]吉尔·德勒兹:《弗兰西斯·培根:感觉的逻辑》,董强译,广西师范大学出版社2007年版,第37—38页。
④ [法]吉尔·德勒兹:《弗兰西斯·培根:感觉的逻辑》,董强译,广西师范大学出版社2007年版,第38页。
⑤ [法]吉尔·德勒兹:《弗兰西斯·培根:感觉的逻辑》,董强译,广西师范大学出版社2007年版,第37—38页。

寻找其他身体的身体,替代那些可以认同或疏离的身体部分。"①这里所说的"身体部分"(body parts)包括身体的声音(body sounds or speech)和姿态(body gesture),而后者是绘画、写作、雕刻、舞蹈、戏剧的基础。

在2003年出版的专著《艺术心理与有意识大脑的进化》中,美国学者罗伯特·索尔索(Robert L.Solso)指出:绘画创作—欣赏过程与"内生知觉"(nativistic perception)和"外生知觉"(directed perception)密切相关,而这两者都依赖于大脑与感官的合作。②譬如,在观看一幅画时,"你所感觉到的——你所'看到'的——仅是由这幅画所反射的光能经由你视网膜上的感觉神经而激起的"。③这是一个由身体承担的过程:"物体的形状、色彩、图案及其组织形式,全部由我们的眼睛和大脑来感知与处理。"④身体首先是一种物理存在,艺术品亦然。当身体与艺术品相遇,一种物理关系已经诞生:"毕竟,艺术是一种物理存在,且感染着物理存在的眼睛与大脑。大脑以自身的社会经验和长期的进化来理解它所看到的东西。"⑤大脑是身体的一部分,是身体的器官,它不是艺术活动的主体(agent),主体是拥有大脑的身体。如果遗忘大脑对身体的归属关系,艺术理论就会处于迷途状态。罗伯特·索尔索的言说就展示了遗忘—迷途的逻辑:"我们的眼睛与大脑为了适应地球的变化经历了上百万年的进化,这些适应性改变创造了一个具有内在功能的大脑,它会感受美、

---

① Larry Lickus,*Myth*:*Body Metaphors in Art*,*Music*,*& Philosophy*,Indianapolis:Dog Ear Publishing,2012,p.38.

② [美]罗伯特·索尔索:《艺术心理与有意识大脑的进化》,周丰译,河南大学出版社2018年版,第2—3页。

③ [美]罗伯特·索尔索:《艺术心理与有意识大脑的进化》,周丰译,河南大学出版社2018年版,第3页。

④ [美]罗伯特·索尔索:《艺术心理与有意识大脑的进化》,周丰译,河南大学出版社2018年版,第3页。

⑤ [美]罗伯特·索尔索:《艺术心理与有意识大脑的进化》,周丰译,河南大学出版社2018年版,第13页。

和谐与愉快,也会有厌恶、杂乱与失衡。"①经过诸如此类的言说,他眼中的大脑脱离了身体,完成想象中的独立仪式。它仿佛拥有手和眼睛,可以直接触及和感受万物。它成被视为内在的王者,可以支配整个身体。经过化装、易容、改名,它成了灵魂的替代物,开始与身体并驾齐驱。② 二元论又以新的方式被复活了,身体则再次成为残骸(被剥夺了大脑)。

然而,这类假设忽略了一个基本的空间结构:大脑位于身体的内部,无法与外物打交道,又如何能够成为审美—艺术创造的主体? 或许是意识到了这个难题,索尔索曾力图重构完整的身体:"与其说精神经验被还原为生物机能,不如说,精神经验就是神经活动的发生。问题的另一面在于,大脑与感觉系统在生动的身体里占据着如此有限的空间,却又如此敏锐。"③身体拥有大脑、神经、感觉系统、双手、躯干,能够在改变世界的过程中勘探世界,而观看不过是实践的"视"。④ 假如沿着这个思路走下去,身体的主体性就会绽露,艺术学建构将真正返本归根。

事实上,早在上述言说出现之前,绘画已经演绎了其运行机制。1910年,亨利·马蒂斯(Henry Matisse)创作了绘画《舞蹈》(The Dance)。后者是"20世纪制作的极少几幅完全令人信服的肉体达到心醉沉迷的形象之一"。⑤ 作品构图简略:湛蓝的天空,绿色的大地,舞蹈的身体。环状运动出现了:身体在舞蹈中手拉手,形成了一个环。这是联合的隐喻。在狩猎仪式上,在农耕时分,在修建道路的大型活动中,身体总已经处于联合状态,形成相互勾连的环

---

① [美]罗伯特·索尔索:《艺术心理与有意识大脑的进化》,周丰译,河南大学出版社2018年版,第15—16页。

② 在有些时候,索尔索甚至会使用"大脑及身体"这样的表述。(《艺术心理与有意识大脑的进化》,第107页。)

③ [美]罗伯特·索尔索:《艺术心理与有意识大脑的进化》,周丰译,河南大学出版社2018年版,第23页。

④ 有关观看对实践的归属关系,海德格尔曾经给出过非常精彩的解释。参见[德]海德格尔:《存在与时间》,陈嘉映译,生活·读书·新知三联书店1987年版,第174页。

⑤ [澳]罗伯特·休斯:《新的冲击》,欧阳昱译,百花文艺出版社2003年版,第159页。

状结构。这不正是世界生成的机制吗？每个身体都有其世界，但它并非是孤独的缔造者，而是联合中的主体——只有通过这样的环状运动，世界才有可能生成。如果说世界世界化，那么，它必然对应着身体的身体化，因为它就是这环状运动本身。

同样是在 1910 年，埃米尔·诺尔德(Emil Nolde)创作了《环绕金牛犊的舞蹈》(*Dance around the Golden Calf*)，展示了更为狂野的身体动姿：四个半裸的舞者围着被禁止的偶像跳舞，身体的极速旋转制造出一种令人晕眩的氛围，像发动机一样带动周围的世界。① 四个身体，四个枢纽，四个激情的源泉。既是导演，又是演员。这是极乐的瞬间，这是解放的仪式。通过将宗教题材转化为运动的画面，作者同样演绎了身体的积极品格。受此影响，美学—艺术中的身体意象建构出现了明晰的变化：身体开始被比作心脏、枢纽(纽带)、锚、抵抗者、家，其积极形态备受重视。

1925 年，米罗(Joan Miró)创作了油画《世界的诞生》(*The Birth of World*)，展现了明晰的身体意识。这幅画看上去是自发而为，甚至接近"纯心灵的自动主义"②，但却因此折射出了生命的本己逻辑：在看似单调的画面上，一个类似精子的符号清晰可见；它具有醒目的红黄二色，游荡于宇宙之中；如果说周围的黑色线条和三角形象征死亡和忧伤，那么，它显然指称可以与之对抗的力量。这是无意识的显现，这是身体的自我诉说。当这幅画被命名为《世界的诞生》，一种身体诗学已经获得了表述。

1940 年，莫里斯·赫斯费尔德(Morris Hirshfield)创作了油画《镜中少女》(*Girl in the Mirror*)。此画与毕加索的名作具有相同的主题，但从精神内涵上又大异其趣。镜前的少女与镜中的少女都背对着观者，形成了平行的身体意

---

① Peter Selz, *Art in Our Times: A Pictorial History* 1890—1980, New York: Harry N. Abrams, Inc, 1981, p.105.
② [英]诺伯特·林顿：《现代艺术的故事》，杨昊成译，广西美术出版社 2012 年版，第 177 页。

象。镜中的少女向右转头，反过来凝视镜前的少女，而后者则正在凝视她。① 于是，凝视—被凝视关系定格为对称性的空间关系。这种处理揭示了观看之谜。能观看的身体也是被观看的身体。当身体自我观看时，身体会制造出自己的复象（double image）。从某种意义上说，这至少部分地确认了身体的主体性。与此异曲同工的是毕加索的《学步》（First Steps，1943年）。这幅油画既重构了幼儿蹒跚学步的动姿，又展示了身体之间的联合关系。画面上的母亲紧紧抓住幼儿的双手，全神贯注地辅助她。幼儿的面孔虽然被分解为多个侧面，但忐忑之情仍清晰可见。她尝试性地迈出左脚，周身都折射出"决定的压力"。② 在她和低头呵护的母亲之间，观者不难发现一种属于两个身体的主体间性。

1950年，法国画家费尔南德·莱热（Fernand Léger）创作了油画《伟大的建筑者》（The Great Constructor），在这个文本中，"劳动的身体"再次出场了。他曾经是建筑师（architect），喜欢重构身体劳作的动姿。梯子、锁链、升降机、大梁（I-beams）形成了一个立体的空间结构，建筑工人则活跃于不同的建筑层面之间。相比于金属框架，他们虽然算不上高大，却是被周遭事物环绕的中心。画作集中展示了几个运送钢板的工人。钢板上的孔、垂下来的绳索、在梯子上俯身的工人形成了活的系列，演绎了与劳动相关的因果律。正是由于他们胼手胝足的劳作，这个巨大的几何结构才被树立起来。③ 如此被描绘的身体是原初的身体：既未被切割、解剖、分解，也未被易容、漂白、美化。它非场所、非隐喻、非象征。它不会因为被看而装扮自己。它是其所是：世界的组建者。这是莱热有意识的筹划。他曾经是建筑师（architect），喜欢重构身体劳

① Peter Selz, *Art in Our Times: A Pictorial History* 1890—1980, New York: Harry N. Abrams, Inc, 1981, p.360.
② Peter Selz, *Art in Our Times: A Pictorial History* 1890—1980, New York: Harry N. Abrams, Inc, 1981, p.360.
③ Peter Selz, *Art in Our Times: A Pictorial History* 1890—1980, New York: Harry N. Abrams, Inc, 1981, p.408.

作的动姿。由于他的努力,一个备受忽略的谱系延续下来,身体得以继续展示自己的主体形貌。

与上述几位画家相比,弗朗西斯·培根(Francis Bacon)的作品演绎了新的身体意象。在他的画作中,身体升格为绝对的主角。以一种恐怖乃至被肢解的方式,它反抗自己的受压抑状态,奔向难以名状的未来。1953 年夏,他花了 14 天时间完成了 8 幅教皇肖像,颠覆了以往的公共意象。《肖像习作 VI》就是其中之一,这幅画作反映了脸与面具的斗争。在被长期描绘的过程中,肖像上的脸被观者纳入固定的程式,最终被改造为面具。作为主体显示其内在生活的主要场所,脸往往既顺应面具化的操作,又反抗它所带来的僵化。对于声名显赫的人物来说,这种辩证关系发展出更为复杂的形态。正是借助面具化,他们得以展现一见即可理解的权力,但异化也因此发生,当脸丧失了原有的生动性,它从某种意义上讲已经死去,于是,反抗必然发生。脸—面具的斗争无休无止。培根介入了这种微妙的冲突,试图“从变成肖像的脸上撕下面具”。[1] 然而,肖像没有脸,更没有面具。“撕下”的对象只能是肖像之所指。这就是具体的个体。个体的脸会被面具化,但画家无权揭掉前者的脸。有权“撕下”面具的只能是个体自己。

“撕下”意味着自我冲突。在《肖像习作 VI》中,这个主题获得了淋漓尽致的展示:“画面中的教皇没有望向我们,他的眼球朝着尖叫的方向向外鼓突,仿佛要拼命挣脱眼眶。仔细观察会发现,人物脸部是在黑色背景上一笔涂就的,仿佛是一张此刻正在从脸上剥离下来的面具,这张脸正在通过表情来挣脱描摹的面具。”[2]表情是一种立体化的表达。支撑它的是肌肉的运动。当脸被面具化时,人的表情也被纳入各种模式:公众意见,知识型,权力体系,等等。当后一个系列掌控个体时,表情实际上已经不存在了:存在的是面具而非表情。沿用福柯式的表述,可以说“表情死了”。吊诡之处在于,“死”在这里仍

---

[1] [德]汉斯·贝尔廷:《脸的历史》,史竞舟译,北京大学出版社 2017 年版,第 206 页。
[2] [德]汉斯·贝尔廷:《脸的历史》,史竞舟译,北京大学出版社 2017 年版,第 206 页。

是隐喻。表情具有二重性：它固然受制于外在的体系和后者的内化，却又最终属于活生生的脸。脸并未由于面具化而真的死去：肌肉依旧绷紧或松弛，血液仍然在流动，神经同样处于活跃状态，整个身体时刻会做出下一个动作，它会尖叫、痉挛、歌唱，展示自己的主体面貌。这是一种真正的立体主义：每块肉都处于凸起、扭曲、痉挛状态，都储满了即将爆发的力，醉，痛苦，残暴，尖叫，统统不可遏止。它可能形成了一种"可怕的美"（a terrible beauty），但绝非仅仅展示了"当代噩梦的意象"（imagery of contemporary）和"内容的暴力"（violence of his content）。① 相反，在"图画的战役"（a pictorial battle）中，物质主体正在显露被压抑的面容，这是对身体的本体论表述，身体不再是被铺陈的碎片，不是被组合的团块，而是生命的发源地。它在展示自己的"肉性"（corporeality）。② 它能承接和感受苦难，更能抵抗和尖叫。它总是被困在原处，又总是试图逃逸——嘴，针孔，空洞的眼眶，都是被选中的通道。这逃逸不可能成功，但也因此无所谓失败。恰如德勒兹所评价的那样，培根的作品从感觉着的身体出发，最终又回到流动的、暂时的、生成的身体；身体在生长，在宣示，在受难和感受，在迸发力量，在逼近虚无的深渊；甚至，它有一个头脑（如《镜中的作家》），与写作等神圣事业有关；与此同时，传说的"灵魂"隐匿，肉体扮演主角。

在《带有皮下注射器的躺着的人体》（1963年）中，培根呈现了一个"被钉在一处不能动弹的身体"，而后者试图穿过注射器的针管逃脱。③ 注射器中的小洞被当作反抗的通道，这种处理方式凸显了身体的顽强和无奈。具有类似功能的物品很多：洗脸池、雨伞、镜子，等等。身体总是进入其中而又试图离

---

① 培根本人曾明确表示："我总是被人们对我作品中存在暴力的说法感到惊愕。我没在其中找到任何暴力。……我甚至从不相信我的作品是暴力性的。"（Barbara Dawson and Martin Harrison curated, *Francis Bacon：A Terrible Beauty*, Dublin：Dublin City Gallery and The Hugh Lane, 2009, p.124.）

② Barbara Dawson and Martin Harrison curated, *Francis Bacon：A Terrible Beauty*, Dublin：Dublin City Gallery and The Hugh Lane, 2009, p.123.

③ ［法］吉尔·德勒兹：《弗兰西斯·培根：感觉的逻辑》，董强译，广西师范大学出版社2007年版，第21页。

开。譬如,"在镜子的内部,身体好像拉长、变平、伸展了,就像时缩成一团,想要穿过小洞。"①据说,其作品深受电影影响,而电影的核心恰恰是行动的身体。除了电影以外,此君还迷恋照片:"他身边都是照片,他根据模特的照片画肖像,而且它也用其他各种各样的照片;他研究照片上的古代绘画作品;而且,他自己也非常愿意拍照……"②当被问及为何如此喜欢照片时,培根回答道:"我觉得大概主要是它与真实十分接近吧! 它们给我的感受更加真实。"③照片能够记载真实的身体,他在意真实性而对其美学价值不感兴趣。在涉及人时,这种真实性属于身体。身体留下了自己的影像,但却无可挽回地处于流逝状态,因而照片的在场凸显了一种生命的时差。这正是照片之魅。照片之于他,并非仅仅是影像之于原型。相反,它们活着:"我看的照片却是野生动物。"④这句话曾令传记作家大卫·西尔维斯特(David Sylvester)颇为困惑,但其实不难理解。与身体一样,这些薄片是物质性的。在对照片的迷恋背后,一种身体学已经清晰可见。身体,被肢解的身体,无法复活的身体,劳动的身体,迷途的身体,局部凸起的身体,爆发的身体,尖叫的身体,它们都进入了培根本人的身体。后者意识到了身体的秘密:它会自我切割,也会自我复原。在1990年完成的《镜前的男裸体》(*Male Nude before Mirror*)中,贬抑身体的机制被揭示:一个健壮的劳动者携带着类似于床架的物品上场,望向墙上的镜子,但却只看见了自己的头部和部分胸部。⑤ 这不正是每时每刻都在进行的切割仪式吗? 我们在想象中切掉了身体的头颅,然后言之凿凿地强调身体不能思想,头脑—躯干的二分法就这样诞生了。躯干被置于深渊的另一面,似乎只能

---

① [法]吉尔·德勒兹:《弗兰西斯·培根:感觉的逻辑》,董强译,广西师范大学出版社2007年版,第21页。
② [法]吉尔·德勒兹:《弗兰西斯·培根:感觉的逻辑》,董强译,广西师范大学出版社2007年版,第91页。
③ [英]大卫·西尔维斯特:《培根访谈录》,陈美锦译,译林出版社2016年版,第27页。
④ [英]大卫·西尔维斯特:《培根访谈录》,陈美锦译,译林出版社2016年版,第29页。
⑤ Barbara Dawson and Martin Harrison curated,*Francis Bacon:A Terrible Beauty*,Dublin:Dublin City Gallery and The Hugh Lane,2009,p.87.

与头脑(或心)遥遥相望,它被视为动物,动物—躯干拥有共同的命运。

当培根洞悉了这个事实,他的绘画实践越过了人类学边界,进入了生态诗学的领域。根据德勒兹(Gilles Louis Rene Deleuze)的研究,"肉是培根怜悯的最高的对象"。① 在培根眼里,"肉是人与动物的共同区域":"我一直都被那些有关屠宰场和肉的图像感动……可以肯定,我们都是肉,我们是强大的骨架,每当我进入一家屠夫的店铺,总是非常惊讶,自己居然不是处于动物的位置上……"②培根对野生动物表现出浓厚的兴趣,曾多次到非洲考察它们的形象和踪迹。当他谈及被猎杀的大象,同情弥漫于语言之中:"我会说大象的照片都是提示性的——我在照片中看见了扳机——释放的行动——它释放了人的感性和精神,而所有意象都从看这个特定意象的角度涌向你。"③在重构它们时,他同样依赖照片。类似于人类身体,画面上的动物奔逃、爆发、流逝。身体—动物的亲缘关系因此清晰可见。动物—身体:生命之爱,这是一种对身体的生态学表述,其中蕴含着可供深入阐释的微言大义。虽然培根并没有展开自己的身体学话语,但后者无疑已经绽露。

随着身体主体性的显现,人与自然的关系展露了其原初结构。身体是有机体,任何有机体只能生存于生态圈中。对身体主体性的确认必然牵连出感恩之情,没有在先的有机体,它就不可能生成。在马蒂斯创作于1907年的《蓝色裸像》中,观者不难发现身体与自然的亲缘关系:一个女性躺在大地上,陪伴她的是青草、花朵,树木。与此具有异曲同工之妙的是马克·夏加尔(Marc Chagall)的绘画《七根指头的自画像》(1913年):草莓形状的领结,环绕着头

---

① [法]吉尔·德勒兹:《弗兰西斯·培根:感觉的逻辑》,董强译,广西师范大学出版社2007年版,第26页。

② [法]吉尔·德勒兹:《弗兰西斯·培根:感觉的逻辑》,董强译,广西师范大学出版社2007年版,第26页。(陈美锦将这句话翻译为:"我们既是肉,也是潜在的死尸。我在走进肉铺的时候,总是惊讶于自己不是那些动物。"见《培根访谈录》第44页。)

③ Barbara Dawson and Martin Harrison curated, *Francis Bacon: A Terrible Beauty*, Dublin: Dublin City Gallery and The Hugh Lane, 2009, p.139.

发的圆形有机体,画着绿叶的衣领,等等。自然包围而又进入了身体,身体则是身体化了的自然。这个身体处于工作状态,处于一种原初关系的敞开运动之中。它的颜料盘是自然的聚集处,里面依稀可见水果、山脉、面饼的形状。后者似乎扣在手臂上,又仿佛是身体的一部分。他手握七彩的画笔,正在描绘奶牛、农妇、教堂。七根画笔与七根指头,生活与信仰的周期。这是一个人的自画像,但作者却并非仅仅是他,相反,万物都参与了创作。对于美拉尼西亚人来说,人的身体效仿植物界。作为浩瀚宇宙的一个分支,它与树木、花朵、果实交错在一种互联体系中。这是世界身体中的身体。身体与身体想象中的交织催生出一种修辞学:"人体坚硬的部分——骨骼——与木心、沙滩上的珊瑚残骸是同一个词。陆生或海生贝壳被用来表示围骨如头盖骨。果肉或果核同时还表示肉或肌肉。"[1]在这种语境中,身体—植物的界限仿佛消失了:"身体仿佛另一种形式的植物;而植物也犹如身体外在的一种形态。两大领域之间并无明显可辨的界限。"[2]

1911 年,夏加尔(Mack Chagall)创作了油画《我与村庄》(I and Villiage),演绎了广义的主体间性:人和动物的面孔相互注视;挤奶女工的形象出现于动物的下巴处;劳作的农民似乎浮现于其他动物的梦中。[3] 1921—1922 年间,米罗创作了具有类似风格的作品《农场》:作品中出现了一位劳作妇女的想象,而她与周遭的树木、家禽、房屋乃至蓝天则形成了一种呼应关系。到了 1939年,保罗·德尔沃((Paul Delvaux))创作了《皮格马利翁》中,清晰地展示了身体—自然的关系:"这个身体上长着一朵玫瑰的赤裸女人,她的头顶戴着一个

---

[1] 〔法〕大卫·勒布雷东:《人类身体史与现代性》,王圆圆译,上海文艺出版社 2010 年版,第 7 页。

[2] 〔法〕大卫·勒布雷东:《人类身体史与现代性》,王圆圆译,上海文艺出版社 2010 年版,第 7 页。

[3] Peter Selz, *Art in Our Times: A Pictorial History* 1890—1980, New York: Harry N. Abrams, Inc, 1981, p.132.

茂密的灌木丛，她的出现于旁边周身穿着黑色衣服的男人形成了鲜明对比。"①通过这样的描绘，作品揭示了生存的真理："那些活下来的机体很可能是这样的机体——其内部结构是对外部复杂性很好的隐喻。"②与德尔沃一样，瑞斯特1996年创作的艺术品《吮吸着我的海洋》展示了身体与自然的关系。在这个"存在于一种图像、屏幕、空间、声音、身体的集合体中"的文本里，女性身体的形象清晰可见。③ 它们嵌入了海洋，变成了潮汐的一部分。身体既非中心，亦非客体，而是体验着的世界成员。这是一种身体地理学层面的演绎，也是生态身体学的构象："一个丰满的中年妇女正在享受地躺在一个由动物皮毛和繁茂的热带植物做成的床上。"④在1996年创作的银凝胶照片《自然的自画像第4号》(Nature self Portait)中，劳拉·阿吉拉尔(Laura Aguilar)展示了生态学身体的多重意义。⑤ 一个丰腴的女性侧卧于大地上，身旁的小水潭映射出其侧影(让人想起自恋的那喀索斯(Narcissus))。她硕大的腹部与大地构成了直接的呼应关系，暗示着女性身体的原初归属。这个作品被命名为《自然的自画像》。这意味着真正的绘画者是自然，女性身体是其作品。作为自然的构成，后者也是作者。在女性身体这里，作者—作品合一。作为作者的女性身体出场了，展示生命中应该欢庆之重。这是迥异于主流模板的女性身体(黝黑，具有膨胀和充满皱褶的肥胖外形)，却又接近大地的基本形态。通过诸如此类的细节安排，男性中心的审美观(如强调女性身体应该细瘦)被颠覆，而身体本己的力量则获得了确认。

在展示身体—主体与自然的关系时，新型的终极关怀意识也已诞生。身体—主体是有机体，任何有机体都有生有死，这是许多人试图舍弃身体的原

---

① ［意］威廉·德隆·拉索：《人体》，陈琳译，北京出版集团公司2017年版，第59页。
② ［美］凯瑟琳·海勒：《我们何以成为后人类：文学、信息科学和控制论中的虚拟身体》，刘宇清译，北京大学出版社2017年版，第388页。
③ ［英］艾美利亚·琼斯：《自我与图像》，古光曙译，江苏美术出版社2013年版，第48页。
④ ［英］艾美利亚·琼斯：《自我与图像》，古光曙译，江苏美术出版社2013年版，第69页。
⑤ ［英］艾美利亚·琼斯：《自我与图像》，古光曙译，江苏美术出版社2013年版，第99页。

因,但却又是不可回避的命运。在舍曼的作品《无题第 153 号》(1977 年)中,她将自己的身体装扮成一具尸体,展示了人类的普遍命运。如果人是身体,那么,你我就是终将死亡的事物。对超越之物(诸神/上帝)的想象可以缓解痛苦、恐惧、焦虑,但改变不了人的短暂品格。这是不可逃脱的宿命。唯有承认它,身体—主体才能更好地筹划自己的生存。

第二节　当代西方艺术中占主导　地位的身体—客体意象

在前面的论述中,我们已经反复揭示了这样的事实:虽然诸多大哲已经清除了小人假设,但并非所有艺术都能再现身体的主体—形貌,相反,艺术时常会成为遮蔽的一种形式。对于许多重视意识形态的艺术家而言,身体是斗争的场所,是待蠡刻、铭写、穿刺的表面,是被争夺的工具(如机器)和财富,甚至是可以舍弃的残骸。在当代西方艺术中,身体—客体依然是占据主导地位的意象。通过花样翻新的实验,后者衍生出更加多样的形态:接收器、玩偶、战场、空白的书本、纹章、残骸,等等,许多艺术家尽管喜欢展示自己的叛逆品格,但却总是落入身体客体论的窠臼。

《你的身体是个战场》(*Your body is a battleground*,1989 年)是展示身体客体意象的极佳案例。这是一个"摄影蒙太奇作品","运用了戏剧化的黑白摄影,""配以用它标志性字体写成的白底红字,"从而产生了极强的震撼力。[1]整个画面从中间一分为二,"左侧是用传统摄影激发表现的正片女性面庞",而右侧则是负片。[2] 从构图的角度看,照片中的右侧尤其引人注目:它阴暗如

---

① [美]尼古拉斯·米尔佐夫:《身体图景:艺术、现代性与理想形体》,萧易译,重庆大学出版社 2018 年版,第 8 页。

② [美]尼古拉斯·米尔佐夫:《身体图景:艺术、现代性与理想形体》,萧易译,重庆大学出版社 2018 年版,第 9 页。

脸部的 X 光照相,又可能暗示着核爆炸后的大地。这无疑是被降格的面孔:它已经被从身体中剥离开来,变成了意义的承载者。在传统的隐喻谱系中,身体总是扮演承载者的角色,被当作可以争夺的场所。到了 20 世纪 80 年代,类似的定位又出现于貌似激进的画面之上,其中的缘由耐人寻味。毫无疑问,这种语境中的身体仍是工具,是表达"性别歧视、种族歧视、性别角色、性身份、同性恋恐惧症、生育权、性暴力"之类主题的手段。① 在展示它时,包括芭芭拉·克鲁格(Barbara Kruger)在内的艺术家着眼于"解构女性身体的意识形态含义"。② 这些主题多半与身体的社会学角色相关,反映了争取某些权利的筹划。被如此表现的身体是战场,是主体施展力量的场所。它既与战争息息相关,又是完全被动的角色。战场并不介入战争,战争的发动者、推动者、终结者都不是战场,无论是被占领、争夺、破坏、重建,还是被放弃和遗忘,战场都只能默默无言地承受一切,它是在场的缺席者。

当身体被比作战场时,作者的定位已经不言自明,但这并不意味着观看者会读懂全部潜台词:"克雷格(《你的身体是个战场》的作者——王晓华注)这里具体指的是支持堕胎运动(pro-choice movement)和妇女争取生育权利的斗争,然而这个口号更广义地概括了一种观念,即身体,包括性对身体的表现,'是我们这个时代最重要的竞技场之一'。"③不能说身体在相关呈现中完全缺席,但下面的可能性却被忽略乃至遮蔽了:身体是发动战争的主体性角色;战争发生于身体与身体之间;参加者和受害者都是身体—主体。当这点被忽略时,一个幽灵般的主体必然应运而生,徘徊于蜂群般的符码之间。在这个过程中,艺术家和理论家会受制于同样的文化图式,成为贬抑身体的同谋者。恰

---

① [美]简·罗伯森、克雷格·麦克丹尼尔:《当代艺术的主题:1980 年以后的视觉艺术》,匡骁译,江苏美术出版社 2012 年版,第 98 页。

② [美]简·罗伯森、克雷格·麦克丹尼尔:《当代艺术的主题:1980 年以后的视觉艺术》,匡骁译,江苏美术出版社 2012 年版,第 100 页。

③ [美]简·罗伯森、克雷格·麦克丹尼尔:《当代艺术的主题:1980 年以后的视觉艺术》,匡骁译,江苏美术出版社 2012 年版,第 90 页。

如克鲁格把身体描绘为被动的场地,评论家米尔佐夫(Nicholas Mirzoeff)也将身体定位为呈现的对象:"身体被卷入的斗争是政治性的,但同时势必关乎艺术再现的物体。身体应当怎样被呈现? 该呈现谁的身体? 哪些手法是'正常'的,亦即适合被看到的? 哪些有是'异常'的,必须被视线所回避、被撤下台面,亦即猥亵的?"①在所有呈现的背后,呈现者一定以某种方式在场。那么,"是谁在你的身体上开战? 又是为了争夺什么?"②答案可能存在于多个层面:其一,从身体政治的角度看,对身体肆虐的无疑是权力;其二,落实到性别层面,发动战争的是男性主体;其三,升格到身心观的高度,问题就会变得扑朔迷离。在《当代艺术的主题》一书中,作者罗伯森(Jean Robertson)曾经写道:"我们用身体来体验世界。"③此处,"用"这个词充满暗示意味。存在一个操纵者,一个使用身体的自我。相对于前者,身体不过是被使用之物。那么,究竟是谁在使用身体? 在西方文化的主流语境中,答案似乎不言而喻,但又模棱两可。当灵魂概念备受质疑时,这种悖谬品格已经难以遮蔽。

不过,许多艺术家仍然迷恋身体的客体性。2002 年,丹尼尔·马丁内斯(Danny Martinez)创作了《为了这些他曾经看见的事物使一个盲人去谋杀,或者幸福被高估了》。这是个室内装置雕塑,其主体是被固定在玻璃纤维框架上的自我肖像式的机器人。后者如真人一样大小,由电脑控制。在整个装置运动起来后,观众会看到如下景象:

一个真人大小的、跪着的身体上上下下反复地旋转着,一把剃须刀不断重复地切割着他的手腕。这个男人,穿着一套看上去像是某种维修制

① [美]尼古拉斯·米尔佐夫:《身体图景:艺术、现代性与理想形体》,萧易译,重庆大学出版社 2018 年版,第 11 页。
② [美]尼古拉斯·米尔佐夫:《身体图景:艺术、现代性与理想形体》,萧易译,重庆大学出版社 2018 年版,第 8 页。
③ [美]简·罗伯森、克雷格·麦克丹尼尔:《当代艺术的主题:1980 年以后的视觉艺术》,匡骁译,江苏美术出版社 2012 年版,第 90 页。

服的深蓝色衣服，表现出一脸的惊奇或迷惑——好像他无法相信情况已经变得如此糟糕。他黑色的头发和山羊胡子显示出他对流行时尚的某种关注，但是在这种个人绝望的具体时刻，这种时髦很显然被丢在了一边。现在，除了这种自我伤害和最终死去的冲动，什么都不重要。①

在解释这个作品时，艾美利亚·琼斯（Amelia Jones）曾说：她所面对的是"奇怪的、与真人一般的模型"，发现"它们装得像是自我的样子"。② "像是自我"之类表述耐人寻味，暗示了某种对身体的不信任态度。它也揭示了作者的态度吗？或许是。丹尼尔·马丁内斯喜欢揭示"符号与所指物"的关系，认为当代文化造成了"所指物的坍塌"。③ 那么，作品真实的所指物为何？是传说的自我吗？答案存在于作品的构图之中：这个真人大小的身体形似傀儡，具有空洞的眼睛和僵硬的表情；由于外在于它的力量，它机械地运动着，犹如任何被控制的客体。这个仿制的身体雕塑不是自我，而是机器人马丁内斯。我们可以称之为假体，也可以将之当作赝品。在它与真实的身体之间，差别显然清晰可见，一个深渊将它们隔开。那么，它是真实身体的对应物吗？控制它的究竟是什么？是传说中的非物质性自我？还是某种更神秘的力量？根据我们此前的分析，答案显然不难给出。

在吸引丹尼尔·马丁内斯的种种可能性中，无身体状态无疑是最有吸引力的一个。如果它能够获得实现的话，那么，人就完全可以摆脱了物质的纠缠，实现永生这个古老的梦想。由于身体客体论的强大影响力，当代西方艺术不断演绎类似的癫狂想象。

一、抹去身体的渴望

抹去身体是西方文化中一个古老而当代的冲动。当柏拉图倡导练习死亡

---

① ［英］艾美利亚·琼斯：《自我与图像》，古光曙译，江苏美术出版社2013年版，第227—228页。
② ［英］艾美利亚·琼斯：《自我与图像》，古光曙译，江苏美术出版社2013年版，第229页。
③ ［英］艾美利亚·琼斯：《自我与图像》，古光曙译，江苏美术出版社2013年版，第229页。

时,它就已经获得了清晰的表述。此后,相关想象贯穿了漫长的历史,延续到后现代艺术之中,催生出日益时髦的花样。

在有关后身体的奇思遐想中,赛博空间(cyber-space)似乎提供了可以尽情驰骋的场所。它是身体无法进入的虚拟世界,但却具有现实场域所缺乏的神奇品格。当人们遨游于其中时,一种可能性好像已经出现:由于"无形的主体性栖居在虚拟领域",我们可以过无身体的生活。① 对此,某些艺术家信以为真:"当时,他沉迷在'赛博空间忘我的狂喜'中,完全感觉不到自己身体存在,并且他最害怕回落到身体的那一堆'肉'中。"②于是,下面的想象出现了:

> 没有身体,他们可以更放松地漫游于宇宙之中;没有莫拉维克的"湿件平台"(wetware platform),他们可以更精确地在网络中下载自己;没有了仪器、人造物、同僚、实验室,他们将懂得更多;没有假体(prostheses)和机械装置(machinery),他们将获得自由和解放——灵魂,只有灵魂。③

譬如,汉斯·莫拉维克(Hans Moravec)曾预言人类将于 2010 年或 2015 年迁移到万维网(world wide web)中。④ 随着此类想象的增殖,部分理论家也开始推波助澜:"除非有人认为用软件复制人脑的功能是不可能实现的,那么我们就必须承认:最终,没有血肉之躯的基质也将像人类一样拥有意识。"⑤在展开这番推理时,作者似乎忘记了:软件并不是一种幽灵般的存在,而是物质性的编码;它的承载者是被赋予意义的物质,其功能取决于形态—结构的复杂程

---

① [美]凯瑟琳·海勒:《我们何以成为后人类:文学、信息科学和控制论中的虚拟身体》,刘宇清译,北京大学出版社 2017 年版,第 393 页。
② [美]凯瑟琳·海勒:《我们何以成为后人类:文学、信息科学和控制论中的虚拟身体》,刘宇清译,北京大学出版社 2017 年版,第 393 页。
③ Sean Sweeney and Ian Hodder eds.*The Body*, Cambridge:Cambridge University press,2002,p.140.
④ Sean Sweeney and Ian Hodder eds.*The Body*, Cambridge:Cambridge University press,2002,p.136.
⑤ [美]玛蒂娜·罗斯布拉特:《虚拟人》,郭雪译,浙江人民出版社 2016 年版,第 162 页。

度;如果要复制人脑的功能,计算机就必须升级为身体。换言之,存在的仍是身体叙事。这个道理并不晦涩难懂,却被鸿学硕儒和芸芸众生所忽略,其中缘由着实耐人寻味。事实上,牵引他们的是一种被新兴语言装饰的柏拉图主义,后者总是寻找机会借尸还魂,衍生出花样纷呈的表述。

为了揭示这种具有悖谬意味的冲动,我将再次分析斯迪拉克的行为艺术作品。与大多数艺术家不同,此君擅长逻辑思辨,曾经多次撰文探讨身心关系。其中,"身体过时说"曾经引起很大争议:"身体已经过时了(the body is obsolete)。我们正处于哲学和人类生理学的终点上。"①那么,废弃身体究竟意味着什么? 在他1980年创作的作品《第三只手》中,观众可以找到部分答案:"他的实验内容是将尖端精密技术支持的假体和移植物附着在自己身体上。斯迪拉克已尝试着把机器人的手臂作为第三附肢安装在自己身体上;这只手臂能独立行动,靠艺术家腹部和腿部肌肉发出的信号来激活。"②在他表演时,技术设备发出沉闷而单调的嗡嗡声,形成了一种暧昧的氛围,吸引了观众的注意力。这个作品的主题是身体与机器的关系。更确切地说,是机器的存在彰显了身体的"过时"(obsolete)与"缺席"(absent)。③ 这是种似是而非的表述:当假体和移植物被依附在身体上,身体与技术之间出现了直接的互动界面,为何说身体"过时"或"缺席"了? 当然,"过时"或"缺席"可能是一种策略性的表述,并非意指身体真的消失了,而是凸显一种新的在场者。这就是赛博格(cyb-org)即电子人。据说,正是电子人(cyb-org)给了他灵感:"电子人,一种半有机体、半机械的杂交生物,推动了澳大利亚艺术家斯迪拉克的创

---

① Joan Broanhurst Dixon & Eric J.Cassidy, *Virtual Futures:Cyberotics,Techonology and Post-human Pragmatism*,London and New York:Routledge,2005,p.155.

② [美]简·罗伯森、克雷格·麦克丹尼尔:《当代艺术的主题:1980年以后的视觉艺术》,匡骁译,江苏美术出版社2012年版,第113页。

③ Ross Farnell,*In Dialogue with"Posthuman"Bodies:Interview with Stelarc*,Body & Society 1999 SAGE Publication(London),Vol.5(2-3):133.

作。"①然而,电子人的出现一定意味着人类身体的废弃吗？绝非如此:所谓的赛博格是身体与技术联姻的产物,它的在场恰恰凸显了身体的存在。在与技术品互动的过程中,身体可能被侵入、强化、扩展,可能被抛入它似乎不能做主的状态,但却不可能被抹去:"一个电子人的身体不是天真的;它不是诞生于乐园之中;它并不寻求统一的身份并因此无休止地产生对立性的二元论(antagonistic dualism);它把反讽视为理所当然之事⋯⋯这机器是我们、我们的过程、我们具身化的一个方面。"②

从逻辑的角度看,废弃身体的假说经不住推敲:在有机身体和其他身体(如机械身体和电子身体)之间,我们为什么不能建立一种更加积极的关系？难道两者总是水火不容,注定只能相互排斥？恰如有位批评家所指出的那样,斯迪拉克反复强调的身体过时的论调具有悖谬意味:"斯迪拉克从方方面面都表现出他要从两种途径做到这一点,让身体和概念都成为他的中介。但是,他继续说,身体是'废弃的',同时他又始终主张说,他的作品完全在'灵魂—肉体或思维—大脑这种形而上学的过时区分模式'之外操作。"③在这个实验中,身体非但没有被废弃,反倒以更加触目的形式在场。当仪器部分地控制了身体时,身体反过来控制着整个剧情,升格为备受关注的焦点。相比之下,被安装、驱动、最终取掉的仪器不过是道具,是被赋予某种意义的客体。至少在展现出来的语境中,它还不是联合中的一方。吊诡的是,斯迪拉克佯装对此视而不见,反复强调身体的过时性:"过时的身体:既有一些技术上的压力,也有一些地球之外的原因,要在形式上和功能上对身体进行'重新设计'⋯⋯重要的是身体作为一个客体而不是一个主体——它不是一个特定的人的身体而是

---

① 〔美〕简·罗伯森、克雷格·麦克丹尼尔:《当代艺术的主题:1980 年以后的视觉艺术》,匡骁译,江苏美术出版社 2012 年版,第 113 页。

② Rob Kitchin & James Kneale, *Lost in Space: Geographies of Science Fiction*, London & New York: Continuum, 2002, p.133.

③ 〔加〕布来恩·马苏米:《虚拟的寓言》,马蓓雯译,河南大学出版社 2012 年版,第 113—114 页。

在成为另一样东西。"①这种一种似是而非的表述：它既承认了身体可能是主体，但又试图抹去这个事实。恰如法内尔（Ross Farnell）所指出的那样，斯迪拉克虽然声称自己挑战笛卡尔的二元论，但却"强化了身心分离的观念"。②

事实上，在阐释废弃身体的理由时，斯迪拉克曾经一度从身体的角度看问题："该追问拥有双目视野、两足、1400 立方厘米大脑、会呼吸的身体是不是足够的生物学形态。它不能应付它所积累的信息的数量、复杂程度、质量；它被技术的准确性、速度、力量所威胁；它的生物学装备不够精良，难以应对新的超地球环境（extraterrestrial environment）。"③这等于暗示说：应对挑战的依旧是身体。人类身体的生物学弱势从来不是它被废弃的理由，而是身体强化自己的动力。在设想泛星球生理学（pan-planetary physiology）时，斯迪拉克曾经提到重新设计（reengineer）身体的可能性："有必要设计一个更加自足、节能的身体，它具有扩展了的知觉触角和强化了的皮质功能。"④如果把这种延伸—强化理解为身体的自我延伸—强化，斯迪拉克可能会得出更加具有建设性的结论。不过，这仅仅是个假设。在他的大多数文本中，身体的主体性仅仅闪烁于文本的边缘和裂缝之中。与此形成鲜明对照的是，身体的客体性则被刻意凸显——它如何被支配、被瘫痪、被置于窘境，等等。如此行事的他显然没有超越西方传统：自柏拉图以降，这种陈腐思路就形成了占统治地位的图式，衍生出难以数清的变体。到了 20 世纪，这个图式已经遭遇了来自生理学、神经哲学、AI 工程的反驳，难以遮饰自己的滞后品格。正因为如此，斯迪拉克虽然延续了损害身体的艺术实践，但却不可避免地走向自己的反面。这个试验发生

① ［加］布来恩·马苏米：《虚拟的寓言》，马蓓雯译，河南大学出版社 2012 年版，第 127 页。
② Ross Farnell, *In Dialogue with "Posthuman" Bodies：Interview with Stelarc*, Body & Society 1999 SAGE Publication（London），Vol.5（2-3）：135.
③ Joan Broanhurst Dixon & Eric J.Cassidy, *Virtual Futures：Cyberotics, Techonology and Post-human Pragmatism*, London and New York：Routledge, 2005, p.154.
④ Joan Broanhurst Dixon & Eric J.Cassidy, *Virtual Futures：Cyberotics, Techonology and Post-human Pragmatism*, London and New York：Routledge, 2005, p.157.

于主动的身体和被动的身体之间,但并不意味着二者存在本体论意义上的裂痕,主动的身体就是被动的身体,没有一个介于二者的空间供假体插入。在手臂上绑上电子肢体,然后便假设自己被劫持,继而表演应该与之匹配的痉挛状态,这并非严密的设计,身体没有那么容易地被置于瘫痪状态,在展示自己的被动性时,它也在主动地做事。斯迪拉克所是的身体设计了上述情节,实施了预先规划的动作,同时又观察了人们对表演的反应。身体主动地演绎自己被动的一面,形成了反映自己的回路。后者的意义存在于有限的范围之内,一旦越界,它便会自我驳斥。在悖论中浮现出来的只能是黑色幽默,后者同样源于身体而又回到它。

为了自圆其说,斯迪拉克设计了很多具有实验意味的行为艺术,力图使身体处于一种难堪的局面。但是,恰如批评者所指出的那样,这种企图具有悖谬意味:斯迪拉克的身体虽然"经历了难堪",但造成这种局面的是身体的自我折磨,因而此类计划都最终会导向悖谬的结局。① 譬如,他本想证明身体的无力,但由此产生的恶心反应却使观众"想起在这个尘世间我们的肉体凡胎是如此有力"。② 事实上,实施计划和完成抵抗的是同一个身体。当身体试图使自己难堪时,它又亲自扮演了抵抗者的角色。身体是生产性力量的源泉,是征用(appropriates)周围事物的主体。③ 身体是世界的枢纽,总已经改造周遭事物,不断组建为以自己为中心的因缘结构。它规划、布置、调控、感受、传达,但却无法将自己轻轻抹去。甚至当它试图贬抑自己时,它的生产性也总是绽露出来。恰如尼采所云,所有对身体的贬抑都来自身体本尊。自我贬抑的身体处于迷失状态,没有意识到自己就是自我。

在贬低身体的规划中,斯迪拉克无疑陷入了自我驳斥的窘境。他无法回

---

① 〔英〕艾美利亚·琼斯:《自我与图像》,古光曙译,江苏美术出版社 2013 年版,第 257 页。
② 〔英〕艾美利亚·琼斯:《自我与图像》,古光曙译,江苏美术出版社 2013 年版,第 257 页。
③ Francoris Guéry & Didier Deleule, *The productive Body*, Winchester & Washington:Zero Books, 2014,p.58.

答一个根本性的诘问：如果身体是纯粹的客体，那么，是谁设计并实施了这些表演？难道是来历不明的幽灵？在《自我与图像》(2013)一书中，艾美利亚·琼斯就提出过类似的质疑："如果身体确实是过时的，什么将是想悬置它的关键呢？什么将是那可以用技术进行刺激、入侵、延伸，以及/或者操纵它的关键呢？倘若它是一个麻木的客体，与意识、思想、认知毫无关系——那么，无论进行怎样的理解，操纵它都将毫无结果。"①琼斯的话并非无懈可击：她的潜台词是身体与意识、思想、认知"有关"。这可能提供了可供发挥的暗示：除了身体之外，还有某种东西能够意识、思想、认知。然而，这不恰恰是斯迪拉克等人所要证明的命题吗？斯迪拉克眼中的身体是宿主，是殖民地，是剧场和矿场……这个清单可以延长，但一个选项总被忽略或者含混以对：身体是主体(subject)或行为者(agent)。然而，如果身体不能与技术互动，那么，技术为何还要占领它？是为了唤醒居住于其中的"自我(self)"吗？在一次访谈中，他坦然道出了自己所相信的笛卡尔范式：

　　我们曾经形而上学地或历史地考虑根据我们个体性的连贯性为人性奠基。成为个体意味着成为人，失去个体性意味着成为机器，成为某种意义上的准人类(sub-human)。但是设想一个拥有多重主体的身体(a body with a multiplicity of agents)。那种身体的病理学，心理—社会法的病理学会分裂人格，但此类复合主体性(multiple agency)不会使人格分裂，那将不是一种病理学而是一种我们将拥有新的复杂性(complexity)和多重性(multiplicity)的机遇。②

这是一种典型的二元论表述。他眼中的精神—身体并非平分秋色。相反，身

① ［英］艾美利亚·琼斯：《自我与图像》，古光曙译，江苏美术出版社2013年版，第244页。
② Ross Farnell, *In Dialogue with "Posthuman" Bodies: Interview with Stelarc*, Body & Society 1999 SAGE Publication(London), Vol.5(2-3):134.

体只是供主体居住的寄主。在 1993 年完成的行为艺术《胃雕塑》中,他力图实现下面的规划:"技术侵入并在内部作用于身体。它不是作为一个假体的代替物,而是一种美学的装饰物;空洞的身体变成了一个寄主,不是为了一个自我,而只是为了一个雕塑。"①宿主是容纳者。当身体变得空洞时,它既可以更多地容纳他物(尤其是技术产品),又能适应更严苛的生存环境:"在离开地球时,身体的复杂性(complexity)、柔软(softness)、潮湿(wetness)将难以维系……所以适合泛星球生理学(pan-planetary physiology)的策略应该是使身体空洞化、坚硬化、脱水。所以,对我来说,空洞的身体是个富有诱惑性的概念,意味着它是个更好的'宿主'——可以在其中打包装入更多的技术。"②

然而,斯迪拉克忘记了一个事实:当身体被淘空、硬化、脱水,它还会是活的有机体吗? 如果人能够在身体失去活力后继续存在,那么,他/她究竟是什么? 永恒的灵魂? 还是更加神秘的主体? 他没有提供答案,但其心路轨迹并非无法破译:"斯蒂拉克在修辞学上所定义的'空洞的身体',似乎表明了他对于潜在的虚无、没有意义和必死性命运的种种焦虑的心迹——而不是(正如观者可以看到的)表明其真实的或原来意义的缺乏。"③对于斯迪拉克等西方行为艺术家来说,超越死亡是个重要的主题。从苏格拉底以降,有关永生的信念牵连出否定身体的态度:无论如何,身体都是短暂者;如果我们就是身体,那么,死亡就是越不过的大限;假定存在拥有身体的"我",则似乎给自己留了个后路。当斯迪拉克似乎将身体客体化时,支配他的恰恰是这个似是而非的逻辑:"我们应该面对并激进地追问拥有一个身体意味着什么,(人的)这些形式和功能是否足够,是否应该继续接受海德格尔有关'向死而生'的观点。"④接

① [英]艾美利亚·琼斯:《自我与图像》,古光曙译,江苏美术出版社 2013 年版,第 254 页。
② Ross Farnell, *In Dialogue with "Posthuman" Bodies: Interview with Stelarc*, Body & Society 1999 SAGE Publication(London), Vol.5(2-3):132.
③ [英]艾美利亚·琼斯:《自我与图像》,古光曙译,江苏美术出版社 2013 年版,第 255 页。
④ Ross Farnell, *In Dialogue with "Posthuman" Bodies: Interview with Stelarc*, Body & Society 1999 SAGE Publication(London), Vol.5(2-3):131.

着,他本人给出了一个可能安慰众生的答案:

> 对于我来说,生与死是个进化策略,但我们现在处于后进化时代,所
> 以我质疑生与死是否真的是生存的基本起点和边界,是否应该用它们来
> 定义何谓活着。突然间,我们面对着这样一个(技术)上的可能性,生存
> 不再以出生为起点,也不一定因死亡而终结,因此活着意味着比操作性更
> 多,不是我们倾向于看到的出生、哺育、成长、衰落等过程。①

在如此慷慨陈词时,他强调自己说出了一个激进的主张,但却忘记了上述图式
恰恰内蕴于西方主流文化之中。事实上,相对于他对超越生死的庄重允诺,他
提出的理由却不无讽刺意味:"如果身体能够以模块化的方式被重新设计,以
至于我们可以更容易地替换功能不良的部分,那么,从技术的层面上讲死亡的
存在就没有理由——已经有了替换的可行路径。"②只有当所有器官都可能被
替换时,人才能进入不死之境,而这恰恰是不可能之事:自我正是存在于器官
集合体之中,替换所有器官则恰恰等于自我之死。器官更换只能延长人的寿
命,不可能抹去生与死的边界。任何有限者都处于诞生和死亡的中途,人也不
例外。这意味着我们不能因为身体的有限性而否定它。事实上,在设计具体
的永生方案时,斯迪拉克还是吊诡地回到了身体。身体非但没有被抹去,反倒
凸显出来。这是一个必然的结局:如果我们就是身体,那么,抹去它的企图注
定徒劳无益。人迟早会接受这样一个事实:除了身体,我们一无所有。没有独
立于身体的灵魂、思维、感受。即使在臆想之中,它们也不曾合乎逻辑地存在
过。当你想象自己的后身体存在时,真实发生的不过是大脑中的运动。后者

---

① Ross Farnell, *In Dialogue with "Posthuman" Bodies: Interview with Stelarc*, Body & Society 1999 SAGE Publication(London), Vol.5(2-3):131-132.

② Joan Broanhurst Dixon & Eric J.Cassidy, *Virtual Futures: Cyberotics, Techonology and Post-human Pragmatism*, London and New York:Routledge,2005,p.159.

可能激发出栩栩如生的场景,但却没有任何客观对应物。因此,与其在抹去身体这个设想上殚精竭虑,不如在身体的基础上重建一切。

　　然而,在西方行为艺术界,柏拉图的幽灵依旧四处徘徊,笛卡尔的二元论依旧不乏拥趸,人们依旧会畅想无身体的生活。当这个目标暂时无法实现时,包括斯迪拉克在内的艺术家就会反复渲染身体的被动性。身体被侵入、铭刻、淘空、风干,被按上电子假肢,被改造为怪物。当然,这并不是说差异已经消失:当斯迪拉克乐观地想象身体技术学时,另外一些艺术家开始提示相关探索的风险。保罗·麦卡锡(Paul McCarthy)的《突变体》(Mutant)就属于反思之作。这是用腈纶、金属、原料、泡沫橡胶、纤维玻璃制成的雕塑品,"表现了一个没有胳膊、咧嘴怪笑的形象"。① "这件雕塑品通过将橡胶的'印第安'面具和童装人体模型结合起来","向我们展示了一个取材于卡通、儿童游戏室、主题公园、科幻小说、超现实主义和科学实验室的混合身体。"②据说,其题目《突变体》意味深长,"暗示了我们目前这个创造物可以是以下任何东西":"利用生物技术进行人为干涉而制造出来的服务于特定目的的产品,科学实验后走上歧途的恶果,一场异乎寻常的突变后的产物。"③诸如此类的主题可能给人以玄妙之感,但作者最终强调的无非是身体的被动性:意识形态,官方权力,主流话语,生物技术,互联网,几乎所有力量都可以影响身体,渗透于其中,直至构成并控制它。这是一种非自立的身体形象。它只能接受加给它的质料和形式。没有抵抗,只有愚昧的笑容。当然,它的无助另有缘由:作品中的身体没有双手,已经丧失了做事的能力。

　　此类构图显然不无寓意,可能引发反向的遐思:依然拥有双手的身体会如

① [美]简·罗伯森、克雷格·麦克丹尼尔:《当代艺术的主题:1980年以后的视觉艺术》,匡骁译,江苏美术出版社2012年版,第82页。
② [美]简·罗伯森、克雷格·麦克丹尼尔:《当代艺术的主题:1980年以后的视觉艺术》,匡骁译,江苏美术出版社2012年版,第82页。
③ [美]简·罗伯森、克雷格·麦克丹尼尔:《当代艺术的主题:1980年以后的视觉艺术》,匡骁译,江苏美术出版社2012年版,第82页。

此被动吗？如果不是，我们又应该怎样理解身体？从这个角度看，《突变体》留下了开放的意义空间。不过，大多数人都难以意识到上述潜台词。在评价《突变体》等作品时，批评家罗伯森·克雷格等人写道："相比之下后现代视野根本不存在灵魂，只有身体。我们仅仅是身体。"①吊诡的是，终于摆脱了灵魂的统治之后，身体非但没有展示独立的动姿，反倒沦落为空洞的容器，犹如失去了有效治理者的殖民地，它似乎沦陷于一种无意义状态。詹姆斯·克罗克（James Croak）制作的混合媒介作品《去中心化的外皮》（De-centered Skin）就表现了"自身空无一物或内部被经验抽空、毁掉的人形"。② 这类作品重复了身体—容器意象，暗示了灵魂在场的必要性：离开了灵魂，我们就是空心人。仅仅依靠经验，人类就将被毁掉。这种主题无非是柏拉图主义的当代版本。它虽然被冠以后现代之名，但却属于明晰可见的过去时态。吊诡的是，在当代艺术中，它却依然大行其道。从斯迪拉克到保罗·麦卡锡，艺术家们津津乐道的是身体的空洞、无效、过时性，他们似乎完全无视认知科学的研究成果，滞留在曾经囚禁了柏拉图的洞穴之中。

如上所述，在网络技术诞生以后，抹去身体的筹划没有消失，而是衍生出五花八门的变形。借助新兴的人工智能理论，它似乎获得了新的支撑，开始用当代技术装饰自己。在 1984—1988 年间相继出版的小说《神经漫游者》三部曲中，作者威廉·吉布森（William Gibson）"想象通过电缆在大脑和计算机之间直接进行神经连接"，展示了身体进入虚拟空间的场景。③ 这是个海勒非常感兴趣的情节，因为它似乎预示了一种神奇的魔变：

---

① ［美］简·罗伯森、克雷格·麦克丹尼尔：《当代艺术的主题：1980 年以后的视觉艺术》，匡骁译，江苏美术出版社 2012 年版，第 84 页。
② ［美］简·罗伯森、克雷格·麦克丹尼尔：《当代艺术的主题：1980 年以后的视觉艺术》，匡骁译，江苏美术出版社 2012 年版，第 85 页。
③ ［美］凯瑟琳·海勒：《我们何以成为后人类：文学、信息科学和控制论中的虚拟身体》，刘宇清译，北京大学出版社 2017 年版，第 47—48 页。

正如他们所交涉的风景一样,在赛博空间(cyberspace)中运转的主体性也变成了模式而不再是物理的实体。凯斯,这个计算机牛仔,《神经漫游者》中的主角,依然具有物质性的在场(physical presence),尽管他视自己的身体为一堆"肉",其主要功能是在他下一次能进入赛博空间之前维持他的意识。[①]

"进入赛博空间"(enter cyberspace)意味着什么? 是身体进入其中? 还是一种信息传输? 海勒感兴趣的无疑是后者。在分析这个片段时,她提到了她所阅读的《心灵孩童:机器人与人类智力的未来》(*Mind Children: The Future of Robot and Human intelligence*):"一个机器人外科医生把人类大脑置于某种抽脂设备上(cranial liposuction),读取每个分子层级的信息,抽离它并将之转移到计算机上。在手术的最后,大脑颅腔已经被清空,现在居住在计算机钢铁身体之中的病人醒来,发现自己的意识与从前毫无二致。"[②]这是许多大哲眼中迷人的场景,但在我看来却同时可怕而可疑:人类身体的意识真的能够被转移到机器上吗? 如果能,那岂不等于说二元论是正确的? 难道柏拉图主义要通过人类的言说借尸还魂? 事实上,实在的身体无法进入虚拟空间,也无法被缩减为信息的组合。它在这个世界中,不断与实在的事物互动,其精神世界则因此不断被重塑,而上述过程都无法被虚拟空间所涵括。真实存在的依然是实在者和实在者的交往。尽管凯斯认为自己的身体不过是一堆"肉",但它依然是处于主体间际的实在者。他并不能"作为一种在计算机上被建构的人活着",因为电磁元件所储存的不过是些代码。这些代码不是实在者,而是需要实在者编制和解读的信息。在它和实在者之间不存在所谓的主体间性。这是

---

① N.Katherine Hayles, *How We Became Post Human: Virtual Bodies in the Cybernetics, literature, and Informatics* University Of Chicago Press,1999,p.36.

② N.Katherig Hayles, *How We Became Posthuman: Virtual Bodies in the Cybernetics, literature, and Informatics*, Chicago: The University of Chicago Press,1999,p.1.

一种吊诡的表述，因为整个装置实现的是人的原初筹划，它并非自动出现，也从未自动进行，在建立结点的尝试中，身体仍是清晰可见的中心。坐在计算机前的难道不是身体？当身体按动键盘、移动鼠标、观看屏幕时，所谓的结点才会出现。与此相应，网络并不能自我建构，而编程则是漫长而艰苦的身体性实践。在首尔一间宿舍里，我曾结识了某位程序员，目睹了他不断敲打键盘的过程，那单调的声音恰是网络的摇篮曲。

然而，程序员劳作的身体却经常被忽略，网络被当作可以自我生成之物。恰如后现代主义眼中的文本、语言、权力，人造物被渲染为自治的存在，网络空间也开始被设想为自治的场域："在自我建构的网络中，人类不再是主人，也不再是中心。在一个整合性网络的界限上，没有外围，没有中心，只有结点。人类被不规则化了。在传递的无尽复杂性中，它被散布在那些结点上，被结点横穿。"①然而，恰恰是在分析这个情节时，海勒等人陷入了一种柏拉图式的狂想之中："在一个被过度开发、人口暴涨和随时间扩散毒物破坏的世界中，认为物理形式可以在多维的计算机空间中被重新构建成信息模式，从而恢复他们的原始纯洁性，无疑是一种安慰。像网络空间的地貌环境一样，一个网络空间身体，是不会枯萎和腐化的。"②譬如，有关"克隆思维人"的遐思就演绎了这样的可能性："如果只剩下你的思维，即使你承受了巨大的损失，这仍然不是'我'的终结。"③"我"可以被复制在程序中，离开了血肉之躯。它是独立的虚拟人，是思维主体。离开了血肉之躯，"我"依然存在："生活在继续，我们生命与思维克隆人一起在前进，即使一部分的我们必须睡觉，而其他部分的我们值班看守。"④在赛博空间（cyber-space）中，"我"找到了新的栖居地。它终于可以摆脱沉重的肉身，过一种纯精神的生活。然而，这个"我"不是灵魂意象

---

① ［加］布来恩·马苏米：《虚拟的寓言》，马蓓雯译，河南大学出版社2012年版，第165页。
② ［美］凯瑟琳·海勒：《我们何以成为后人类：文学、信息科学和控制论中的虚拟身体》，刘宇清译，北京大学出版社2017年版，第48页。
③ ［美］玛蒂娜·罗斯布拉特：《虚拟人》，郭雪译，浙江人民出版社2016年版，第197页。
④ ［美］玛蒂娜·罗斯布拉特：《虚拟人》，郭雪译，浙江人民出版社2016年版，第198页。

的翻版吗？当作者如此言说时,他/她岂不已经复活了柏拉图的二元论?

对此,西蒙·彭尼(Simon Penny)的言说可谓洞若观火:所谓"身体过时"的力量并不是一种新观念,而是植根于"从基督教新柏拉图主义到笛卡尔以及其后很长一段时期的传统"之中。① 这是一种"西方哲学中是最始终如一的、最具有连续性的观念"。当它"在意识形态上与制造幻觉的计算机技术趋势相契合"时,一种新的骚动已经出现。一些人乐此不疲地试图证明身体可以被抹去,人可以拥有后身体的生命,享受不打折扣的永生。这种想象虽然汪洋恣意,但却经不住严肃的推敲。事实上,即使是在虚拟艺术中,身体也总以某种方式在场:是身体在操纵电脑,是身体想象自己进入了电子空间,是身体为自己安装上了"电子假肢"。② 正因为如此,"无形的主体性正栖居在虚拟领域"这种表述并不确切。③ 它表达的是一种幻觉:"当时,他沉迷在'赛博空间忘我的狂喜'中,完全感觉不到自己身体存在,并且他最害怕回落到身体的那一堆'肉'中。"(同上)感觉不到不等于不存在,忘我不意味着我已经消失。身体已经在这里,赛博空间的漫游者依旧是一堆"肉"。这"肉"是梅洛-庞蒂所说的灵性存在,是活力洋溢的有机体—主体。如果后人类有一天真的出现于这个星球上,他们是而且只能是身体(身体+)。

从本体论的角度看,这类遐思混淆了实在和虚拟,通向环环相生的错误演绎:其一,实在的身体不能进入虚拟空间;其二,身体也不能简化为信息编码或软件;其三,不存在离开电脑或其他类似实在者的思维。在1988年出版的《非人》(L'Inhumain)中,利奥塔(Jean-Francois Lyotard)就曾指出:"人们可以将人体视为如思维那样复杂的技术的硬件设备。没有它的运作,你们的复杂运

---

① [英]艾美利亚·琼斯:《自我与图像》,古光曙译,江苏美术出版社2013年版,第261页。

② [美]凯瑟琳·海勒:《我们何以成为后人类:文学、信息科学和控制论中的虚拟身体》,刘宇清译,北京大学出版社2017年版,第393页。

③ [美]凯瑟琳·海勒:《我们何以成为后人类:文学、信息科学和控制论中的虚拟身体》,刘宇清译,北京大学出版社2017年版,第393页。

算,3倍或4倍的元调节以及你们对伙食控制的反调节都是不可能的。"①思维是身体——一套物质硬件——的功能。它不能由悬空的程序承担。正如所谓的赛博空间依赖硬件,它也不可能无依托地运转。不存在无身躯的思维,也没有绝对非实在性的信息(disembodied information)。如果未来的计算机具有思维能力,那么,它们必然成为人类身体的复制品。只有当主体"创造一个能够'培育'至少同人类头脑同样复杂的硬件",这样的计算机才会出现。② 在《我们何以成为后人类》一书的结尾部分,海勒也从有关程序自动运行的狂想中抽身而出:"人类首先是具身化的存在(embodied being),而这种具身性(embodiedment)的复杂性意味着人类意识的打开方式迥异于具身化在赛博机器(cybernatic machines)中的智能(intelligence)。"③人类的具身性隶属于一个源远流长的生命叙事,而这又牵连出我们的动物伙伴。离开了人类—动物的复杂互动,我们就不会具有如此复杂的具身性:"通过被翻译为与文化意义共鸣的意象,人类身体……是一种其局限和可能性都被进化史所塑造的物质结构(physical structure),而这个进化是智能机器所无法分享的。"④对于可能出现的机器人来说,主体间性的建构依旧不可或缺。它们同样是需要伙伴的实在者,只能生存于跨物种的主体间际关系之中。与其想象软件的疯狂增殖,毋宁思考培育后人类主体间际关系(人类身体—智能机器—动物)的可行方案。

二、对身体碎片化的渲染

从根本上说,抹去身体是个注定受挫的筹划。身体不是泡沫,无法轻轻擦

---

① [法]让-弗朗索瓦·利奥塔:《非人——时间漫谈》,罗国祥译,商务印书馆2001年版,第13页。

② [法]让-弗朗索瓦·利奥塔:《非人——时间漫谈》,罗国祥译,商务印书馆2001年版,第14页。

③ N.Katherine Hayles, *How We Became Post Human：Virtual Bodies in the Cybernetics, literature, and Informatics*University Of Chicago Press, 1999, p.284.

④ N.Katherine Hayles, *How We Became Post Human：Virtual Bodies in the Cybernetics, literature, and Informatics*University Of Chicago Press, 1999, p.284.

掉。无论艺术家如何努力,它总是存在于那里,展示自己不可忽略的厚度、重量、内蕴。在这种坚硬的现实面前,有些人开始退而求其次。他或她试图使身体碎片化,制造一种迷乱的身体景观。

在 20 世纪初的好莱坞电影中,这种谋划展示了它的早期形态。1915 年,弗兰克·鲍威尔执导电影《亲吻我,白痴》,塑造了影响深远的"荡妇"形象:"迷人的眼神,引人注目的眼睛,奢华的服装,西方式的性感,裸露的姿势,华丽的仪式,令人眼花缭乱的珠宝首饰,对爱情的信仰以及爱情最终的牺牲品。"①将女性局限于性感的层面,实质上实施了一种身体切割术:大脑至少部分地被取出,剩下的是貌似完整的残骸。它似乎与理性和坚强的意志无关,只能展示外观之魅和表层之惑。此刻,身体的完整性已经受到了损害。

随着时间的推移,身体被卷入更加复杂的碎片化运动之中。1936 年,毕加索(Pable Picasso)创作了影响深远的油画《格尔尼卡》(Guernica),渲染了身体碎片化后的恐怖氛围。画面中出现了四个女人、一个儿童,一个倒下的武士、一头牛、一匹马、一只鸟,但几乎全都处于不完整状态。悬浮于空中的眼睛、哭泣的面孔、扬起的头颅、握着断剑的手臂……这些器官或者与身体失去了联系,或者被突兀地被显现于背景中。② 由于这些破坏、隐匿、展示的身体,生命沦落为碎片。身体被分解为片段,又被重新拼贴起来。它的内部被打开,被翻转,被置于外在的平面。这是被解剖、切割、抹平的身体,是被侵入、占领、分解的肉域。决定其命运的是解构—重构的张力,但后者似乎与它无关。尖叫、嘶鸣、奔跑、坠落,身体本能地表达自己的苦难,而这些都于事无补。画面外肯定存在一个专横的主体。后者来路不明而不可抗拒。它是谁? 是战争的发动者,还是福柯(Michel Foucault)所说的权力? 抑或就是人类自身? 对此,

---

① [法]让-雅克·库尔第纳:《身体的历史:目光的转变:20 世纪》,孙圣英等译,华南师范大学出版社 2013 年版,第 290 页。
② Peter Selz, *Art in Our Times: A Pictorial History* 1890—1980, New York: Harry N. Abrams, Inc, 1981, p.331.

毕加索没有给出明晰的解释。

在 1935 年创作的油画《镜子前的少女》(*Girl before a Mirror*)中，他展示了一个吊诡的场景：长发少女端详着镜子中的自己，但镜中的她却发生了变形——面容变得苍老，内脏像被照了 X 光般暴露出来。据说，这些景象强调了"少女的性征(sexuality)"。① 然而，画面显然暗示了观看—被观看的关系。观看者不是别人，正是被看者自己。镜子中的形象存在于目光的回路中。这目光来自身体。通过镜子，观看的身体和被看的身体部分地合一了。一种自反性关系出现了。它揭示了身体的双重身份：既是被观看、切割、探究的客体，又是主体性赖以发生的场所。身体在碎片化之时进行抵抗，在承受苦难时发出尖叫。在毕加索的作品中，身体与身体意象之间存在无法填平的缝隙。无论如何，二者都无法合一。这是西方文化中一个贯穿始终的裂痕。它伸缩不定，时刻会扩大为深渊。为了填平它，学者发明了各种形而上学、神学、科学上的假说，艺术家则进行了花样翻新的实验。

到了 20 世纪 60—70 年代，偶发艺术(Happenings)、激浪派艺术(Fluxus)、行动艺术(Actions)、身体艺术(Body Art)开始兴起，身体将自己置于更加复杂的遮蔽—敞开运动之中。它虽然可以因此展示自己的主体形貌—动姿，但在更多的时候沉浸于对其客体性的狂想之中：皮肤——可蠡刻的表面；血肉——供勘探的空间；头脑——无法真正打开的密室，等等。其中，身体艺术的表现颇具悖谬意味。它首先是身体的活动，然后才是作为作品的身体。可是，这种因果关系很少进入艺术家的视野，被关注的往往是后者："他们以异乎寻常的方式来处理身体——将身体复制、分裂、分离身体部位，以毛发和血之类的体液来代替身体，或展示身体内部的器官和其他部分。"② 待开发的空间、可利用

---

① Peter Selz, *Art in Our Times: A Pictorial History* 1890—1980, New York: Harry N. Abrams, Inc, 1981, p.342.

② ［美］简·罗伯森、克雷格·麦克丹尼尔：《当代艺术的主题：1980 年以后的视觉艺术》，匡骁译，江苏美术出版社 2012 年版，第 89 页。

的媒介、供阐释的符号:这就是身体在此类艺术中的常规定位。然而,吊诡之处恰恰在于:即使在诸如此类的定位中,身体同样并非完全不能显示自己。譬如,艺术家有时会注意其生理特征:肤色、性别、重量,等等。沿着这条线索往前走,部分器官也会浮出海面:"人类是具有触觉、肉欲和本能的生物。艺术家们全力以赴地集中表现这个事实,采用真实的身体或人体素材作为艺术创作的媒介。"①从 1985 年起,阿德里安·派珀(Adrian Piper)开始保留自己的头发、指甲、皮肤,将它们放到蜜糖罐中展出,而作品的题目就叫做《我会变成什么样?》(What Will Become of Me?)②这类作品表现身体的凡俗品格和生存的琐碎细节,尤其是其显而易见的媒介性。由于头发、指甲、皮肤都可以脱离身体,因此,它似乎又回到了一个流俗的主题:身体容易分解、短暂、脆弱,因而"个体投在身体上的努力注定是要打水漂的"。③ 这当然也是个成问题的立意:万物皆流,无物常驻,为何要对身体提出更高的要求? 如果人注定处于消逝的过程之中,为什么不珍视这个变动中的主体?

意味深长的是,尽管对身体碎片化的渲染受到种种质疑,部分艺术家依然乐此不疲。为了实现人们的思路,它时常被肢解、重组、掏空:"我们以异乎寻常的方式来处理身体——将身体复制、分裂,分离身体部位,用毛发和血之类的体液来代替身体,或展示身体内部的器官和其他部分。"④1990 年 11 月 10日—1991 年 1 月 2 日,奇奇·史密斯(Kiki Smith)设计了名为《项目:奇奇·史密斯》(Projects:Kiki Smith)的装置作品:一排水罐贴着以哥特式字体写成的各种体液名称的标签,整齐地被置放于狭窄的平台上。这些分立的体液是隐

---

① [美]简·罗伯森、克雷格·麦克丹尼尔:《当代艺术的主题:1980 年以后的视觉艺术》,匡骁译,江苏美术出版社 2012 年版,第 93 页。
② [美]简·罗伯森、克雷格·麦克丹尼尔:《当代艺术的主题:1980 年以后的视觉艺术》,匡骁译,江苏美术出版社 2012 年版,第 94 页。
③ [英]克里斯·希林:《身体与社会理论》,李康译,北京大学出版社 2010 年版,第 7 页。
④ [美]简·罗伯森、克雷格·麦克丹尼尔:《当代艺术的主题:1980 年以后的视觉艺术》,匡骁译,江苏美术出版社 2012 年版,第 89 页。

喻,暗示了身体碎片化的可能性。① 她还与另一位艺术家合作,将四个摄影灯箱连接在一起,制作了一个装置作品。灯箱之上覆盖着两位艺术家各种身体局部血迹斑斑的照片,各个灯箱之间用电线相连。虽然"电线让人想到脐带",暗示了生命体之间的联系,但这部作品同样渲染了所谓"身体的后现代状态"——碎片化,零散,遗失于宇宙中。②

在另外的一些装置艺术中,身体被与传导器等事物并列,甚至沉没于后者所形成的网络之中,它似乎变成了物中的物,丧失了自己的独特性。这种可能性引发了思之狂欢,但结论大都匪夷所思:"不管理不理解接通电源和电子传送的细节,观众都面对着一个引人注目的景观:身体变成了一个传导器,在人为智力和自然智力、人类意志和程序动作、器官运动和机械运动、电—磁的力和器官—机械的力之间传输。"③人—机关系好像出现了逆转,工具最终占据了主体之位:"计算机对手臂和腿的移动的控制,根据传输的电磁力的强度,经历了从'促使'到完全'实现'的统一连续过程。"④此类说法极为含混,暗示人为智力和自然智力都可以离开身体。然而,智力、意志、感受不都是身体的功能—活动吗? 它又如何能脱离身体? 假如未来的机器人具有思维能力,那么,它一定模仿、复制、再现了身体的结构—功能—力量。无论如何,身体不仅仅是传导器,而是制定规划的主体性角色。不是身体在设计行为艺术的情节吗? 不是它将电极之类物品连接到自己之上? 答案只能是肯定的:

在因特网事件中,当身体传递出有意义的信息、安装远程控制终端和通常展示为事件时,它是作为工具性主体在行动。但是在事件中,它也处

---

① [美]尼古拉斯·米尔佐夫:《身体图景:艺术、现代性与理想形体》,萧易译,重庆大学出版社2018年版,第41页。
② [美]尼古拉斯·米尔佐夫:《身体图景:艺术、现代性与理想形体》,萧易译,重庆大学出版社2018年版,第43页。
③ [加]布来恩·马苏米:《虚拟的寓言》,马蓓雯译,河南大学出版社2012年版,第150页。
④ [加]布来恩·马苏米:《虚拟的寓言》,马蓓雯译,河南大学出版社2012年版,第164页。

于接受终端。信息回流到身体,信息不是作为意义而是被感觉到的东西,作为一个控制的力("查验身体")。信息的这种力量冲击在身体上,使之分裂开:身体作为一个操作上开启的、被激活的客体。计算机控制网络使得身体同时成为一个主体和一个客体,而且也是不对称的。①

拨开细节的迷雾,透过令人眼花缭乱的程序,我们最终回到的是创造性、敏感的、聪明的人类身体。不能将思维与它分开。身体不能仅仅与下列词汇连接起来:疼痛、感受、传导、可分解,等等。证明不难给出:将身体与他物并列起来的恰恰是身体。是身体筹划了这一切。在所有抹去身体的实验中,身体都以最醒目的方式在场。它总是无可挽回地与自己相遇,总是以任何可能的方式表现自己。甚至,当它试图奏响自己的挽歌时,被唱出的恰恰是身体的颂词。在诸如此类的实验中,存在的无非是身体和身体的踪迹,是身体的差异化运动。

不过,身体的创造性只能显现于反思之中。处于前反思状态时,人们很难把它与精神活动联系起来:创造的主体是"我",而"我"似乎是超越身体之物。艺术家勘探身体时,他/她着眼的往往是其他属性。在莫娜·哈透姆(Mona Hatoum)的作品《异体》(*Corps Etranger*,1991)中,摄像机再次被置于身体内部,依次揭示"那些黏性的、晃动的皱褶"和"正在抽吸的各种洞穴和管道"。②当这些场景被投射到大概 5 英尺宽的屏幕上,人们看到的是"怪异的"或者陌生的身体:"我们彻底地感觉到了自己黏糊糊的皮囊、不断晃动的肉体皱褶,就像一条麦比乌斯带(Möbius strip)的表面,从里到外无止境地滑行。"③这是一种身体地质学意义上的勘探,可以演绎下面的主题:"摄像机在探索哈透姆

---

① [加]布来恩·马苏米:《虚拟的寓言》,马蓓雯译,河南大学出版社 2012 年版,第 161 页。
② [英]艾美利亚·琼斯:《自我与图像》,古光曙译,江苏美术出版社 2013 年版,第 255—256 页。
③ [英]艾美利亚·琼斯:《自我与图像》,古光曙译,江苏美术出版社 2013 年版,第 256 页。

的肉体形式;哈透姆作为他者被我们凝视,由内到外(而且,作为一名居住在英格兰的巴勒斯坦籍移民,在许多方面,她比艺术界及艺术界之外的那些与主流文化相关的人更像是他者);或者凝视我们自己。"①其中,我最感兴趣的是这样的可能性:她探寻了"一个远离抽象的、肉体的、同源的主体"。② 这个主体就是身体:它既具有能思想的大脑、灵活的双手、敏锐的五官,又具有粘滞的、潮湿的、颤动的、管道传送的内部。前者的赞美的对象,后者则是回避的客体。人很愿意承认大脑、双手、五官是主体的构成,但不愿意正视身体幽暗的内部。在哈透姆的作品中,我们再次发现这种张力:身体既被以前所未有的方式勘探,又展示了持续抵抗的能力。

就规模而言,德纳·舒茨(Dana Schutz)的油画《演示》"堪比经典历史画":"作品描绘了一具被切断了的庞大身躯,他所平躺的木板悬浮在地面坟墓般的洞穴上方。躺在他身旁的另一具瘦小的身体面部朝下,似乎被认定死亡,而聚集在周围的一大群旁观者面色阴沉,向前拥挤观望,其中一人懒散地用长棍指向一块鲜红的肉。主人依然活着,半清醒半恍惚地望着我们,但他失去了一条小腿,内脏从肚子里露了出来。"③除了受难的躯干外,画面中最触目的地方是眼睛——望向伤者的眼睛和伤者望向我们的眼睛。这些眼睛属于身体。它们或者目睹了身体的残局,或者反映了身体的伤痛。在眼睛中出现的是身体中的身体。当占据目光焦点的身体被分解,注视者不可能无动于衷,因为出现在目光中的就是他们自己。在受难的身体面前,所有身体都是同一个身体:所有人都可能躺在那张床上,体验被分解后的无奈。被注视的身体是原型性的存在。它代替其他身体出场。当它被观者的目光所收留,身体领受到了自己的命运:有限,可分,必死。沧桑、静穆、沉默:画面中呈现了此刻的集体表情。它不是身体的史诗,而是命运的教科书。此刻,对身体碎片化的渲染走

① [英]艾美利亚·琼斯:《自我与图像》,古光曙译,江苏美术出版社2013年版,第256页。
② [英]艾美利亚·琼斯:《自我与图像》,古光曙译,江苏美术出版社2013年版,第256页。
③ [英]迈克尔·威尔逊:《如何读懂当代艺术》,李爽译,中信出版集团2017年版,第322页。

向了其反面:身体—整体再次显现出来。

三、戏仿—征用身体的实验

在试图抹去身体和渲染身体碎片化状态的过程中,艺术家着重展示的是身体的客体性。身体似乎总在承载施加给它的规划,无声地接受自己的命运。然而,它既无法被抹去,又难以被真正碎片化,而是不断显现自己的主体形貌。在经历挫败之后,贬抑身体的实践又衍生出其的花样。戏仿(parody)和征用(expropriation)就是其中的两个手段。

2000 年,比利时艺术家威姆·德尔沃伊(Wim Delvoye)创作了作品《泄殖腔》(Cloaca)。整个项目复制了人们消化系统,但所用的材料却是玻璃。这个巨型装置包括两端,食物被送入玻璃和金属的结构之中,又以有机物的形式被排泄出来。"它用滑稽的方式模仿了以机器复制人体功能的做法,"嘲讽了"消费至上主义观念"。① 到了 2007 年,《泄殖腔》已经增殖为一个家族:原始泄殖腔(Cloaca Original),新的改善版泄殖腔(Cloaca – New & Improved),泄殖腔涡轮发动机(Cloaca Turbo),卡特罗泄殖腔(Cloaca Quattro),超级泄殖腔(Super Cloaca)和个人泄殖腔(Personal Cloaca),等等。在设计这个作品系列时,艺术家的本意是针砭流弊,但却无意中重蹈了贬抑身体的覆辙。作品中的身体非但没有获得必要的尊重,反倒被塑造为科技时代的异形。这是他眼中的身体—机器,是消费主义的符号。显而易见,这种偏见必然导致对身体的任意征用。在 2004 年创作的绘画作品《无题》(untitled)中,下面的场景曾经引起争议:一个光头男性自豪地举起双臂,炫耀自己并不健壮的肌肉;他腹部的皮和肌肉被剥去,露出了彼此纠缠的肠子;一个类似阀门的东西垂在肠道系统的底部,提示人们它代表身体下部的终端;阀门之下,一无所有;在这残缺身体的周围,若干管状物漂浮着。作为新概念艺术(Neo-conceptual art)的代表性

---

① [美]简·罗伯森、克雷格·麦克丹尼尔:《当代艺术的主题:1980 年以后的视觉艺术》,匡骁译,江苏美术出版社 2012 年版,第 111 页。

文本,这个作品已经把戏仿升格为暴力:身体被切割,被去皮,被展示,被器具
化。它曾经激起观众的愤怒,但却获得了批评家的赞赏。后者之所以赞赏威
姆·德尔沃伊的实验,是因为他解构了主流社会的生存法则逻辑。然而,此类
"共识"牵连出至今仍阴魂不去的人学观念:身体不是真正的自我,它的内部
居住着来历不明的神秘主体。依据上述前见,戏仿身体似乎获得了合法性。

　　在戏仿的过程中,身体并不总是被当作平静的模板,相反,它经常是征用
的对象。对于美国艺术家罗恩·阿塞(Ron Athey)来说,戏仿和征用是两种相
互联系的手段。他经常"毫不畏惧地探索活着的身体及其实际与象征力量",
因而被视为杰出的当代艺术家。[1] 然而,从总体上看看,这位探索者还停留在
精神主体论的场域,钟情应该告别的话语谱系。他眼中的身体还是一个演绎
主题的场所,一个被洞穿、刺入、切割的客体,一个可以侵略的空间。[2] 譬如,
"他曾将手术针刺入头皮,隐喻耶稣的荆棘冠,他再现了圣塞巴斯蒂安被箭所
刺的场景,以比喻基于信仰的心灵手术。"[3]在被命名为《太阳之肛》(The Solar
Anus,1998—2000)的作品中,对身体的伤害和亵渎突破了观众可以忍受的常
规限度:"作品开头,艺术家从他纹着一圈太阳光芒的肛门里牵出一串珍珠。
接着,他将钩子刺入脸中,并将钩子的另一头挂在王冠上,使整张脸变形。最
后,他将数个电动自慰器依次缓缓插入直肠。"[4]肛门、变形的面孔、自慰器形
成了一个相互联系的意象群,演绎了身体性存在的暧昧意味。它的头部是痛
苦和荣耀混杂的区域,臀部则是快感和羞耻联姻的地带。通过此类对照,身体
再次被降格为某种理念的显示板:"他自己与我们的羞耻,连同美感和优雅的
恐惧贯穿了他全身,他的身体在观者被刺痛的目光中颤抖,被'无耻的太阳
光'和巴塔耶所谓阳具之丑所照亮和刺伤。"[5]为了展示头脑中闪现的念头,身

---

[1]　[英]迈克尔·威尔逊:《如何读懂当代艺术》,李爽译,中信出版集团2017年版,第42页。
[2]　Kateri Butiler, *Ron Athey*, Los Angel Times,JAN.28,2007.
[3]　[英]迈克尔·威尔逊:《如何读懂当代艺术》,李爽译,中信出版集团2017年版,第42页。
[4]　[英]迈克尔·威尔逊:《如何读懂当代艺术》,李爽译,中信出版集团2017年版,第42页。
[5]　[英]迈克尔·威尔逊:《如何读懂当代艺术》,李爽译,中信出版集团2017年版,第42页。

体被拖入施虐和受虐的游戏中,自我伤害上升到艺术层面。当艺术家扮演施虐的身体,受虐的恰恰是同一个身体。这是主体和客体合一的时刻,是动作直接产生感受的瞬间。身体不再是没有感受力的平面,不再是对自己遭遇无动于衷的战场,相反,它表演,它承担,它痉挛,当它的皮肤被刺穿,当它的伤口被拉开,它无法掩饰其疼痛。痛苦涌溢在身体之肉中,但又随时会突破皮肤的边界。观者的目光变成了疼痛的导体。疼痛弥漫于目光所及的世界。目光传送着疼痛。在目光之椎体的顶端,它抵达其他身体—原点。同样痛苦的是观者。观者用目光触摸受难的身体,伤口因此绽放于他/她的大脑中。身体和身体之间的界限似乎消失了,不同人的感受器官仿佛形成了跨个体的回路。痛苦因此扩展为公共感受,激发出同情和反同情的背反式效果。利用同样的机制,阿赛试图将羞耻展为集体的体验—反体验。在诸如此类的实验中,他是面对其他身体的身体。身体与身体结缘—解缘,造就出复杂的主体间性。但是,悖谬之处恰恰在于,这种身体的出场意味着实质性的缺席。被着重展示的并非身体的主体形貌,不是其原初存在,而是表达启示的中介物。后者被刺穿和切割,被献上无形的祭台。在施虐的身体和受虐的身体之间,裂痕出现了,随时会扩大为深渊。施虐的身体不认为自己就是受虐的身体。它认为自己多于它。这多出的部分曾被命名为主体或自我,被当作凌驾于身体之上的统治者,而受虐的身体因此沦落为某种残余物。事实上,施虐的身体和受虐的身体是同一个身体。

在戏仿—征用的冲动中,身体被侵入、被打开、被翻转、被切割、被刺穿、被蠹刻。被重构的似乎是普遍的人类身体,是身体的共同结构。事实上,这不过是一种幻觉。当戏仿的对象涉及性别之争时,受到伤害的往往是女性。在传统的定位中,女性更接近物质、大地、身体,而男性则被等同于精神、天空、灵魂。① 恰如女性主义思想家普拉姆德(Val Plumwood)指出的那样,这个二分

---

① Laurence Coupe ed., *The Green Studies Reader: From Romanticism to Ecocriticism*, London and New York: Routledge, 2000, p.120.

法内在地支撑着"统治的故事"。① 只有承认人存在的身体性,这种倾斜的性别天平才能被矫正。换言之,当且仅当生存的真理绽露时,性别的平等品格才能显现。然而,吊诡的是,部分女艺术家一方面抗议男权社会的不公,一方面又重复了贬抑身体的陈旧逻辑。譬如,在名为《圣奥伦赋予新肉体中》(*The Reincarnation of Saint Orlan*)的表演中,一位法国视觉和多媒体艺术家曾试图阐释以下主题:"'我献身于艺术';'人体只是衣服';'被投向极端的艺术和生命'……"。② 如果身体不过是"衣服",那么,它就可以修正乃至更换。从20世纪90年代初开始,这位名为奥伦(ORLAN)的艺术家进行了一系列整容手术,试图按照蒙娜丽莎(Mona Lisa)和欧罗巴女神(goddess Europa)的形象重塑自己。这样做的目的据说是挑战社会强加给女性的美丽标准,但却重复了陈旧的身体定位——身体依旧被当作表达某种理念的工具,被视为待改造的客体。她反对的并不是整容手术,而是其所沿用的标准:"肉体艺术(Carnal Art)并不反对美容手术,而是反对它的标准,尤其是当后者与女性身体相关联时,但它反对这种标准与男性身体的关联。肉体艺术必须是女权主义的,这是必要的。肉体艺术不仅仅从事美容手术,而且参与医学的发展、质疑身体地位的生物学、伦理问题的提出。"③相比于身体的苦痛和欢乐,她更在意的是观念之争。在《肉体艺术宣言》(*Carnal Art Manifesto*)中,她直言不讳地写道:她之所以"关注被改造过的身体的奇观和话语",是"因为后者已经成为公共辩论的场所"。④ 身体之所以被凝视、切割、勘探,是因为它是艺术家的媒介(medium):"不可否认的是,我的身体是我工作时的主要原材料。我冒险,更多地把

---

① Laurence Coupe ed., *The Green Studies Reader : From Romanticism to Ecocriticism*, London and New York : Routledge, 2000, p.119.

② [法]亨利-皮埃尔·热迪:《人体作为艺术品》,张忠其译,浙江人民出版社2003年版,第115页。

③ https://www.slow-words.com/carnal-art-manifesto/

④ https://www.slow-words.com/carnal-art-manifesto/

我的身体当作客体而非主体。"①这种定位牵连出一个"我"。"我"既是身体的拥有者，但又似乎超越身体："我越跟人体在一起，并在人体上工作，我就越可以离开人体。"②在这种语境中，身体总是被施加影响（work on），而不是被如其所是地当作工作者（worker）。它被变形（defiguration）和重塑（refiguration），被当作可以改写的自然，被视为可以掌控的客体："身体艺术似乎把有机人体作为绝对的自然来进行表演，该来源倒向否定思想。"③它暗含了一种假设："人类的精神外在于自然，哪怕身体仍是自然的一部分。由此我们可以看到，关于自然身体的思想同把身体视为机器的观念紧密纠缠。"④事实上，此类观念已经与当代身体学发生了冲突，但却被前卫艺术家所沿用，而这显然折射出西方文化的内部时差。当记者追问奥伦如何看待灵魂假说时，她也曾引用南希（Jean-Luc Nancy）的话："我们不是拥有身体，我们就是身体。"⑤如果我是身体，那么，身体艺术就应该是身体的自我写照。不过，她此后的言说立刻偏离了上述主题，转向一个神秘的主体："我所展示的内脏和褶皱同时也是一种与主体整体（subject in its entirety）关系的回声和对复合性身体（multiple bodies）的引用。"⑥这是一种具有悖谬意味的话语实践。它忽略乃至遮蔽了这样的可能性：身体就是能思者，就是做事的主体，就是能对自己施加影响的自我。能思者不能归结为思，拥有精神的主体不能化简为精神，相

---

① ORLAN, *Hybridity, Creativity, and Emancipatory Critique in the Somaesthetic Art of Orlan: In Dialog with Else Marie Bukdahl, The Journal of Somaesthetics Volum* 3, Numbers 1 and 2(2017): 14.

② ［法］亨利-皮埃尔·热迪:《人体作为艺术品》，张忠其译，浙江人民出版社 2003 年版，第 115 页。

③ ［法］亨利-皮埃尔·热迪:《人体作为艺术品》，张忠其译，浙江人民出版社 2003 年版，第 120 页。

④ ［法］乔治·维加埃罗主编:《历史上的身体:从旧石器时代到未来的欧洲》，张竝、赵济鸿译，华东师范大学出版社 2013 年版，第 293 页。

⑤ ORLAN, *Hybridity, Creativity, and Emancipatory Critique in the Somaesthetic Art of Orlan: In Dialog with Else Marie Bukdahl, The Journal of Somaesthetics Volum* 3, Numbers 1 and 2(2017): 20.

⑥ ORLAN, *Hybridity, Creativity, and Emancipatory Critique in the Somaesthetic Art of Orlan: In Dialog with Else Marie Bukdahl, The Journal of Somaesthetics Volum* 3, Numbers 1 and 2(2017): 20.

反，"所有的人体想象都超过我们的意识，精神生命，这就是有机生命的本质。"①这是原初的身体，是我们之所是，也是最容易被忽略的存在。

随着戏仿—征用身体的思路不断翻新，转变逐渐发生了。在伯登的《射击》(*Shoot*) (1971)、《轻柔地经过夜晚》(*Through the Night Softly*) (1973)、《两头固定》(*Trans-Fixed*) (1974)中，被戏仿—征用的身体以一种触目惊心的方式凸显出来：小臂被子弹射穿、身躯滚过玻璃碎片、双手被钉在汽车顶盖之上，等等。这是具有三重身份的身体：痛苦的制造者、承担者、体验者。恰如奥伦所说的那样，部分艺术家开始重视"我们就是身体"这个命题。对于他们来说，"身体同时成为了作品的主体和客体。"②威洛比·夏普(Willoughby Sharp)甚至强调："将身体当作客体来使用是不可能的。当且仅当身体成为尸体，它才会抵达客体的地位。"③沿着这种路径走下去，身体艺术将找到自己的真正归属：不是传说中的灵魂，不是悬空的自我，而就是长期被低估乃至忽略的身体。身体是主体—客体之别消失的地方，是主体性的客体和客体性的主体。如果说身体能够成为艺术品，那么，艺术家就是身体自身。在健身房中、手术室里、化妆间内，身体既是故事的导演和演员，又是被演绎的角色；既是自我塑造的场所，又是自我塑造活动的承担者。它实现的是自我指涉的身体规划，是身体—主体在喃喃自语、发出指令、示范动作，是身体在自我转变，饮食、运动、减肥都属于广义的身体学，一门同时以身体为主体—客体的话语体系。如果说身体雕塑中出现了异化（如过度锻炼、滥用药物、迷恋手术、节食不当），那么，始作俑者也是身体。譬如，当某些身体试图将自己升格为模板时，同质化和标准化的意象就会出现："我们被同质化和标准化的意象所包

① [法]亨利-皮埃尔·热迪：《人体作为艺术品》，张忠其译，浙江人民出版社2003年版，第119页。

② Battcock, Gregory and Nickas, Robert ed., *The Art of Performance : A Critical Anthology*, New York : E.P.Dutton, Inc., 1984, p.99.

③ Battcock, Gregory and Nickas, Robert ed., *The Art of Performance : A Critical Anthology*, New York : E.P.Dutton, Inc., 1984, p.100.

围——这些意象的内容虽然不是武断的（arbitrary），但却渗透着性别的、种族的、阶级的和其他的文化肖像学（culture iconography）的统治——这是如此显明，以至于争论它会让人感到窘迫。"①显然，这种异化恰恰来自占据优势地位（性别—种族—阶级—地域）的身体，它反过来证明了身体的主体间性。

在戏仿—征用身体的过程中，同时出现的是自我规划的身体、劳作的身体、受难的身体、迷途的身体。当艺术家意识到这个原初事实以后，他/她最终会呈现身体的主体形貌。换言之，身体—主体必然在当下和未来的艺术实践中展示自己。

第三节　后人类时代的身体—艺术：回顾与展望

20世纪以来，艺术中的身体依然处于过渡状态：虽然已经持续展示其主体形貌—动姿，却又要面对强大的遮蔽力量。后者来自它的内部，出现于它所生产出来的存在—意识形态、社会体制、权力结构、技术系统，等等。到了20世纪50年代后，新的挑战出现了。由于智能机器（intelligent machines）的横空出世，身体可能需要接受一个现实：即便它证明了自己的主体身份，也需要与非人类主体共存；甚至，它会被侵入和占领，被改造为一种混合物—赛博格。后人类时代（post-human times）似乎已经到来，身体—艺术将被抛入全新的语境中。

从词义学的角度看，后人类（posthuman）这个术语具有三个可能的含义：其一，加强版的人类（humanity1.0）；其二，超越人的有机体、机器、或有机体—机器的混合物；其三，一种比人类主义更广阔的视域。第一和第二种含义都指正在诞生或即将诞生的实体，体现了单向度的进化论逻辑。相比之下，第三种含义可能揭示已经涌现出来的多元关系，具有前两者所缺乏的涵括性——它

---

① Rivkin, Julie and Ryan, Michael eds., *Literary Theory: An Anthology*, New York & London: Blackwell, 1998. p.1101.

可以涵括前两者，反之则不然。正因为这种语义学上的优势，它在概念的博弈中最终胜出。当今天的学者谈论后人类时，他或她首先谈论的是视野的扩展。被聚焦的不是孤独的人类主体，而是人类—机器—动物所构成的矩阵。随着这个趋势的凸显，下面的问题变得不可回避：如果人类—机器—动物可以相互影响、嵌入、联合或竞争，那么，它们是否具有共同的特性？如果答案是肯定的，那么，后人类艺术是否会完成向身体主体的回归？相应转向将产生哪些效果？这正是本书试图回答的问题。

在后人类思潮兴起的过程中，计算机科学扮演了重要角色。正是由于它不断展示了"替代人脑、纠正它、或仅仅强化其力量"的可能性，有关后人类的言说才不再凌空蹈虚。① 问题的吊诡之处还在于，它虽然展示了挑战人类身体的可能性，但却又引导人们证明了一个尼采式的命题："我整个地是身体，绝非更多；灵魂是肉体某一部分的名称。"②从维纳（Nobert Wiener）到布拉伊多蒂（Rosi Braidott），学者们不断证明了下面的事实：无需借助灵魂之类概念，人就可以敞开精神活动的诞生机制。如果精神不外是物质的活动—功能，人类身体、动物、机器之间就不存在鸿沟，后人类艺术将展示世界的连续性，完成回归身体—主体的进程。③

1948年，维纳出版了计算机领域的奠基性著作《控制论》（*Cybernetics*）。这本书的副标题是《动物与机器的控制与通讯》。通过援引当时的生物学成果，他提出了控制论的一个基本前设：每个有机体都是摄入—反馈活动的承担者，具有自我组织（self-organizing）能力，能够参与跨越个体界限的相互作用。

---

① Ihab Hassen, *Prometheus as Performer*: *Toward a Posthumanist Culture*? *The Georgia Review*（Vol. 31, No.4, Winter 1977）: 845-846.

② Friedrich Nietzsche, *Thus Spake Zarathustra*, Hertfordshire: Wordsworth Edition limited, 1997, p.30.

③ ［美］诺伯特·维纳：《控制论：关于动物和机器的控制与传播科学》（中英文双语版），陈娟译，中国传媒大学2018年版，第191页。

通过对上述机制进行模仿和强化,智能机器就会诞生。① 后者以感受器、效应器、神经系统的替代物模仿人类身体,可以在学习和记忆的基础上与人类博弈(如下棋),成为"人类有趣的对手"。② 在智能机器的诞生过程中,大脑乃至中枢神经系统就是最主要的模仿对象。③ 由于"机器的逻辑和人类的逻辑非常相似",因此,可能出现的博弈将不会具有真正的失败者。④ 如此说话的维纳不但解构了人类—工具的二分法,而且越过了传统的生命场域。在无机的智能机器和有机体之间,一种共同性显现出来——它们都能自我组织。⑤ 他用组织(organization)概念指代任何具有此类功能的体系,强调"一个组织中的各个要素本身也是一个个小的组织"。⑥ 在相互组织所形成的张力中,万物并作,宇宙不断生成。这个图式解构了创造/受造的二分法,揭示了动物—机器之间的连续性。与此同时,它也敞开了这样的可能性:当两种自我组织的智能体共同在场时,博弈—合作关系就会出现。这正是后人类思想家所关注的格局。

维纳的理论启发了梅图拉纳(Humberto Maturana)和瓦雷拉(Maturana Francisco)这两位后人类思想家。他们于 1972 年提出了自创生(autopoiesis)理论,认为互动中的智能体形成了各种各样的"自创生的活的系统"(the auotopoietic living system)。⑦ 每个系统中的自主性都"源自构成一个系统中诸成

---

① [美]诺伯特·维纳:《控制论:关于动物和机器的控制与传播科学》(中英文双语版),陈娟译,中国传媒大学 2018 年版,第 177 页。

② [美]诺伯特·维纳:《控制论:关于动物和机器的控制与传播科学》(中英文双语版),陈娟译,中国传媒大学 2018 年版,第 177 页。

③ [美]诺伯特·维纳:《控制论:关于动物和机器的控制与传播科学》(中英文双语版),陈娟译,中国传媒大学 2018 年版,第 23 页。

④ [美]诺伯特·维纳:《控制论:关于动物和机器的控制与传播科学》(中英文双语版),陈娟译,中国传媒大学 2018 年版,第 127 页。

⑤ [美]诺伯特·维纳:《控制论:关于动物和机器的控制与传播科学》(中英文双语版),陈娟译,中国传媒大学 2018 年版,第 460 页。

⑥ [美]诺伯特·维纳:《控制论:关于动物和机器的控制与传播科学》(中英文双语版),陈娟译,中国传媒大学 2018 年版,第 168 页。

⑦ Nayar, ramod K. *Posthumanism*, Malden: Polity Press, 2014, p.38.

分的互动所形成的网络"，而"造就了系统的网络又被这种互动所'递进地'生成"。① 网络中的每个节点（node）都既是原因，又是结果。② 所谓的节点就是无数事物，就是自我创造的存在体。这种理论图式实际上解释了一个困扰人们已久的问题：物质为什么具有活力？活力不是来自外来的精神主体，而是相互作用的结点。对于人工智能的研究者来说，这句话具有意味深长的潜台词。无论 AI 如何发展，它都体现了物质本身的活力。恰如人类的智慧依赖高度发达的大脑乃至整个身体，智能机器的活力也来自其物质结构。就其本性而言，所有智能机器是"同时聪明而有创造力的"。③ 从根本上说，世界是连续的自创生系统："有关后人类境况的公分母就是承认生命物质具备有活力的、自我组织（self organizing）的而非自然主义的结构"。④ 自创生意味着个体不需要外来的主体推动，而这等于解构了曾经占据统治地位的灵魂假说。在大多数后人类话语中，灵魂一词几乎都芳踪难觅。甚至，在解释意识现象时，它也处于缺席状态。意味深长的是，这种不在场并未影响文本的生产。通过分析实际存在者的活动，包括纳亚尔（Pramod K.Nayar）在内的后现代主义者建立起更具自洽性的精神发生学：意识乃至智能并非是心/脑（mind/brain）所固有的功能，而是身体各个部分与世界相互作用所产生的突现特征（emergent property），因此，精神活动既是具身性的（embodied），又是依赖环境的（environment dependent）。⑤ 具体来说，两种交互作用产生了意识：其一，分布于身体各部分的器官与环境的相互作用；其二，这些器官之间以及它们与大脑的相互作用。⑥ 没有所谓独立自足（self-contained consciousness）的意识，实际存在的是具身性（embodied）、分布性（distributed）、交互性（interactive）的活动。这种言

① Nayar,ramod K.*Posthumanism*,Malden:Polity Press,2014,p.38.
② Nayar,ramod K.*Posthumanism*,Malden:Polity Press,2014,p.39.
③ Nayar,ramod K.*Posthumanism*,Malden:Polity Press,2014,p.94.
④ Nayar,ramod K.*Posthumanism*,Malden:Polity Press,2014,p.2.
⑤ Nayar,ramod K.*Posthumanism*,Malden:Polity Press,2014,pp.38-39.
⑥ Nayar,ramod K.*Posthumanism*,Malden:Polity Press,2014,p.39.

说最终必然强调"思想的具身化和身体的具脑化（embrainment）"。① 随着这个图式延伸到人工智能领域，一种新的具身性观念已经产生："具身性的一个最基本的含义就是，为了完成它们的任务（如步行、奔跑、游泳、识别和操纵物体、飞翔和躲避障碍物），智能体不仅能够而且必须将一些神经处理卸载给它们的形态和环境……"②与人类一样，智能机器拥有完整的具身性存在，如模仿眼睛的摄像头、类似于神经系统的传感器、部分重构了大脑运行机制的计算系统，等等。离开了这些部分的相互作用，机器同样不会具有智能。从这个角度看，智能机器也是植根于环境的具身性存在。换言之，人类身体—智能机器的二分法也应被消除："身体性存在与计算机仿真之间、人机关系结构与生物组织之间、机器人科技与人类目标之间并没有本质的不同或者绝对的界限。"③当智能机器与人类相遇时，涌现出来的必然是具身性关系（embodied relation）：身体（人类）与类身体（机器）的相互观照、合作或博弈、共同发展。如果说艺术最终会涵括这两种具身性存在的话，那么，它必然会发展为广义的具身性艺术。

对于艺术家来说，最激动人心的是下面的可能性：当未来的机器人有了感觉和思维能力，主体性概念将再次被改写。它们也是广义的具身化主体（embodied subject），是衡量万物的尺度，是移动的中心，是改变世界的枢纽。随着这些新型智能体（nonhuman agent）的出现，人类将不再享受独一主体的地位："这些自动化机器，随着智能化程度越来越高和更加普及，注定要承担一些生死攸关的决策，从而获得主体地位。"④这个事实激发了众多画家的灵感。他们开始标绘后人类中心主义的维特鲁威人。主角变成了机器人，后者站立于

① Nayar, ramod K. *Posthumanism*, Malden: Polity Press, 2014, p.86.
② ［瑞士］Rolf Pfeifer、［加拿大］Josh Bongard：《身体的智能——智能科学新视角》，俞文伟等译，科学出版社2009年版，第258页。
③ N.Katherig Hayles, *How We Became Posthuman: Virtual Bodies in the Cybernetics, literature, and Informatics*, Chicago: The University of Chicago Press, 1999, p.3.
④ Rosi Braidotti, *The Posthuman*, Cambridge: Polity Press, 2013, p.43

宇宙之中,伸开四肢,丈量周围的事物。当这样的机器人与人相处时,新的主体间性就会赫然显现。用行为艺术家斯迪拉克的话说,后人类身体将处于人—机共生(human-machine symbiosis)状态。① 当人类—人类、人类—智能机器、智能机器—智能机器、智能机器—动物、动物—动物形成互反性关系时,一个复杂的镜像结构形成了。人类的意象进入了智能机器的感知系统之中,而后者又可能被动物的眼睛—大脑所整合。经过这种多向度的、迂回的、不断分叉的折射,最终返回人类中枢神经系统的将是承载着异质主体性的意象。为了成功地摄入它们,人类所要跨越的不仅是性别、种族、阶级、地域的界限,而且同时是人类和非人类(其他物种、智能机器、非有机的自然存在)的疆域。一旦开始思考上述范畴在多元主体性中的内涵和外延,个体就必须往来于不同的智能体之间。这是想象中的分身实践,但又是真正意义上的换位。除了改写人类中心主义视域中的目的性、趣味、形式、判断概念之外,我们这个物种显然别无选择。虽然我们不能因此进入"没有我们的世界",但却可以参与多元主体的游戏。为了演绎后人类身体的处境,斯迪拉克于1995年9月在加拿大渥太华"看见画廊(Saw Gallery)"进行了名为《不规则肉身—分裂的身体:接上电压/去掉电压》(*Fractal Flesh---Split Body：Voltage-In/Voltage-Out*)的表演:

　　当一个几乎全裸的男子在电子人装置的帮助下,默默走上舞台时,这个氛围立刻变成预言性的。他的身体上布满了电极,这些电极通过电线跟计算机相连。在他的右手臂上,附着了另一个机器人手臂——第三只手。一个助手启动了计算机程序,然后身体的左半边移动了。这个移动之后紧接着是机器人手臂的回应动作,它稍有点延迟地对左边肉身的手

---

① Joan Broanhurst Dixon & Eric J.Cassidy, *Virtual Futures：Cyberotics*, *Techonology and Post-human Pragmatism*,London and New York：Routledge,2005,p.153.

臂和腿的动作做出了回应,发出嗡嗡的声音。①

按照哈拉维(Donna Haraway)的说法,如此行动的他已经成为了赛博格(cy-borg):"一个赛博格就是控制论意义上的有机体,是机器和有机体的混杂,是同时存在于社会现实和虚构文学中的生物。"②赛博格的存在意味着身体和机器可以成为"彼此的填补",证明自我网络终将"超越了人类界限"。③ 在斯迪拉克等人的行为艺术中,这种相互延伸已经日常化了:人类的手臂被加上了机械臂,肉眼与激光眼(laser eyes)开始共存,胃部变成机器的宿主,等等。④ 随着相应实验的成果被当作交互艺术(interactive art)的重要构成,甚至被誉为"美的、复杂的、有意味的艺术品",后人类世界观已经影响了艺术的建构。⑤

从20世纪中叶到现在,涉及人机共生关系的行为艺术可谓层出不穷。除了斯迪拉克以外,大批实验者开始演绎这个新兴的主题。其中,马克·斯蒂格(Mark Steger)和汉娜·西姆(Hannah Sim)是两个具有标志性的人物。自1989年起,他们联袂演绎《骨质迷宫》(Osseus Labyrint)系列。表演中的他们"摆动于兽性说的各种形式之中",模仿厚皮类动物(pachyderm)笨拙的动作,如树干般摆动自己的脑袋,毛毛虫、蝙蝠、瘸腿狗一样蠕动、悬挂、爬行。⑥ 两个人有时会让电流击中自己,"模拟霉菌组织向功能完整的人体类似物的转

---

① [加]布来恩·马苏米:《虚拟的寓言》,马蓓雯译,河南大学出版社2012年版,第149页。

② Haraway,Donna. Simians, Cyborgs and Women: The Reinvention of Nature, New York:Routledge, 1991,p.149.

③ [加]布来恩·马苏米:《虚拟的寓言》,马蓓雯译,河南大学出版社2012年版,第162页。

④ Joan Broanhurst Dixon & Eric J.Cassidy, Virtual Futures: Cyberotics, Techonology and Post-human Pragmatism, London and New York: Routledge, 2005, pp.153—159.

⑤ Gaut, Berys Nigel(EDT)/ Lopes, Dominic McIver(EDT); The Routledge Companion to Aesthetics, Routledge p.565.

⑥ [英]艾美利亚·琼斯:《自我与图像》,古光曙译,江苏美术出版社2013年版,第281页。

化"。① 有时，这个二人组还会带着"重型电缆、发电机、音响和照明设备"表演，完成赛博格式的突变（cybernetic mutation）。② 尽管这种演绎可能不无反讽意味，但它却折射出一种思路的变化：在接受采访时，汉娜·西姆组明确指出"他们的兴趣在于揭露机器与动物之间固定界限的缺乏"。③ 在 2005 年创作的作品《现代普罗米修斯》（Modern Prometheus）中，这个双人组"描述了公司推出的一种新生命形态"，"想象一个物种第一次尝试通过人工选择来获得对自身进化的控制，"展示了"增加解剖学配件的外科手术"。④ 当由此产生的"女性人类类似物（female Human Analogues）生出一个机器时，表演达到了高潮。这是意味深长的暗示：身体—机器—动物三者之间不再界限分明，相反，三者总是处于结缘状态——彼此呼应、相互纠缠、难分你我。回荡在生命剧场中的也不再是海德格尔所说的天地人神四重奏，而是身体、机器、动物（或所有其他有机体）的交响乐。

当身体—机器的界限被消解时，一种原初关系显现出来。它们都诞生于梅洛-庞蒂所说的宇宙之肉，具有共同的特性。从根本上说，身体之于机器，恰如人类之于动物。正因为如此，人类与动物的交往史可能具有示范意义。当人与动物打交道时，呼唤—响应或传达—领受关系同样清晰可见。动物不是可以随意支配的"持续—储存"，而是地球村上的伙伴—公民（fellow citizen）。由于动物的存在，人类并不是宇宙中一个孤独无依的物种。他/她拥有自己丰盈的生命谱系，随时可以找到跨物种的交谈对象。如果未来的机器具有主体性，那么，同样的对称关系也会出现。人类中心的时代必将过去，机器中心的时代永远不会到来。如果说未来的生活是一种三元游戏，那么，单

① Angela Shawn-Chi Lu, It's Electric：Osseus Labyrint, Daily Bruin（November 17, 2004）.

② Meiling Cheng, Cyborgs in Mutation：Osseus Labyrint's Alien Body Art, The Drama Review, Volum 45, No.2（2001）：145.

③ ［英］艾美利亚·琼斯：《自我与图像》，古光曙译，江苏美术出版社 2013 年版，第 282 页.

④ Angela Shawn-Chi Lu, It's Electric：Osseus Labyrint, Daily Bruin（November 17, 2004）.

元决定论必然退场,艺术必然展示多元互动的可能性。

毫无疑问,只要地球上的生命继续繁荣昌盛,任何种类的存在者都不会一家独大。动物不能,人类亦然,想象中的智能机器也不会独霸地球。如果说存在后人类艺术的话,那么,它是而且只能是一种涵括了人类、机器、自然存在的交互艺术(arts of interaction)。恰如哈桑曾经预测的那样,相应的艺术活动发生于异质性的结点(nexus)之间,具有矩阵式的结构。当人类—人类、人类—智能机器、人类—动物、智能机器—智能机器、智能机器—动物、动物—动物形成互反性关系时,一个复杂的镜像结构形成了。人类的意象进入了智能机器的感知系统之中,而后者又可能被动物的眼睛—大脑所整合。经过这种多向度的、迂回的、不断分叉的折射,最终返回人类中枢神经系统的将是承载着异质主体性的意象。为了成功地摄入它们,人类所要跨越的不仅是性别、种族、阶级、地域的界限,而且同时是人类和非人类(其他物种、智能机器、非有机的自然存在)的疆域。一旦开始思考上述范畴在多元主体性中的内涵和外延,个体就必须往来于不同的智能体之间。这是想象中的分身实践,但又是真正意义上的换位。除了改写人类中心主义视域中艺术概念之外,我们这个物种显然别无选择。虽然我们不能因此进入"没有我们的世界"(the world-without-us),但却可以参与多元主体(multiple agents)的游戏。这将是被后人类艺术不断演绎的事实。

参考文献

中　文

［美］阿恩海姆等：《艺术的心理世界》，周宪译，中国人民大学出版社 2003 年版。

［意］阿奎那：《宇宙间的灵智实体问题》，吕穆迪译述，安徽人民出版社 2013 年版。

［德］阿伦特编选：《启迪：本雅明文选》，张旭东、王斑译，生活·读书·新知三联书店 2008 年版。

［法］翁托南·阿铎：《剧场及其复象》，刘俐译注，浙江大学出版社 2010 年版。

［美］达德利·安德鲁：《电影是什么！》，高锦译，北京大学出版社 2019 年版。

［英］马尔科姆·安德鲁斯：《风景与西方艺术史》，张翔译，上海人民出版社 2014 年版。

［法］达尼埃尔·阿拉斯：《我们什么也没看见：一部别样的绘画描述集》，何蒨译，北京大学出版社 2016 年版。

［古罗马］奥古斯丁：《上帝之城：驳异教徒》（中），吴飞译，上海三联书店 2008 年版。

［英］罗宾·奥斯本：《古风与古典时期的希腊艺术》，胡晓岚译，上海人民出版社 2015 年版。

［加拿大］约翰·奥尼尔：《身体五态：重塑关系形貌》，李康译，北京大学出版社 2010 年版。

［俄］巴赫金：《文本，对话与人文》，白春仁等译，河北教育出版社 1998 年版。

［俄］巴赫金：《哲学美学》，晓河等译，河北教育出版社 1998 年版。

［法］巴赞：《电影是什么？》，崔君衍译，中国电影出版社 1987 年版。

［法］罗兰·巴特：《罗兰·巴特自述》，怀宇译，中国人民大学出版社 2010 年版。

[俄]符·符·巴符洛夫、阿·阿·古贝尔编:《返回源始——艺术大师论艺术》，刘惠民译，文化艺术出版社 1997 年版。

[德]汉斯·贝尔廷:《脸的历史》，史竞舟译，北京大学出版社 2017 年版。

[美]马歇尔·伯曼:《一切坚固的东西都烟消云散了:现代性体验》，徐大建、张缉译，商务印书馆 2013 年版。

[法]亨利·柏格森:《材料与记忆》，肖聿译，华夏出版社 2003 年版。

[古希腊]柏拉图:《柏拉图全集》(第一卷)，王晓朝译，人民出版社 2002 年版。

[古希腊]柏拉图:《蒂迈欧篇》，谢文郁译，上海人民出版社 2003 年版。

[意]波纳文图拉:《中世纪的心灵之旅》，溥林译，华夏出版社 2003 年版。

[英]弗朗西斯·波泽罗:《女性自画像文化史》，王燕飞译，上海人民美术出版社 2018 年版。

[法]夏尔·波德莱尔:《美学珍玩》，郭宏安译，译林出版社 2013 年版。

[美]萨拉·B.波默罗伊等:《古希腊政治、社会和文化史》，傅洁莹等译，上海三联书店 2010 年版。

[英]埃德蒙·伯克:《关于我们崇高与美观念之根源的哲学探讨》，郭飞译，大象出版社 2010 年版。

[法]皮埃尔·布尔迪厄:《男性统治》，刘晖译，海天出版社 2002 年版。

[意]罗西·布拉伊多蒂:《后人类》，宋根成译，河南大学出版社 2016 年版。

[瑞士]雅各布·布克哈特:《希腊人和希腊文明》，王大庆译，上海人民出版社 2012 年版。

[美]琳恩·安妮·布洛姆、L.塔林·卓别林:《动作的瞬间:舞蹈即兴》，赵知博译，北京日报出版社 2016 年版。

[意大利]达·芬奇:《达·芬奇笔记》，米子译，安徽文艺出版社 2011 年版。

[意大利]达·芬奇:《达·芬奇手笔》，郑福洁译，上海三联书店 2008 年版。

[法]丹纳:《意大利文艺复兴时期的绘画》，傅雷译，上海书画出版社 2011 年版。

[法]丹纳:《希腊的雕塑》，傅雷译，上海书画出版社 2011 年版。

[法]雅克·德里达:《解构与思想的未来》，夏可君编校，吉林人民出版社 2006 年版。

[法]吉尔·德勒兹:《弗兰西斯·培根:感觉的逻辑》，董强译，广西师范大学出版社 2007 年版。

[法]吉尔·德勒兹:《电影 1:运动—影像》，谢强 马月译，湖南美术出版社 2016 年版。

[法]吉尔·德勒兹：《电影 2:时间—影像》，谢强、蔡若明、马月译，湖南美术出版社 2004 年版。

[法]吉尔·德勒兹、菲力克斯·迦塔利：《什么是哲学?》，张祖建译，湖南文艺出版社 2007 年版。

[法]德比奇等：《西方艺术史》，徐庆平译，海南出版社 2000 年版。

[意]威廉·德隆·拉索：《人体》，陈琳译，北京出版集团公司 2017 年版。

[美]伊莎多拉·邓肯：《邓肯论舞蹈》，张木楠译，九州出版社 2006 年版。

[法]狄德罗：《狄德罗哲学选集》，江天骥、陈修斋、王太庆译，商务印书馆 2007 年版。

[法]狄德罗：《狄德罗美学论文选》，张冠尧、桂裕芳等译，人民文学出版社 2008 年版。

[美]埃伦·迪萨纳亚克：《审美的人》，户晓辉译，商务印书馆 2016 年版。

[美]艾伦·G.狄博斯：《文艺复兴时期的人与自然》，周雁翎译，复旦大学出版社 2000 年版。

[法]雅尼克·杜朗：《中世纪艺术》，董强译，吉林美术出版社 2002 年版。

[美]马克·D.富勒顿：《希腊艺术》，李娜 谢瑞贞译，中国建筑工业出版社 2004 年版。

[德]爱德华·傅克斯：《欧洲风化史:文艺复兴时代》，侯焕闳译，海豚出版社 2012 年版。

[美]茱莉娅·L.福克斯：《现代身体——舞蹈与美国的现代主义》，张寅译，生活·读书·新知三联书店 2018 年版。

[法]伏尔泰：《哲学辞典》(上册)，王燕生译，商务印书馆 2016 年版。

[奥]弗洛伊德：《梦的解析》，高申春译，中华书局 2017 年版。

[法]米歇尔·福柯：《自我技术》，汪民安等编译，北京大学出版社 2016 年版。

[法]艾黎·福尔：《艺术发轫》，张延风、张泽乾译，中国财经出版社 2015 年版。

[美]帕特里克·弗兰克：《视觉艺术史》，陈玥蕾译，上海人民美术出版社 2008 年版。

[美]彼得·盖伊：《启蒙时代》(下)，王皖强，上海人民出版社 2016 年版。

[荷兰]凡·高:《凡·高论艺术》，李华编译，四川人民出版社 2003 年版。

[南非]大卫·歌德布拉特、李·B.布朗编著：《艺术哲学读本》，牛宏宝等译，中国人民大学出版社 2016 年版。

[美]罗斯莉·格特伯格:《行为表演艺术:从未来主义至当下》，张冲、张涵露译，

浙江摄影出版社 2018 年版。

[英]贡布里希:《艺术的故事》,范景中译,广西美术出版社 2008 年版。

[英]贡布里希:《规范与形式》,杨思梁、范景中等译,广西美术出版社 2018 年版。

[美]纳尔逊·古德曼:《艺术的语言:通往符号理论的道路》,彭锋译,北京大学出版社 2013 年版。

[美]约翰·汉尼根:《环境社会学》,洪大用译,中国人民大学出版社 2009 年版。

[英]理查德·豪厄尔斯:《视觉文化》,葛红兵等译,译林出版社 2014 年版。

[英]简·艾伦·哈里森:《古代艺术与仪式》,刘宗迪译,生活·读书·新知三联书店 2008 年版。

[英]阿尔弗雷德·C.哈登:《艺术的进化:图案的生命史解析》,阿嘎佐诗译,广西师范大学出版社 2010 年版。

[美]雅基·格林·哈斯:《舞蹈解剖学》,王会儒主译,河南科学技术出版社 2017 年版。

[德]恩斯特·海克尔:《宇宙之谜》,苑建华译,陕西人民出版社 2005 年版。

[德]马丁·海德格尔:《诗·语言·思》,彭富春译,文化艺术出版社 1991 年版。

[美]凯瑟琳·海乐:《我们何以成为后人类:文学、信息科学和控制论中的虚拟身体》,刘宇清译,北京大学出版社 2017 年版。

[美]汉密尔顿:《希腊精神》,葛海滨译,辽宁教育出版社 2013 年版。

[美]伊芙·赫洛尔德:《超越人类》,欧阳昱译,北京联合出版公司 2016 年版。

[美]约翰·基西克:《理解艺术》,水平、朱军译,海南出版社 2003 年版。

[美]彼得·基维主编:《美学指南》,彭锋等译,南京大学出版社 2018 年版。

[德]恩内斯特·康托洛维茨:《国王的两个身体》,徐振宇译,华东师范大学出版社 2018 年版。

[法]玛丽亚·特蕾莎·卡拉乔洛:《浪漫主义》,王文佳译,北京美术摄影出版社 2016 年版。

[法]阿兰·科尔班:《身体的历史:从法国大革命到第一次世界大战》,杨剑译,华东师范大学出版社 2013 年版。

[德]齐格弗里德·克拉考尔:《电影的本性——物质现实的复原》,邵牧君译,中国电影出版社 1981 年版。

[英]肯尼斯·克拉克:《裸体艺术》,盛夏译,中信出版集团 2019 年版。

[意]加布里埃·克列帕迪:《透纳》,黄啸然译,时代出版传媒股份有限公司 2016 年版。

[法]茱蒂丝·克莱代尔编著:《罗丹笔记:他的生平和作品》,迟轲、胡震、陈儒斌译,四川文艺出版社2004年版。

[美]保罗·奥斯卡·克利斯特勒:《文艺复兴时期的思想与艺术》,邵宏译,广西美术出版社2017年版。

[美]乔纳森·克拉里:《观察者的技术》,蔡佩君译,华东师范大学出版社2017年版。

[英]菲利普·肯普:《电影通史》,王扬译,中央编译出版社2013年版。

[德]莱辛:《拉奥孔》,朱光潜译,商务印书馆2016年版。

[法]赖那克:《阿波罗艺术史》,李朴园译,中国财政经济出版社2016年版。

[法]大卫·勒布雷东:《人类身体史和现代性》,王圆圆译,上海文艺出版社2010年版。

[美]苏珊·朗格:《感受与形式》,高艳萍译,江苏人民出版社2013年版。

[奥地利]里尔克:《罗丹论》,梁宗岱译,中央编译出版社2006年版。

[法]让-弗朗索瓦·利奥塔:《非人——时间漫谈》,罗国祥译,商务印书馆2001年版。

[英]诺伯特·林顿:《现代艺术的故事》,杨昊成译,广西美术出版社2012年版。

[英]欧纳斯特·林格伦:《论电影艺术》,何力等译,中国电影出版社1993年版。

[美]简·罗伯森、克雷格·麦克丹尼尔:《当代艺术的主题:1980年以后的视觉艺术》,匡骁译,江苏美术出版社2012年版。

[法]雅克·勒高夫:《试谈另一个中世纪》,周莽译,商务印书馆2018年版。

[法]列维-布留尔:《原始思维》,丁由译,商务印书馆1985年版。

[法]罗曼·罗兰:《大地的画家米勒》,冷杉、杨立新译,山东画报出版社2004年版。

[法]罗丹口述,葛塞尔著:《罗丹艺术论》,傅雷译,天津社会科学出版社1987年版。

[英]约翰·罗布等主编:《历史上的身体:从旧石器时代到未来的欧洲》,吴莉苇译,上海人民出版社2016年版。

[美]玛蒂娜·罗斯布拉特:《虚拟人》,郭雪译,浙江人民出版社2016年版。

[美]约翰·马丁:《舞蹈概论》,欧建平译,文化艺术出版社2005年版。

[加]布来恩·马苏米:《虚拟的寓言》,马蓓雯译,河南大学出版社2012年版。

[法]克里斯蒂安·麦茨等:《凝视的快感——电影文本的精神分析》,吴琼编,中国人民大学出版社2005年版。

［法］莫里斯·梅洛-庞蒂:《知觉现象学》,姜志辉译,商务印书馆 2001 年版。

［法］莫里斯·梅洛-庞蒂:《符号》,姜志辉译,商务印书馆 2003 年版。

［意］皮科·米兰多拉:《论人的尊严》,樊虹谷译,北京大学出版社 2010 年版。

［美］尼古拉斯·米尔佐夫:《身体图景:艺术、现代性与理想形体》,萧易译,重庆大学出版社 2018 年版。

［德］莫尔特曼:《创造中的上帝》,隗仁莲等译,三联书店 2002 年版。

［英］莫尔:《亨利·摩尔艺术全集》,张恒编译,金城出版社 2011 年版。

［意］安东尼奥·奈格里:《艺术与诸众》,尉光吉译,重庆大学出版社 2016 年版。

［法］让-吕克·南希:《肖像画的凝视》,简燕宽译,漓江出版社 2015 年版。

［德］尼采:《快乐的科学》,黄明嘉译,中国和平出版社 1986 年版。

［德］尼采:《尼采著作全集》(第六卷),孙周兴、李超杰、余明峰译,商务印书馆 2015 年版。

［德］尼采:《瞧,这个人》,孙周兴译,商务印书馆 2016 年版。

［美］冯·诺伊曼:《计算机与人脑》,甘子玉译,北京大学出版社 2010 年版。

［美］约翰·格里菲思·佩德利:《希腊艺术与考古学》,李冰清译,广西师范大学出版社 2005 年版。

［英］弗朗西斯·培根:《新工具》,许宝骙译,商务印书馆 2016 年版。

［法］海伦·皮涅特:《罗丹:激情的形体思想家》,周克希译,译文出版社 2002 年版。

［美］约翰·乔丹:《机器人与人》,刘宇驰译,中国人民大学出版社 2018 年版。

［英］艾美利亚·琼斯:《自我与图像》,古光曙译,江苏美术出版社 2013 年版。

［法］让-雅克·库尔第纳:《身体的历史:目光的转变:20 世纪》,孙圣英等译,华南师范大学出版社 2013 年版。

［法］亨利-皮埃尔·热迪:《人体作为艺术品》,张忠其译,浙江人民出版社 2003 年版。

［美］塞尔:《心灵,语言和社会》,李步楼译,上海译文出版社 2001 年版。

［美］苏珊·桑塔格:《论摄影》,黄灿然译,上海译文出版社 2010 年版。

［美］理查德·桑内特:《肉体与石头》,黄煜文译,上海译文出版社 2011 年版。

［古希腊］色诺芬:《回忆苏格拉底》,吴永泉译,商务印书馆 2010 年版。

［俄］斯坦尼斯拉夫斯基:《演员自我修养》,刘杰译,华中科技大学出版社 2016 年版。

［美］列奥·施坦伯格:《另类准则:直面 20 世纪艺术》,沈语冰译,江苏美术出版社

2007 年版。

[英]拉尔夫·斯基:《凡·高的树》,张安宁译,北京美术摄影出版社 2014 年版。

[德]叔本华:《作为意志和表象的世界》,石冲白译,商务印书馆 1997 年版。

[美]罗伯特·索尔索:《艺术心理与有意识大脑的进化》,周丰译,河南大学出版社 2018 年版。

[美]F.B.塔贝尔:《希腊艺术史》,殷亚平译,上海人民出版社 2010 年版。

[美]梅利莎·特鲁德:《表演训练手册》,刘亚、马潇婧译,北京联合出版公司 2016 年版。

[法]茨维坦·托多罗夫:《个体的颂歌:论文艺复兴时期的佛拉芒绘画》,苗鑫译,华东师范大学出版社 2013 年版。

[英]托马斯·莫尔:《乌托邦》,戴镏龄译,商务印书馆 1997 年版。

[法]保尔·瓦雷里:《德加,舞蹈,素描》,杨洁、张慧译,华东师范大学出版社 2018 年版。

[意]廖内洛·文杜里:《艺术批评史》,邵宏译,商务印书馆 2020 年版。

王慧萍:《怪物考:中世纪幻想艺术图文志》,湖北美术出版社 2015 年版。

王晓华:《个体哲学》,上海三联书店 2002 年版。

王晓华:《西方美学中的身体意象》,人民出版社 2016 年版。

王晓华:《身体美学导论》,中国社会科学出版社 2016 年版。

[美]诺伯特·维纳:《控制论:关于动物和机器的控制与传播科学》(中英文双语版),陈娟译,中国传媒大学出版社 2018 年版。

[法]乔治·维加莱洛:《人体美丽史》,关虹译,湖南文艺出版社 2007 年版。

[英]迈克尔·威尔逊:《如何理解当代艺术》,李爽译,中信出版集团 2017 年版。

[德]温克尔曼:《论古代艺术》,邵大箴译,中国人民大学出版社 1989 年版,第 41 页。

[英]亚·沃尔夫:《十六、十七世纪科学、技术和哲学史》(下册),商务印书馆 2016 年版。

[澳]罗伯特·休斯:《新的冲击》,欧阳昱译,百花文艺出版社 2000 年版。

[古希腊]亚里士多德:《灵魂论及其他》,吴寿彭译,商务印书馆 1999 年版。

[古希腊]亚里士多德:《雅典政制》,日知、力野译,商务印书馆 2010 年版。

[古希腊]伊壁鸠鲁、[古罗马]卢克莱修:《自然与快乐》,中国社会科学出版社 2004 年版。

[美]让-皮埃尔·伊斯鲍茨、[美]弗里斯托弗·希斯·布朗:《蒙娜丽莎传奇》,陈

薇薇译,生活·读书·新知三联书店 2017 年版。

[英]乔治·扎内奇:《西方中世纪艺术史》,陈平译,中国美术出版社 2011 年版。

英　文

Adorno, Theodor W. *Aesthetic Theory*, London and New York: The Athlone Press Ltd,1997.

Anderson,Jonet.*Modern Dance*,New York:Chelsea House Publishers,2010.

Aquinas,Saint Thomas .*Basic Writings of Saint Thomas Aquinas*,Volume One- Ⅱ ,China Social Science Publishing House,1999.

Aristotle,*De Anima*,London:Penguin Books Ltd,1986.

Aristotle,*Rhetoric*,New York:Dover Publications.Inc,2004.

Aristotle,*Politics*,New York:Barnes & Noble Classics,2005.

Artaud,Antonin.*The Theatre and Its Double*, New York:Grove Press,1985.

Audesirk,Tere and Audesirk,Gerald.*Life on Earth*,New Jersey:Prentice Hall,1996.

Battcock,Gregory and Nickas,Robert ed.,*The Art of Performance:A Critical Anthology*, New York:E.P.DUTTON,INC.,1984.

Baldwin,Thomas ed.*Maurice Merleau-Ponty:Basic Writings*,London:Routledge,2004.

Benjamin,Walter.*The Work of Art in the Age of its Technological Reproducibility and Other Writings on Media*,Cambridge:The Belknap Press of Harvard University Press,2008.

Blackburn, Simon, *Oxford Dictionary of Philosophy*, Oxford & New York: Oxford University Press,1994.

Bohn,Babette & Saslow,James M.eds.,*A Companion to Renaissance and Baroque Art*, New York & London:John Wiley & Sons,Inc,2003.

Braidotti,Rosi.*The Posthuman*,Cambridge:Polity Press,2013.

Causey,Andrew.*The Drawing of Henry Moore*,Surrey:Lund Humphires,2010.

Cogeval,Guy.Patry,Sylvie.Guégan,Stéphane.and Dixon,Christine.*Van Gogh*,*Gauguin*, *Cézanne.Beyond:Post-Impressionism from the Musée D' Orsay*,Canberra:National Gallery of Australia,2009.

Conroy,Colette.*Theatre & the Body*,New York:PALGRAVE MSCMILLAN,2010.

Copper, John M. ed., *Plato: Complete Works*, Indianapolis &Cambridge: Hackett Pubkishing Company,1997.

Coupe, Laurence ed., *The Green Studies Reader: From Romanticism to Ecocriticism*,

London and New York：Routledge，2000.

Cucinella，Catherine. *Poetics of the Body*：*Edna St. Vincent Millay*，*Elizabeth Bishop*，Marilyn Chin，and Marilyn Hacker，New York：Palgrave Macmillan，2000.

Davies，David.*Philosophy of the Performing Arts*，West Sussex：Wiley-Blackwell，2011.

Dychtwald，Kenneth.*Body-Mind*，New York：Jove Publications，1977.

Danto，Arthur C. *The Body/ Body Problem*，Berkeley and London：University of California Press，2001.

Danto，Arthur C.*What Art Is*，New Haven and London：Yale University Press，2012.

Descartes，*Descartes*：*Key Philosophical Writings*，Hertfordshire：Wordsworth Editions Limited，1997.

Deleuze，Gilles. *Cinema* 1：*The Movement-Image*，Mmneapohs：Uiversityof Minnesota Press，1986.

Deleuze，Gilles，*Cinema* 2：*Time-Image*，translted by Hugh Tomlinson and Robert Caleta，Minneapolis：University of Minnesota Press，1997.

Dixon，Joan Broanhurst & Cassidy，Eric. *Virtual Futures*：*Cyberotics*，*Techonology and Post-human Pragmatism*，London and New York：Routledge，2005.

Eagleton，Terry.*The Illusion of Postmodernism*，Oxford：Blackwell Publishing，1996.

Eagleton，Terry.*The Sweet Violence*，Oxford：The Blackwell Publishing，2003.

Eagleton，Terry.*After Theory*，London：Penguin Books，2003.

Entwistle，Joanne. *The Fashioned Body*：*Fashion*，*dress & Modern Social Theory*，Cambridge：Polity Press，2018.

Frede，Dorothea and Reis Burkhard editors，*Body and Soul in Ancient Philosophy*，Berlin &New York：Walter de Gruyter，2009.

James，William.*Essays in Radical Empiricism*，New York：Dover Publications，2003.

James，George G.M.*Stolen Legacy*，New York：African American Image，2001.

Jenkins，Ian and Tuner，Victoria. *The Greek Body*，London：The British Museum Press，2009.

Jarrasse，Dominique.*Rodin*：*A Passion for Moment*，Paris：Terrail，1995.

Johnson，Mark. *The Meaning of the Body*：*Aesthetics of Human Understanding*，Chicago&London：The University of Chicago Press，1999.

Johnson，Galen A.ed.*The Merleau-Ponty Aesthetics Reader*，Evanston：Northwestern University Press，1993.

Jones, A., *Body Art/Performing the Subject*. Minneapolis: University of Minnesota Press, 1998.

Jourdan, Margraet ed., *Diderot's Early Philosophical Writings*, Chicago & London: The Open Court Publishing Company, 1916.

Joseph R, Jardins, Des. *Environmental Ethics*, California: Wadsworth Publishing Company, 1993.

Kitchin, Rob & Kneale, James. *Lost in Space: Geographies of Science Fiction*, London & New York: Continuum, 2002 Kleiner, Fred S. *Gardner's Art through the Ages: A Concise Western History*, London: Wadsworth, 2010.

Haraway, Donna. *Simians, Cyborgs and Women: The Reinvention of Nature*, New York: Routledge, 1991.

Hayles, N. Katherig. *How We Became Posthuman: Virtual Bodies in the Cybernetics, literature, and Informatics*, Chicago: The University of Chicago Press, 1999.

Hartnell, Jack. *Medieval Bodies: Life, Death and Art in the Middle Ages*, London: Wellcome Collection, 2018.

Heidegger, Martin. *Basic Writings*, New York: Haper San Francisco, 1993.

Heidegger, Martin. *Poetry, Language, Thought*, translated by Albert Hofstader, New York: Haper & Row, 2001.

Horn, Marilyn J. & Gurel, Lois M. *The Second Skin*, Dellas & London: Houghton Mifflin Company, 1981.

Landgraf, Edgar Gabriel Trop and Weatherby, Leif eds., *Posthumanism in the Age of Humanism: Mind, Matter, and Life Science after Kant*, New York: Bloomsbury Publishing Inc, 2019.

Lecoq, Jacques. *The Moving Body*, New York & London: Routledge.

Lickus, Larry. *Myth: Body Metaphors in Art, Music, & Philosophy*, Indianapolis: Dog Ear Publishing, 2012.

Gombrich, E. H. *Art and Illusion*, London: PHAIDON PRESS, 1984.

Guéry, Francoris & Deleule, Didier. *The productive Body*, Winchester & Washington: Zero Books, 2014.

Marx, Karl. *Economic and Philosophic Manuscripts of 1844*, New York: Dover Publications, Inc, 2007.

Matien, Mary Wgrner. *Photography: A Cltural History*, London: Prientice Hall, 2011.

Merleau-Ponty, Maurice. *The Primacy of Perception: And Other Essays on Phenomenological Psychology, the Philosophy of Art, History and Politics*, Evaston: Northwestern University Press, 1964.

Merleau-Ponty, Maurice. *The Prose of the World*, Evanston: Northwestern University Press, 1973.

Merleau-Ponty, Maurice. *Phenomenology of Perception*, London and New York: Routledge, 2002.

Nayar, ramod K. *Posthumanism*, Malden: Polity Press, 2014.

Nietzsche, Friedrich. *The Will to Power*, New York: Vintage Books, 1967.

Nietzsche, Friedrich. *Thus Spake Zarathustra*, Hertfordshire: Wordsworth Edition limited, 1997.

Nancy, Jean-Luc. *Being Singular Plural*, Carlifornia: Stanford University Press, 2000.

Nancy, Jean-Luc. *Corpus*, New York: Fordham University Press, 2008.

Plato, *The Republic*, New York: Oxford University Press, 1993.

Rivkin, Julie and Ryan, Michael eds., *Literary Theory: An Anthology*, New York & London: Blackwell, 1998.

Selz, Peter. *Art in Our Times: A Pictorial History*1890—1980, New York: Harry N. Abrams, Inc, 1981.

Schopenhauer, Arthur. *The World as Will and Representation*, Volume 2, London: Kegan Paul, Trench, Trubner & Co.Ltd, 1909.

Scruton, Roger. *Beauty: A very Short Introduction*, Oxford: Oxford University Preess, 2011.

Shaviro, Steven. *The Universe of Things: On Speculative Realism*, London: University of Minnesota Press, 2014.

Shilling, Chiris. *The Body in Culture, Technology & Society*, London: Sage Publications, 2005.

Shusterman, Richard. *Pragmatist Aesthetics: living Beauty, Rethinking Art*, New York & London: Roman & Littlefield Publishers, 2000.

Szeman, Imre and Kaposy, Timothy ed. *Cultural Theory: AN Anthology*, West Sussex: Wiley-Blackwellm 2007.

Voltaire, *Letters on England*, Hazleton: Pennsylvania State University, 2002.

Weiss, Gail. *Body Image: Embodiment as Intercorporeality*, New York and London: Routledge, 1999.

Wenden,D.J.*The Birth of the Movie*,New York:Dutton & Co.,Inc.,1974.

Winckelmann, John. *The History of Ancient Art Among the Greeks*, London: George Woodfall and Son,1850.

后　记

经过几番延宕之后,本书终于接近其完整形态。在我和它之间,一种交互关系已经生成。我们将相互阅读和倾听。

这可能是我最后一部身体学专著,但未来的迷人之处在于其不确定性:在先后介入身体美学、身体诗学、身体艺术的建构之后,我似乎应该撰写一部名为《身体伦理学》的书,一种可能性正在招引着我,但不一定非得把它变成现实。

自从意识到人就是身体之后,我一直致力于一个艰巨的事业:解构灵魂的神话,克服人学的分裂状态,引导众生与自己重逢。如此宏大的工作不可能由一个人完成。本书的言说既是响应,更是呼唤。对于可能出现的通道,我只想陈述事实:身体是奇迹的发源地,是可能性和现实性的转换之处,是所有理想得以实现的地方。

本书是国家社会科学基金项目《主体论美学视野中的西方身体艺术研究》(17BZW067)的最终成果。出于便于理解的原因,出版社建议采用现在的书名。

感谢所有支持过我的师长、朋友、同学,尤其是本书的责任编辑李之美女士。离开了她的辛勤工作,本书不可能如此顺利地出版。

所有尾声都属于序曲,都属于正在发生的合生运动。

是为记。

2021 年 3 月 16 日

于深圳

责任编辑:李之美

图书在版编目(CIP)数据

身体的悖论:主体论美学视野中的西方艺术研究/王晓华 著. —北京:
  人民出版社,2021.11
ISBN 978－7－01－023899－9

Ⅰ.①身… Ⅱ.①王… Ⅲ.①西方艺术-艺术评论 Ⅳ.①J055

中国版本图书馆 CIP 数据核字(2021)第 219560 号

身体的悖论
SHENTI DE BEILUN
——主体论美学视野中的西方艺术研究

王晓华 著

人 民 出 版 社 出版发行
(100706 北京市东城区隆福寺街 99 号)

环球东方(北京)印务有限公司印刷 新华书店经销

2021 年 11 月第 1 版 2021 年 11 月北京第 1 次印刷
开本:710 毫米×1000 毫米 1/16 印张:21
字数:288 千字

ISBN 978－7－01－023899－9 定价:68.00 元

邮购地址 100706 北京市东城区隆福寺街 99 号
人民东方图书销售中心 电话 (010)65250042 65289539